舰面航空保障研究与实践

主　编　任　剑　赵宏强

参编人员　谈秋宏　赵俊平

中国海洋大学出版社

· 青岛 ·

图书在版编目(CIP)数据

舰面航空保障研究与实践 / 任剑，赵宏强主编. — 青
岛：中国海洋大学出版社，2021.12
ISBN 978-7-5670-2983-5

Ⅰ. ①舰… Ⅱ. ①任… ②赵… Ⅲ. ①军用船 -
航空设备 - 保障 - 研究 Ⅳ. ①U674.7

中国版本图书馆 CIP 数据核字(2021)第 221519 号

JIANMIAN HANGKONG BAOZHANG YANJIU YU SHIJIAN

舰面航空保障研究与实践

出版发行	中国海洋大学出版社
社　　址	青岛市香港东路 23 号　　邮政编码　266071
出 版 人	杨立敏
网　　址	http://pub.ouc.edu.cn
责任编辑	董超
印　　制	北京虎彩文化传播有限公司
版　　次	2021 年 12 月第 1 版
印　　次	2021 年 12 月第 1 次印刷
成品尺寸	185 mm×260 mm
印　　张	17.5
字　　数	399 千
印　　数	1~1 000
定　　价	78.00 元

发现印装质量问题，请致电 010 - 84720900，由印刷厂负责调换。

开篇语

舰载转型正当时

王德心

随着海军航空兵转型快速发展,舰载航空装备建设加速推进,校区舰载转型建设的紧迫性和重要性更加凸显,迫切需要对舰载转型建设的认识再审视、再深化,有必要在建设中期分析形势、再理思路、剖析不足、破解瓶颈。

进一步深化认识"舰载转型"的内涵要义

舰载转型是校区党委工程,是决定校区未来发展高度的奠基工程。

深研海军航空兵发展,解决姓海理念不牢问题。追溯历史,海军航空兵这一兵种并非新兴作战力量,已有 110 年的历史:1911 年 1 月,美国海军在"宾夕法尼亚号"装甲巡洋舰上完成着舰试验;同年 5 月 8 日,舰载机正式入列美国海军,1911 年 5 月 8 日也成为美国海军航空兵的成立之日。世界上最早成立的空军是英国 1918 年 4 月 1 日组建的独立空军部队,比第一支美国海军航空兵部队成立晚了近 8 年,而美国空军则成立于 1947 年 9 月 8 日,比海军航空兵整整晚了近 37 年。海军航空兵从第一次世界大战起至今,参加了多次大规模和局部战争。可以清晰地看出,海军航空兵生于海,"姓海为海"是其根本属性。我国海军首先要学习外军海军航空兵,借鉴其经验做法,要从理念、体系、模式、流程、制度上进行彻底的重塑和变革。其次要破除空军"改装"模式,真正走海军"生长"模式,要摒弃"同道跟跑"理念,树立"换道领跑"信心,要坚定认清我国海军航空兵生于海、备于海、战于海的现状,认清未来海军航空装备保障基于舰上、兼顾驻屯的态势格局,敢于重新确立具备海军航空兵特色的学科专业体系,敢于重塑舰载航空装备保障模式体系,从本质上重新定义新时代海军航空兵的概念内涵。

聚焦未来实战要求,解决为战意识不强问题。海军转型建设目标明确,"近海防御、远海防卫、大洋存在、两极拓展"。未来,舰载航空装备保障的地域是海上,海军航空兵长期工作的岗位是多型海上平台。要根据作战任务规划飞机调度,所以"最优""极值""运筹""仿真演示""模型验证"等必须纳入研究;在飞机发生故障的情况下,要想实现自主修理,必须在深度修理、增材技术方面有准备;飞机着舰回收后,能否快速充填加挂,再次复飞出动,将直接决定战斗胜负;如何保证携载武器装备、维修设备、人员配备最优化,实现作战效益最大化,将是科研的现实课题;在舰上多机种保障需求与搭载人员限额出现矛盾的情况下,要想岗位和工种优化,必须预先筹划口径宽、业务全的综合型人才培养体系;舰员身体、心理的变化会影响装备保障质量效能,舰员的战斗体能、应战心理、核心力量等训练应在院校学员军事职业素养改革中充分体现。

遵循装备建设机制,破除跟随保障思维定式。"根植海航"是校区多年的办学理念和传统优势,但此次舰载转型与以往有很大不同,"舰载转型"不是校区独家提出的概念,而是海军转型和海军航空兵转型的主题词,如何创新实施,对于机关、部队、院校都是全新的课题,谁率先行动,谁主动作为,谁研究透彻,谁就有发言权和主动权。由于校区长期从事装备保障工作,存在先有"装备"后有"保障"的思维定式,禁锢了不少同志的建设思路。成熟的装备研发流程首先应该是由作战需求确定装备技战性能,继而研究确定装备保障要求,其后才能确定装备设计指标,也就是要先有保障设计,再有装备研制。因此,需要校区科研人员预先研究、前端介入设计论证,提出舰载航空装备保障需求;需要科研人员敢于创新,大胆设计,大力破除跟在部队和工业部门后面维护保养的传统思想,从作战需求出发,前端介入装备研发,预先输入保障需求。

进一步明晰"舰载转型"的目标和标志性成果

近期,校区专门组织对舰载转型的内涵要义和建设目标进行了再研究、再论证。概括地讲,校区的学科专业要构建"三位一体的学科体系、两个区别明显的专业体系",教学内容要满足"三个适应",教员队伍要达到"三个熟悉",教研条件要实现"三个支撑",科研创新要具备"四种能力",学员管理要培育"三个特色",具体如下。

学科专业。学科建设转型的目标是构建起以舰载航空装备保障指挥为龙头、航空工程技术为核心、航空装备管理为支撑的"三位一体"学科体系。在舰基航空综合保障、舰载航空装备腐蚀防护等"6+X"重点特色研究领域引领优势显著。专业建设转型目标是构建起军官与军士区别明显、舰基与陆基区别明显的专业体系。生长军官教育由装备技术为主向装备管理与装备技术并举转变;军士教育适应舰载机日常维护和飞行保障分机型不分专业、修理工作分专业不分机型的需要,强化舰员级深度修理能力培养。

教学内容。教学内容转型的目标是构建起适应舰载航空装备保障学科专业调整,适应舰载航空装备保障指挥、管理与技术变革,适应航空装备机械化、信息化和智能化融合发展需要的内容体系。生长军官教育专业背景和首次任职课程突出舰载航空工程技术和舰载航空装备保障指挥与管理"两条主线",编写并出版舰载航空装备构造原理类、保障技术类和指挥管理类等系列教材,编制配套的装备故障案例库、保障预案库和演练想定库等。军士教育任职基础和任职岗位课突出通用维护技能和专业修理技能,分机型编写舰载航空装备维护实训教材,分专业编写舰载航空装备修理实训教材、工艺手册等,整合部队舰载航空装备保障经验,运用信息技术,建设系列辅助训练教材和MOOC(慕课)、微课等。着眼于士兵职业技能鉴定需要,健全各工种、各等级鉴定题(卡、卷)库。

教员队伍。教员队伍转型的目标是熟悉舰载航空装备保障模式与流程,熟悉本学科专业领域的舰载航空装备保障核心理论和关键技术,熟悉海军舰员职业素养基本要求和行为规范。军官教员常态化参加实战实训、跟研跟产、跟飞跟试等活动,熟知舰载航空兵典型作战样式和非战争军事行动任务,掌握相关专业舰载航空装备遂行战训任务保障需求和装备保障实施方案。文职教员适时参加部队装备保障活动和军工院所访学交流,了解海军兵种常识和舰载航空装备的运用,掌握舰载航空装备保障的前沿理论和高新技术。高职教员要掌握强敌对手的舰载航空装备保障模式与流程,能够为舰载航空装备发展论证和保障建设提供决策支持,组织开展舰载航空装备保障理论应用创新、技术创新。

教研条件。教研条件转型的目标是能够支撑各类型、各层次学员舰载航空装备使用保障和深度修理技能实训实践及考核认证,支撑舰载航空装备保障模式创新和流程验证,支撑舰载航空装备研制和维修保障技术开发。着眼于军官、军士岗位技能培养的需要,突出舰员级深度修理能力,开发舰载机实装教学功能,建成一批集实装、模拟器、工装设备、器材备件、工艺图册于一体的专业训练室,建设适合多机型高强度出动、一体化保障的舰面训练场;围绕舰员职业素养培塑,建设舰艇共同科目训练场;依托舰载机(舰艇)部队和工业厂所院校挂牌实践教学基地,共建协同创新实验室;着眼于舰载航空装备建设和保障理论及技术创新需要,突出"6+X"重点特色研究领域,强化模拟仿真、试验验证、数据分析功能,升级建设研究型实验室。

科研创新。科研转型的目标是具备舰载航空装备需求论证和关键技术攻关支持能力，具备航空装备保障理论创新能力，具备舰载航空装备高效使用和深度修理技术开发能力，具备舰载航空装备保障政策法规和标准规范订立能力；能够针对舰载航空装备保障的特殊要求，研究并提出装备保障组织管理等系统性问题分析与建议报告，支持海军各级机关决策咨询；能够围绕自主保障的新要求，及时提供故障诊断、处置指导等优质、高效的远程技术支援，研发舰基特色深度修理技术，服务于部队一线战斗力的保障，协助解决一线装备保障的疑难问题；能够着眼于舰基作战运用和舰载环境保障的特殊需要，前瞻性分析凝练航空装备建设的需求，牵引舰载航空装备研制，承担需求分析论证类任务；立足长远发展、集智攻关、协同创新的需要，搭建涵盖军地研究院所、装备研制生产单位等的同行业沟通平台，常态化开展技术交流和协作攻关，引领行业聚力舰载航空装备建设，积极组织舰载航空学术交流活动。

学员管理。学员管理教育转型的目标是舰员职业素养日常养成特色明显，舰载航空装备保障日常训练特色明显，舰载航空文化日常培塑特色明显。着眼于未来海军航空兵全球机动、多域巡航、体系作战的需要，完善舰员职业素养培育的保障条件建设，常态化开展舰艇日活动，把舰艇条令、国际化素养、安全常识等内容纳入日常学习教育，定期组织部分舰艇共同科目考核竞赛，在暑期开展海上及舰艇科目训练，适时组织参观水面舰艇，让毕业学员通过舰员资格认证。建成并常态化运行舰载机型学员俱乐部，定期组织舰载机飞行日和维修日活动，组织毕业学员联合开展舰载航空装备保障综合演练。环境、氛围营造体现舰载航空兵元素，教学训练、学术活动聚焦舰载航空兵主题，开发和培育舰载航空文化品牌，出版一批舰载航空文化作品，发展"三爱一献身"特色教育，打造舰载航空文化宣传平台。

进一步推动"舰载转型"的高质量建设

当前，在舰载转型推进过程中，仍然存在转型思想保守、转型举措传统、转型步伐偏小、转型进度偏慢等现象，需要校区各级高度重视，应对破解。

敢于断舍离，聚焦转型任务用劲发力。校区各级都要立起"有所为有所不为"的鲜明导向，用与舰载转型的关联度确定工作的轻重缓急，把对舰载转型的贡献度作为工作质量的评判标准。要强化目标意识、质量意识、服务意识，要重新审视各项工作与舰载转型的相关度，要把主要精力、骨干人员等集中投向舰载转型。新教员的培养和使用、新课题的研究和申报、新项目的论证和建设等，要全面围绕舰载转型展开。对传统陆基相关教学科研任务逐步收拢，确保主要精力、物力和人力投入舰载转型。

善于广借力，拓宽转型发展有效路径。舰载转型涉及要素多、任务难度大，必须创新"不为我有、但为我用"的工作思路，选择多元支持的建设路径。适时宣传校区舰载转型推进情况，寻求上级支持，争取政策、经费等资源投入，争取参与舰载相关装备研发论证、试验鉴定等任务；寻求部队支持，聘用部队中熟悉舰载装备、舰面保障的优秀骨干为校区的兼职教员，邀请其进校开展学术讲座、经验交流、联训联教。寻求厂所支持，联合共建教学科研实习基地，联合开展科研技术攻关，实现常态交流互访；寻求院校支持，常态跟踪掌握军地院校先进教育理念、精品教材资源、优秀在线课程、智慧校园管理模式等，采取直接购买、引进等方式，快速植入舰载转型实施路径。

勇于破难题，解决转型进程矛盾问题。舰载转型建设是校区新时代的长征之路，破解瓶颈难题和解决主要矛盾是实现转型目标的必经之路。学科专业转型，要聚焦"6＋X"特色研究领域，打造一批具有自主核心竞争力的理论成果、实践成果、转化成果。教学内容转型要大胆重构知识模块界面，尤其是军士层次要分机型编写维护实操教材，分专业编写修理实训教材，这将是校区教材建设史上的革命性改革举措，必须跨系室鼎力合作；教员队伍转型，大多数校区教员都要从零开始，学习舰载航空装备保障模式与流程，学习舰载航空装备保障前沿理论技术，学习舰员职业素养基本要求和行为规范，快速实现跨界转行，尽快成为舰载领域的行家里手；教研条件转型设计建成具备支撑舰员级深度修理的训练体系，具备支撑舰载航空装备保障模式创新和流程验证的实验体系，将对校区现有的实践教学条件产生颠覆性的变革；科研创新转型提出的具备装备需求论证和关键技术攻关支持能力、远海作战保障理论创新能力、行业内法规标准订立能力，是校区专家教授必须应对的严峻课题，是校区赢得同行领域话语权的看家本领。

扎实转作风，强化转型改革责任担当。改革必须谋定而动、笃定前行，趁势而上，发奋图强，要强化责任担当，勇挑转型重担。改革当下，各级要强化全员干事创业的事业心和责任感，对定下的转型举措必须一心一意攻坚克难往前推，不能半信半疑随波逐流跟着走，更不能三心二意拖延耽误事；要树牢大局意识，破除本位主义。转型必定有得有失，各级要站在转型大局上想问题、看问题,在改革方案论证、学科专业设置、财力物力投向等方面,要把是否有利于支持海军转型和海军航空兵战斗力提升作为根本遵循,把是否有利于实现校区舰载转型目标作为考量标准;要抢抓发展机遇,大胆改革创新。各级要趁势而上,发扬斗争精神,敢于正视问题、勇于解决问题,要增强机遇意识、忧患意识、使命意识,在变局中看方向、在乱局中抢先机、在困局中求突破,抓住关键环节、卡住节点要害、突破瓶颈难点、打通改革之路,坚定不移地把舰载转型向前推进;要甘于牺牲奉献,发扬"为转型服务当孺子牛""为转型创新当拓荒牛""为转型奋斗当老黄牛"的"三牛"精神。校区全员要秉持"功成不必在我,功成必定有我"的境界,珍惜时光、不负韶华,铆足劲抓落实,用实际行动传承校区的光荣办学传统,用改革实绩交出时代的合格答卷。

目　录

Numerical Analysis and Verification of the Gas Jet from Aircraft Engines Impacting a Jet Deflector[①]

GAO Fudong

Abstract　The jet deflector device is required to make the high-temperature, high-pressure and high-speed gas jet from aircraft engines upward or outboard, which can reduce the impact on surrounding environment. The computational fluid dynamics (CFD) method is used to simulate numerically the impact effect of gas jet from aircraft engines on a jet deflector by using the Reynolds-averaged Navier-Stokes (RANS) equations and shear-stress transport (SST) k-w model based on sub-domains hybrid meshes. In order to verify the correctness of the numerical method, four different turbulence models are used to simulate the hydrokinetic characteristics of gas jet from a single aircraft engine comparatively. The predicted distribution and regularity of shock wave, velocity, pressure and temperature agree well with the experimental data of the gas jet. The good consistency shows that the sub-domains hybrid meshes have the characteristics of small amount and high quality. It also shows SST k-w turbulence model is more suitable for the numerical simulation of compressible viscous gas jet with high prediction accuracy. Through the impact effect analysis of gas jet from aircraft engines on a jet deflector, not only the gas jet parameters of two aircraft engines and the interaction regularity between gas jet and the jet deflector are got, but also the thermal shock properties and dynamic impact characteristics of the gas jet impacting the jet deflector are got. The dangerous activity area of personnel and equipments on the flight deck is predicted qualitatively and quantitatively, which provides an effective theoretical guidance and technical support for thermal ablation analysis, structural damage analysis and design of a new jet deflector.

Key words　Aircraft engine; gas jet; computational fluid dynamics; jet deflector; impact effect

1　Introduction

The high-temperature and high-speed gas jet from aircraft engines is in an over expansion state when the aircraft engines are in full afterburner to takeoff, which has a serious impact on the flight deck due to the complicated physical phenomena such as

---

① 论文已发表于 Chinese Journal of Mechanical Engineering，2018，31(5)：1-11.（SCI检索）

shock waves, noises and gas tempering generated by the interaction between gas jet and the jet deflector. The gas jet from aircraft engines has the basic characteristics of supersonic flow and complex wave system. When the gas jet impacts the jet deflector, the thermal shock and dynamic impact will lead to the thermal ablation and structure damages. The safety limits for the pressure and temperature of the gas jet need to be considered due to the relatively small flight deck for carrying and taking off. Therefore, the accurate analysis and control of gas jet from aircraft engines are the key steps for design and layout of new jet deflectors.

At present, the domestic and foreign scholars mainly use the experimental method, analytical method and numerical computation method to carry out the impact effect research of gas jet. The experimental method is mainly based on the similarity principle, and the small scale model is used as the experimental object. The ideal results can be obtained by testing techniques such as PIV and LDV. However, it is difficult to obtain accurate data in the case of complicated geometry, and the contradiction between geometric similarity and dynamic similarity. Furthermore, the experimental method has the problem of long cycle and high cost, which is also easy to be affected by the scale effect, external interference and other factors. It is difficult to reflect the true situation of the gas jet. [1,2] At present, the widely used analytical method as one-dimensional/quasi one-dimensional is to establish a physical model and mathematical model of the gas jet by simplifying and assuming the limits of the solid boundary. It ignores the turbulent effect, flow viscosity and wall interference of gas jet, which makes a large deviation between the computational results and the experimental data. [3-5] In contrast, using the numerical method based on RANS equations to compute the impact effect of gas jet is more effective, and more detailed flow field information can be obtained.

Because supersonic gas jet has the characteristics of high temperature, high pressure and high speed, there are two main difficulties in numerical computation. One is that numerical computation of supersonic gas jet with complex geometric model and flow characteristics is sensitive to the initial field. The initial deviation from the actual physical field will cause the computation difficult to converge, even divergence at the beginning of computation. The other is that a high precision discrete format, appropriate turbulence model and boundary conditions are needed to capture shock wave and expansion wave of the flow field, which leads to long computation time and large memory usage. Therefore, the domestic and foreign scholars usually use two-dimensional numerical simulation model to carry out the research. [6-8] But the flow information of two-dimensional numerical results is limited, which is unable to analyze the anisotropic impact effect of gas jet on the jet deflector. Three-dimensional numerical model was used by some scholars to simulate the impact process of the gas jet, but the thermal shock effect of the gas jet was not considered. [9,10] According to the geometry of a single aircraft engine and the characteristics of gas jet, numerical simulation of the gas jet was made combined with different turbulence models. The high-precision results with the SST k-w turbulence model are analyzed and verified. Then a scheme of sub-domains hybrid meshes is designed based on three-dimensional numerical model with coupling aircraft engines and the jet deflector. The parameters such as shock wave, velocity, pressure and temperature were got, and the impact of gas jet from aircraft engines on the jet deflector and the surrounding environment is analyzed.

2 Numerical Computation Model

2.1 Mathematical model

The gas jet is assumed to be compressible Newtonian fluids. The governing equations are written for the mass, momentum and energy conservation, such that

$$\frac{\partial \rho}{\partial t} + \frac{\partial}{\partial x_i}(\rho u_i) = 0 \tag{1}$$

$$\frac{\partial}{\partial t}(\rho u_i) + \frac{\partial}{\partial x_j}(\rho u_i u_j) = -\frac{\partial p}{\partial x_i} + \frac{\partial}{\partial x_j}\left[\mu\left(\frac{\partial u_i}{\partial x_j} + \frac{\partial u_j}{\partial x_i} - \frac{2}{3}\delta_{ij}\frac{\partial u_l}{\partial x_l}\right)\right] + \frac{\partial}{\partial x_j}(-\rho\overline{u_i'u_j'}) + \rho f_i \tag{2}$$

$$\frac{\partial}{\partial x_j}(\rho u_j H) = -\frac{\partial q_j}{\partial x_j} + \frac{\partial}{\partial x_j}(\tau_{ij}u_j) - \frac{\partial}{\partial x_i}(J_{ij}h_i) + S_a + \rho f_i u_i \tag{3}$$

where ρ—Density,

t—Time,

u_i, u_j—Velocity in the Cartesian coordinate system,

$\overline{u_i'u_j'}$—Reynolds stresses,

μ—Molecular viscosity,

p—Static pressure,

f_i—Unit mass force,

δ_{ij}—Kronecker delta,

h_i—Static enthalpy,

H—Total enthalpy,

J_{ij}—Diffusion mass flux,

S_a—External heat source caused by surface reaction and radiation,

τ_{ij}—Viscous stress tensor,

q_j—Heat flux.

The k-ε, k-w and Reynolds stress model, hereinafter RSM, turbulence models are used for turbulence closure[11,12], which express $-\rho\overline{u_i'u_j'}$ with low-order correlative term or time-average expression. The k-ε and k-w models based on isotropic turbulence assume that the change rate of Reynolds stress and time-averaged velocity field is linear.

Moreover, the concept of eddy viscosity or turbulent viscosity is introduced, so there is a big error in the computation of inhomogeneous turbulence like swirling. SST k-w has different turbulence constants, which not only increases a horizontal dissipation derivative but also takes into account the transport process of turbulent shear stress in the definition of turbulent viscosity compared with the standard k-w model. These features make the SST k-w model have a wider applicable scope such as the flow with adverse pressure gradient, aerofoil, transonic shock wave etc. RSM should have better potential to predict the key features of rotating flows than other models in theory as it considers the convection and diffuse effect of Reynolds stresses based on turbulence anisotropy, but its precision is limited to the closed form so that RSM does not show the advantages in numerical computation of gas jet. According to the Boussinesq's assumption, The SST k-w turbulence model can be written in Cartesian tensor form as

$$\begin{cases} \frac{\partial}{\partial t}(\rho k)+\frac{\partial}{\partial x_i}(\rho k u_i)=\frac{\partial}{\partial x_j}\left(\Gamma_k\frac{\partial k}{\partial x_j}\right)+G_k-Y_k \\ \frac{\partial}{\partial t}(\rho w)+\frac{\partial}{\partial x_i}(\rho w u_i)=\frac{\partial}{\partial x_j}\left(\Gamma_w\frac{\partial w}{\partial x_j}\right)+G_w-Y_w+D_w \end{cases} \tag{3}$$

where k—Turbulence kinetic energy,

w—Specific dissipation rate,

Γ_k—Effective diffusivity of k,

Γ_w—Effective diffusivity of w,

G_k—Generation of k due to mean velocity gradients,

Y_k—Dissipation of k due to turbulence,

Y_w—Dissipation of w due to turbulence,

D_w—Cross-diffusion term.

The specific expressions above are written as

$$\begin{cases} \Gamma_k=\mu+\frac{\mu_t}{\sigma_k},\Gamma_w=\mu+\frac{\mu_t}{\sigma_w} \\ G_k=\min(\mu_t S^2,10\rho\beta^* kw),G_w=\frac{\alpha}{v_t}\mu_t S^2 \\ Y_k=\rho\beta^* kw,Y_w=\rho\beta_i w^2 \\ D_w=2(1-F_1)\rho\sigma_{w,2}\frac{1}{w}\frac{\partial k}{\partial x_j}\frac{\partial w}{\partial x_j} \end{cases} \tag{5}$$

where σ_k—Turbulent Prandtl number for k,

σ_w—Turbulent Prandtl number for w,

μ_t—Turbulent viscosity,

S—Strain rate magnitude,

F_1—Blending function,

$\beta^*,\beta_i,\sigma_{w,2}$—Constants.

The size of the computational domain is 25 m × 15. 540 m × 35. 992 m, and the boundary conditions include inlet, outlet and wall, as shown in Fig. 1, the specific settings are as follows.

(1) Pressure inlet: on the inlet of two aircraft engines, total pressure and total temperature based on Bernoulli equation are imposed with considering the influence of wind speed. Moreover, on the section outside the outlet of engine nozzles, environmental pressure and environmental temperature are imposed.

(2) Pressure outlet: on the radial section of the computational domain and the axial section that 25 m away from the outlet of engine nozzles, the static pressure distribution and environmental temperature are imposed.

(3) Wall boundary: on the double engine nozzles, the jet deflector and the deck, no slip wall is imposed with considering viscous effect, and heat conduction coefficients are given.

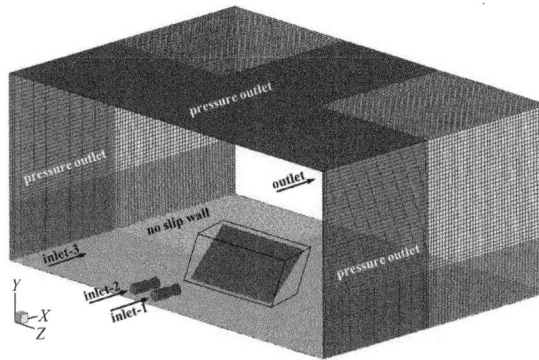

Fig. 1　Computational domain of gas jet from aircraft engines

The definition of the coordinate system is that X axis points downstream, Y axis points upwards and Z axis accords with right hand principle. The coordinate origin is the intersection of the engine nozzles'outlet section, the deck and the starboard side of computational domain.

2.2　Computational model

The carrier aircraft usually adopts turbofan engines. The turbofan engine is installed fans and an outer duct on the basis of a turbojet engine, which has the characteristics of large thrust, low fuel consumption, low noise and long service life. The double engine nozzles of a certain carrier aircraft are used as the source of gas jet in this paper. The computational model of a single engine is shown in Fig. 2. [13]

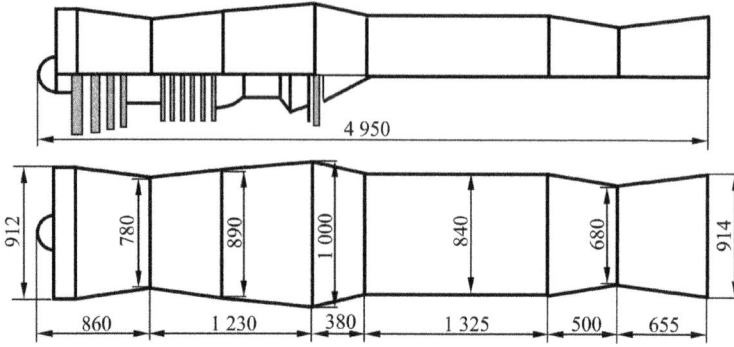

Fig. 2　Computational model of a single engine

The jet deflector device is one of the key equipments to ensure the aircrafts take-off safely and continuously on the aircraft carrier. It makes the high-temperature, high-pressure and high-speed gas jet from aircraft engines upward or outboard, which ensures the safety of the rear personnel, aircrafts and equipments on the flight deck.[14,15] A certain jet deflector is used as the computational model in this paper, whose deflector assembly is composed of a series of cooling panels and a base plate component, as shown in Fig. 3. The distance between the engine nozzles and the ground is 1 957 mm, and the distance between the two engine nozzles is 2 400 mm. When the engine is in full afterburner, the pressure of nozzles inlet is 270 100 Pa, and the temperature is 2 200 K. The coordinate position of the jet deflector in computational domain is that X axis is 5 m, Y axis is 0 m, and Z axis is from 13. 497 m to 22. 495 m.

Fig. 3　Computational model of the jet deflector

3　Mesh Generation and Numerical Method

3.1　Mesh generation scheme

The quality of grid directly determines the convergence, efficiency and accuracy of the computation. Therefore, a reasonable mesh should be generated based on the physical characteristics of the flow field.[16,17] The computational domain is divided into three regions according to the geometry of aircraft engines and the jet deflector, where the size function is used to control mesh density. Two aircraft engines' shell is defined as respective internal flow field boundary and each internal computational domain is filled with hexahedral cells. The prism cells are used as boundary layers on the inner surface of the engines'shell. Then a cuboid is founded to enclosure the jet deflector and filled with tetrahedral cells. The surface of the jet deflector is filled with prism cells. Then the remaining flow field outside is divided and filled with hexahedral cells. Pyramid cells are used to achieve docking between the inside and the outside of the cuboid equably. The sub-domains hybrid meshes not only adjust the complicated shape of the jet deflector, but also improve the mesh precision and reduce the number. In order to simulate hydrodynamic characteristics of the gas jet accurately, mesh adaptive technology is adopted in the computation process, and the mesh is optimized based on the total pressure gradient value for two times. The surface mesh of aircraft engines and the jet deflector is shown in Fig. 4.

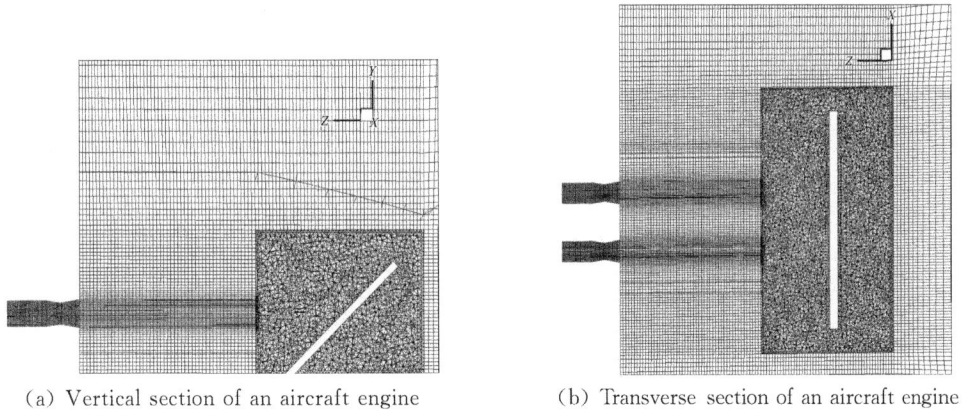

(a) Vertical section of an aircraft engine　　　　(b) Transverse section of an aircraft engine

Fig. 4　Mesh form of computational domain

3.2　Numerical computation method

The mathematical model of gas jet is a series of nonlinear equations, which employs a cell-centered finite volume method that allows the adoption of computational elements with arbitrary polyhedral shape. The flow equation, turbulent kinetic energy equation and turbulent dissipation rate equation are discrete with second-order upwind scheme. The coupled implicit algorithm is used to solve the continuity equation, the momentum equation and the energy equation synchronously during the discrete process. The discrete algebraic equations are solved by Gauss-Seidel method. According to the linear stability theory, Courant number is adjusted from 0.5 to 4 continuously with iterative number increasing. Algebraic Multi-Grid (AMG) method is used to accelerate the speed of convergence, and the convergence criterion is set as 0.000 1.

The supercomputer in National University of Defense Technology was used to complete the numerical simulation due to large size computational model, too much mesh and large memory occupied by coupled implicit algorithm. A total of 9 nodes including 72 cores were used in every computational process, which took 9 hours to get the converged result.

4　Numerical Computation Results and Analysis

4.1　Verification of numerical computation method for gas jet from an aircraft engine

The aircraft engine mainly has the full afterburner state, transition state, rated state and idle state, where the speed, pressure and temperature of the nozzle in the full afterburner state are the maximum and the computation conditions are the most complex.[18] In order to verify the validity of the numerical computation method, four turbulence models such as SST k-w, standard k-ε, standard k-w and RSM are used in numerical computation for gas jet's impact effect of a certain aircraft engine's single nozzle in the full afterburner state. The generated sub-domains hybrid meshes are shown in Fig. 5. The comparison of the computational results with the available experimental data is shown in Fig. 6, which shows the velocity values at different distances from the axial center of the single engine nozzle's outlet section. It can be seen that the computational results are in good agreement with the experimental data. The relative error of the computational results increases with the distance increasing, and the computational results are slightly larger than the experimental data. The predicted values of SST k-w model are much closer to the experimental data by comparison, whose maximum error is 5.55%. While the maximum error of standard k-w, standard k-ε and RSM model are 7.25%, 8.63% and 8.94% respectively. It shows that the numerical computation method used in this paper is suitable for solving the impact effect of gas jet from the aircraft engine, and the SST k-w turbulence model can obtain higher prediction accuracy.

Fig. 5　Mesh form of computational domain for a single engine

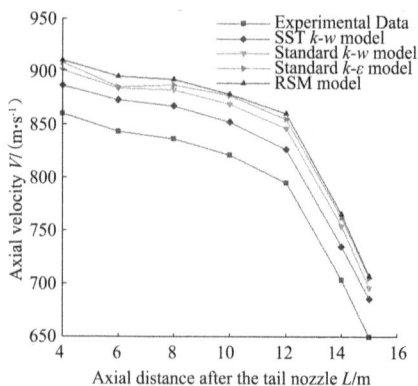

Fig. 6　Axial velocity curve of gas jet from a single engine

The expansion section (abba) of the engine nozzle's throat makes the diameter of gas jet channel increase gradually, thus producing a series of expansion waves. The Maher number increases and the Maher angle decreases when gas jet passes through an expansion wave, which forms an expansion wave cluster, as shown in Fig. 7. The pressure of this area is less than that of the external environment, which indicates that the state is inflated, as shown in Fig. 8. An inflated supersonic jet is compressed to form a contraction of the conical shock wave (bccb) after the gas jet out of the nozzle, the velocity decreases and the pressure increases. The shock wave at the top of the cone disc is Maher disc. After the conical shock wave, the direction of gas jet in the area (bcd) is parallel to the (bc) line, the velocity of gas jet after the Maher disc decreases, and the direction is parallel to the central axis, which forms an expansion of conical shock wave (cddc). The (cd) shock wave is reflected on the free boundary. Then a series of expansion waves are formed after the (dd) section. The jet begins to expand, and it is still supersonic flow. But the pressure is higher than the environmental pressure, which leads to the formation of supersonic flow. Due to the alternation of the expansion wave and the compression wave, a series of wave and wave sections are formed, which make the speed and temperature of the supersonic jet drop slowly, as shown in Fig. 9. Therefore, the impact and ablation strength of gas jet from the aircraft engine on the jet deflector are larger, which is the main problem to be considered during the design of a jet deflector.

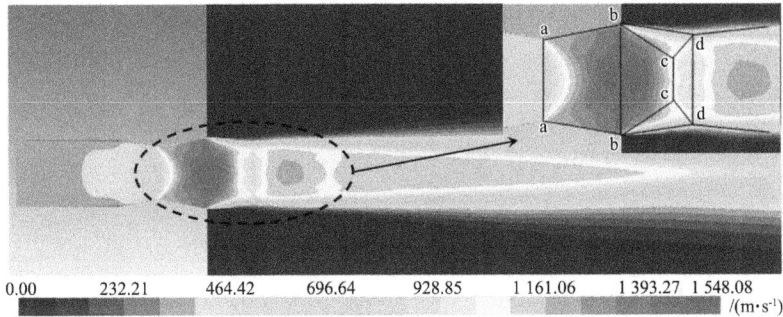

0.00	232.21	464.42	696.64	928.85	1 161.06	1 393.27	1 548.08

$/(\text{m}\cdot\text{s}^{-1})$

Fig. 7　Velocity contour of gas jet from a single engine

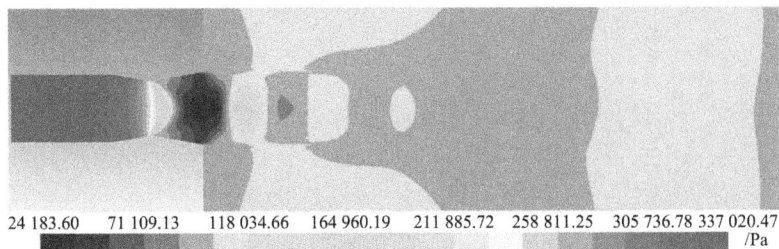

24 183.60	71 109.13	118 034.66	164 960.19	211 885.72	258 811.25	305 736.78	337 020.47

$/\text{Pa}$

Fig. 8　Static pressure contour of gas jet from a single engine

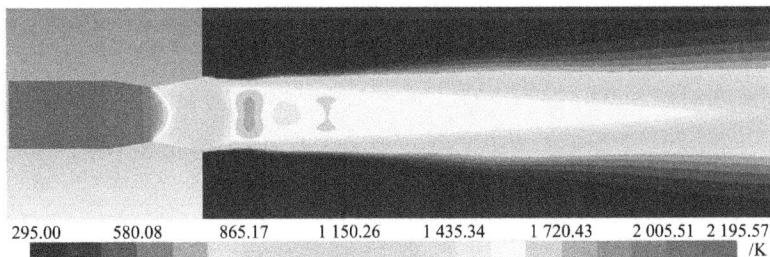

295.00	580.08	865.17	1 150.26	1 435.34	1 720.43	2 005.51	2 195.57

$/\text{K}$

Fig. 9　Static temperature contour of gas jet from a single engine

Fig. 10 shows the axial static pressure, static temperature and Maher number of gas jet from the aircraft engine. Generally, the region from the inlet section of the engine nozzle to the first step point of static pressure, static temperature and Maher number occurring on the axis is called initial section. The region from the first step point to the stable change point is called turbulent transition section. The subsequent region is called turbulent full development section. Fig. 10 shows that the initial section, turbulent transition section and turbulent full development section are respectively 0—2. 47 m, 2. 47—4. 68 m, 4. 68 m—$+\infty$. In the initial expansion section, static pressure, static temperature and Maher number show a monotonic change, where the static pressure and static temperature decrease rapidly, but the Maher number raises rapidly. In the turbulent transition section, due to the intense change in the core area of gas jet and the disintegration of shock structure, static pressure, static temperature and Maher number all change drastically. In turbulent full development section, the energy dissipation caused by mixing of the gas jet and the ambient air leads to the static pressure decrease to the same with the environmental pressure, and the static temperature and Maher number decrease continuously. After 12. 68 m, the gas jet from the aircraft engine is degenerated into subsonic flow from supersonic flow.

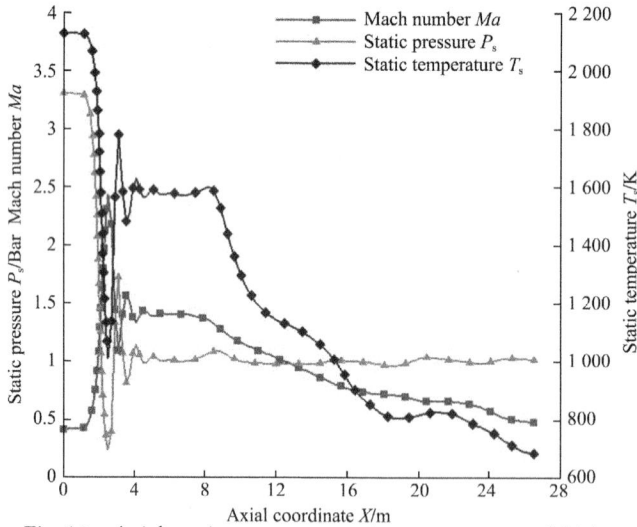

Fig. 10　Axial static pressure, static temperature and Maher number curve of gas jet from the aircraft engine

Fig. 11 shows the axial total pressure and total temperature curve of gas jet from the aircraft engine. From the curve, it can be seen that the total pressure and total temperature decrease sharply under the environmental influence at a distance of 8. 50 m from the inlet section of the engine nozzle. Then the total pressure and total temperature decrease by half at the subsonic flow region, which provides a theoretical basis for the layout of a jet deflector. Usually, the jet deflector shall be arranged at the outside of the conical core region of the total pressure and the total temperature, to ensure that the kinetic and thermodynamic properties of a jet deflector, as shown in Fig. 12 and Fig. 13.

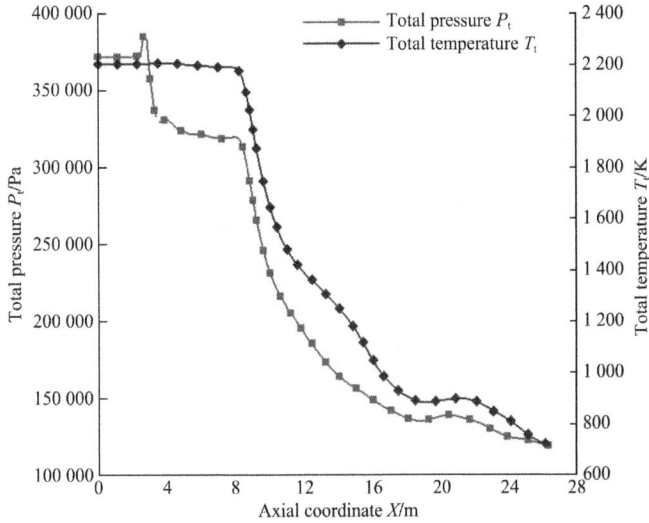

Fig. 11   Axial total pressure and total temperature curve of

gas jet from the aircraft engine

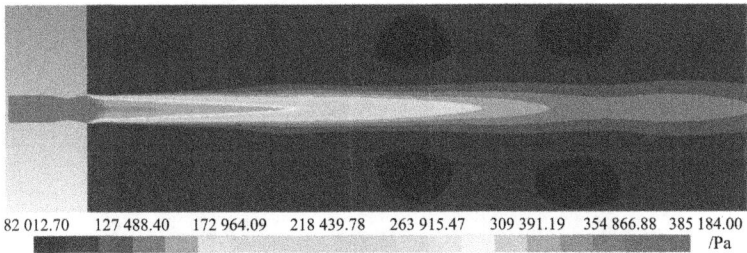

Fig. 12   Total pressure contour of gas jet from a single engine

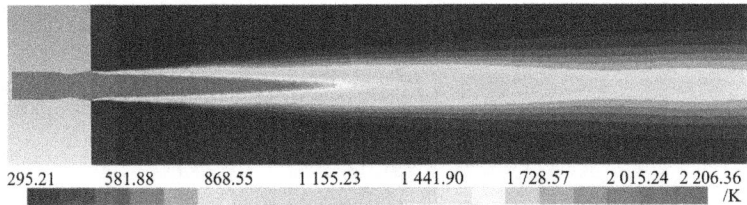

Fig. 13   Total temperature contour of gas jet from a single engine

4.2　Impact characteristics analysis of gas jet based on fluid-solid coupling effect

The jet deflector mainly guides high temperature and high speed gas jet from the aircraft engines overboard and upwards, in order to reduce the impact influence of gas jet on the surrounding environment. Fig. 14 shows the static pressure distribution on the horizontal axis symmetrical surface of gas jets from the two aircraft engines. It can be seen that gas jet from the two aircraft engines does not interfere with each other before the gas jet impacting the jet deflector, which has the same flow characteristics with gas jet from a single engine. The shock wave system is formed in initial section and turbulent transition section of gas jet from each engine. The number of the wave segments is 4. Supersonic excessive expansion flow in the turbulent full development section is formed, as shown in Fig. 15. Due to the turning injection of the jet deflector and convection of gas jet from the two aircraft engines on the jet deflector, two circular and a strip of local stagnation region are formed on the jet deflector, where are the most serious impact parts of the gas jet on the jet deflector. Diffusion and impact strength of the gas jet after turning is related to tilt angle of the jet deflector, distance from the nozzle outlet to the jet deflector and the other factors.

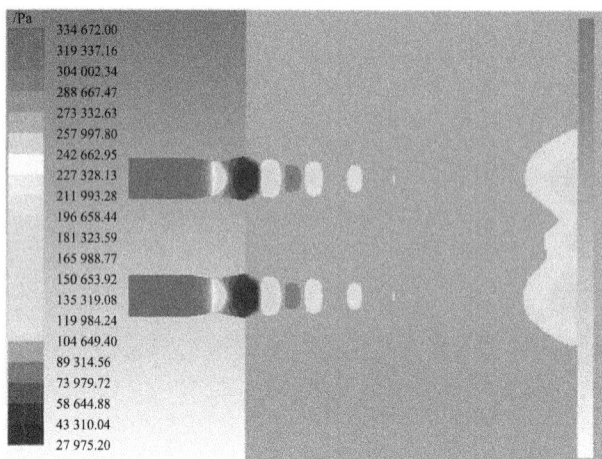

Fig. 14   Static pressure contour of gas jet from two engines

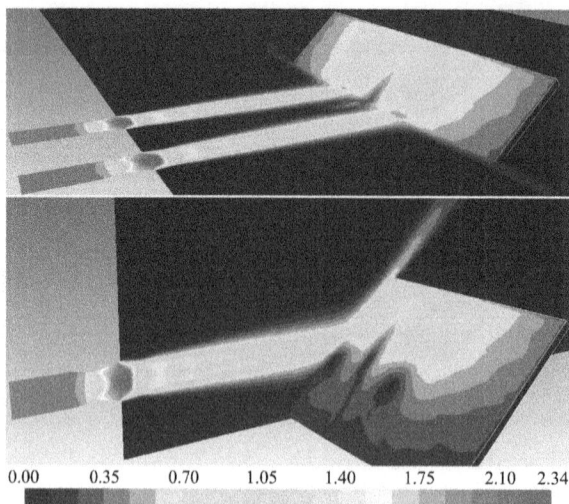

Fig. 15   Maher number contour of gas jet from two engines

Fig. 16 shows the total pressure distribution in horizontal symmetry plane and vertical symmetry plane of the gas jet, and Fig. 17 shows the total temperature distribution. It can be seen that the triangle areas of the high total pressure and total temperature do not impact the jet deflector, which can significantly reduce impact force and ablation area on the jet deflector. High pressure area mainly concentrates in the upper half of the jet deflector, forming dynamic impact as X axis of 146 077 N and Y axis of 411 957 N, which causes a torque of 562 597 N • m around the rod fulcrum on the back of the jet deflector. The high temperature areas mainly concentrate in the upward 2/3 part of the jet deflector. The highest temperature areas are facing the engine nozzles, which produce thermal shock effect of above 1 400 K, as shown in Fig. 18. In addition, due to block effect of the jet deflector on the gas jet, the temperature of the flight deck in front of the jet deflector is relatively high, which will cause a threat to personnel and equipments on the flight deck. So it is necessary to determine dangerous areas surrounding the jet deflector.

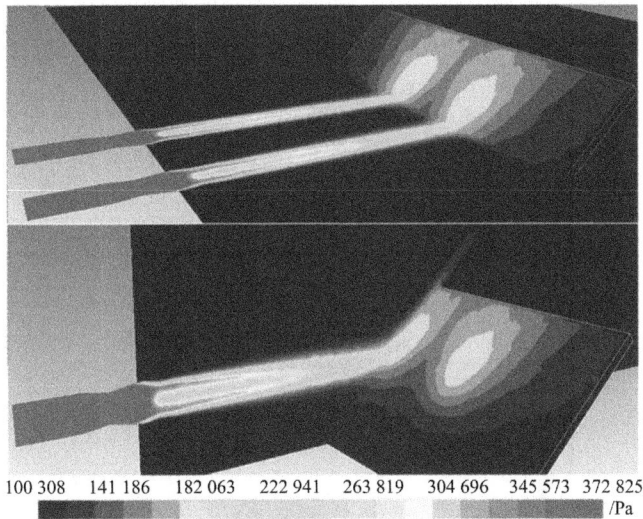

100 308   141 186   182 063   222 941   263 819   304 696   345 573 372 825
/Pa

Fig. 16   Total pressure contour of gas jet from two engines

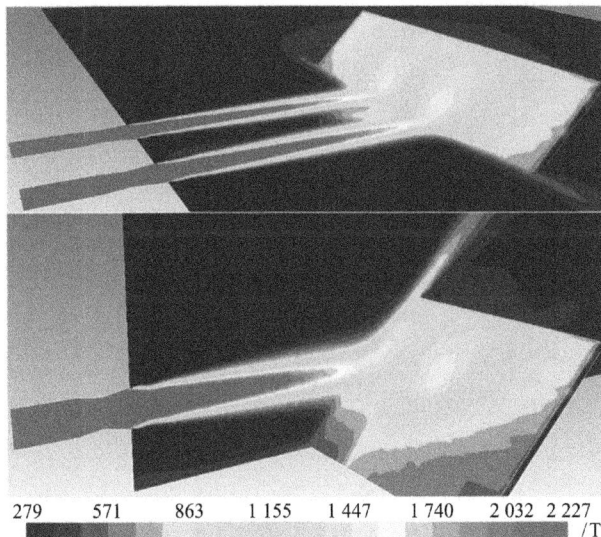

279   571   863   1 155   1 447   1 740   2 032 2 227
/T

Fig. 17   Total temperature contour of gas jet from two engines

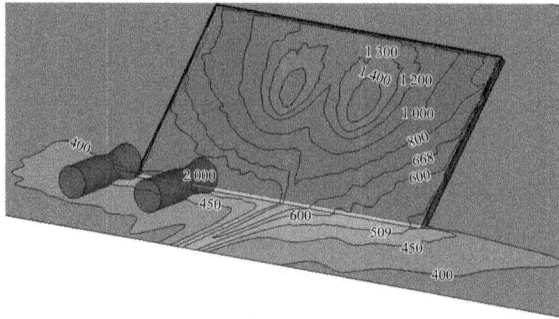

Fig. 18   Total temperature contour of the jet deflector

Fig. 19 shows static temperature and velocity change of three points along X axis direction, including the center of left engine (Point 1), the midpoint of center line between two engines (Point 2) and the isometric point of left engine (Point 3). Due to the existence of shock wave, the initial stage of Point 1's static temperature and velocity is a decay pulse curve. With the distance from the nozzle increasing, the static temperature and velocity decay slowly. After the jet deflector, static temperature and velocity drop to the same parameters with surrounding environment. The temperature and velocity of Point 2 and Point 3 only increase suddenly in front of the jet deflector, which have the same parameters with surrounding environment in other areas. Due to the interaction of gas jet from the two engines on the jet deflector, the temperature and velocity of Point 2 increase faster than that of Point 3.

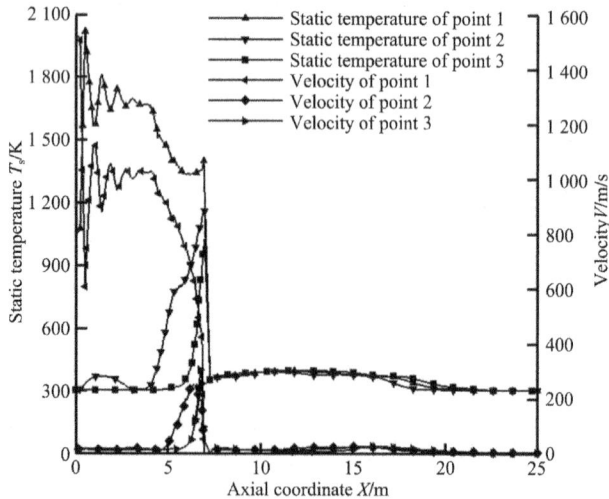

Fig. 19   Static temperature and velocity curve of gas jet from two engines

High-temperature gas jet from aircraft engines is easy to make personnel on the flight deck burns after it impacting the jet deflector. According to medical experiments, it is difficult to breathe and endure in the temperature of more than 116 degrees. [19] Fig. 20 shows the static temperature contour surface of 116 degrees in the whole computational domain. It can be seen that there are high temperature areas at the both sides and the front of the jet deflector, and the both sides of the jet deflector's rear exist high temperature areas because of the gas vortex, while the right rear is relatively safe. The carrier aircrafts usually can withstand the maximum temperature of 150 degrees. Fig. 21 shows the static temperature contour surface of 150 degrees in the whole computational domain. It can be seen that the carrier aircrafts parking at the rear of the jet deflector are absolutely safe. According to the computational results, the dangerous area of high-temperature gas jet for personnel on the flight deck is that X axis of $0-$ 16. 2 m and Z axis of 6. 8$-$29. 2 m.

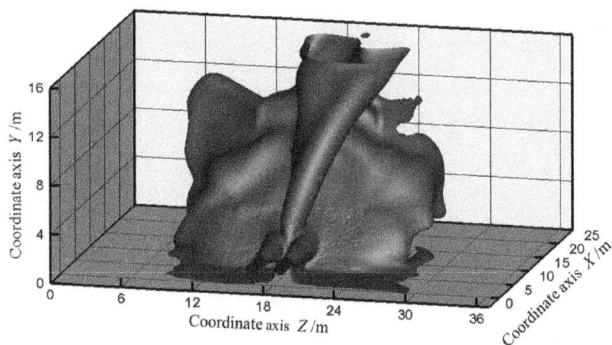

(a) View from the front of the jet deflector

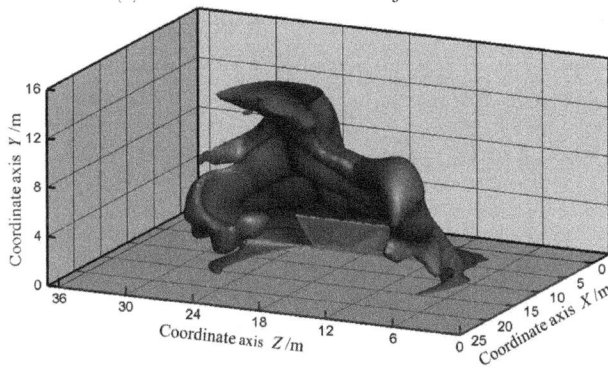

(b) View from the back of the jet deflector

Fig. 20　Static temperature contour of 116℃ in the computational domain

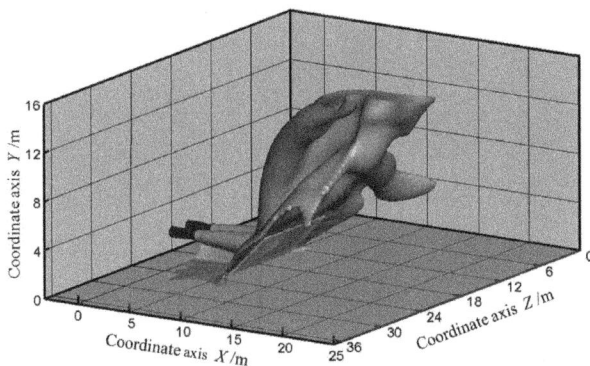

Fig. 21　Static temperature contour of 150℃ in the computational domain

High-speed gas jet from aircraft engines is easy to blow away personnel on the flight deck after it impacting the jet deflector. According to meteorological data, humans will be blown away at the wind speed of higher than 9 force, and the force 9 wind speed is $20.8 \ \mathrm{m \cdot s^{-1}}$.[20] Fig. 22 shows the velocity contour surface of $20.8 \ \mathrm{m \cdot s^{-1}}$ in the whole computational domain. It can be seen that there are high speed areas at the both sides, the front and the rear of the jet deflector, where high-speed eddy current with large radius exists at the rear of the jet deflector, as shown in Fig. 23. This is because the local low pressure area caused by flow velocity difference behind the jet deflector forms a vortex core. The carrier aircrafts usually can withstand the maximum typhoon of level 16, and the speed of typhoon level 16 is $51 \ \mathrm{m \cdot s^{-1}}$. Fig. 24 shows the velocity contour surface of $51 \ \mathrm{m \cdot s^{-1}}$ in the whole computational domain. It can be seen that the carrier aircrafts parking at the rear of the jet deflector will not be blown away. According to the computational results, the dangerous area of high-speed gas jet for personnel on the flight deck is that X axis of $0-18.9$ m and Z axis of $4.6-29.6$ m.

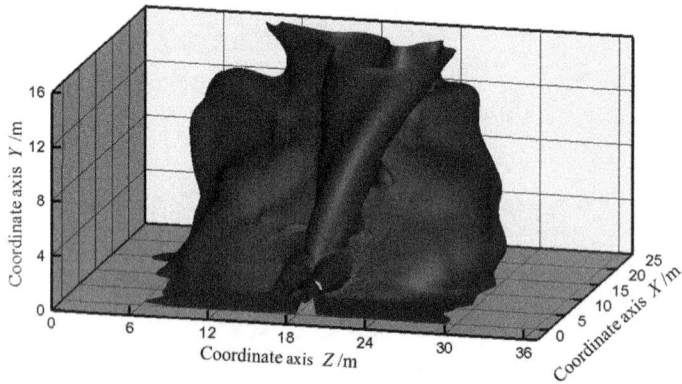

(a) View from the front of the jet deflector

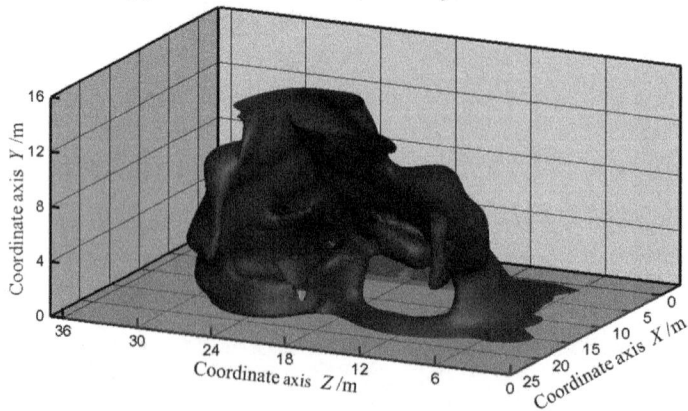

(b) View from the back of the jet deflector

Fig. 22　Velocity contour of $20.8 \ \mathrm{m \cdot s^{-1}}$ in the computational domain

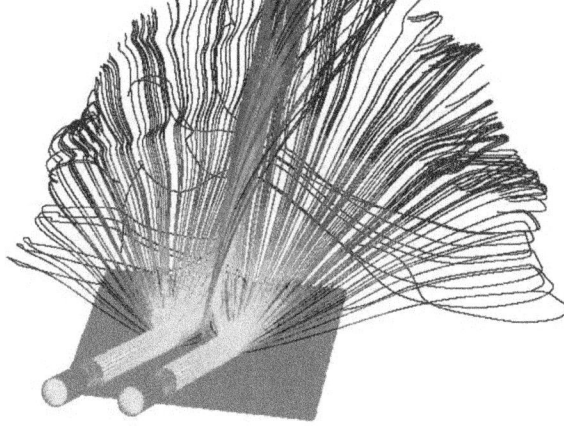

Fig. 23　Path lines of gas jet from two engines

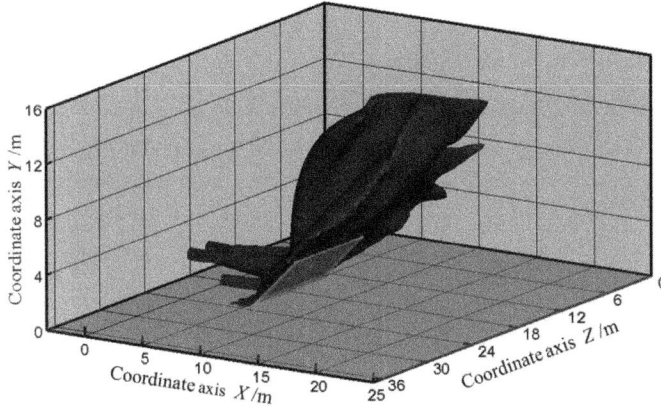

Fig. 24　Velocity contour of 51 m · s^{-1} in the computational domain

In short, the jet deflector can well deflect high-speed, high-pressure and high-temperature gas jet, weaken the harm of gas jet from aircraft engines on personnel and equipments on the flight deck greatly. According to the dangerous zone of high-temperature and high-speed gas jet, it is recommended to determine the dangerous area of gas jet as X axis of $0-19.8$ m and Z axis of $4.0-30.2$ m based on the safety factor of 5%. It can ensure that personnel and equipments outside this rectangular area on the flight deck will not be affected by the gas jet.

5　Conclusions

(1) The gas jet from aircraft engines has the basic characteristics of supersonic flow and the complex wave system. According to complex geometry of aircraft engines and the jet deflector, Sub-domains hybrid meshes are used, which integrate the advantages of structured and unstructured mesh. It not only reduces the number of mesh, but also improves the computational precision.

(2) RANS equations are used to simulate numerically the gas jet from a single aircraft engine combined with four different turbulence models. The predicted results agree well with experimental data of the gas jet, which verifies the correctness of the numerical method. It also shows that SST k-w turbulence model is more suitable for the numerical simulation of compressible viscous gas jet with high prediction accuracy.

(3) The formation and evolution of shock wave and the parameters such as velocity, pressure and temperature are got through the numerical analysis of the gas jet from a single aircraft engine, which provides a theoretical basis for the layout of the jet deflector.

(4) CFD method is used to solve the fluid-solid coupling effect of the gas jet from aircraft engines impacting the jet deflector. Not only the gas jet parameters of two aircraft engines and the interaction regularity between the gas jet and the jet deflector are got, but also the thermal shock properties and dynamic impact characteristics of the gas jet impacting the jet deflector are got. The dangerous activity area of personnel and equipments on the flight deck is predicted qualitatively and quantitatively, which provides an effective theoretical guidance and technical support for thermal ablation analysis, structural damage analysis and design of a new jet deflector.

References

[1] BUCHMANN N, ATKINSON C, SORIA J. Ultra-high-speed tomographic digital holographic velocimetry in supersonic particle-laden jet flows[J]. Measurement Science & Technology, 2012, 24 (2): 827-837.

[2] BROOKS D, ECKER T, LOWE K, et al. Experimental Reynolds stress spectra in hot supersonic round jets[C]// 52nd Aerospace Sciences Meeting, Maryland, USA, Jan 13-17, 2014: 1 227-1 245.

[3] HUANG S, WANG C, HU J. Research on velocity field of carrier-based aircraft engine's jet flow[J]. Journal of Harbin Engineering University, 2009, 30(4):353-356.

[4] MA Z Y, CHU M, XU X. One-dimensional performance calculation of dual mode scramjet combustor based on flamelets and jet model[J]. Journal of Propulsion Technology, 2015, 36(1): 104-111.

[5] WANG L H, WU Z W, CHI H W, et al. A method of quasi-one dimensional numerical analysis for solid fuel scramjet combustor performance[J]. Journal of Solid Rocket Technology, 2013, 36(6): 742-747.

[6] LIN L, WENG C S. Two-dimensional numerical calculation for the influence of plasma jet ignition on deflagration-to-detonation transition[J]. Acta Armamentarii, 2014, 35(9): 1 428-1 435.

[7] YU M, LIU Y H. Numerical simulation on combination flow field for axisymmetric convergent divergent nozzle[J]. Science Technology and Engineering, 2011, 11(32): 7 979-7 984.

[8] MELAIBARI A, Molian P, SHROTRIYA P. Two-dimensional contour cutting of polycrystalline cubic boron nitride using a novel laser/water jet hybrid process[J]. The International Journal of Advanced Manufacturing Technology, 2012, 63(5): 641-649.

[9] XU K. Research of adaption between aircraft and jet blast deflector[D]. Harbin: Harbin Engineering

University, 2011.

[10] PAOLI R, NYBELEN L, PICOT J, et al. Effects of jet/vortex interaction on contrail formation in supersaturated conditions[J]. Physics of fluids, 2013, 25(5): 25-30.

[11] ANSYS INC. ANSYS FLUENT user's guide[M]. Shanghai: ANSYS Inc, 2011.

[12] WANG C. The influence of aircraft engine's jet flow around ship deck[D]. Harbin: Harbin Engineering University, 2007.

[13] SHIVES M, CRAWFORD C. Adapted two-equation turbulence closures for actuator disk RANS simulations of wind & tidal turbine wakes[J]. Renewable Energy, 2016, 92: 273-292.

[14] ZHANG Q F, YAN P P, GAO W M, et al. Influence of jet blast deflector backflow on inlet temperature[J]. Aeronautical Computing Technique, 2016, 46(4): 35-38.

[15] ANOOP P, UNNIKRISHNAN C, SUNDAR B, et al. Thermal analysis of a jet deflector subjected to liquid engine jet exhaust in a static test[J]. Heat Transfer Engineering, 2015, 36(4): 346-351.

[16] GAO F D, PAN C Y, XU X J, et al. Numerical computation and analysis of high-speed autonomous underwater vehicle (AUV) moving in head sea based on dynamic mesh[J]. Journal of Central South University, 2012, 19(11): 3 084-3 093.

[17] GAO F D, PAN C Y, HAN Y Y. Design and analysis of a new AUV's sliding control system based on dynamic boundary layer[J]. Chinese Journal of Mechanical Engineering, 2013, 26(1): 35-45.

[18] CORONEO S, GORLA R, REDDY R. Structural analysis and optimization of a composite fan blade for future aircraft engine[J]. International Journal of Turbo & Jet-Engines, 2016, 29(3): 131-164.

[19] BULLER M J, THARION W J, CHEUVRONT S N, et al. Estimation of human core temperature from sequential heart rate observations[J]. Physiological Measurement, 2013, 34(7): 781-798.

[20] STATHOPOULOS T. Pedestrian level winds and outdoor human comfort[J]. Journal of Wind Engineering and Industrial Aerodynamics, 2006, 94(11): 769-780.

一种航母甲板作业快速调度算法①

朱兴动　范加利　王　正　赵宏强

摘　要　针对舰载机飞行作业期间,航母甲板上的各种保障作业具有高度的时间紧迫性、不确定性和动态性,本文研究了舰载机甲板作业的优化调度问题,建立了舰载机甲板作业调度问题的组合优化模型,设计了求解该问题的启发式规则,将基于启发式规则获得的解作为禁忌搜索算法的初始解,通过摄动策略增强解的质量。仿真结果验证了文中提出算法的有效性,且与普通 TB、SA 算法比,该算法具有收敛速度快、目标函数值更优的特点。

关键词　甲板作业调度;迭代领域搜索;启发式规则;禁忌搜索

舰载机在航母甲板上的起降一般分波次循环进行,按循环方式分单周期、双周期等,循环间隔受舰载机制空时间的影响。美军历次演习证明,航母航空保障作业中,双周期循环出动能够提高舰载机的出动强度,而双周期连续出动的制约因素主要在于舰载机制空时间和舰载机再次出动准备时间的匹配。在循环出动模型下,留给舰载机进行再次出动准备的时间非常有限,美国海军 1997 年对尼米兹级航母进行高强度出动演习表明,当循环周期为 105 min 时,平均可用甲板作业时间仅为 57 min。因此,在舰载机和航母设计定型后,如何优化配置和合理安排批次舰载机的再次出动保障工作对于航母舰载机出动强度的提高具有非常重要的意义。

受作业完成时间的不确定性、舰载机及保障装设备故障的随机性、作业环节的多态性等因素的影响,涉及多架舰载机、多种保障资源的舰载机再次出动作业的调度问题属于典型的动态调度问题。近年来,国内学者在该领域进行了大量的研究工作,针对该问题常用的方法是建模仿真方法[1−3]、最优化方法[4]以及基于专家方案的逆向强化学习方法等[5]。但多数文献仍以静态调度为研究基础[6,7],通过提高调度结果的鲁棒性和自适应性来增强调度系统(算法)对动态、随机环境的响应能力,避免频繁重调度。基于仿真的研究方法计算时间偏长,对于实时重调度的适应能力较弱。

针对航母舰载机甲板航空保障作业的调度问题,本文在对调度作业指挥人员实际需求分析的基础上,重点研究了双周期出动模式下舰载机再次出动准备的调度问题,建立了舰载机再次出动准备的优化计算模型,并设计了一种适用于动态甲板环境的基于启发式禁忌搜索的快速求解算法,最后以"库兹涅佐夫"航母上 8 机双周期再次出动准备作业为例进行了验证。

---

①　发表于《舰船科学技术》2019 年第 41 卷第 10 期。

1 舰载机再次出动保障任务调度模型

1.1 舰载机甲板作业描述

俄罗斯"库兹涅佐夫"航母是一种采用滑跃方式起飞的中型航母,通常搭载苏-35飞机作为主站舰载机。在航母设计阶段,通常将飞行甲板分为若干功能区域,并在各区域设置多个站位。受空间及站位配置资源的限制,在"库兹涅佐夫"航母上,舰载机着舰后必须先滑行至临时停机位,而在起飞前则必须牵引至暖机位进行惯导对准、暖机、飞控系统自检等作业,随后依次滑行至起飞位起飞。舰载机再次出动准备的作业流程如图1所示。对于任意一架舰载机,图1作业集 TS_1 中的加油、挂弹和牵引至暖机位作业的执行顺序可任意调换,但受技术和管理性约束,对于某一架飞机这三项作业不能同时进行;作业集 TS_2 中的惯导对准、暖机、滑行、起飞任务必须依次执行;再次出动机务检修(飞机后的检修、视情添加辅助油料、充氧充氮等)作业可与作业集 TS_1 和 TS_2 中的部分作业并行执行。

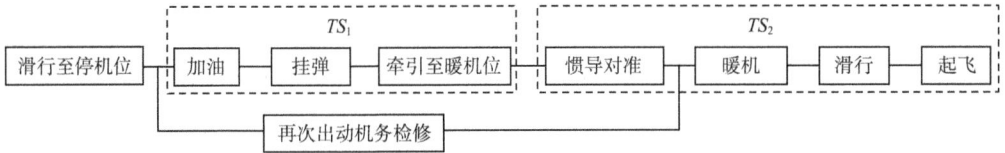

图 1 舰载机再次出动准备作业时序

上述诸多作业中按照对甲板资源的需求类型可分为特定甲板资源、不定甲板资源和不需甲板资源作业。对于加油作业,每一个停机区能够同时加油的舰载机数量受该区加油站数量的限制;对于挂弹作业,受甲板配置的挂弹小组数约束;对于转运作业,除了受转运小组数量约束外,还受空间路径约束;机务保障受机务保障小组数量约束,因机务作业可与加油、挂弹并行作业,此处忽略该约束;惯导对准、暖机等作业受甲板可用暖机位数量的约束;滑行作业可视为不需甲板资源作业类型;起飞作业受起飞站位数量的约束,对于"库兹涅佐夫"航母,每一时刻只能起飞1架舰载机。

1.2 舰载机甲板作业调度的数学模型

模型中以一波次舰载机全部着舰滑行至临时停机位为甲板航空保障作业调度起始点,不考虑再次出动机务检修工作所需资源和用时。相关参数定义如下:舰载机 $i \in \{1, \cdots, I\}$, I 为当前需要进行再次出动准备的舰载机架数;作业 $j \in V$,对于每一架舰载机,其甲板作业集 $V_i = \{j_{J_1}, \cdots, j_{J_i}\}$, J_i 为第 i 架舰载机需要执行的保障作业数量;V_{nr}, V_{rs} 和 V_{ra} 分别代表非资源需求、特定资源、不定资源作业集。每一任务 j 也属于一个任务类型集 E_j,如果是非资源需求任务作业等于 j,并且包括所有需要同类资源的作业。注意到仅一种特定资源型任务存在于 V_i 中,即起飞。V_s 表示由于安全原因不能同时执行的作业集,如对同一架飞机的加油和挂弹作业;T_{ij} 是舰载机 i 完成作业工序 j 的时间,对于任意一架飞机的任意一项作业,因人员作业效率、加油量、挂弹种类及站位分布的不同,其作业时间不完全相同,但可根据统计任务持续时间的均值和 3σ 之和作为该时间值,这种取值方法可以提高调度计划的鲁棒性;st_{ij}、ed_{ij} 分别表示第 i 架舰载机第 j 项作业的开始时间和结束时间;$k \in \{1, \cdots, K\}$ 为调度时间序列;$y_{ijk} \in \{0,1\}$,当 $k = st_{ij}$ 时,$y_{ijk} = 1$,表示 k 时刻第 i 架舰载机第 j 项作业开始;C_i 为舰载机完成最后一道作业(起飞)的时间;每一飞机的顺序作业型任务用带权图 $G_i = (V_i, A_i)$

表示,其中 $A_i = \{(m_i, n_i) : d_{m_i n_i} > -\infty\}$,$d_{m_i n_i}$ 是使得任务 n_i 开始的时间间隙,S_{n_i} 与任务 m_i 的开始时间相关,S_{m_i} 满足不等式 $S_{ni} \geqslant S_{mi} + d_{m_i n_i}$;$C_{\max} = \max\limits_i (C_i)$ 为本波次再次出动准备时间;N_{jk} 是在某一时刻 k 执行作业 j 的可用甲板资源数量。

调度模型的目标函数取为最小化本波次舰载机的再次出动准备时间:

$$F = \min C_{\max} \tag{1}$$

约束条件为:

$$\sum_{k=1}^{K} y_{ij_i k} = 1, \forall i \text{ 和 } j_i \in V_i \bigcap (V_{nr} \bigcup V_{ra}) \tag{2}$$

$$\sum_{j_i \in E_{ji}} \sum_{k=1}^{K} y_{ij_i k} = 1, \forall i \text{ 和 } j_i \in V_i \bigcap V_{rs} \tag{3}$$

$$\sum_{s=k}^{K} y_{im_i s} + \sum_{s=1}^{k+d_{m_i n_i}-1} y_{in_i s} \leqslant 1, \forall i, j \text{ 和 } (m_i, n_i) \in A_i \tag{4}$$

$$\sum_{i=1}^{I} y_{ijk} \leqslant N_{jk}, \forall k \text{ 和 } j \in V_{rs} \bigcup U_{ra} \tag{5}$$

$$\sum_{k=1}^{K} (y_{ij_l k} + y_{ij_m k}) \leqslant 1, \forall i \text{ 和 } (j_l, j_m) \in V_s \tag{6}$$

$$st_{i1 j_{zy}} \leqslant st_{i2 j_{zy}}, \forall ZW_{i1,i2} \in H_s, X_{zwi1} \geqslant X_{zwi2} \tag{7}$$

等式(2)和(3)联合确保每一作业必须只被每一架飞机启动一次,带有仅单一资源的特定性任务需要额外执行要求的作业通过(3)强调。不等式(4)确保作业期间的时序优先级条件,该不等式主要针对作业集 TS_2。不等式(5)确保仅有有限数量的甲板资源被用于完成不定资源约束型作业。不等式(6)确保对于每一架飞机没有两个可以导致安全问题的作业同时进行。不等式(7)表示调运可行路径约束通,其中 ZW_{i1} 表示舰载机在甲板的停机站位,H_s 表示舰舯区域站位集合;X_{zwp} 表示站位的 x 坐标,j_{zy} 表示转运作业。

2 求解算法

若将待保障的舰载机视为工件,将保障资源视为加工机器,则舰载机循环出动的再次出动准备作业调度模型可视为具有工序顺序不定、加工时间不确定的柔性车间作业调度问题,该问题属于一类 NP-难解问题,时间复杂度为 $O(6^I)$。因其解空间搜索量巨大,很难获得精确的全局最优解。禁忌搜索已经被证明是解决该问题的较好算法,但基本禁忌搜索算法容易陷入局部极小,且初始解选取不同,最终得到的优化解的质量也存在差异,为解决该问题,文中采用迭代搜索,在算法中加入简单的摄动策略,来帮助搜索跳出局部最优。[8]

2.1 算法总体框架

迭代禁忌搜索算法从某一局部极小值开始,重复地使用摄动策略使之逃离该局部极小值,并基于禁忌搜索算法去寻找另一局部极小值,直到满足停止条件。解的接受标准决定新的局部极小值是否被接受,还是继续从一些以前访问过的解继续搜索。迭代禁忌搜索算法的总体框架如下:

1:*function ITS*()

2:基于启发式规则的初始解 $\rightarrow s$

$3: s \leftarrow tabuSearch(s)$

$4: for\ ii = 1, \cdots, \max IT\ do$

$5: s' \leftarrow perturb(s)$

$6: s \leftarrow tabuSearch(s', i)$

$7:$ 以概率 $1 - (ii/\max IT)^2$ 接受：$s \leftarrow s^*$

$8: end\ for$

$9:$ 返回搜索中发现的最优解 s^*

$10: end\ function$

在该算法中，在第 ii 次迭代结束时，新解以概率 $1 - (ii/\max IT)^2$ 被接受。否则搜索继续从当前的 s^* 开始，该值在搜索中被更新，并最终返回。接受标准被选择来在开始时分散搜索，而在最优解附近强化搜索。

2.2 基于启发式规则的初始解生成

初始解的生成规则基于优先级索引策略、先到先服务和舰艏区舰载机优先原则生成，具体规则如下：

(1) 对于挂弹、转运作业类受限保障资源，优先分配给甲板艏区停机位上待保障的舰载机。

(2) 对于加油作业，按照区域，首先进入该区域停机位的舰载机优先接受加油服务。

(3) 对于转运作业中每一区域需要转运的舰载机，按照后进先出的顺序依次转运。

(4) 在满足相关约束条件的前提下，尽量避免长时间占用着舰跑道。

(5) 在甲板范围内，尽可能保持各类保障资源的负担均匀。

2.3 约束条件的处理

舰载机再次出动作业调度问题的约束条件比起一般的车间作业调度问题更为复杂，主要体现在 TS_1 作业集中的任务无固定作业顺序，调运作业存在某些空间约束等。在实施搜索过程中，不判别解的可行性，而是对违反约束的解的工序之间插入时间间隙作为惩罚。以挂弹作业为例，具体算法如下：

$1: function\ Caldt()$

$2:$ 记录每架飞机第 j 道作业工序为挂弹作业的飞机数为 tgd，自增

$3:$ 取当前舰载机作业工序 j 的上一工序结束时间 $\rightarrow TempJ$

$4:$ 若当前为所有飞机的第一道作业工序，且 $tdg \leqslant N_{GD}$（挂弹资源约束），则 $dt = 0$，否则 $dt = t_{gdd}$，t_{gdd} 为 d 区域的预计挂弹作业时间

$5:$ 当前已安排挂弹作业的飞机数量 $ngdTask$，并将其预计结束时间按从小到大排序

$6:$ 若当前非第一道作业工序，且 $ngdTask < N_{GD}$，则 $dt = 0$，否则 $dt = \max \{ tmpTgd (ngdTask - N_{GD+1}) - tempJ, 0 \}$

2.4 领域构造策略

领域结构是对初始解进行一次移动操作而获得另一个解的机制。在禁忌搜索算法中，领域结构直接影响禁忌搜索算法的搜索效率。[9-11] 因舰载机再次出动甲板作业中，对于每架飞机集 TS_2 中的作业优先顺序固定，保障作业时间主要受各架机 TS_1 集中 3 个作业工序安排顺序的影响。为了兼顾搜索时间和解的质量，本算法中采用两种领域，第一种

结构在启发式初始解的基础上,依次对每架飞机 TS_1 的作业顺序进行交换和插入移动(3个工序共可进行 5 次移动)。第二种领域结构是在摄动函数中对待保障的所有 I 架舰载机 TS_1 集的第 j 道作业工序进行约束条件检验,并按最小违背原则进行移动。

3 算例仿真

以"库兹涅佐夫"航母为实例,对 8 机双周期连续出动模式下的舰载机再次出动保障进行调度仿真。甲板初始停机数设为 16,假设连续出动过程中所有舰载机均无故障,舰载机各作业工序的时间取值如下:加油时间 $t_{jy}=18$ min,挂弹时间取为 $[t_{dgs} \quad t_{gdz} \quad t_{gdzw} \quad t_{gdym}]=[21 \quad 21 \quad 32 \quad 26]$min,转运时间 $t_{zy}=7$ min;惯导对准时间 $t_{dz}=8$ min,暖机时间 $t_{nj}=8$ min,滑行和起飞时间分别为 $t_{hx}=1$ min 和 $t_{qf}=1$ min。挂弹小组数 $N_{GD}=4$,转运组数 $N_{ZY}=3$。算法基于 MATLAB R2014a 实现,计算机配置为 2.4 GHz 主频,8 G 内存,Win7 系统。文中算法(I-TB)与模拟退火(SA)算法、普通禁忌搜索(TB)算法以及全局搜索算法的计算结果如表 1 所示,表中耗时是指获得优化解的用时,时间差别主要因算法收敛速度引起。文中算法解的收敛曲线如图 2 所示,8 机出动模式下的作业调度甘特图如图 3 所示,图中矩形内数字表示飞机号×100+作业序号,作业序号 1~7 依次表示加油、挂弹、转运、惯导对准、暖机、滑行和起飞。

表 1 算法性能对比

算法	最优解/s	耗时/s
TB	4 760	10
SA	4 760	76
I-TB	4 580	12
全局搜索	4 580	5 100

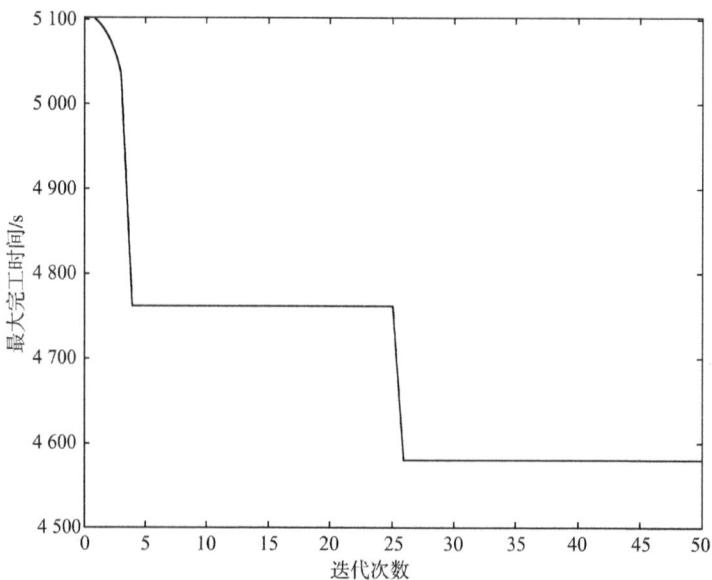

图 2 I-TB算法收敛曲线

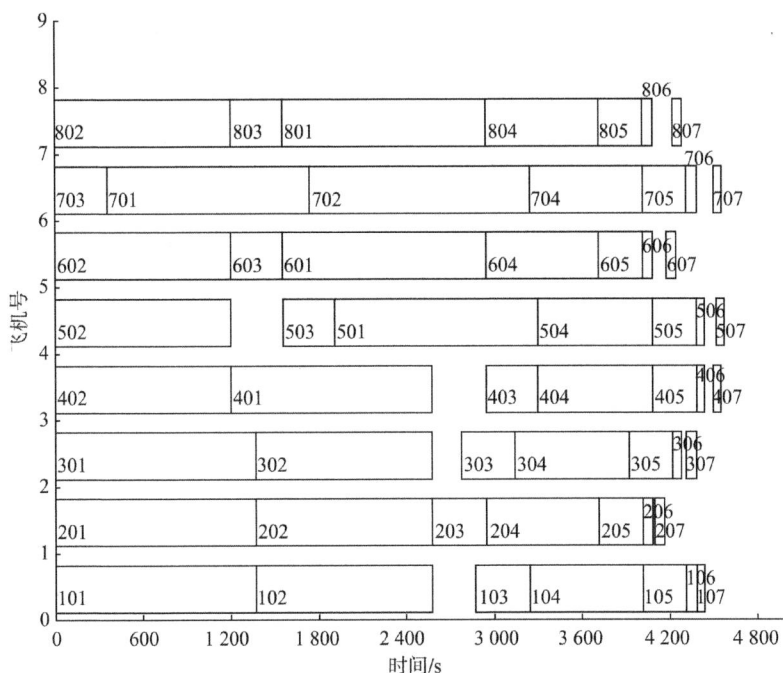

图3　8机再次出动准备调度时序图

从仿真结果可以看出,I-TB算法、SA算法、TB算法较全局搜索算法的搜索效率均有非常显著的提高,其中I-TB算法搜索时间最短;在解的质量方面,全局搜索算法可获得全局最优解,其他三种算法均无法保证获得全局最优解,但I-TB算法与TB和SA相比解的质量更高。从调度算法输出的甘特图上看,算法结果能够获得调度专家的认可。

4　结论

本文针对双周期连续出动模式下的舰载机舰面保障作业调度问题,通过分析作业流程和资源约束条件,以优化批次飞机最短再次出动准备时间为目标,建立了优化计算模型。在此基础上,采用迭代禁忌搜索算法框架设计了一种基于启发式初始解的快速求解算法,并给出搜索过程中的约束条件处理测量和领域构造策略。通过以"库兹涅佐夫"航母为背景的仿真计算验证了算法的有效性,且算法获得的调度结果能够被甲板调度专家接受。

参考文献

[1] 苏析超,韩维,等. 基于Memetic算法的舰载机舰面一站式保障调度[J]. 系统工程与电子技术,2016,38(10):2 303-2 309.

[2] 冯强,等. 基于MAS的舰载机动态调度模型[J]. 航空学报,2009,30(11):2 119-2 125.

[3] 林骧鹏. 基于离散事件的舰载机出动架次计算方法研究[D]. 哈尔滨:哈尔滨工程大学,2011,12.

[4] 魏昌全,陈春良,等. 基于任务的连续出动舰载机航空保障重调度研究[J]. 指挥控制与仿真,2012,34(3):23-26+34.

[5] 李耀宇,朱一凡,等. 基于逆向强化学习的舰载机甲板调度优化方案生成方法[J]. 国防科技大学学

报,2013,35(4):171-175.

[6] RYANA J C, et al. Designing an interactive local and global decision support system for aircraft carrier deck scheduling[C]. AIAA Infotech@ Aerospace St. Louis,2011.

[7] DASTIDAR R G, FRAZZOLI E. A queueing network based approach to distributed aircraft carrier deck scheduling[C]. AIAA Infotech@ Aerospace St. Louis,2011.

[8] VERONIQUE S, JOSÉ C, et al. Hybrid tabu search and a truncated branch-and-bound for the unrelated parallel machine scheduling problem[J]. Computers & Operations Research, 2015(53): 107-117.

[9] ZHOU Y M, HAO J K. An iterated local search algorithm for the minimum differential dispersion problem[J]. Knowledge-Based Systems, 2017(125):26-38.

[10] 张超勇,等. 基于进化禁忌算法的 Job-Shop 调度问题研究[J]. 华中科技大学学报,2009,37(8):80-84+95.

[11] SLIM B, et al. A hybrid variable neighborhood tabu search heuristic for the vehicle routing problem with multiple time windows[J]. Computers & Operations Research, 2014(52):269-281.

基于离散建模的舰载直升机出动回收能力仿真研究

时立攀　刘小路　毕玉泉　陈小飞　覃海波

摘　要　针对两栖攻击舰舰载直升机出动回收问题,本文分析了舰载直升机出动回收保障过程,基于离散系统建模理论,构建了舰载直升机出动回收过程概念模型和数学模型;应用仿真软件,建立了基于离散事件的舰载直升机出动回收保障过程仿真模型,经过仿真运算,得到飞行甲板舰载机保障任务资源利用率、直升机架次率等参数指标,并对结果进行了分析,找到了制约舰载直升机出动回收的资源因素,为舰载直升机出动回收研究提供了一种新途径。

关键词　离散系统仿真;两栖攻击舰;直升机;出动回收

1　引言

从 20 世纪中叶开始,伴随着直升机的快速发展,两栖作战指挥官在登陆作战方式的选择上有了更自由的空间。如今,指挥官在选取垂直登陆作战方式的时候,首先需要考虑的是能够执行任务的直升机数量、航程、速度以及有效载荷。[1]两栖攻击舰采用直升机进行垂直登陆、机动运输以及对地攻击是现代登陆作战的重要组成部分,舰载直升机的使用规模和调度、组织水平决定了舰载直升机在两栖作战中的战斗力,因此每个拥有两栖作战部队的国家都重视研究直升机在现在两栖作战中的应用。现代两栖攻击舰都具备运载舰载直升机的能力,尤其是具有全通甲板的两栖攻击舰更是以直升机为主要舰载航空飞行器,在现在战争中发挥了重要作用。[2]研究分析两栖攻击舰舰载直升机的出动回收能力,对发挥舰载直升机在两栖作战中的作用具有重要意义。

本文针对某型两栖攻击舰舰载机出动回收能力问题,在对舰载机种类、数量以及作战任务等影响因素进行简化的基础上,重点对舰面航空保障各环节对舰载直升机的出动回收能力的影响进行研究;应用离散事件系统仿真技术,对给定载机数量、规定任务时间的舰载机出动回收保障过程进行仿真,以舰载机出动架次率以及各保障资源的使用效率为评价准则,对两栖攻击舰的舰载机出动回收能力进行研究,为建设精确高效的舰面航空保障系统提供理论和技术支持。

2　两栖攻击舰舰载机出动回收分析

两栖攻击舰舰载机出动回收过程是一个受多种因素影响的复杂过程,主要包括两栖攻击舰所承担的执行任务种类、舰上所携带的作战飞机及各类保障资源的数量、承担舰载机保障任务的人员的训练熟练度以及各种保障的组织的流程设置是否合理等。

本文研究对象选取第三代两栖攻击舰的代表型号塔拉瓦级两栖攻击舰,假设其搭载两个中型直升机中队 CH46E 共计 24 架飞机。每波次承担任务的直升机为 4 架编组,波次间隔时间为 30 分钟,垂直登陆部队攻击出发距离海岸为 50 海里,飞机空中巡航速度为 120 节/小时,首次突击部队出发时刻为 T。舰载直升机出动回收的总体流程一般包括起飞、执行任务、降落、检查、维修、保障、待命等流程。其中起飞和降落是决定舰载机能否正常完成本架次的关键流程,所需时间分别是 Tq 和 Tj,舰载机执行任务所需的时间为 Tr,保障所需时间为 Tb,由加油、供电、供气、供氧、挂弹、装载等一系列保障工作所决定,在本文中为了便于计算选取加油时间 Ty 和装载时间 Tz 两项对保障工作影响最大的时间进行计算,此时 $Tb = Ty + Tz$。

3 两栖攻击舰舰载机出动回收离散建模

3.1 离散事件系统建模

离散事件系统是指系统的状态仅在离散的时间点上发生变化的系统,而且这些离散时间点一般是不确定的,系统内部的状态变化也是随机的。[3] 离散事件系统主要包括实体、活动、事件、进程等基本要素,其建模结构可分为事件建模、活动建模、过程建模、对象建模和 Agent 建模等。[4] 离散事件系统仿真的主要步骤为系统概念建模、系统数学建模、系统仿真建模和系统仿真结果分析四部分。其中概念建模首先是将际系统抽象成概念模型,然后确定系统仿真目标,再者明确系统各个要素、环节及相应的逻辑关系。数学建模主要是根据系统仿真目标和系统实体的属性和状态,及其变化规律和约束条件、定量的确定输入条件和仿真算法。系统仿真是根据建立的系统数学模型和选取的仿真算法进行仿真,即建立计算机仿真模型。其再定义系统实体及其状态变量,设计计算机仿真程序,并进行调试和运行。最后由于离散事件系统一般由随机事件驱动,仿真运行结果也具有随机性,应采取有效方法降低仿真结果的随机性,通常可采用数理统计方法,多次仿真取均值或长时间仿真取均值,以提高仿真结果的置信度。

3.2 两栖攻击舰舰载机出动回收过程概念建模

搭乘偏转旋翼飞机和直升机的突击部队编成"计划波"和"待命波"。在直接火力准备开始的同时或稍后,"计划波"和在距岸 50 海里的水域登机,在战斗机或攻击直升机的护航下按计划时间发起上陆突击。其着陆后,向登陆海滩方向或其他重要纵深目标发起攻击,夺占要点和重要地形,为水面登陆部队和后续部队抢占海滩和向内陆进攻创造条件。"待命波"随时做好上陆准备,听从岸上指挥官的召唤上陆。在两栖佯动方向行动的垂直登陆部队视情况迅速转移至主要登陆方向上的垂直登陆部队着陆区,以增强其攻击力量。

舰载机出动回收过程是一个典型的离散事件系统,舰载机的起飞和降落是随机的,飞行过程中延误时间以及舰面航空保障作业时间等具有随机性。根据 2.1 中离散事件系统建模方法,构建舰载机出动回收甲板保障过程模型,如图 1 所示。

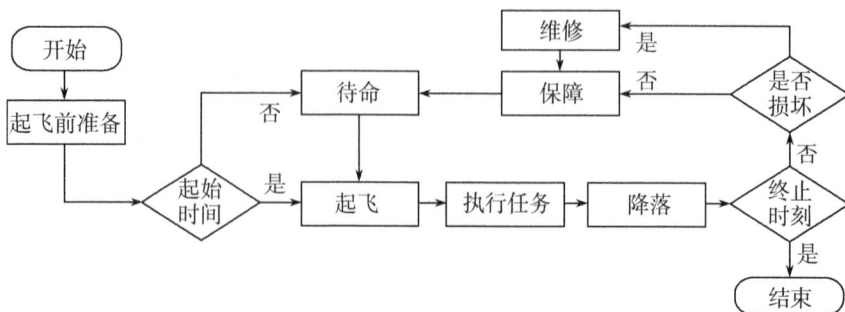

图 1 舰载机起降回收流程图

根据图 1 得到舰载机出动回收保障过程主要活动及其时序关系：

(1) 整个起飞流程从完成起飞前准备的停放在起飞位的舰载机开始；

(2) 当计划时间到达则舰载直升机起飞，否则继续待命；

(3) 起飞后舰载机开始执行任务；

(4) 任务完成后舰载机返回两栖登陆舰着陆；

(5) 直升机着舰后，马上对其状态进行检查，如果舰载机完好，则参与再次出动回收，否则通过飞机升降机移入机库进行维修，修理完成后移动到飞行甲板；

(6) 未损坏以及修理完毕的直升机参与再次出动保障准备，舰面保障工作简化为加油、装载两项主要保障任务；

(7) 完成再次出动保障准备的直升机进入待命状态；

(8) 如果程序运行到终止时刻则停止此次仿真任务。

3.3 两栖攻击舰舰载机出动回收过程数学建模

为了将概念模型转化为可计算的数学模型，需要对舰载机出动回收流程进行简化。通过借鉴排队论中的相关概念，舰载机出动回收过程中的数学模型可以简化为马尔科夫排队网络。[6,7]根据通过对实践经验的拟合，出动回收服务时间可以分为以下两类。

3.3.1 负指数分布

调运、起飞作业等服从负指数分布，服从负指数分布的服务时间最小可为 0。其服务时间 T 的密度函数为

$$P(T<t)=\begin{cases} \mu e^{-\mu t} & t \geqslant 0 \\ 0 & t<0 \end{cases} \tag{1}$$

3.3.2 正态分布

着舰、保障、执行任务等保障工作服务时间服从于正态分布，服务时间分布集中于均值 μ。其服务时间 T 的密度函数为

$$P(T<t)=\begin{cases} \dfrac{1}{\sqrt{2\pi}\sigma}e^{-\frac{(x-\mu)^2}{2\sigma^2}} & t \geqslant 0 \\ 0 & t<0 \end{cases} \tag{2}$$

4 舰载机出动回收过程仿真及优化

4.1 仿真模型构建

根据舰载机出动回收过程的概念模型和数学模型，构建基于离散事件的仿真模型，如图 2 所示。

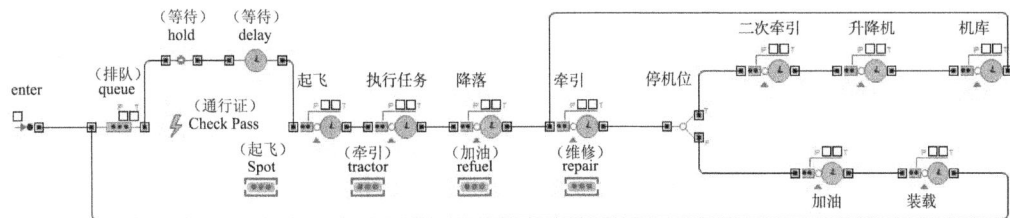

图 2 基于离散事件的舰载机出动回收仿真模型

图 2 表示离散事件过程仿真,舰载机在出动前已经完成各种保障准备由"enter"控件按照仿真模型规则出动舰载机。舰载直升机在调度指挥官的指挥引导下,在甲板面进行起飞排队(queue),并根据预先划分好的攻击波次进行任务等待(hold,delay)。任务完成后舰载机降落经由"service"控件被牵引至"select output"控件所代表的停机位,在此对舰载机的完好率进行检查,如果舰载机发生故障则将舰载机通过升降机转移至机库进行维修,修理完成后由另一部升降机转移回到停机位继续执行任务。如果舰载机无故障,则选择"service"控件加油,对舰载机进行加油保障和装载保障,保障完毕的舰载机根据飞行进程继续执行下一批次的任务。图中 spot、tractor、refuel 和 repair 分别代表了起飞、牵引、加油和维修所需的资源数量。

4.2 仿真运行结果

根据舰载机出动回收保障数学模型假设条件和已知参数,设定仿真模型各控件参数值,如表1所示。

经过模型仿真运行,得到在给定平均保障时间条件下不同保障资源单元数对应的及舰载机出动的架次率,在空执行任务的直升机数量和正在维修的飞机数量如图3所示。

表 1   舰载直升机出动回收仿真过程中主要参数设定

保障种类	保障小组数量	保障服务率 μ	服从时间分布
降落	1	30	正态
维修	2	0.5	负指数
加油	4	12	正态
装载	—	12	正态
待命	∞	—	—
牵引	4	10	负指数
起飞	4	30	负指数
执行任务	50	0.5	正态

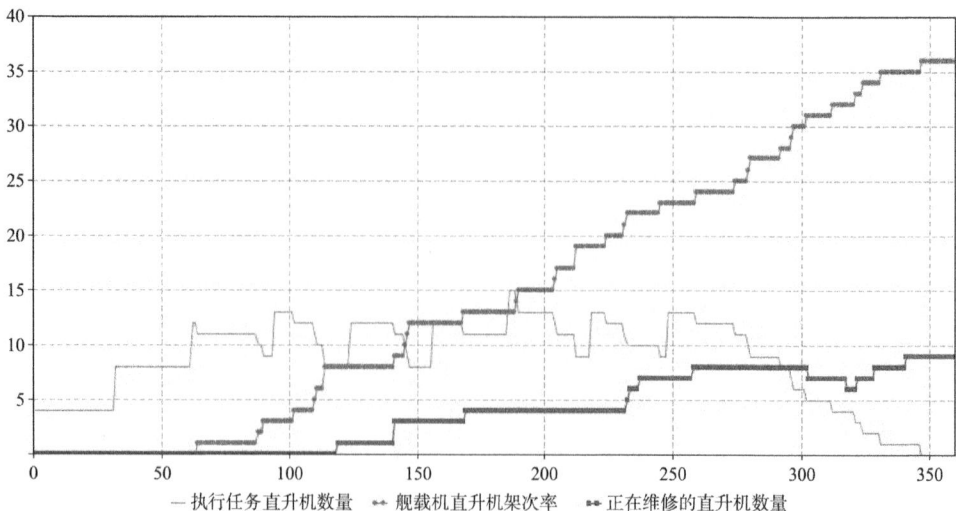

— 执行任务直升机数量   ▪ 舰载机直升机架次率   ▪ 正在维修的直升机数量

图 3   仿真过程中各种状态直升机统计数据

其中执行任务的直升机数量在 $T+180$ 时刻达到一个区域峰值,此时在空中执行任务的直升机数量有共计 15 架直升机。从图 3 中可以看出,在仿真行动的大部分时间里,在空中执行任务的直升机的数量保持在 8~12 架飞机(2~3 个飞行小组)。在飞行开始 $T+248$ 时刻开始,执行任务的飞机数量开始逐渐减少,没有新的小组升空。在 $T+340$ 时刻,最后一架直升机完成降落,6 小时内的直升机出动回收架次率为 36 架次,平均每架直升机出动 1.5 架次。从图 3 中可以看到在进行维修的直升机数量在 $T+327$ 时刻之前一直处于增长状态,其峰值为 9 架次,直到本次飞行结束前 20 分钟才有两架直升机完成修理。从图 3 中可以看出,在目前的维修条件下,在 6 小时的任务时间内,损坏的直升机不可能再次参与执行任务。

图 4 所示为舰载直升机出动回收保障任务资源利用率随时间的变化情况。其中菱形实线为起飞位的使用情况,从图中可以看出在 $T+0$ 时刻,起飞位的使用率是 100%,此时起飞位布满了准备起飞执行任务的直升机,在此时刻牵引车、加油小组以及维修小组均处于待命状态,此时利用率为 0。随着时间的增长起飞位的利用率逐渐下降,但在 $T+30$ 和 $T+60$ 时刻可以明显看到起飞位使用率有明显凸起,由于在此时刻有舰载机起飞,因此起飞位的利用率有较明显的升高。在 $T+360$ 时刻起飞位的利用率降低到不足 0.05,这说明起飞环节是舰载直升机出动回收的关键环节,两栖攻击舰在设计过程中予以重点倾斜,安排了较为充足的起飞位,在整个直升机起降流程中起飞位的资源较为充足,并不构成舰载机起降的限制资源。

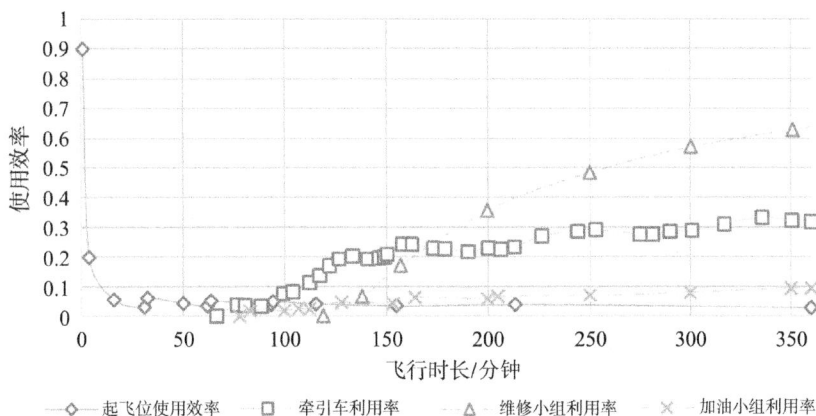

图 4   各种保障资源利用率

在 $T+76$ 时刻,牵引车的利用率开始增长,说明此时首批承担任务的直升机已经开始陆续返回,并完成着陆,甲板开始进行再次出动回收准备工作。最终牵引车的利用率保持在 0.32 的位置,说明攻击舰上的牵引车配置能完成每波次 4 架舰载机的起降任务。相对而言甲板面的加油小组利用率最终为 0.1 左右,其资源配置就配置的较为富裕。图 4 中三角点曲线为维修小组的利用率曲线,从 $T+121$ 时刻开始,维修小组的资源利用率逐渐升高,最终停止在 0.64 的位置,考虑到模拟前期,维修小组的利用率基本为 0,可以推导出维修小组资源在保障后期基本处于饱和状态,结合图 3 中的直升机维修情况和只有两个维修小组的事实可以看出,在仿真后期,维修工作已经发生阻塞。下一步若想提高舰载机再次出动回收的效率,要考虑增加维修小组保障人员的数量,或者提高修理效率,缩短舰载机的维修时间。

5 结论

两栖攻击舰的舰载直升机出动回收问题一直是两栖作战问题研究的重点之一。本文对两栖攻击舰飞机起飞的甲板操作过程进行了离散事件系统建模,在构建两栖攻击舰甲板操作概念模型和数学模型基础上,应用仿真软件实现了舰载机起降、舰载机再次出动回收保障等一系列过程仿真,为两栖攻击舰舰载机出动效率研究提供了一种新方法和途径。通过对仿真数据的分析比较,得到如下结论:

(1)按照仿真设定的任务情况,设定每架执行任务的飞机携带 25 名全副武装的士兵,在 6 小时的时间内一艘两栖攻击舰可以运送 900 名士兵,说明两栖攻击舰能够承担 6 小时内营级规模人员的投送任务。

(2)在仿真中考虑的四种资源中,起降、加油和调运等资源基本满足 6 小时的作战需求,但维修保障环节发生堵塞,发生故障的直升机在 6 小时的任务推演期间基本上不能再次参加任务。下一步要重点研究任务时长与维修资源的力量配置之间的关系。

参考文献

[1] 斯佩勒,塔克. 两栖战:战略·战术·战例[M]. 张国良,谷素,译. 北京:中国市场出版社,2013.
[2] 严建钢,孙守福,韩玉龙. 两栖攻击舰舰载直升机兵力持续运用研究[J]. 兵器装备工程学报,2018,39(1):14-16.
[3] 赵雪岩,李卫华,孙鹏,等. 系统建模与仿真[M]. 北京:国防工业出版社,2015.
[4] 张会齐,陈春良,刘峻岩,等. 装甲装备维修保障资源优化仿真研究[J]. 系统仿真学报,2015,27(1):142-146.
[5] 孙玺菁,司守奎. MATLAB 的工程数学应用[M]. 北京:国防工业出版社,2017.
[6] 夏国清,陈红召,王元慧. 基于闭排队网络的飞机出动架次率分析[J]. 系统工程学报,2011,26(5):686-693.
[7] 郑茂,黄胜,赵永振,等. 蒙特卡罗法的舰载机高峰出动仿真[J]. 计算机仿真,2013,30(2):62-65.

基于 AMESim 的航母喷气偏流板装置机械系统性能研究[①]

曹建平

摘　要　本文介绍了美军 MK7 型喷气偏流板的机械系统组成并给出其机构运动简图。在一定假设条件下,利用 AMESim 软件建立喷气偏流板装置机械系统的仿真模型,在一定输入下对喷气偏流板装置机械系统的运动和动力性能进行仿真分析。结果表明:MK7 型喷气偏流板具有较好的运动和动力性能,但在承受舰载机尾焰喷射作用时的承力性能仍有改进空间。研究结果为喷气偏流板创新性设计提供了参考。

关键词　舰载机;喷气偏流板;AMESim 软件;仿真

1　引言

安全和高效是航母飞行甲板上舰载机起降作业的两大目标,舰载机起飞时发动机喷出的尾焰给起飞作业带来重大挑战。首先,尾焰温度、压力都很高,危及甲板面上的人员、飞机和装备安全;其次,尾焰作用距离长,延长了下一架舰载机起飞等待时间,影响出动架次率,从而削弱了航母战斗力。为解决这一问题,在现役大型航母的飞行甲板上一般都安装有喷气偏流板(the Jet Blast Deflector, JBD),它在舰载机起飞时升起,使尾焰向上向外偏出,从而保护装设备安全并提高起飞作业效率。当前应用较多的喷气偏流板结构是美军的 MK7 型及其变式,其尾焰气流冲刷面与车辆通过面一体,并通过内置的冷却水管进行散热冷却,具有结构简单、使用可靠的优点,但也存在冷却效率低、管路易受腐蚀、维护复杂等问题。为此,国内外出现了被动散热式、被动隔热式、向下导流式、射流冷却式新型喷气偏流板结构,但目前都处于理论研究阶段,尚未应用于工程实践。

喷气偏流板的工作性能对舰载机起飞作业有重大影响,当前研究主要集中在舰载机尾流在偏流板上的分布与作用及偏流板的冷却、隔热性能,较少涉及作为偏流板的执行机构和承力部件的机械系统的性能研究。本文以美军 MK7 型喷气偏流板装置为研究对象,以 AMESim 软件为工具对喷气偏流板机械系统进行建模,在此基础上进行运动学和动力学仿真分析,其结果可为偏流板机械系统改进优化奠定理论基础。

2　美军 MK7 型航母喷气偏流板装置

美军现役航母上喷气偏流板装置有两种型号,分别是 MK7-1 型和 MK7-0/2 型,其中 MK7-1 型有两组模块,MK7-0/2 型则有三组模块,如图 1 所示。

---

① 发表于《机床与液压》。

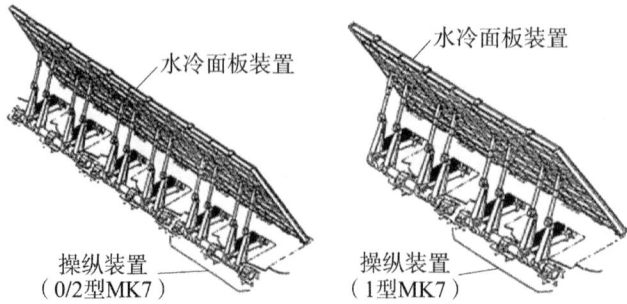

图 1 美军 MK7 型喷气偏流板装置

无论是哪种型号,其机械系统的运动执行机构都是一种七连杆传动机构,其机构简图如图 2 所示。该机构包括七个活动构件,其中构件 1 是液压缸缸体,构件 2 是液压缸活塞,构件 3 是曲柄,构件 5 是旋转臂,构件 6 是连杆,构件 7 是偏流板组件,构件 3 和构件 5 固连在一起,构件 2 作为主动件;包括 7 个运动副,其中有 6 个转动副、1 个移动副。该机构实现将主动件 2 的往复移动转换为构件 7 绕着运动副 F 的升起/降下的往复转动。

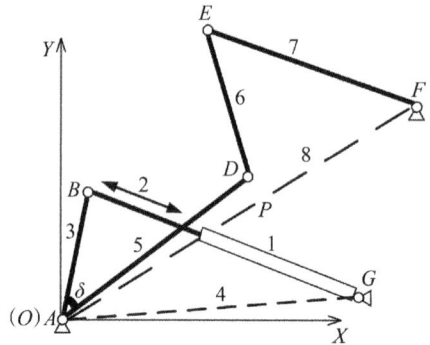

图 2 喷气偏流板装置七杆执行机构简图

3 喷气偏流板装置机械系统 AMESim 建模

3.1 AMESim 建模与仿真

AMESim 是 Advanced Modeling Environment for Performing Simulations of Engineering Systems(用于工程系统性能仿真的先进建模环境)的缩写,是一种用于多学科的建模、仿真和分析套件。其建模、仿真和分析等过程全部基于可视化图形界面完成,从而将工程人员从繁重复杂的数学建模工作中脱离出来,应用广泛。AMESim 建模与仿真过程按照如图 3 所示的四个步骤完成,其中草图设计是从 AMESim 的机械、液压等仿真库中选取相应的元件并根据实际系统进行连接形成仿真草图;子模型设定是根

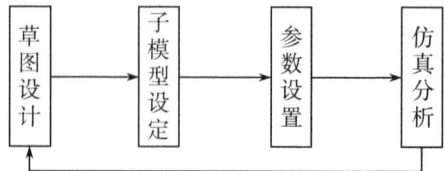

图 3 AMESim 建模与仿真的一般过程

据仿真粒度选取合适的数学模型,相当于列出偏微分方程组;参数设置是在前两个阶段基础上为各仿真元件设定具体参数,相当于向方程组代入参数,从而完成系统建模;仿真分析是在特定求解器给出一定仿真时间和步长的结果,并对结果进行数值分析。这个过程是一个往复迭代过程,在仿真分析基础上通过实验验证从而不断提高建模仿真度。

3.2 喷气偏流板装置机械系统 AMESim 模型

系统建模要基于一定的假设条件才有意义,本文喷气偏流板装置机械系统建模基于以下假设。

（1）实际的偏流板机械系统是一个空间机构,但各构件的运动平面是相互平行的,可看作平面机构。

（2）假设喷气偏流板装置中的所有运动单元（即构件）都是刚体。

（3）假设各构件（除偏流板组件 7 以外）均为均质细直杆。

（4）考虑到偏流板组件 7 自重较大，将其假设为均质平板。

（5）忽略各运动副之间的摩擦力（力矩）。

按照图 2 所示喷气偏流板装置七杆执行机构运动简图，建立 AMESim 草图，如图 4 所示。其中构件、运动副都是选自 AMESim 的平面机械库（Planar Mechanical），由于曲柄 3、旋转臂 5 是通过心轴固连在一起的，因此采用一个 4 口杆进行仿真；假设液压缸进行匀速运动，则动力源采用恒流量源，并设置二位四通电磁换向阀以仿真偏流板升起、任意位置停留和降下的工作过程；通过将舰载机发动机尾流等效为一组力和力矩信号作为外界负载以分析喷气偏流板工作时的受力情况；最后利用弹性碰撞体来仿真曲柄与曲柄座的碰撞和支撑作用。

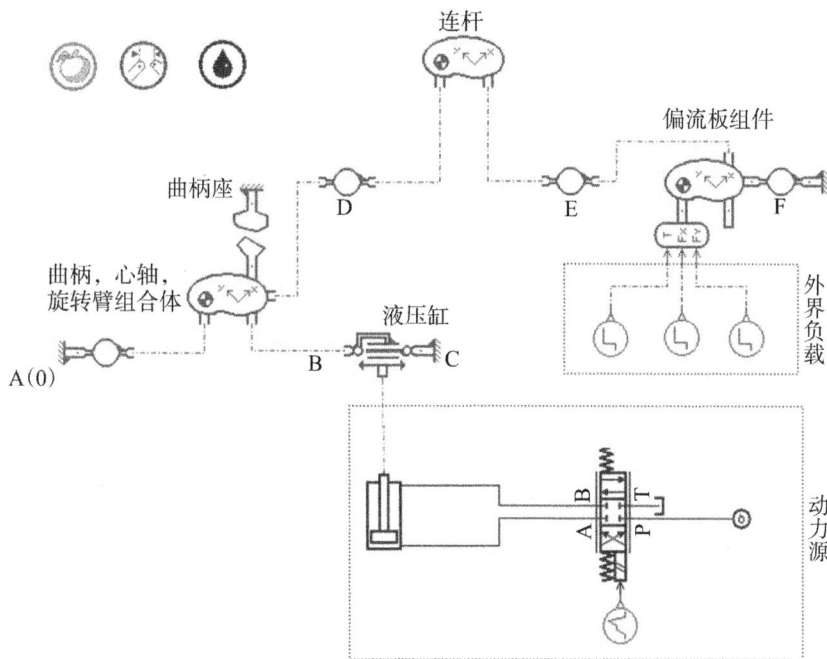

图 4　喷气偏流板装置机械系统 AMESim 模型

将仿真算例的相关尺度参数设置如下：安装角 $\delta=40°$，液压缸 $l_1=1\ 200$ mm，活塞杆初始伸出长度 $l_{20}=200$ mm，活塞杆行程 $\Delta l_2=730$ mm，曲柄长度 $l_3=700$ mm，舱室机架 AC 长度 $l_4=1\ 700$ mm，旋转臂长度 $l_5=1\ 600$ mm，连杆长度 $l_6=1\ 500$ mm，偏流板组件长度 $l_7=2\ 800$ mm，甲板机架 AF 长度 $l_8=3\ 200$ mm，舱室机架安装角 $\theta_4=1°$，甲板机架安装角 $\theta_8=20°$（其中 l_i 表示第 i 个构件的长度，θ_i 表示第 i 个构件与 X 轴的夹角）。

同时设置相关质量参数如下：偏流板组件 7 自重 $m_7=3\ 000$ kg，$H_7=6\ 000$ kg·m²；连杆自重 $m_6=400$ kg，转动惯量 $H_6=80$ kg·m²；曲柄、心轴和旋转臂组合体质量 $m_{3.5}=700$ kg，转动惯量 $H_{3.5}=700$ kg·m²。

4 喷气偏流板装置机械系统 AMESim 仿真

4.1 运动性能仿真与分析

运动学分析的任务是已知机构尺寸及原动件运动规律的情况下,确定机构其他构件上某些点的轨迹、位移、速度及加速度和构件的角位移、角速度和角加速度。在喷气偏流板装置机械系统 AMESim 模型中,液压缸活塞杆 2 是主动件,通过恒流量源给出其运动规律如图 5 所示。将运动分成三个阶段:匀速升起,用时 8 s,活塞杆伸出速度约为91 mm·s^{-1};在工作位置停留 10 s;匀速降下,用时 10 s,活塞杆缩回速度约为 73 mm·s^{-1}。

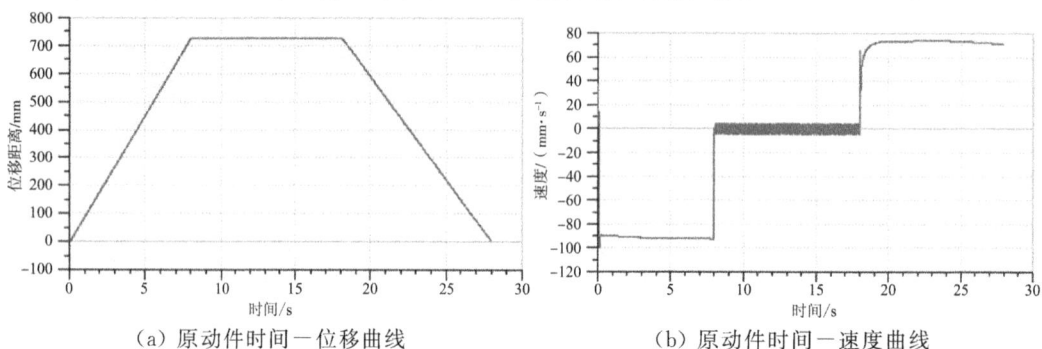

(a)原动件时间—位移曲线 (b)原动件时间—速度曲线

图 5 原动件运动规律

进而可以得出在原动件作用下各个构件的运动轨迹,图 6 给出了各活动构件在竖直平面内的运动轨迹。

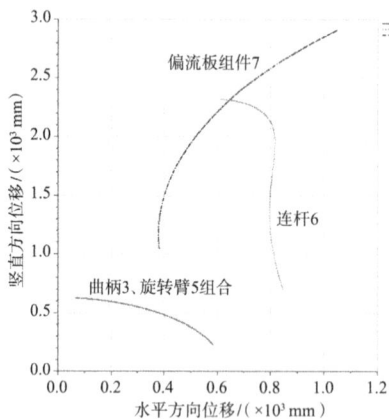

图 6 各活动构件运动轨迹

为了一目了然地看出机构各构件在上升(下降)过程中在原动件的推动下的角位移和角速度情况,给出如图 7(a)和(b)所示的角位移和角速度线图。

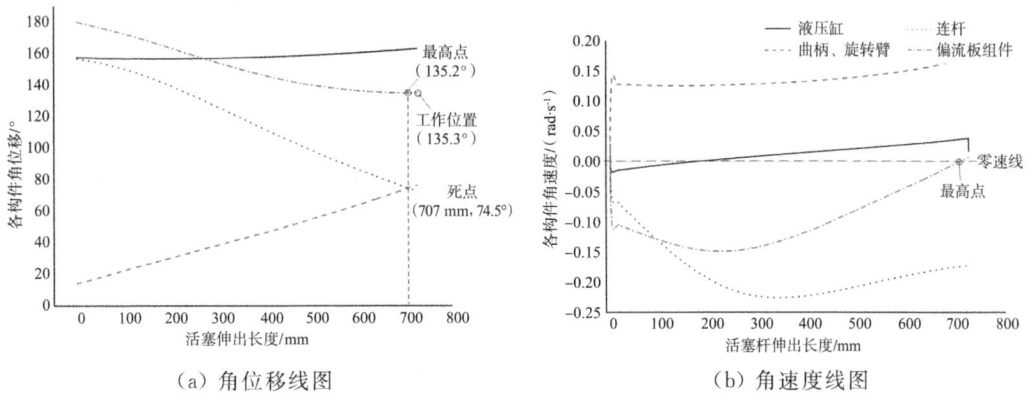

（a）角位移线图　　　　　　　　　　　　　（b）角速度线图

图 7　偏流板上升过程中各构件运动线图

从各构件的运动轨迹和运动线图中，可分析总结出喷气偏流板机械系统运动过程具有以下特点。

（1）在原动件速度不变的情况下，偏流板组件到达终点时其角速度接近 0，如图 7（b）所示。由于作为特种装备的偏流板组件的自重较大，末速度趋于 0 可有效减少运动冲击，提高运动精度。

（2）偏流板组件的工作位置越过死点。由于在其工作时由偏流板组件承受舰载机发动机尾流高温高压冲击力，可将偏流板组件视为主动件，当旋转臂和连杆共线时称为死点位置。从图 7（a）标识可知，当连杆和旋转臂共线时偏流板升起的角度是 136.2°，活塞杆伸出长度为 707 mm，而偏流板的工作角度是 136.3°，说明达到死点位置后活塞杆继续伸出，但偏流板反而下降，但下降角度并不大（0.1°），其运动过程如图 8 所示。未到达死点时加载后会使活塞杆受压，越过死点后使活塞杆受拉，因此理论上装备在死点位置上载荷状况较好。但在实际装备上，一是考虑到可靠性，对于大型特种装备难以保证死点位置的精确度；二是考虑到安全性，如果偏流板支撑结果破坏，在死点位置偏流板容易失控降下。因此设计时使偏流板位置稍稍越过死点位置，并在曲柄处设置了曲柄座，使偏流板工作时的支撑结构成为一种超静定结构，提高了结构强度和刚度，从而将压力传递给船体，改善了液压缸受力状况。

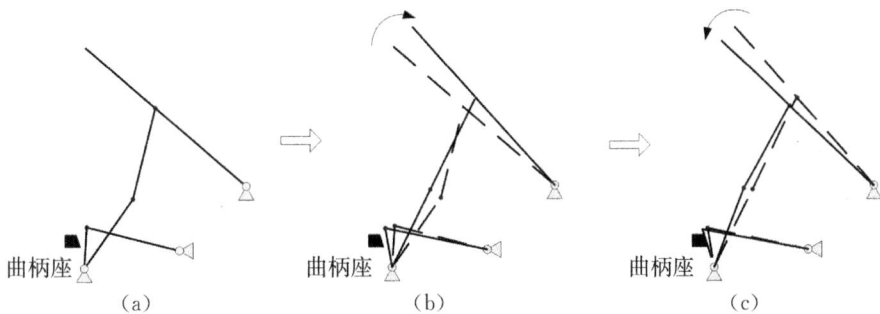

（a）接近死点；（b）到达死点；（c）越过死点。

图 8　偏流板到达工作位置运动过程示意图

4.2 动力性能仿真与分析

动力学仿真分为两种情况,一种是升起(降下)运动过程中各运动副的受力情况;另一种是在偏流板组件承受舰载机发动机尾流冲击作用下的受力情况,下面分别进行分析。

图 9 给出了基于 AMESim 模型的仿真偏流板上升过程连接各构件(包括偏流板组件、连杆、由曲柄、心轴与旋转臂构成的组合体)的转动副的受力情况。可以看到,各转动副在受力大小上总体上差别不大,连接活塞杆与旋转臂的铰链受力最为严峻,在日常维护时要加以注意。

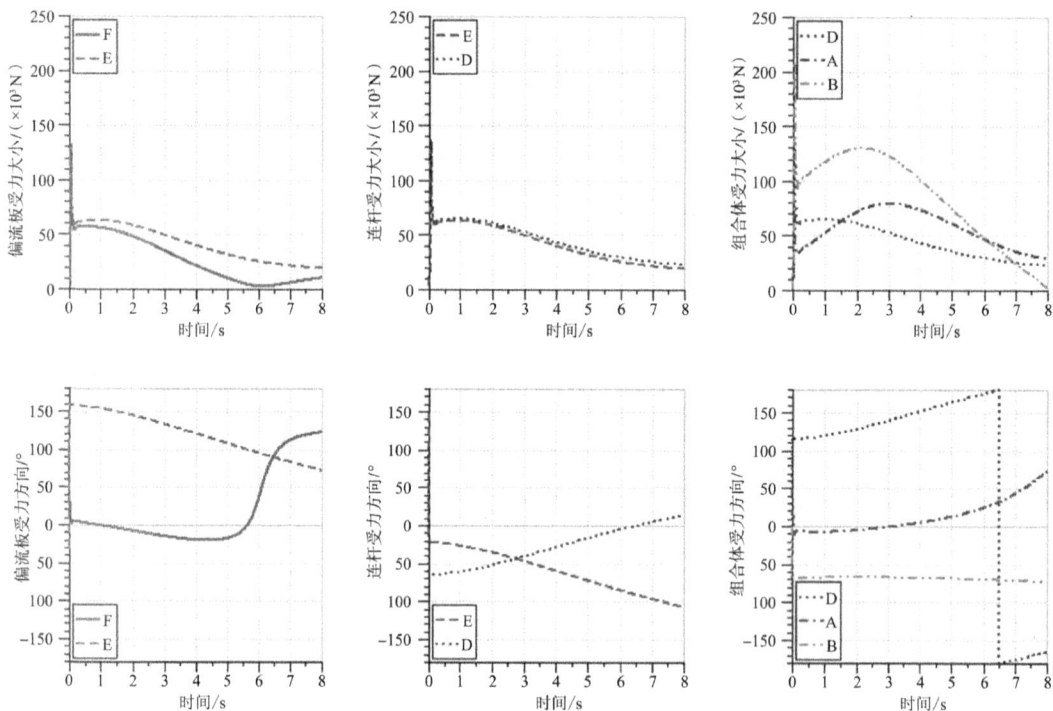

图 9 偏流板上升过程各构件受力情况

图 10 给出了偏流板组件在承受外加负载时的各构件(包括偏流板组件、连杆、由曲柄、心轴与旋转臂构成的组合体)的转动副的受力情况。外加负载等效作用在偏流板组件的中部,方向垂直于偏流板组件所在平面,大小是一个斜坡信号,斜率大小为 10^6 N/s。从图中可以看出运动副 A、D、E 三个运动副受力大小基本相等,且方向相反,作用在一条直线上,说明偏流板在工作位置的受力与死点位置受力情况类似;但也可看出,活塞杆并不是完全不受力(运动副 B),而是受到一定的拉力,且大小和方向均不稳定,可知其大小虽相对于其他运动副受力较小,但仍对偏流板工作不利,需要进一步改进。

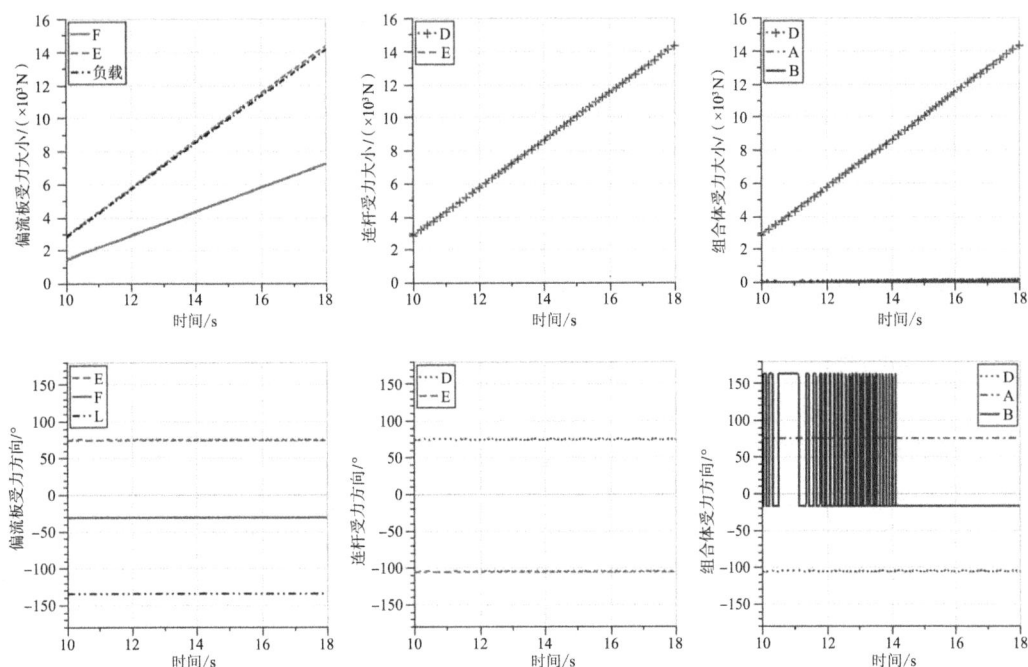

图 10　偏流板组件承受外加负载时的受力情况

5　结论

以 AMESim 软件为工具对美军 MK7 型喷气偏流板装置机械系统进行建模,并基于该模型对机械系统性能进行了分析,从仿真结果看,可以得出以下结论。

(1)美军 MK7 型喷气偏流板装置机械系统运动时能够减小速度冲击,在工作时越过死点位置有利于提高工作可靠性,说明了七杆运动机构适用于偏流板工作要求。

(2)美军 MK7 型喷气偏流板装置机械系统运动时受力均匀,有利于减小运动副的运动磨损,但是承担舰载机高温高压尾流作用时活塞杆受力且不稳定,需要进一步进行优化设计。

(3)以上结论与相关资料公开的 MK7 型喷气偏流板装置工作是相符的,从而进一步验证了喷气偏流板装置机械系统 AMESim 模型的正确性。

参考文献

[1] 于瀛. 航母喷气偏流板的构成及运行[J]. 现代舰船,2012(3):18-23.

[2] 吴始栋. 航空母舰 CVN-77 上应用的先进技术[J]. 中外船舶科技,2013(3):17-20.

[3] WADLEY H N G,QUEHEILLALT D T,HAJ-HARIRI H,et al. Method and apparatus for jet blast deflection:US8360361[P]. 2013-01-29.

[4] TANGEN S. Investigating separated shear layers for passive jet blast deflector cooling[C]// Proceedings of 44th AIAA Aerospace Sciences Meeting and Exhibit. Reno,Nevada. Reston,Viriginia:AIAA,2006.

[5] FISCHER E C,SOWELL D A,WEHRLE J,et al. Cooled jet blast deflectors for aircraft carrier

flight decks：US6575113[P]. 2003-06-10.

[6] 阎朝一. 被动隔热式喷气偏流板装置综合效能评估方法研究[D]. 哈尔滨：哈尔滨工程大学，2019.

[7] CAMPION G P. Blast deflector：US6802477[P]. 2004-10-12.

[8] 颜世伟，晋文超，谭大力，等. 一种射流式冷却挡焰板的气动设计与数值分析[J]. 中国舰船研究，2019,14(2)：99-106.

[9] 张群峰，闫盼盼，高为民，等. 偏流板回流对舰载机进气道温升影响分析[J]. 航空计算技术，2016，46(4)：35-38.

[10] 安强林，高飞云，王金玲. 舰载机与偏流板适配性中的流体力学应用[C]//2019年全国工业流体力学会议摘要集.北京：中国力学学会流体力学专业委员会，2019：28.

[11] 黄丹青，王如根，李仁康，等. 不同偏流板侧转角对回流的影响规律[J]. 空军工程大学学报(自然科学版)，2019,20(1)：20-25.

[12] MA S, TAN J G, LI X K, et al. The effect analysis of an engine jet on an aircraft blast deflector [J]. Transactions of the Institute of Measurement and Control，2019,41(4)：990-1 001.

[13] 王照辉. 偏流板冷却系统的优化设计研究[D]. 北京：北京理工大学，2016.

[14] 崔金辉，孙丹，韩磊，等. 偏流板对发动机进口温升影响研究[J]. 燃气涡轮试验与研究，2019,32(2)：17-20.

[15] 郑劲东. 国外舰载飞机甲板用防滑涂层的研究与进展[J]. 舰船科学技术，2003,25(5)：87-89.

[16] 吴始栋.航空母舰偏流板的开发与研究[J]. 中外船舶科技，2008(4)：9-11.

[17] 李昶，邱旭，任明其. 新型折流板装置运动机构优化研究[J]. 船舶工程，2015,37(2)：89-92.

舰载机飞行甲板作业流程优化研究[①]

杨炳恒

摘 要 本文以俄航母舰载机起飞前甲板作业为研究原型,分析了飞行甲板保障位舰载机作业及时序;提出了一种舰载机作业流程交通网模型,通过对模型的分析,对舰载机飞行甲板作业流程的优化提出了建议,可以为舰载机飞行甲板作业流程的规划提供决策依据。

关键词 舰载机飞行甲板作业;作业时序;交通网

1 概述

舰载机飞行甲板作业流程是在航母上组织舰载机飞行日当天,在飞行甲板上所开展的一系列围绕舰载机的保障作业,可分为直接准备、再次出动准备和飞行后三个阶段。[1-4]其中直接准备阶段的保障时间直接影响了舰载机的出动准备时间,很大程度上决定着航母舰载机的出动效率。

与岸基战斗机保障作业环境相比,航母舰载机飞行甲板作业环境有着环境差、空间狭窄、保障设施特殊等特点;同时,航母常年在海上活动,舰船摆动大,受海洋及其气候的影响,这些也影响着舰载机飞行甲板保障作业的顺利实施[5,6]。因此,如何在航母飞行甲板这样的特殊环境下,充分利用有限的甲板保障设施及资源,实现舰载机快速、有序的飞行甲板作业是一个重要的研究课题。

以美国、俄罗斯航母为例,为了顺利完成航母舰载机的直接准备,舰载机作业人员把飞行甲板作业任务划分为多个子任务,如通风除潮、充氧、加油、充氮、挂弹、通电检查、惯导对准以及按路线检查飞机等[7,8],这些子任务由不同的保障人员或小组负责完成。如何对这些子任务的作业时序进行分析及合理协调,对于舰载机飞行甲板作业时间有极其重要的影响。下面我们以俄罗斯"库兹涅佐夫"号航母舰载机飞行甲板作业为例,研究分析舰载机飞行甲板作业流程的优化。

2 作业流程模型构建

2.1 保障位舰载机作业

"库兹涅佐夫"号航母的固定翼舰载机为苏-35飞机,根据苏-35飞机保障需求以及"库兹涅佐夫"号航母飞行甲板保障设施资源配置,苏-35飞机在由牵引车调运至飞行甲板保障站位后,主要完成通风除潮、充氧、充氮、通电检查、加油、挂弹按路线检查飞机等子任务,这些子任务由不同的保障人员或小组负责完成。

---

① 发表于《舰船科学技术》2016 年第 12 期。

2.2 保障位舰载机作业时序

舰载机作业时序是指多个子任务实施时,子任务实施的时间先后次序,作业时序是否协调会直接影响整个作业任务完成的时间,从而影响整个飞行准备阶段的时间。

如果不考虑飞行甲板保障站位的保障设施资源以及舰载机作业的统筹同步,最简单直接的保障位舰载机作业串行时序如图 1 所示。在这种保障位舰载机作业串行时序下,保障人员或小组按照串行作业顺序依次完成舰载机保障作业。

图 1 保障位舰载机作业串行时序

而实际上"库兹涅佐夫号"号航母飞行甲板舰载机保障站位所提供的保障设施及资源有限;同时,如保障条件允许,苏-35 飞机的保障作业可同步进行,如加油时可同步完成充氮作业,一种可能的保障位舰载机作业时序如图 2 所示。

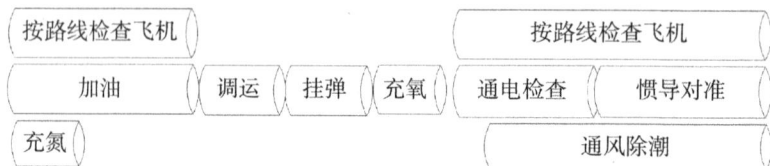

图 2 优化的舰载机作业时序

如图 2 中,根据"库兹涅佐夫号"号航母甲板保障站位设施资源配置,苏-35 飞机在 1 号保障站位完成按路线检查飞机、加油以及充氮作业;调运至 2 号保障站位完成挂弹、充氧、通电检查、通风除潮、惯导对准以及按路线检查飞机作业,本着充分利用保障人员及设施资源,缩短舰载机作业时间,部分作业可协调同步进行。

2.3 舰载机作业流程模型

我们对优化的舰载机作业时序图 2 进行拓扑化,用有向边 $\langle V_i, V_j \rangle$ 来表示舰载机飞行甲板的一项作业活动(如舰载机加油),用顶点 $V_1, V_2, \cdots V_i$ 表示作业活动的时间转换点,这样就有了下面的舰载机作业流程图(图 3)。

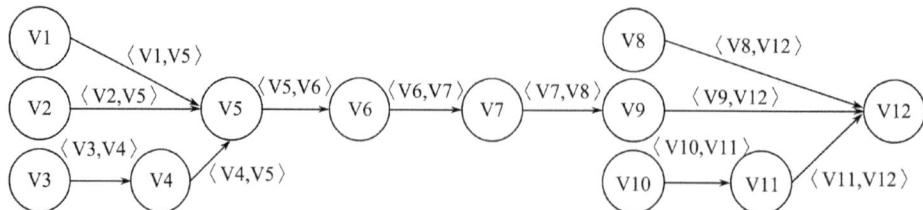

图 3 舰载机作业流程图

作业流程图中边的方向是用从始点指向终点的箭头表示的,具体在舰载机作业中表示具体作业阶段工作的开始点和结束点。如有向边 $\langle V_1, V_5 \rangle$ 可表示为按路线检查飞机的作业过程。

为了进一步研究舰载机飞行甲板作业流程的优化,对舰载机作业流程图 3 进行改造,根据各舰载机飞行甲板作业完成需要的时间对有向边 $\langle V_1, V_5 \rangle$、$\langle V_2, V_5 \rangle$、$\langle V_3, V_4 \rangle$ 等有向边进行加权。得到带权有向图(图 4),我们称之为加权舰载机作业流程交通网。

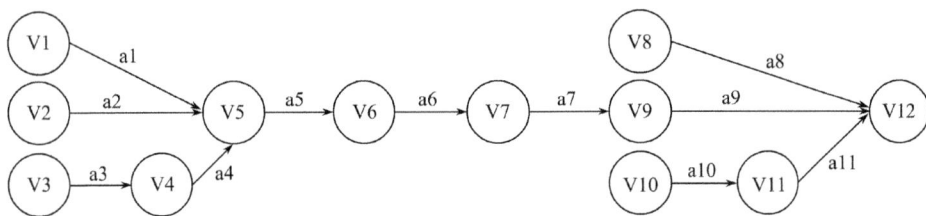

图 4　舰载机作业流程交通网

3　作业流程模型分析

3.1　舰载机作业流程交通网分析

从图 4 的舰载机作业流程交通网中可以得出,有向边的权 ai 表示该有向边代表的作业活动需要的完成时间,这样舰载机的整个作业时间可用序列 a1a5a6a7a8,a1a5a6a7a9,a1a5a6a7a10a11,a2a5a6a7a8,a2a5a6a7a9,a2a5a6a7a10a11,a3 a4a5a6a7a8,a3a4a5a6a7a9,a3a4a5a6a7a10a11 表示,分析可以得出以下几个方面。

（1）整个作业任务完成需要的总时间为 6 个时间序列中最大的时间。

（2）a5、a6、a7 为整个任务的关键作业。

（3）减少 a5、a6、a7 的作业时间可以直接减少整个舰载机任务作业的完成时间。

（4）同步作业阶段中时间最长的子任务作业时间决定了同步作业时间阶段的完成时间。

作业流程交通网中串行的单一路径为关键作业,关键作业所耗费时间变化直接影响着整个舰载机作业的完成时间,提高关键作业完成效率可直接对舰载机作业流程进行时间优化。

3.2　同步作业流程分析

舰载机作业流程交通网中并行的多条路径表示为实际工作中的同步作业,下面我们单独从图 4 中抽取出一个同步作业阶段流程交通网进行分析,其他的同步作业阶段流程可以用同样的方法进行分析。

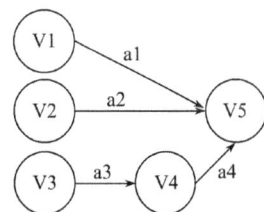

图 5　一个同步作业阶段流程图

从图 5 中可以分析得出,同步作业阶段的完成时间为各个同步作业中的最大值,如图 5 表示的同步作业阶段的完成时间为 a1,a2,a3＋a4 三个作业时间的最大值,我们用 TV5 表示:$TV5 = \max(a1, a2, a3+a4)$。

我们定义在整个作业任务实施中,作业活动 A 在最晚的时间段内开始也不影响整个流程的总完成时间的时刻为最晚开始时间 $T\langle Vi, Vj \rangle$ 晚。同步作业阶段中某项作业的最晚开始时间等于同步作业阶段的完成时间减去此作业阶段所需的时间。

$\langle V1, V5 \rangle$ 的最晚开始时间:$T\langle V1, V5 \rangle$ 晚 ＝ TV5－a1;

$\langle V2, V5 \rangle$ 的最晚开始时间:$T\langle V2, V5 \rangle$ 晚 ＝ TV5－a2;

$\langle V3, V4 \rangle$ 的最晚开始时间:$T\langle V3, V4 \rangle$ 晚 ＝ TV5－a3－a4;

$\langle V4, V5 \rangle$ 的最晚开始时间:$T\langle V4, V5 \rangle$ 晚 ＝ TV5－a4。

因此,在求得了同步作业阶段各作业的 $T\langle Vi, Vj \rangle$ 晚后,甲板作业指挥员可以在制定舰载机作业任务时,根据舰载机状态、人员配置及设施的情况合理地协调保障人员或小组作业时序,编制最为合理的舰载机飞行甲板作业流程,使人员和装备得到最大的利用效率,保障整个舰载机飞行甲板作业的快速顺利实施,提高舰载机的出动效率。

4 结论

通过对俄航母苏-35舰载机飞行甲板作业流程模型的建立及分析,可以得出以下结论。

(1)作业流程模型中串行的单一路径作业活动所需时间直接影响整个任务的执行总时间。

(2)要提高作业流程交通网中同步作业阶段的完成时间需要减少耗时最长的子任务作业的工作时间。

(3)同步作业阶段中子任务作业在最晚开始时间前开始启动不会影响同步作业阶段的完成总时间。

在实际的舰载机飞行甲板作业流程规划中,可以利用本文提出的模型对整个作业进行分析研究,从而对人员及设施进行合理配置和调度,提高舰载机的出动效率。

参考文献

[1] 张勇,周益. 美国舰载航空甲板运动准则[J]. 中国舰船研究,2012,1(2):30-42.

[2] 陈传铮.航母的飞行甲板[J]. 航母经纬,2005(5A):39-41.

[3] Maegegor M H, Grover WD. Optimized k-shortest paths algorithm for faeity restoration. Software Practice and Experience, 1994, 24(9): 823-828.

[4] EPPstein D. Finding the k shortest paths. SIAM Journal on Computing, 1999, 28(2): 652-673.

[5] F-22 aircraft progress in achieving engineering and manu－facturing development goals[R]. GAO/NSIAD-98-67,1998.

[6] ANGELYN J. Sortie generation capacity of embarked airwings[R/OL]. ADA359178,1998[2010-05-21]. http://www.cna.org/documents/279801110.pdf.

[7] ANGELYN J, MAUREEN A W, COLLEEN M K, et al. USS Nimitz and carrier airwing nine surge demonstration [R/OL]/.998[2010-08-12]. http://www.cna.org/documents/2797011110.pdf.

[8] 杨炳恒,毕玉泉,徐伟勤.一种舰载机调运作业流程优化模型[J]. 舰船科学技术,2011,33 (1):118-121.

基于 PLC 的电气控制类设备故障模拟器的设计与实现

宋建华　南慧军　张　磊

摘　要　针对电气控制类设备的特点,本文基于多米诺故障理论建立了设备逻辑仿真模型,找到了该类设备故障模拟器设计理论和方法,并以某型设备为对象进行了实例研究。实例验证表明,同基于其他方式设计的故障模拟器相比,本文设计的故障模拟器具有成本更低、易于实现、故障设置点多、仿真度更高、适用性更强等特点。本文提出的设备故障模拟器设计理论和方法具有较强的实用性和可操作性,可适用于复杂的电气控制类设备故障模拟器研制,具有较强的推广价值。

关键词　故障模拟器;多米诺骨牌;全故障仿真;PLC

1　引言

电气控制类设备容易出现线路老化、接线松动、元器件故障等问题,相对于液压与机械类设备装置,电气故障更为抽象与复杂,排故难度更大,出现电气故障后设备维护人员常常无从下手。为提高电气控制类设备的排故能力,使用设备故障模拟器是一条比较行之有效的途径。基于此,本文提出了运用多米诺骨牌理论设计一款基于 PLC 的电气类设备通用故障模拟器,实现对目标设备控制线路的全过程、全故障仿真,实现模拟操作、故障检测和排故评价等功能。

2　全状态建模

为便于研究电气控制线路故障,本文仅考虑各个电器元件本身是否能够正常使用这一故障以及线路短路和线路断路三类故障,不考虑电器元件其他类型,例如复杂的电器元件 PLC 存在通信故障、内部逻辑关系故障等。表 1 列出了可模拟故障类别。

表 1　故障类型

故障	说明	影响
线路断路故障	表示接线端松动、脱落或线路本身截断、损坏	使线路不通,该点和与之有关的状态点复位
线路短路故障	表示线路绝缘材料老化、接线不慎或制造缺陷等	使与之有关的断路器或熔断器产生电气元件故障
电气元件故障	表示无法正常使用,含所有不能正常使用的原因	使线路不通,该点和与之有关的状态点复位

2.1　多米诺骨牌理论

多米诺骨牌理论,指在一个存在内部联系中,一个很小的初始能量就可能导致一连串的连锁反应[1],当内部联系出现混乱时,这个连锁反应的一部分会被终止。在电气控制线路中,将电器元件的输入或输出定义为逻辑点,电器元件故障定义为故障点,逻辑点和故障点均为一块多米诺骨牌,则一个控制系统就可以看成由一系列骨牌组成,如图1所示。

在控制线路中,各个逻辑点均有与之相关的其他逻辑点,分为产生影响的逻辑点和被影响的逻辑点,而影响与被影响该逻辑点的数量可能唯一也可能不唯一,故障点作为可撤除类骨牌存在于各个逻辑点之间,其作用可影响整个信号流程的传递。当无故障点时,每个逻辑点导通可将该逻辑点的信号传递下去,就好比骨牌一个个倒下去;当产生故障时,故障点会阻碍信号传递的影响,如图2所示。

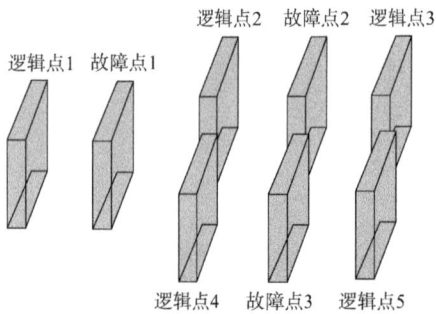

图 1　控制系统的多米诺骨牌表达　　　　图 2　产生故障时的多米诺骨牌

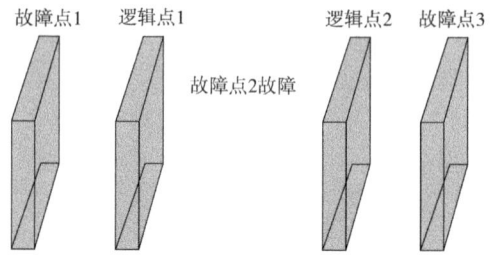

运用多米诺骨牌思想构建的控制线路模型可以有如下几个优势。

(1)化繁为简,多米多骨牌思想将整个复杂系统的逻辑转化每个逻辑点的逻辑关系整合,分析起来较为方便。

(2)逻辑清晰,故障分析过程中减少遗漏、错判。

(3)化虚为实,多米诺骨牌思想很好地契合电气控制类设备故障模拟器,能够将骨牌的撤除转化为故障点的设置。

2.2　逻辑仿真模型

仿真辅助灯控制线路的操作逻辑与故障逻辑,首先定义表示线路上的状态信号、开关信号以及各种故障信号的变量,然后建立逻辑点之间、逻辑网络的模型,最后根据所建立的模型进行 PLC 编程求解。

首先定义变量 R_i,Q_j,W_k,P_u,S_v,T_w,如下表 2 所示。

表 2　变量声明表

变量	含义
R_i	0,1变量表示状态点状态,0代表状态点无信号,1代表状态点有信号,$i=1,2,3\cdots$
Q_j	0,1变量表示故障点断路故障信号,0代表无故障,1代表有故障,$j=1,2,3\cdots$
W_k	0,1变量表示故障点短路故障信号,0代表无短路故障,1代表有短路故障,$k=1,2,3\cdots$

变量	含义
P_u	0,1 变量,表示元器件的开关信号,如开关、断路器是否闭合等,0 代表闭合,1 代表断开,$u=1,2,3\cdots$
S_v	0,1 变量,表示元器件故障信号,0 代表无故障,1 代表有故障,$v=1,2,3\cdots$
T_w	整型变量,表示部分器件的档位信号,如电压转换开关、辅助灯调光旋钮的档位信号等,w 范围因 T_w 不同而改变

2.2.1 逻辑点模型

a. 一般线路上状态点得电逻辑模型:

$$R_{i+1}=R_i \cdot \overline{Q_{j1}} \cdot \overline{Q_{j2}} \tag{1}$$

式中,$R_i=0,1$,$Q_j=0,1$,该式表示一般状态点得电条件为前一信号点有信号,且与之有关故障点无故障。

b. 表示某元器件状态信号的得电逻辑模型:

$$R_i=R_{i-1} \cdot R_{i+1} \cdot \overline{Q_j} \tag{2}$$

式中,$R_i=0,1$,$Q_j=0,1$,该式表示此类电器元件得电条件为元件输入、输出位置交流电均有信号,且元器件本身无故障。

c. 短路故障所引起的熔断器、断路器开路的逻辑模型:

$$Q_j=\overline{\overline{W_{i1}} \cdot \overline{W_{i2}} \cdot \overline{W_{i3}}} \tag{3}$$

式中,$Q_j=0,1$,$W_k=0,1$,k 表示影响元器件开路的短路故障点个数,该式表示熔断器、断路器等开路的条件为使该元件开路的任意一故障点短路。

d. 在特殊点逻辑关系中表示自锁逻辑关系模型:

$$R_{i1+1}=P_u \cap \overline{Q_{j1}} \cap [R_{i1} \cap \overline{S_{v1}}) \cup (R_{i2} \cap \overline{S_{v2}})] \tag{4}$$

式中 $R_i=0,1$,$Q_j=0,1$,$P_u=0,1$,$S_v=0,1$,该式表示某开关输出点得电的条件为开关闭合且开关输出点无故障,在满足开关无故障、开关输入点有信号或与开关并联的自锁继电器触点无故障、继电器吸合时,输出点得电。

e. 特殊点逻辑关系中多档位开关的逻辑关系模型:

$$\begin{cases} R_{i1}=R_{i2} \cap R_{i3} \cap \overline{S_{v1}} \cap (F_1 \cup F_2 \cup F_3) & (5) \\ F_1=\overline{Q_{j1}} \cap \overline{Q_{j2}} \cap \overline{(T_w-1)} & (6) \\ F_2=\overline{Q_{j3}} \cap \overline{Q_{j4}} \cap \overline{(T_w-2)} & (7) \\ F_3=\overline{Q_{j5}} \cap \overline{Q_{j6}} \cap \overline{(T_w-3)} & (8) \end{cases}$$

式中,$R_i=0,1$,$Q_j=0,1$,$S_v=0,1$,$T_w=0,1,2,3$(其中,0 代表空档,1 代表 A-B 挡,2 代表 B-C 挡,3 代表 A-C 挡),该式表示电压表产生示数的条件有电压表连入电压表的输入输出点有信号,电压表本身无故障,然后满足档位开关置于 A-B 挡且电压转换线路 1-2、7-8 无故障,档位开关置于 B-C 挡且电压转换线路 5-6、11-12 无故障,档位开关置于 A-C 挡且电压转换线路 3-4、9-10 无故障的条件之一,即产生电压表示数信号,见式(5)~(8)。

2.2.2 逻辑网络模型

整个电源配电柜 1 的逻辑关系由逻辑网络组成,逻辑网络由逻辑点组成,逻辑网络模型用逻辑点矩阵表示。以控制线路接触器线圈得电逻辑网络为例,表示从熔断器 FU4 出口开始到接触器线圈 KM1 得电的 8 个逻辑点构成的逻辑网络模型如下,其中 $R_i = 0,1$,$Q_j = 0,1$,$P_u = 0,1$,$S_v = 0,1$,见式(9)～(11)。

$$\left\{\begin{array}{c} R_{i+1} \\ R_{i+2} \\ R_{i+3} \\ R_{i+4} \\ R_{i+5} \\ R_{i+6} \\ R_{i+7} \\ R_{i+8} \end{array}\right\} = \begin{pmatrix} \overline{Q_{j1}} \cdot \overline{S_{v1}} & 0 & 0 & 0 & 0 & 0 & 0 & 0 \\ 0 & \overline{Q_{j3}} \cdot \overline{Q_{j4}} & 0 & 0 & 0 & 0 & 0 & 0 \\ 0 & 0 & F_1 & 0 & 0 & 0 & 0 & 0 \\ 0 & 0 & 0 & \overline{Q_{j7}} \cdot \overline{Q_{j8}} & 0 & 0 & 0 & 0 \\ 0 & 0 & 0 & 0 & \overline{Q_{j8}} \cdot \overline{S_{v3}} & 0 & 0 & 0 \\ 0 & 0 & 0 & 0 & 0 & \overline{Q_{j11}} \cdot \overline{Q_{j12}} & 0 & 0 \\ 0 & 0 & 0 & 0 & 0 & 0 & \overline{Q_{j13}} \cdot \overline{Q_{j14}} & 0 \\ 0 & 0 & 0 & 0 & 0 & 0 & 0 & \overline{S_{v4}} \end{pmatrix} \cdot \left\{\begin{array}{c} R_i \\ R_{i+1} \\ R_{i+2} \\ R_{i+3} \\ R_{i+4} \\ R_{i+5} \\ R_{i-2} \\ F_2 \end{array}\right\} \tag{9}$$

$$F_1 = \overline{Q_{j5}} \cap [\overline{S_{v5}} \cap P_u) \cup (R_{i+8} \cap \overline{S_{v6}})] \tag{10}$$

$$F_2 = R_{i+6} \cdot R_{i+7} \tag{11}$$

3 故障模拟器设计

如故障模拟器的总体设计图 3 所示,整个模拟共分为故障模拟训练系统和逻辑仿真系统两部分。其中,故障模拟训练系统完成操作训练、故障设置、故障检测和排故评价等功能;逻辑仿真系统实现整个电气控制类设备全状态仿真;故障模拟训练系统与逻辑仿真系统之间通过以太网传递逻辑点和状态点信息,实现设备工作状态及控制线路各逻辑点状态反馈以及故障设置信息传递。

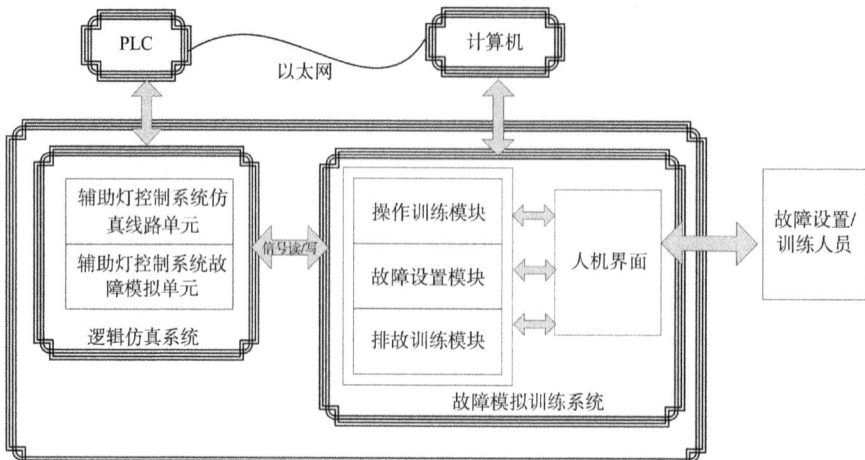

图 3　故障模拟器组总体设计图

3.1 逻辑仿真系统

通过逻辑仿真建模可以看出,状态点与其他状态点和故障点存在复杂的逻辑运算关系,因此使用 PLC 更容易实现上述逻辑。仿真模型中的逻辑点和故障点使用 PLC 中的位存储器表示,如表 3 所示。逻辑点之间运算关系通过梯形图编程实现,如图 4 所示。当"LA IN"逻辑点得电、LA 线路无故障、"LA OUT"本身无故障三个条件同时具备后,"LA OUT"逻辑点的得电,M10.2 置位,表示线路信号到达"LA OUT"点。

表 3 逻辑点和故障点表示举例

逻辑点	类型	地址	故障点	类型	地址
LA OUT	Bool	M10.2	FU1 IN 短路	Bool	M39.4
D5(1) IN	Bool	M20.5	FU1 IN 故障	Bool	M7.2
D5(2) IN	Bool	M21.2	SB2 OUT 短路	Bool	M35.3
D6(1) OUT	Bool	M20.6	SB2 OUT 故障	Bool	M4.5

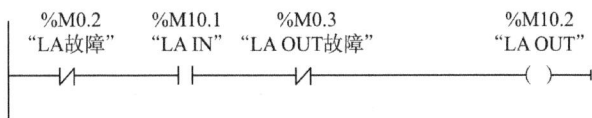

图 4 一般状态点得电的逻辑实现程序图

3.2 故障模拟训练系统

故障模拟训练系统包括三个功能模块,分别为操作逻辑模块、故障设置模块、故障检测模块,如图 5 所示。

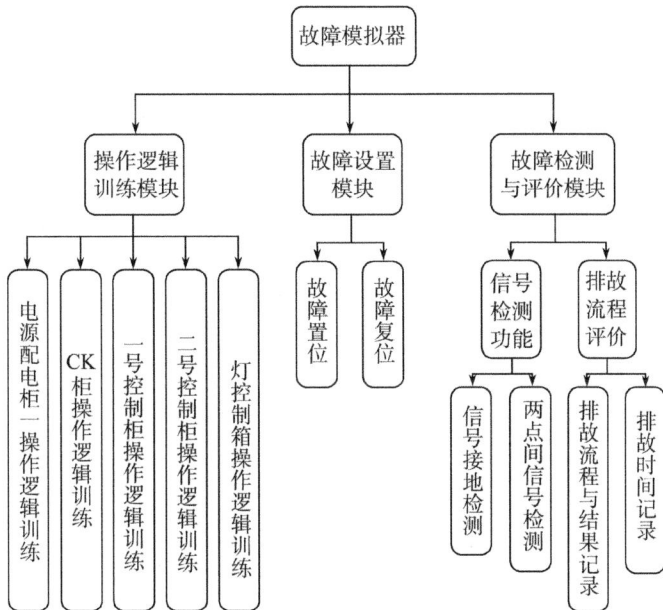

图 5 故障模拟器功能结构图

3.2.1 操作逻辑训练模块

操作逻辑训练模块是模拟设备的各个机柜面板,实现设备的上电、指示灯显示、开关操作等操作训练。

3.2.2 故障设置模块

故障设置模块用于故障设置和故障复位,故障置位是设置电器元件、线路短路和断路故障,而故障复位则是取消故障,消除故障现象。

3.2.3 故障检测与评价模块

故障检测与评价模块模分为信号检测和排故流程评估。信号检测功能模拟万用表功能,首先选择一个状态点(黑表笔可选择参考点),接着选择另外一个状态点(红表笔选择测量点),测量结果则反映了两点之间的通断情况。排故流程评价功能根据排故时间、排故过程、排故结果进行打分,实现排故评估。

4 实例验证

4.1 实例设计与实现

本文以某型装备为例,设计和实现该型装备故障模拟器。该模拟器由一台 S7-1500 PLC 和一台笔记本电脑组成,二者通过以太网链接。S7-1500 PLC 运行逻辑仿真系统,笔记本电脑运行故障模拟训练系统,如图 6 所示。

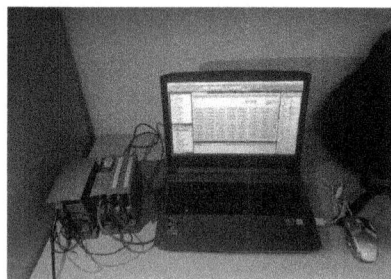

图 6 某型设备故障模拟器

4.1.1 逻辑仿真系统

基于博图 V16 编程软件[2,3]采用梯形图方式实现设备全状态仿真,可设置 1 181 个故障和仿真及 630 个逻辑点。

4.1.2 故障模拟训练系统

基于 Visual Studio 2010 平台采用 C♯语言[4]编程实现,其界面流转关系如图 7 所示,操作与排故训练和故障设置界面如图 8 所示。

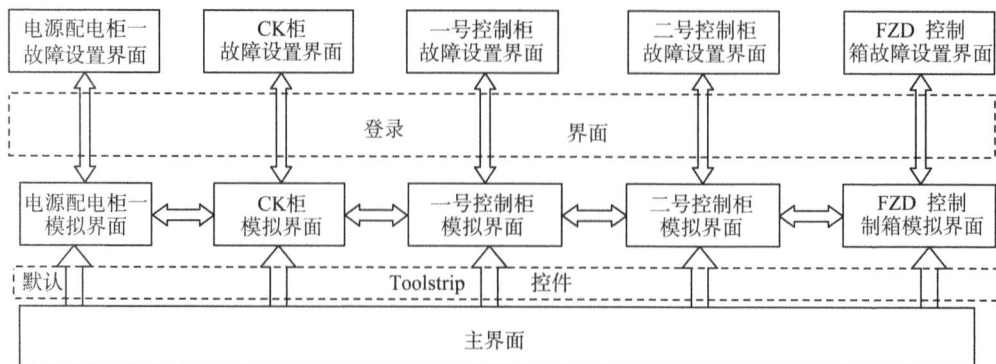

图 7 界面流转关系图

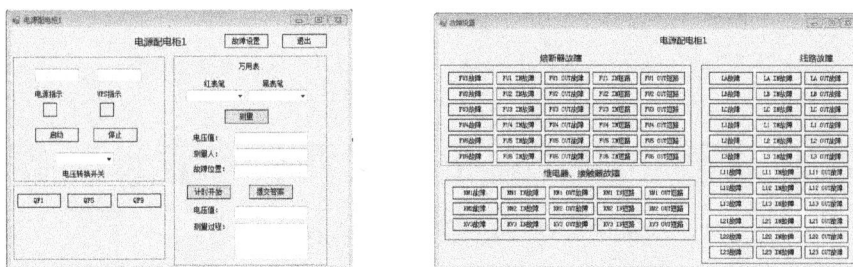

图 8　操作与排故训练(左)和故障设置(右)界面

4.2　实例功能验证

按照装备操作→故障设置→故障排除的流程对设计的模拟器进行了验证,如图 8 和图 9 所示。实例验证表明:该模拟器能够实现全状态仿真,故障现象与实装一致,仿真度高。

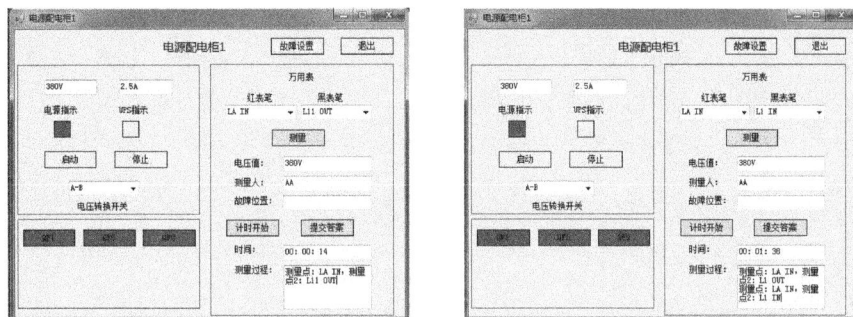

图 9　故障排除流程

5　总结

本文针对电气控制类设备的特点,基于多米诺故障理论建立了设备逻辑仿真模型,提出了该类设备故障模拟器设计思路,并以某型设备为对象进行了实例研究。实例验证表明:本文设计的故障模拟器同基于专用仿真软件方式[5]的故障模拟器相比,成本更低,更便于实现;与基于故障案例等方式[6,7]的故障模拟器相比,故障仿真度更高,适用性更强。本文提出设备故障模拟器设计理论和方法具有较强实用性和可操作性,可适用于复杂的电气控制类设备故障模拟器研制,具有较强的推广价值。

参考文献

[1] 庄斌. "多米诺骨牌"理论思想渊源探析[J]. 科技信息,2011(333):228-229.

[2] 向晓汉. 西门子 S7-1500 PLC 完全精通[M]. 北京:化学工业出版社,2018:107-348.

[3] 崔坚. 西门子 S7-1500 与 TIA 博图使用指南[M]. 北京:机械工业出社,2016:1-266.

[4] 王小科. C♯从入门到精通[M]. 北京:清华大学出版社,2008:1-159.

[5] 王洛锋. A320 机务维护模拟机平台搭建与基于 Easy5 驱动的液压系统故障仿真[J]. 机械工程自动化,2017(1):1-3.

[6] 李琳. CRH5 型动车组制动系统故障培训系统的研究[D]. 大连:大连交通大学,2015.

[7] 孙鸣蔚. 高铁猎空设备故障仿真培训系统的研究[D]. 兰州:兰州交通大学,2015.

项目式教学模式在士官职业教育航母装备课程中的探索与应用①

孙　婧　黄　葵　张　涛

摘　要　航母某型装备是多学科应用的复杂装备,具有原理难、战位多等特点。然而士官学员大多排斥畏惧复杂原理的学习,传统装备教学模式"先理论,后实操"不易于士官学员岗位能力的形成。经过探索国内外先进教学理念,课程组将项目式教学模式引入此装备课程中,并且结合职业教育的特点以及此装备的特殊性,建设了课程配套信息化资源,调整了课程评价机制,通过对两批次士官学员的授课,形成了此课程单个项目的教学模式,并取得良好的教学效果。

关键词　项目式教学模式;士官职业教育;航母装备课程

1　引言

随着新一轮部队改革的推进,军官职能将侧重于作战指挥,士官职能则更侧重于装备的技术保障、管理与指挥,这对院校士官人才培养提出了更高要求,不仅要培养士官的操作技能,还要培养分析问题、解决问题以及沟通协调能力,唯有如此,才能使培养的士官具备可持续发展能力,才能胜任将来作战要求的组织、沟通以及保障指挥管理等能力。然而航母装备课程对学员的理论知识广度要求较高,对实践性要求很强,岗位指向性非常明确,要求学员具备较强的装备操作、维护、排故以及应急处置能力,这与士官学员自身薄弱的理论基础形成矛盾。

传统"先理论,后操作"的教学模式造成学员参与教学活动的主动性和积极性不高,学员的主体意识不强,也不利于使学员形成岗位能力、胜任岗位工作。项目式教学是以完成某一项目为主线,将理论内容穿插其中,从而达到"理论实践一体化"的教学模式。采用该模式可以使学员更加容易理解和掌握复杂原理,并提高学员解决实际问题的综合能力。

2　职业教育中的项目式教学模式

职业教育源于古代学徒制,在本质上就是一种有着很强就业指向性的教育。职业教育项目课程源自克伯屈[1]的设计教学法(Project Method),他从杜威"从做中学"的教育思想出发,在"问题教学法"的基础上创立了设计教学法,并通过对传统的项目课程的改造,用有目的的行动作为项目课程的关键特征,使项目课程有了更为宽广的含义。经过几十

①　发表于《新教育时代》2021年第一期。

年的发展,项目课程已超越了课程领域,成为一种教育思想,因此国内有些文件将项目课程和项目教学法等同起来。

对于职业教育中的项目式教学模式,国内研究者有这样的一些定义:徐国庆认为"通过完成完整的工作项目,让学生获得相关的知识与技能,并发展职业能力的教学方法"[2]。徐小贞将项目教学定义为:"以实际问题为依托,以开展项目为手段,通过完成项目同时掌握理论知识和实践技能的教学方法。"[3]多种定义中的共性是职业教育中的项目式教学模式更能培养学员的岗位能力,项目与岗位工作直接挂钩,同时理论和实践高度融合。

3 项目式教学模式在航母某型装备课程中的应用

3.1 紧贴部队岗位,重构内容体系

项目式教学[4−6]是以完成某一项目为主线,以教员为引导,以学员为主体,所以项目的选择和设计尤为重要。贯彻落实新时代军事教育方针"为战育人"的指导思想,由部队人员先结合部队技术保障工作实际,梳理出士官学员的第一任职岗位中对装备的典型作业任务以及完成每一项作业任务所需要的职业能力,形成士官岗位能力分析表。而后,以士官岗位能力分析表为依据,课程组以完成某一项工作所要学的职业能力作为教学目标,将工作任务进行归类、整合,提取出典型工作任务;按照"实用、管用、够用"的原则补充支撑任务的原理知识,构成一个项目。根据岗位任职能力渐进的规律,按照"认知−操作−检查−维修"四个层次对项目进行序化,使得学员通过一个个项目的学习能够阶梯式形成岗位职业能力。

3.2 整合多维资源,创设实战环境

根据训练优化资源配置的金字塔模型,建设了课程教学资源,为学员各阶段学习提供了信息化教学环境。信息化平台集成课程、MOOC、IETM、部队训练视频库、电子版教材、部队训练规程、装备各系统原理图等信息化资源便于学员课前、课堂和课后的学习;学员虚拟训练对操作能力的形成是个重要支撑,虚拟训练包含二维虚拟训练系统和三维拆装训练系统,根据不同的项目进行不同的虚拟训练;由于装备的复杂性和多战位,实验室中仅研发一套实装训练模拟器,模拟器内部结构、操作面板以及显示界面均与实装一致,为项目教学营造了实战化教学环境;学员在校第三年会赴部队进行为期一年的实习。通过这样系统建设课程训练体系,使用金字塔训练资源优化配置,以最低的成本获得最大的训练效果,如图1所示。

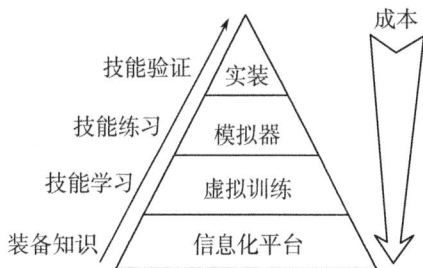

图1 金字塔训练资源优化配置

3.3 突出学为中心,实施项目教学

在教学实施中,将每个项目拆分成若干个任务,分解难点、渐次递进,将原理教学融入某一项工作任务的操作中。以某一次项目式教学为例,教学过程包括课前、课中、课后三个阶段共8个环节(图2)。

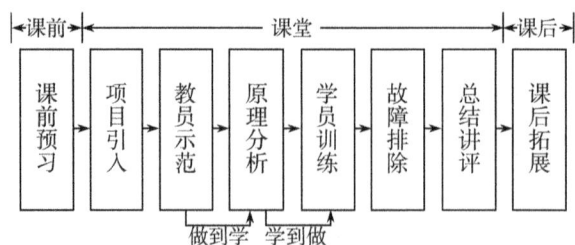

图 2　某次项目式教学的过程

3.3.1　课前预习

教员将本项目中简单记忆性的知识以及需要用到的拓展知识上传至课程网络教学平台,并且在教学平台发布预习任务。同时把该项目的《岗位协同表》下发给学员。学员在教学平台完成预习任务,并且熟悉《岗位协同表》,记住该项目中的操作战位、口令、动作和现象。这样使学员做到有备而来,以此提高课堂教学效率。

3.3.2　项目引入

从航母部队训练视频库中该项目操作的视频导入,营造实战化教学情景,使学员初步了解实际部队中各战位之间进行操作的流程、动作、口令等,结合课前对《岗位协同表》的学习进一步加深对操作的认知。教员通过提问以及对课前预习任务完成情况的总结,凝练学习此项目所需知识要点。

3.3.3　教员示范

为了更加凸显项目式教学中学员的主体位置,调动学员学习的积极性和主动性,在教员示范过程中,学员轮流下达口令,并且就操作过程中疑惑的地方可以随时进行提问。教员讲解、示范每一步操作的要点和注意事项,并提醒学员观察每一步后的现象是什么。

3.3.4　原理分析

学员根据操作后现象的变化提出问题或者由教员引导出问题,思考为什么操作后装备会有变化,引出项目原理的学习,从"做"过渡到"学",透过现象抓本质。在装备分系统的复杂原理图中,学员通过小组合作的方式梳理出与本项目相关的模块之间连接关系,也就是单个项目的工作原理。教员和学员一起对各小组的结果进行对比分析,给出正确的项目原理并讲解,培养学员的读图、识图能力以及逻辑思维能力。

3.3.5　学员训练

学员分组训练首先在装备虚拟训练系统中进行虚拟训练,根据虚拟训练系统的评分,优秀的学员在实装模拟器上进行适应性训练。实装模拟器训练完毕后,学员观看航母部队训练视频查找补缺。整个训练过程,要求每名学员在每个战位都轮流操作一遍,熟练掌握项目的整个操作流程。

3.3.6　故障排除

在学员强化训练前,教员在教控台预设故障,学员在操作过程中发现故障。学员结合原理的学习,分组讨论想定解决方案。教员根据学员分析得到的解决方案进行纠正,给出正确方案,并带领学员通过测量等手段定位故障并进行排除,使学员逐渐形成装备排故能力。

3.3.7　总结讲评

教员对项目的操作以及原理进行回顾,对学员训练中出现的操作错误以及步骤遗漏等进行总结,并提炼出关键点和注意事项等进行强调。同时,对本项目中的工作作风提出要求,逐步培养学员严谨细致、认真负责、团结协作的工作作风和勇于吃苦、乐于奉献、敢于担当的航母人精神。

3.3.8 课后拓展

教员在课程网络教学平台发布拓展任务。拓展任务是对课堂学习内容的提升,学员要应用课堂学习的操作以及原理等知识去解决拓展任务,如对特殊情况的处置和对故障树的梳理。

3.4 围绕能力目标,开展考核评价

在课程考核方面,按照"能力导向、多类型多方式结合"的建设思路制定评价方案,加大过程性考核比重到60%。其中每个项目以及项目中各任务占的比重也不同,结合线上和线下综合评价,使其能公平、公正地反映出学员平日里的学习情况,激发其学习动力。

4 结论

本文将项目式教学模式引入士官层次学员的装备课程中,克服了传统教学模式下理论与实践相脱节的弊端,更符合职业教育人才培养目标,取得了良好的教学效果。项目由操作动作的"怎么做",到操作现象的"是什么",再引申到原理分析"为什么",最后落脚到特情与排故方案的制定。一方面使学员求知欲大大增强,对原理的学习不再排斥;另一方面,将原理和操作真正融合在一起,达到了理实一体、知行合一,使学员在掌握操作的同时能理解操作背后的原理,实现从被动实践非认识性的"技"向主动追求的认识性的"能"升华。

参考文献

[1] 克伯屈. 教学方法原理:教育漫谈[M]. 北京:人民教育出版社,1991.

[2] 徐国庆. 职业教育原理[M]. 上海:上海教育出版社,2007.

[3] 徐小贞. 中国高职英语专业教育理论研究[M]. 北京:外语教学与研究出版社,2006.

[4] 钟守兵. 项目教学法在高等职业教育教学中的应用[J]. 今日科苑,2010(4):210.

[5] 刘刚,王国锋. 项目教学法在应用中存在的问题分析及对策探讨[J]. 电子测试,2013(9):176-177.

[6] 郑凤婷. 工作过程导向的高职项目教学研究与实践[D]. 新乡:河南师范大学,2013.

新装备实战化教学探索与实践①

樊向党　黄　葵　杨炳恒

摘　要　院校新装备实战化水平高低直接影响部队战斗力生成。本文分析了当前新装备实战化教学存在的问题,结合某新装备教学实践,介绍了新装备实战化教学的经验做法和启示,具有一定的参考意义。

关键词　新装备;实战化;教学

近年来,随着航母、无人机等装备列装入役,新装备如何快速形成作战能力对部队保障人才队伍提出较高要求。而军校作为部队军事人才培养的主阵地,肩负着为部队输送优秀人才的光荣使命。习近平主席指出,面对军事斗争准备的鲜活实践,院校教育必须与时俱进,坚持面向战场、面向部队,围绕实战搞教学、着眼打赢育人才,使培养的学员符合部队建设和未来战争的需要,向着部队、实战、未来贴近再贴近。因此,院校必须重视新装备实战化教学,真正实现院校教学"向实战聚焦、向部队靠拢"。

1　当前新装备课程实战化教学存在的问题

1.1　教学岗位指向性不强

实战化教学本质上要求部队仗怎么打,院校就应怎么教,这就要求院校教员必须"为战教战"[1]。但目前仍有很多课程存在教学内容与部队新的战法、训法脱节,课程教学设计、课堂教学内容等与学员的任职岗位需求、与部队作战训练贴得不紧、靠得不近,教员不了解、不熟悉部队等问题,直接影响和制约了学员任职能力的提升。

1.2　教学保障条件建设滞后

实验室、教材等是课堂教学的重要支撑。而新装备一般都是优先列装部队。对于院校来讲,获取技术资料的渠道有限,加之受内容涉密、模拟器研发周期长等因素影响,教学保障条件相对滞后,一定程度上影响新装备实战化教学质量。

1.3　教员新装备教学能力偏弱

"教之本在师",说明了教师在人才培养过程中的重要地位。培养"能打仗、打胜仗"的一流军事人才必须靠一流的师资。而新装备往往新技术含量高、技术复杂,这就要求授课教员不仅懂前沿科技,还要具备丰富的部队作战训练实践经验。而目前大多数教员对部队战法、训法了解不多,导致新装备教学能力偏弱。

2　新装备课程实战化教学探索与实践

在某型新装备教学过程中,课程组紧贴学员任职岗位能力需求,聚焦实战,不断加强

---

① 发表于《继续教育》2018 年第 1 期。

课程建设,在课程目标定位、教学模式创新、教员队伍、教学保障条件等方面进行了积极探索和实践,取得一定成果。

2.1 聚焦任职岗位需求、找准课程目标定位

"满足任职岗位需要,培养岗位合格人才"是任职教育的基本特征。新装备教学一是要找准课程目标定位。为此,课程组深入部队,详细调研学员岗位职责,细化岗位能力需求,提出了"懂原理、会操作、能排故"的课程教学总目标。二是厘清课程教学重点,以学员装备保障过程中"必学、必会、必备"的知识、能力为主线,优化课程教学内容体系和重难点。三是积极遵循任职教育特点规律,突出"学为主体、教为主导"和"以人为本、因材施教"的教育理念,强化学员学习的主体地位,以启发式教学方法为主,培养学员分析问题和解决问题的能力,使学员真正掌握装备保障知识,形成和具备岗位任职所需的保障能力。

2.2 创新教学训练模式、强化"理实一体化"课程教学实践

新装备教学不仅要求学员要掌握装备组成、工作原理、装备操作使用、维护保养,更重要的是要具备一定的维修保障能力、应急处置能力。而传统装备课程"先理论、后实践"的传统授课方式,使理论与实践脱节,难以满足任职教育人才培养目标的需求。为此,课程组借鉴国内外职业教育有关经验,对课程进行"理实一体化"教学模式改革与探索,在内容体系上将装备原理和装备维护有机融合,理论知识讲解和实践技能训练并重,加大实践考核的比重。真正打破传统理论课、实验课与实训课的界限,实现"做中学、做中教"和"教、学、做"三位一体,提升了教学效果。

2.3 坚持实战导向、打造"三熟悉"教员队伍

"名师必晓于实战",因此,打造一支学缘年龄、职称、结构合理,部队任(代)职、跟产(研)经历复合,教学科研能力并重的教学与团队是新装备实战化教学的基础。一是制定教员成长路线图。课程组根据教员自身实际情况,从近期、中长期等阶段规划未来成长计划,明确各阶段的目标、方法途径并做好检查落实。二是定期组织教员去部队进行任(代)职和短期驻训。特别是对新装备列装、测试、调校等关键节点,确保及时跟踪,重点掌握新装备关键技术、原理、数据等,为教员新装备教学奠定坚实基础。三是加大与地方工业部门、科研院所交流合作。通常工业部门负责装备的研制,院校负责为装备使用培养合格人才,二者最终目的都是提高新装备的战斗力,特别是随着军民融合的不断深化,二者在学术交流、人才培养、装备共同研制开发等方面具有广泛的合作基础和光明前景。定期的学术交流机制可使院校教员开阔学术视野,对该装备的前沿技术等有所了解,增强了其新装备教学的理论深度。

2.4 紧贴实战训练需求、加强教学保障条件建设

教学保障条件是教学训练实战化的重要支撑。"巧妇难为无米之炊",即使再优秀的教员,脱离了实战化教学保障条件也很难讲好新装备课程。因此,建成紧贴实战训练岗位、满足教学训练需求、符合学员岗位实际的教学保障条件对于提高新装备实战化教学水平具有十分重要的作用。一是加快新装备实验室、模拟器研发力度。课程组通过向上级申领、自主研发模拟器、与工业部门共同合作等渠道加快实战化教学保障条件建设力度。先后建成某型新装备实验室和该装备模拟操作训练系统,其在物理界面、操作步骤、信号流程等方面与实装完全一致,提升了课程岗位的针对性、指向性。二是采取模拟工作场景等教学方法,从严从难设置训练科目。为了提高和增强学员未来在实际岗位工作中能够对所发生的故障进行快速定位、排除而保持设备的良好状态的应急处置的能力,根据实装

故障生成模式,结合部队近年发生的实际故障案例,课程组先后梳理形成该装备的实操训练科目库,利用操作训练模拟器进行"还原现场",让学员根据岗位工作指令进行独立操作,发现故障,分析故障产生原因,并进行现场排除,取得较好的教学效果。三是加大信息资源建设力度。新装备教学中,课程组先后开发了该型装备对应的多媒体教材、网络课程、交互式电子技术手册(IETM)及虚拟仿真拆装软件。课程组通过图片、视频、3D交互式动画等形式进行辅助教学,激发了学员的兴趣,提升了新装备教学质量。

3 新装备实战化教学的几点启示

通过近几年教学实践,该新装备课程建设也取得一定成绩。课程组先后获得"实战化"建设成果一等奖、多媒体教材评比一等奖、教学创新团队评比一等奖、教员课堂授课竞赛一等奖等荣誉。实验室连续三年被评为先进实验室,教学组成员先后多次荣立三等功,荣获优秀教员、优秀党员等称号。在新装备实战化教学实践过程中,也得到以下几点启示。

3.1 新装备教学不能"等、靠、要"

新装备通常会优先列装部队,而院校面临无资料、无实装,这在很大程度上制约了院校教学效果和人才培养质量。因此,一定要发挥自身主观能动性,积极主动作为,特别是在新装备接装试验、场所培训等关键时机快速跟进,及时跟踪、收集相关技术资料。同时,应通过积极研发装备模拟操作训练系统、虚拟仪器等方式"模拟实装、以虚代实",保证无实装条件下新装备教学效果和人才培养质量。

3.2 实战化教学不能光喊口号

当前,实战化训练已成为全军部队聚焦实战、瞄准打赢的常态化模式。因此,院校人才培养和课程教学也应坚持贴近部队、面向战场、聚焦实战,必须坚持仗怎么打,课就怎么上,打仗需要什么,课堂就讲授什么,真正实现课堂连着部队、连着战场。

3.3 要坚持从严、从难设置训练科目

军队院校作为新型军事人才的输出地,对部队战斗力生成具有重要影响。因此,要坚持"一切为了部队战斗力"这一基本宗旨,牢固树立"为战教战"的责任意识、"我的课堂关乎未来战争输赢"的忧患意识,应尽可能通过多种教学模式锤炼学员的新装备保障能力,确保学员满足未来任职岗位能力需求,确保"能打仗、打胜仗"。

4 结束语

推进教学训练实战化不仅是当前院校教育教学改革发展的时代特征,还是院校履行"围绕实战搞教学,着眼打赢育人才"使命任务的根本要求。院校新装备教学应紧贴部队、紧贴实战,从课程目标定位、教学模式创新、教员队伍、教学保障条件等方面加强课程全面建设,主动作为,从而不断提高新装备教学能力和人才培养质量,为部队输送优秀人才。

参考文献
[1] 杨旭光,王海洋. 实战化的军校教育[M]. 北京:解放军出版社,2015.
[2] 洪庆根. 军队院校任职教育教学模式新论[M]. 北京:国防工业出版社,2014.

改进的光学下滑道稳定算法

张　涛　潘传勇　孙　婧

摘　要　本文针对常见光学下滑道稳定算法中飞行员操纵负担和着舰误差二者相互矛盾，并且不能实现闭环控制的问题，提出一种改进的光学下滑道稳定算法。首先介绍母舰运动的简化模型，分析点稳定、角稳定、线稳定和惯性稳定四种常见的光学下滑道稳定算法，然后建立飞行员操纵负担和着舰误差的数学模型，最后在惯性稳定的基础上，将着舰误差作为飞行员操纵负担进行稳定解算，得到改进算法的灯箱运动控制规律。分析结果表明：该算法充分兼顾了飞行员操纵负担和着舰误差这两个主要因素，并通过着舰误差的引入实现了闭环控制，为光学下滑道的稳定提供了新思路。

关键词　光学下滑道；稳定算法；飞行员操纵负担；着舰误差

1　引言

光学助降装置是现役航母上普遍装备的近程着舰引导设备。它采用特定的稳定算法，通过其随动系统对母舰的运动进行补偿，为返航着舰的舰载机提供一个相对稳定的光学下滑道，引导飞行员进行目视着舰。[1-4]光学下滑道的稳定算法是决定光学助降装置性能的一个重要因素，这也引起了广大学者的研究兴趣。例如，彭贞慧等[5]分析了几种常见的光学下滑道稳定算法和终端误差统计方法；郑峰婴等[6,7]研究了一种近程改进型光学助降装置的终端着舰误差，并进行了数字仿真；龚华军等[8]比较系统地分析了光学助降装置终端着舰误差的来源和产生机制，并对不同的误差源建立了数学模型。目前针对算法本身的研究较少，大多是针对不同稳定算法的着舰误差开展研究，但没有考虑飞行员跟踪光学下滑道的操纵负担。本文在综合考虑着舰误差和飞行员操纵负担这两个主要因素的前提下，提出一种改进的光学下滑道稳定算法。

2　母舰运动的简化模型

舰载机在返航着舰时，母舰自身的航行对舰载机着舰几乎没有任何影响，真正影响舰载机着舰的是母舰自身的扰动。母舰舰体会在海浪及浪涌的作用下产生六个自由度的扰动，分别为沿自身 X、Y、Z 轴三个方向上的运动及绕这三个轴的转动（分

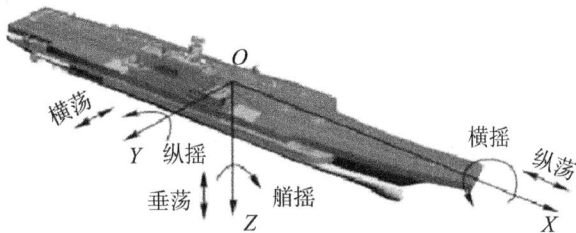

图1　航母六个自由度的扰动

别为纵荡、横荡、垂荡、横摇、纵摇和艏摇）。航母六个自由度的扰动如图1所示。

母舰自身的运动会使光学助降装置发出的光平面产生波动,引起光学下滑道的不稳定,最终导致理想着舰点发生变化。在舰载机触舰的瞬间,理想着舰点位置的变化可能会造成舰载机着舰失败,降低舰载机着舰的成功率,并影响舰载机着舰的安全性,因此,在研究航母六个自由度扰动的影响时,笔者只关注会对理想着舰点高度造成影响的扰动。其中,横荡、纵荡以及艏摇这三个扰动改变的只是理想着舰点在甲板平面上的位置变化,不会对理想着舰点的高度造成影响。而纵摇、横摇和垂荡(又称为升沉)这三个扰动都会从不同的角度使理想着舰点的高度发生变化[9-11],因此,文中所涉及的母舰的姿态信息就是指母舰纵摇、横摇和升沉这三个自由度的扰动。

3 常见的光学下滑道稳定算法

当母舰发生运动时,如果不对下滑道光束进行补偿,下滑道光束与甲板面之间的夹角将保持不变。随动系统的作用就是通过对光平面进行补偿,隔离母舰运动对光平面所产生的影响,从而保证下滑道的相对稳定。具体而言,当母舰姿态发生变化时,随动系统根据所选取的下滑道稳定算法进行相应的解算,输出电压信号控制电机旋转,带动灯箱运动,从而保证下滑道光束的相对稳定。光学助降装置目前主要有点稳定、角稳定、线稳定和惯性稳定四种稳定算法。

点稳定是指下滑道光束上某一点保持空间稳定不变,这一点通常选取在距离透镜762 m的位置处;角稳定是指下滑道光束与水平面的夹角保持空间稳定不变。点稳定和角稳定如图2所示。

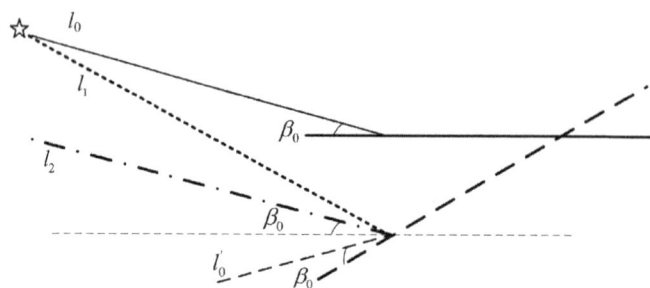

l_0 为初始光束;l_0' 为舰体姿态发生变化后未经补偿的光束;
l_1 为点稳定补偿后的光束;l_2 为角稳定补偿后的光束。

图2 点稳定和角稳定示意图

从图中可以看出,点稳定相当于在空间中把原下滑道光束绕着固定点进行一个角度的旋转,使下滑道光束过理想着舰点。而角稳定相当于在空间中把原下滑道光束进行了平移,下滑道光束仍过理想着舰点。

线稳定是指着舰过程中使下滑道光束这条直线保持空间相对稳定不变;相对稳定具体指下滑道光束不受舰体纵横摇运动的影响,仅随舰体的升沉运动而垂直变化。

惯性稳定实际上就是在线稳定的基础上增加了对航母升沉运动的补偿,这样光束就在惯性空间内保持绝对的稳定不变。在惯性稳定下,下滑道光束不受舰体纵摇、横摇和升沉运动的影响。线稳定和惯性稳定如图3所示。

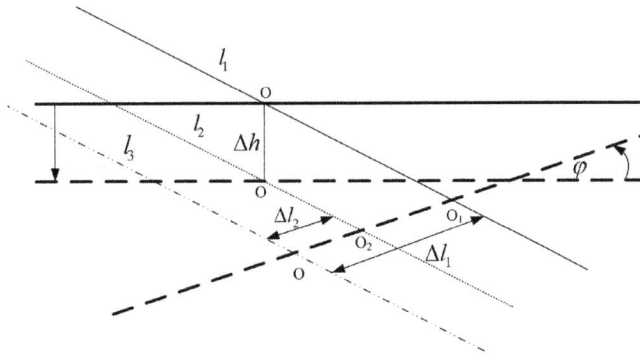

l_1 为惯性稳定的下滑道光束；l_2 为线稳定的下滑道光束；l_3 则为角稳定的下滑道光束；
O 点为理想着舰点；O_1 点为惯性稳定的实际着舰点；O_2 为线稳定的实际着舰点。

图 3 惯性稳定和线稳定示意图

由图 3 可见,惯性稳定的下滑道光束是绝对稳定的,与母舰姿态无关,但惯性稳定的着舰点偏移量 OO_1 明显大于线稳定的着舰点偏移量 OO_2。

这四种稳定算法中,对于角稳定和点稳定而言,理想着舰点保持不变,但它是以增大飞行员操纵负担为代价换来的。对于惯性稳定而言,飞行员的操纵负担最小,而这是以增大着舰误差为代价换来的。由此可见,着舰误差与飞行员操纵负担这二者是一对矛盾关系。

4 改进的光学下滑道稳定算法

针对光学下滑道稳定算法中着舰误差与飞行员操纵负担这一对矛盾,同时为了能定量比较稳定算法中着舰误差与飞行员操纵负担,实现稳定的闭环控制,分别建立这二者的数学模型,提出改进算法。

4.1 飞行员操纵负担模型

母舰的纵摇、横摇和升沉运动会使下滑道光束产生相应的波动,如图 4 所示。

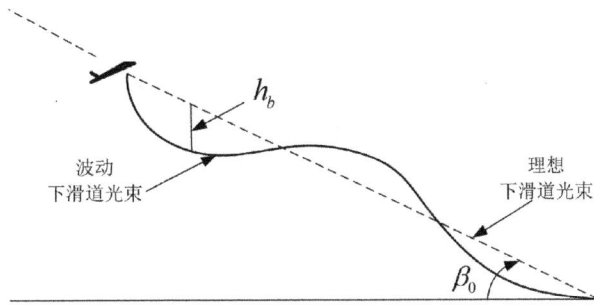

虚线表示理想的光学下滑道;实线表示实际的飞行轨迹。

图 4 下滑道光束的波动示意图

飞行员的主要任务就是在竖直方向上及时调整飞机的高度跟踪理想的光学下滑道,所以飞行员的操纵负担可用实际飞行轨迹上的某一点相对于理想光学下滑道的在竖直方向上的偏移 h_b 来表示。经推导,飞行员操纵负担 h_b 的最终表达式由式(1)表示,Durand 等[12] 给出了详细的推导过程。

$$h_b = (h_s + C_1\theta_s + C_2\varphi_s + C_3\varphi_L) + (C_4\theta_s + C_5\varphi_s + C_6\theta_L)R \tag{1}$$

式(1)中,C_1、C_2、C_3、C_4、C_5、C_6 分别表示航母的几何尺寸,具体含义可参阅 Durand 等发表的文章[12];θ_s 和 φ_s 分别为舰体的俯仰角和横摇角;h_s 表示舰体的升沉幅度,即 θ_s、φ_s 和 h_s 表示母舰的姿态角变化规律;θ_L 和 φ_L 分别为灯箱运动的俯仰角和横摇角,R 定义为实际的下滑基准光波束上的一点到透镜的距离。

由式(1)可见,飞行员的操纵负担与 h_b 航母的几何尺寸有关,海浪的形式与大小 h_s、θ_s、φ_s、波束点的位置 R 以及灯箱的运动 θ_L、φ_L 有关。

4.2 着舰误差模型

着舰终端误差通常用理想着舰点的高度误差 Δh_{TD} 来表示。理想着舰点的高度误差 Δh_{TD} 直接决定着舰载机能否成功着舰,如果 Δh_{TD} 过大,飞机将不能钩住阻拦索;如果 Δh_{TD} 过小,飞机将会撞在舰艉上。航母甲板上一般布置有四根阻拦索,从舰艉至舰艏依次编号为 1 号至 4 号,所谓的理想着舰点就是指位于 2 号和 3 号阻拦索之间的中心位置。

按理想状态着舰,飞机在惯性轨迹的末端钩住航母上的阻拦索,此时理想着舰点的高度(相对惯性基准轨迹而言)$h_{TD} = 0$。但由于母舰自身的扰动,理想着舰的实际高度 h_{TD} 为

$$h_{TD} = h_s - L_{TD} \cdot \sin\theta_s + Y_{TD} \cdot \sin\varphi_s$$
$$\approx h_s - L_{TD} \cdot \theta_s + Y_{TD} \cdot \varphi_s \tag{2}$$

式(2)中,L_{TD} 为理想着舰点距离舰体俯仰中心的水平距离;Y_{TD} 为理想着舰点距离舰体滚转轴的距离;θ_s、φ_s 和 h_s 为母舰的姿态信息。

理想着舰点的高度误差 Δh_{TD} 可定义为

$$\Delta h_{TD} = h_{aTD} - h_{TD} \tag{3}$$

式(3)中,h_{aTD} 为飞机在理想着舰点处的实际高度,计算 h_{aTD} 的几何关系如图 5 所示。

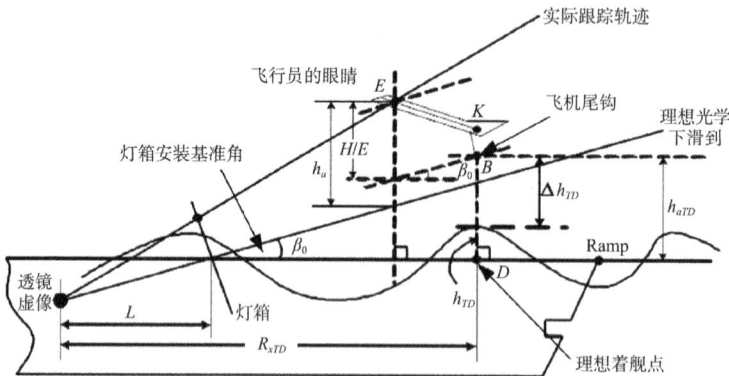

图 5　计算理想着舰点高度误差的几何关系图

由图 5 中的几何关系可得

$$h_{aTD} = (h_a - H/E) + (R_{x,TD} - L)\tan\beta_0 \tag{4}$$

把式(2)和式(4)代入式(3)可得

$$\Delta h_{TD} = (h_a - H/E) + (R_{x,TD} - L)\tan\beta_0 - (h_s - L_{TD} \cdot \theta_s + Y_{TD} \cdot \varphi_s) \tag{5}$$

上式中,$R_{x,TD}$ 为理想着舰点与光学助降装置所成虚像的水平距离;L 为光学助降装置光学透镜与其虚像之间的水平距离;β_0 为灯箱的安装基准角,H/E 为飞机的钩眼距,是飞机的

一个具体尺寸,与飞机的类型有关;h_a 为在理想着舰点处飞行员的眼睛与理想光学下滑道的垂向偏移,即

$$h_a = h_b \Big|_{R = \frac{(R_{x,TD} - L)}{\cos\beta_0}}$$

$$= (h_s + C_1\theta_s + C_2\varphi_s + C_3\varphi_L) + (C_4\theta_s + C_5\varphi_s + C_6\theta_L)\frac{(R_{x,TD} - L)}{\cos\beta_0}$$

(6)

4.3 改进算法的实现

点稳定和角稳定由于飞行员的操纵负担太大目前已基本不用。惯性稳定在空间中是绝对稳定的,只需令 $h_b = 0$ 即可解算出灯箱的运动控制规律;由于线稳定相对于母舰的纵摇和横摇能保持稳定,但会随母舰的升沉运动而垂直运动,并且升沉运动造成的垂向偏移与舰体的升沉幅度相等,令 $h_b = h_s$ 同样可解算出灯箱的运动控制规律。

由式(5)可见,对于惯性稳定和线稳定中的着舰误差完全是由母舰的姿态信息决定,与具体的稳定算法无关,所以上述光学下滑道的稳定算法实际上都是开环控制,飞机的跟踪轨迹只与母舰姿态的变化有关,而不会随着着舰误差的变化进行相应的调整。基于此,为尽可能地减小着舰误差,在惯性稳定的前提下,将理想着舰的高度误差作为飞行员的操纵负担,即可得到一种改进的闭环控制稳定算法,即

$$h_b = \Delta h_{TD}$$

(7)

由式(7)可得到改进稳定算法的灯箱运动的控制规律

$$\begin{cases} \theta_L = -\dfrac{C_4}{C_6}\theta_s - \dfrac{C_5}{C_6}\varphi_s \\ \varphi_L = -\dfrac{C_1}{C_3}\theta_s - \dfrac{C_2}{C_3}\varphi_s - \dfrac{1}{C_3}(h_s - \Delta h_{TD}) \end{cases}$$

(8)

由式(5)可得,Δh_{TD} 并不是一个固定值,它的计算还与 h_b 的计算表达式有关,由此形成一个互相迭代的闭环控制,计算时把初始计算条件设为惯性稳定,同时母舰静止不动,即 $h_b = 0, h_s = 0, \varphi_s = 0, \theta_s = 0$。

5 结束语

本文针对常见光学下滑道稳定算法的定性分析,建立了飞行员操纵负担和着舰误差的数学模型,并在此基础上提出了一种改进的光学下滑道稳定算法,在惯性稳定算法的基础上,将着舰误差作为飞行员的操纵负担,从而实现了稳定算法的闭环控制,为光学下滑道的稳定控制提供了一种新的思路。

参考文献

[1] MCCABE M J. NATOPS landing signal officer reference manual[M]. Washington D. C. : Naval Air Systems Command,2009:1-16.

[2] 彭秀艳,赵希人. 舰载机起降指导技术研究现状及发展趋势[J]. 机电设备,2006,23(2):12-15.

[3] 欧汛. 航母舰载机着舰助降装置[J]. 现代舰船,2005,245(8):42-47.

[4] 杨一栋,姜龙宝,许卫宝. 舰载机光学着舰引导控制要素[M]. 北京:国防工业出版社,2008:4-7.

[5] 彭贞慧,王新华,方芬. 菲涅尔透镜助降系统配置及终端误差分析[J]. 大众科技,2008(8):49-50.

[6] 郑峰婴,杨一栋."艾科尔斯"改进型光学助降系统的纵向着舰精度研究[J]. 指挥控制与仿真,2007,4(2):111-115.

[7] 龚华军,方芬,邢建芳,等. 先进的目视回收光学助降系统纵向着舰精度[J]. 南京航空航天大学学报,2009,41(5):677-681.

[8] 黄娴,洪冠新. FLOLS误差源建模与仿真研究[J]. 飞行力学,2010(1):92-96.

[9] 朱齐丹,张雯,张智. 菲涅耳引导光线惯性补偿稳定规律研究[J]. 哈尔滨工程大学学报,2010,31(5):619-626.

[10] 许东松,刘星宇,王立新. 航母运动对舰载机着舰安全性的影响[J]. 北京航空航天大学学报,2011,37(3):289-294.

[11] 贾新强,林鹏,王敏文,等. 舰载机着舰甲板运动误差及其补偿仿真研究[J]. 航空计算技术,2010,40(1):114-118.

[12] DURAND B S, TEPER G L. An analysis of terminal flight path control in carrier landing[R]. AD606040. Washington D. C. : Office of Naval Research Department of the Navy,1964.

基于 Jack 的航空装备虚拟维修性验证研究①

张 磊 黄 葵 宋建华

摘 要 虚拟维修是利用虚拟现实技术构建虚拟维修环境并进行装备的维修操作仿真，越来越多地应用于 IETM 系统中。本文提出了一种遵循 IETM 技术思想，基于 Jack 软件的航空装备虚拟维修操作验证方法，使装备维修人员参与到虚拟维修操作过程中，实现对航空装备维修性人因的合理分析。应用虚拟现实技术对装备的维修性进行分析与验证，对于提高装备研制过程中的维修性、降低开发成本及缩短研发周期具有重要意义。

关键词 Jack；虚拟维修；维修性验证

目前，将 IETM 应用于航空装备保障训练中，提供了一种新的培训、训练手段，使其在降低装备保障费用、提高工作效率和装备的维修性、可靠性和保障性等方面都具有显著的优势。[1] 由于航空装备结构较复杂，维修工作繁杂困难，参考技术手册查询相关信息得到的结果表现力不够理想，效果不够直观，同时装备维修过程中的每个步骤都很易受到人为因素的影响，所以将虚拟维修技术结合 IETM 技术直观地表现装备的维修过程，能够对用户的实际操作和维修步骤起到良好的引导作用，使装备使用与维修训练人员获取信息的同时更有效地理解信息。[2,3]

虚拟维修是以计算机虚拟仿真技术构建虚拟维修环境，并在其中建立虚拟人体模型、工具模型以及模拟维修作业过程。而装备操作维修性的优劣需要通过虚拟维修模拟训练来有效地验证与评价，找出影响维修性的因素，以减小不正确的维修行为对设备造成损坏的风险并及时改进。[4] 传统的操作维修性验证主要依托实装来进行，然而考虑到装备匮乏、维修周期和费用等因素，一些操作维修性验证工作无法开展。基于 Jack 人因工程技术遵循 IETM 技术思想的交互式虚拟维修训练系统，能够更有效地指导维修人员进行操作训练。基于此，本文提出了一种基于 Jack 软件的航空装备维修操作验证方法，使装备维修人员能参与到虚拟维修操作过程中，实现对航空装备维修性人因的合理分析。

1 Jack 软件简介[5]

目前，Jack 软件是一个公认较成功的人体仿真模型与工效评估软件，最初作为宾夕法尼亚大学人体建模和仿真中心研发项目，如今已更新换代为 8.1 版本。Jack 作为一个实时可视化仿真系统，构建的仿真环境，可导入用户需要的 CAD 模型，引入的三维人体模型具有生物力学特性，能够将任务赋予数字人对数字人的行为进行仿真分析并获取有价值

---

① 发表于《兵工自动化》2016 年第 35 卷第 3 期。

的信息。Jack 的主要优势在于其灵活、逼真的三维人体仿真行为以及详细的三维人体模型,特别是手、脊柱、肩等部位的模型;运用前向和反向的运动学公式也是 Jack 的一大优势,通过肢体末端的移动就可以定位人体姿势。数字人体建模技术是 Jack 中的关键技术。而软件中的数字人模型是

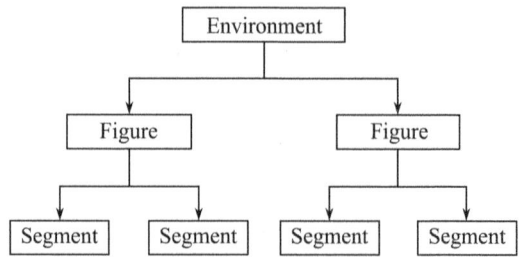

图 1　Jack 分层建模结构

由 69 个 Segment(部分)和 68 个 Joint(关节)构成,并且在导入数字人的过程中还可以自定义数字人身体的各个尺寸,因而数字人具备非常高的仿真程度。软件中采用的建模机制为分层建模,其层次关系构成倒树型结构(图 1),处于最高级的是 Environment(场景),其优势就在于每个 Figure(实体)或 Segment(部分)都可以重复引用,有效地减少创建新场景时的工作量。

2　基于 Jack 的虚拟维修性验证模型

　　航空装备维修性人因分析指利用维修性验证方式来保证维修人员能以良好的工作姿态、合适的工具和适度的工作负荷进行维修工作,从而有利于工作质量和效率的提高。虚拟维修性验证模型主要包含虚拟维修环境、维修设备模型、维修工具模型和人体模型[6]四个要素。要进行有效、合理的维修性人因验证分析,首先要建立虚拟维修模型和虚拟维修环境,然后在软件平台中进行装备虚拟维修仿真过程,最后进行动态虚拟维修操作分析验证。

2.1　虚拟维修仿真环境的建立

　　虚拟环境的建立是虚拟现实技术实现的核心内容。在对某型飞机起落架设备进行虚拟维修或维修性验证时,首先利用技术资料获取实际的三维数据并利用三维建模工具对起落架及维修环境进行建模,以建立一个尽可能真实地反映拆装起落架的虚拟维修环境模型(图 2),从而使虚拟维修环境具有可操作性。

图 2　某型飞机起落架虚拟维修环境模型

　　(1)建立维修设备和维修工具的三维实体模型。通过三维建模工具创建设备实体模型并应具有可操作性。但是模型的表示方法众多复杂,有的模型数据量会很大,无法表现出实时性,因此应尽可能简化模型的数据量。

　　(2)建立人体模型。虚拟人体建模技术是装备维修性人因分析中的首要技术。创建维修人员的全尺寸模型,从维修人员的作业姿态、作业区域、视角范围、主要关节的作用力以及环境对人的附加影响等方面分析系统的维修性。虚拟人的特征参数可通过自定义修改,创建出的三维人体模型应符合维修人员的特点,如图 3 所示。在维修过程中人体模型与三维装配实体模

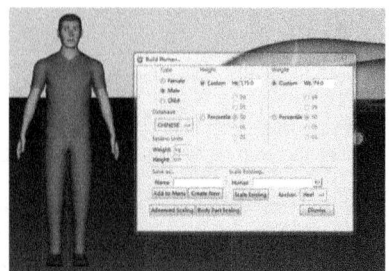

图 3　建立虚拟人体模型

型一同实现维修过程的仿真以及维修性的验证。[6,7]

（3）虚拟维修仿真环境的合成。根据维修作业仿真过程的需要,将创建的人体模型、维修工具和维修装（设）备导入虚拟维修场景中,并按实际比例缩放,确定作业空间的相对位置。通过几类模型在场景中合并,共同定义动态的仿真过程,便可实现维修性的虚拟验证。各模型之间的关系见图 4。[6]

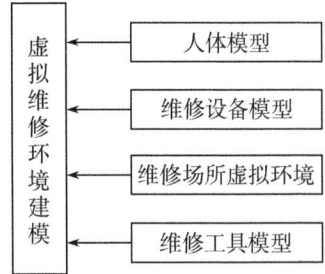

图 4   虚拟维修性验证模型

2.2   装备虚拟维修操作流程

按 IETM 系统维修手册中的操作流程对起落架进行拆卸操作。在虚拟维修环境中建立装备拆卸流程时,有必要将一些复杂的维修操作尽可能分解成易理解的若干个子维修操作流程,并将维修操作动作步骤转换为系统能接受的参数化描述(包括虚拟人的姿态,接触验证对象的名称与相对位置等),同时注意针对操作对象和动作姿态调整相应参数。

2.3   动态虚拟维修操作分析

笔者依据设备维修手册,创建行走路径,指导虚拟装备维修人员自主运动到指定维修位置,继而创建在规定时间内按照规定程序的操作动作,实时地研究人与设备的关系,比如可达性、可视性和可维护性。重点考虑在有限的操作空间中,操作工具是否可达,空间限度是否有效,并检测各零部件、操作工具之间是否有碰撞,这些对于在有限空间内(如无人机设备舱空间较小,且设备众多)执行协同维修任务是非常重要的。通过虚拟维修操作分析,对维修作业过程进行合理性及可行性分析与评价。

3   虚拟维修性验证分析

3.1   验证内容

维修操作虚拟验证过程需要对诸多人因要素进行分析。笔者主要验证两个部分:实体可达与可视性验证,操作可达验证。验证分析结构如图 5 所示。

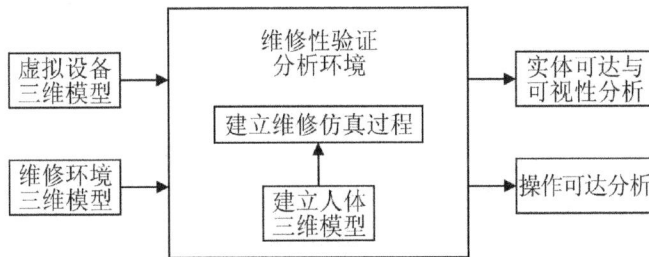

图 5   维修性验证分析结构图

3.1.1   实体可达性与可视性验证

实体可达性是指手或维修工具能够沿一定的路径或方式接近维修部位。可视性是指维修部位在维修人员视线内达到的范围,使维修人员能够方便地进行维修活动。实体可达性和可视性必须满足下列要求:应根据实际的人体尺寸设计维修作业空间,须满足人体最小的需求空间;维修人员在维修作业过程中不能出现自身视线达不到的操作动作[8]。

3.1.2 操作可达验证

操作可达主要是指对设备及部件进行维修时,工具操作活动的空间难易程度以及维修人员的舒适程度。因此,此验证的主要内容是验证维修人员在维修过程中,是否与维修对象发生碰撞或相互干涉现象,能否处于最佳作业姿势,作业姿势是否会引起维修人员的工作效率明显下降等。

3.2 验证分析

维修操作虚拟验证流程如图6所示。在依据IETM系统中技术手册相应描述信息的动态虚拟维修仿真的基础上进行维修操作验证分析。

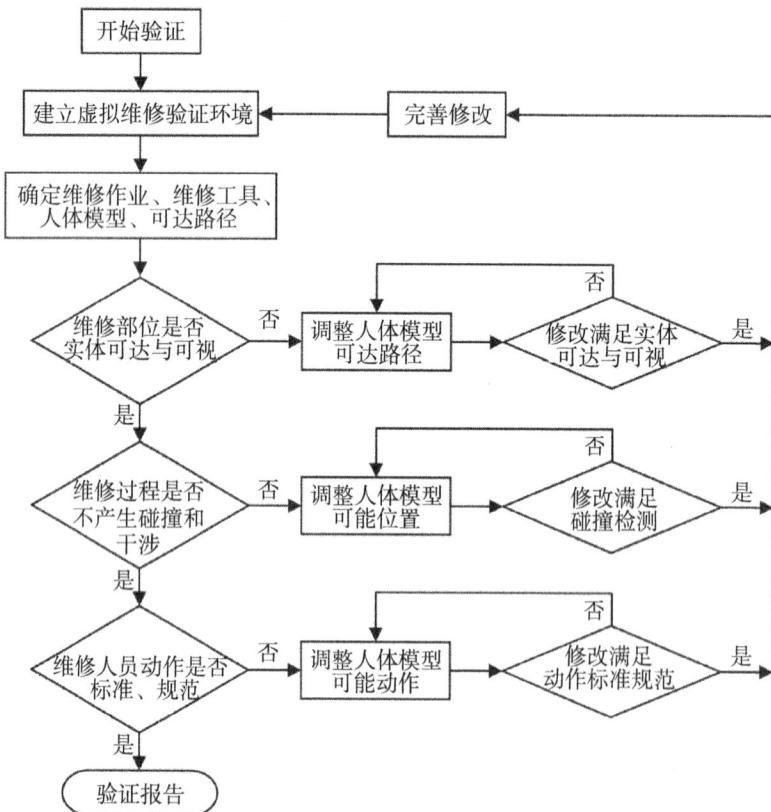

图 6 虚拟维修性验证流程

首先进行实体可达性与可视性分析,通过调整人体模型的方位和作业姿势,来判断维修设备是否位于人体模型的可视范围和可达空间内,直至满足实体可达性与可视性的要求,并确定可达路径。分析过程中利用【Advanced Reach Analysis】(可达域分析)工具生成一个区域,为特定尺寸的数字人描绘出其最大可触及的范围。借助这个工具可以生成2个肩和腰部运动的联合驱动最大可达区域(图7)。同时利用【Vision Analysis】(可视域分析)工具,

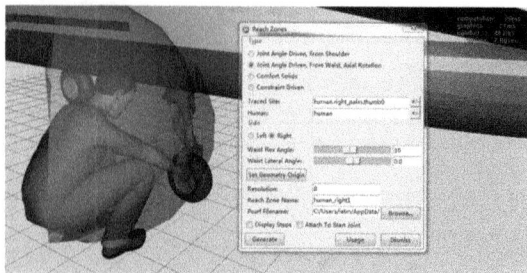

图 7 实体可达性与可视性分析

研究工作情况下数字人视角内的区域和物体,判断工作的合理性。

然后,进行维修过程仿真,判断维修人员在维修操作过程中是否会发生碰撞或相互干涉的现象。仿真的关键是真实性,通过测量可以对身体进行相应的约束,提高其真实性,同时也可以得出一些数据。通过测量实体之间是否有碰撞,检查任务的可行性。如图 8 中操作人员拆卸起落架前检查起落架的各部件时,人体模型头部与机体发生碰撞,此时应进行相应的姿态调整。

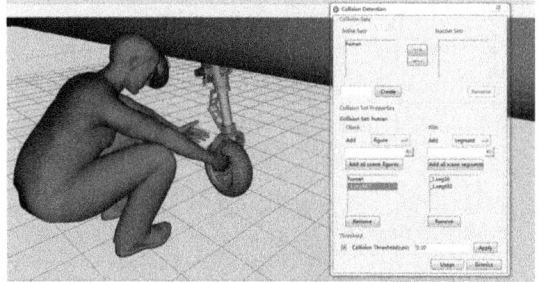

图 8　碰撞检测分析

最后,分析维修人员操作动作是否标准、规范以及操作的舒适度,并编写验证报告。利用【Ovako Working Posture Analysis】(工作姿势分析)进行工作姿势的快速检查,重点评价基于背部、手臂和腿负载要求的工作姿势的不适度。快速评估工作姿势,设计新的工作姿态或改进现有的工作姿态(图 9)。通过最终的分析结果可设计一个工作姿态不适度的最低风险,给出各负载的合理要求。

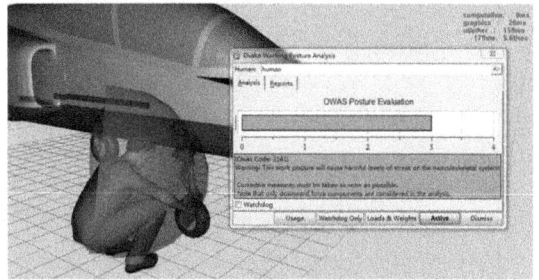

图 9　工作姿态舒适度分析

4　结论

针对装备维修操作的特点,笔者从航空装备维修性人因工程的要求出发,利用 Jack 软件技术提出了一种基于虚拟模型和环境的装备维修性人因验证方法。以装备维修过程中碰撞检测分析、实体可达与可视性分析为例验证操作的可行性,分析结果能够表明装备维修人员在操作过程中实体可达与可视性是否良好,操作是否得当及工作姿势舒适度。验证结果表明:该方法从根本上改变传统的航空装备维修性分析验证模式,使维修程序可视化,提供了更真实的动态显示能力,能提高维修行为的有效性,降低维修保障成本,产生军事和经济的双重效益,对装备的维修性人因分析验证具有重要参考价值。将 Jack 人因工程技术应用于 IETM 系统中,不但能发挥 IETM 在数据管理、信息组织、知识表达以及强交互性等方面的优势,而且能发挥 Jack 对环境和产品进行人因评估和强大的仿真功能的优势,是提高装备训练现代化建设、提高人才培养质量和教育训练效益的有效途经。

参考文献

[1] 徐宗昌,张光明,李博. 基于 IETM 的装备交互式训练研究[C]. 中国系统仿真技术及其应用学术年会. 2012,14:545-548.

[2] 佟德飞,米双山,刘鹏远,等. 基于 IETM 的三维可视化仿真技术应用研究[J]. 仪表技术,2010,8:59-61.

［3］朱兴动.武器装备交互式电子技术手册:IETM[M].北京:国防工业出版社,2009:172-205.

［4］沈亚斌,张洋,李洁民.基于动态虚拟现实技术的维修性评估验证系统研究[J].直升机技术,2011,168:36-41.

［5］钮建伟,张乐.Jack人因工程基础及应用实例[M].北京:电子工业出版社,2012:78-92.

［6］李佳.基于虚拟现实技术的船舶维修性验证系统研究[J].中国舰船研究,2008,3(2):70-73.

［7］徐达,王宝琦,吴溪.基于虚拟样机的装备维修性人因分析方法研究[J].机电产品开发与创新,2012,25(6):98-100.

［8］常燕萍.基于虚拟维修的可达性设计验证研究[J].科技信息,2012(32):709.

舰载机光学引导装备课程实战化教学探索①

张 彪 张 磊 张 涛

摘 要 舰载机光学引导装备是近年来随着航母入役而出现的新型装备。我们应以部队任职岗位为指向,结合新型装备的课程实战化教学要求,合理构建装备课程体系,积极研究教学方法,加快建设教学条件,实现院校教学向部队靠拢以及课堂与战场有效对接。

关键词 光学引导;实战化教学;课程体系

1 引言

实战化教学就是要按照总部规定的"坚持正确方向、突出军队特色、强化统筹管理、规范教学运行、狠抓一线质量"的原则,坚持用强军目标统领院校人才培养,把"为战教战"作为教学的基本任务,把"服务部队"作为办学的根本宗旨,把"姓军尚武"作为治校的本质要求,能够针对不同作战任务、作战对手、作战环境,深入研究、传授不同作战行动的真招实策。[1]实战化教学的内涵至少包含六个方面的要素:一是教学理念要贴近实战,二是教学内容要贴近实战,三是教学手段要贴近实战,四是教学模式要贴近实战,五是教学保障要贴近实战,六是教学管理要贴近实战。

我们认为,将实战化教学理念落实到具体的装备课程教学中是实战化教学的一种具体体现,对课程设置、教学内容组织、教学方法和手段运用、教学条件建设都提出了很高的要求。本文结合实战化教学中的一些收获和感受,分别从课程体系设置、教学模式研究、教学条件建设三个方面,对舰载机光学引导装备课程实战化教学展开讨论。

2 合理设置以使命任务为牵引的课程体系

要实现专业课程向实战化转变,首先要解决课程设置与部队使命任务的对接问题。部队的使命任务决定培训对象的任职能力需求;培训对象的任职能力需求决定院校人才培养目标的指向和定位,决定课程体系的设置和构建[2]。

舰载机安全着舰不仅凭借飞行员超凡的飞行驾驶能力和良好的机载设备性能,还需要依靠舰载机光学引导相关设备的精确引导。结合毕业学员所从事岗位涉及的部队装备,我们开设了对应的专业设备课程,主要讲授各型设备的结构组成和功能原理,此外还设置了"光学引导设备维护"课程,包含设备操作使用、检查维护保养及部分故障的处理方法等知识,帮助学员形成第一岗位任职能力。本部分内容是学员今后从事一线维修工作所必需的核心专业知识,体现了人才培养目标模型专业业务分模型对专业知识的要求。

---

① 发表于《海军航空兵》2019 年第 5 期。

舰载机光学引导等专业学员毕业后任职的工作岗位隶属航空部门,学员的任职岗位之一是航空母舰(以下简称"航母"),所以学员应该熟悉航母,了解航母的特色。而作为指挥军官,除了要掌握本专业设备的原理外,还应了解航空保障系统的其他装备和与作业流程相关的知识,所以,我们针对该专业学员,将航空保障系统装设备与航母知识整合为"航母及舰面设备概论"课程,并开设了"舰面飞行保障组织与实施"课程。围绕学员装备保障能力的形成,开设"舰船装备维修管理"课程,使学员掌握装备保障、维修、管理的知识,提高装备技术保障能力。

3 积极研究以实战训练为需求的教学方法

实战化训练需要实战化的教学方法。我们通过调研、代职、座谈等多种形式,了解部队岗位需求,掌握部队训练动态,收集和整理部队典型任务、排故案例、特情处置方案,并将梳理出来的全部任务条目进行归类,将其分为"项目综合类""维修实践类""设备原理类""操作维护融合类"等。教学时,根据不同教学对象和教学内容,灵活选择采取案例式、启发式、研讨式、自主式、直观式、探索发现式等多种教学方法。[3-5]

比如,在讲授某型装备课程中的一个供电设备时,以近期实际发生的一次特情案例作为牵引,吸引学员的兴趣,以完成该任务为教学目标,引出当节课的教学内容。然后,按照"功能带组成、结构引原理"的主线依次展开,在介绍装备"结构组成"时,带领学员观察设备具体部件,对人眼看不见的位置则利用动画或视频展现其细节;"工作原理"是该节课的重点内容,其中,"供电控制原理"是重点,"状态检测原理"是难点,做到难点、重点内容分明;最终落脚到特情案例的分析应用中,在分析时,结合案例,引导学员运用所学原理、知识,通过原理分析结合合作讨论,得出应急处置方法与措施,并在模拟器上自主探究,进行验证,以解决特情案例,并通过问题的延伸拓展学员的思维,提高学员的综合能力素质。

4 加快建设以贴近实战为标准的教学条件

教学环境条件是院校教学的载体和依托,在近似实战和紧贴部队实际的环境中教学是提高院校实战化教学质量的重要条件。

4.1 借力"048工程"和"2110工程"实验室/模拟器建设,有效推进光学引导实验室建设

为了提高教学培训质量,强化装备操作使用与维修技能训练,破解实装不足的教学瓶颈,采用半实物仿真等形式,借力"048工程"和"2110工程"三期实验室/模拟器等专项教学保障条件建设,分别完成了048专项甲板灯光设施实验室、"2110工程"三期光学助降装置实验室、"2110工程"三期起降综合电视监视系统实验室。同时,申报获批的航空保障指挥管理系统实验室正在积极筹建中,力争每型主要装备都有一个配套的实验室,充分满足实战化教学需求。

已建成的实验室主要由模拟训练平台、仿实装设备、虚拟场景单元、教师机、学员机等组成,能实现相关装备的原理演示、操作流程训练、维护保养以及故障分析与排查等教学训练功能。同时,还配套有多科目训练的实验室指导书、工具车、检测仪器等设备,能较好地保障实战化教学顺利进行。

4.2　更新和完善装备 IETM、网络课程、多媒体课件、素材库等信息资源建设

　　实战化教学需要充足的信息资源支撑,通过开发、收集、整理、绘制等方法及手段把 IETM、挂图、多媒体课件、网络课程、教材等资源进行整合,建立健全舰载机引导装备信息资源,形成突出专业特色的教材库、图片库、试题库、视频库、模型库等信息资源,为专业课程实战化教学条件建设打好基础,做到与部队训练需求的信息资源无缝接轨,形成适应任职教育需要、满足实战化教学的保障体系。

　　经过近三年的努力,我们已基本完成相关装备教材、IETM、多媒体课件、学科专业网站等的建设。目前,在对前期信息资源进行完善的同时,我们密切跟踪部队新装备变化,紧跟前沿,已着手开展某型舰相关光电引导装(设)备信息资源建设,力争更加贴近部队使用现状,满足部队实战化训练需求。

5　结束语

　　在新形势下的军校任职教育应根据使命任务合理设置课程体系,积极探索以实战训练为需求的教学方法,并加快建设贴近实战的教学条件,多措并举,才能真正提高实战化教学效果,提高学员的岗位任职能力,培养出"能打仗、打胜仗"的高素质新型军事人才。

参考文献

[1] 李建军. 关于实战化教学的几点思考[J],政工学刊,2015(1):5-7.

[2] 马志松,牛涛,余洪利. 陆军作战课程实战化教学改革研究[J]. 继续教育,2013(11):64-66.

[3] 赵澄东,邵杰,刘咏梅. 关于高等职业教育教学模式的新思考[J]. 才智,2009(4):50-51.

[4] 何彬,梁计春,申莹,等. 结合新装备开展教学研究[J]. 装甲兵工程学院学报,2002,16(4):37-40.

[5] 汪新林,荣祥胜. 院校任职教育与部队训练有机衔接探究[J]. 高等教育研究学报,2011(2):23-25.

基于非平衡级分段建模法的某型精馏塔简化数学模型构建

王炳忠　　胡新生

摘　要　针对精馏塔的特点,本文在选择合适的建模方法和建模假设的前提下,对某型精馏塔基于非平衡级模型应用分段法建立简化数学模型,降低了模型的维数,再选择适当的物性参数计算公式,并选择收敛性较好的求解方法,就可以提高精馏模型的求解效率和精度。

关键词　非平衡级;分段建模法;精馏塔;数学模型

空分设备是以空气为原料,采用深度冷冻液化和低温精馏分离的方法,制取满足工农业、卫生医药和航空领域需求的氧气、氮气产品。空分设备一般由空气压缩系统、空气预冷系统、分子筛纯化系统、空气精馏系统、制冷系统、产品灌装系统、仪电控制系统和工程车等系统组成。其中空气精馏系统的精馏塔是空分设备的核心环节,其工作的好坏直接影响空分设备产品质量和运行效能,对其建立的数学模型进行深入研究是空分设备理论研究的关键。

低温精馏塔模型是空分设备模型中最复杂也是最重要的模型之一,其作为空分设备的核心模型具有较广的适用范围,兼顾实时性和准确性。低温精馏塔的内在机制复杂,塔内同时进行着传质、传热、流体流动三种过程。建立低温精馏系统模型是比较烦琐而困难的一项工作。本文尝试在非平衡级模型的基础上使用低温精馏塔简化建模方法——分段建模法,建立出空分精馏塔的简化模型。

1　精馏塔分段建模法

精馏塔分段建模法的主要思想是把精馏塔分成若干塔段(图 1),其中每段包含有若干塔板,然后将每个塔段视为一块虚拟塔板,再根据塔段的质量和能量传递过程等原理推导出低温精馏塔的分段模型。

单独考虑第 J 段虚拟塔板(图 2),这是一块通用的虚拟塔板,包含有若干塔板,并且可能有进料。在塔段中,把最能反映该虚拟塔操作特性的塔板称为该塔段的灵敏板(sensitive tray)或者代表塔板。

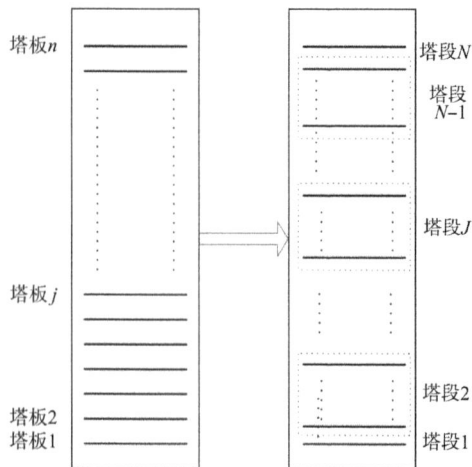

图 1　分段建模原理示意图

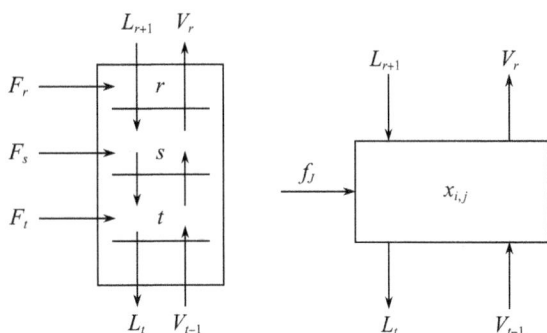

F,进料;r、s、t 分别表示第 r、s、t 层塔板;L,液相;V,气相。

图 2　虚拟塔板示意图

2　某型精馏塔建模假设

某型航空制氧制氮设备采用某型精馏塔,由塔体、冷凝蒸发器、换热器、液氧(氮)过冷器、贮液器等组成。精馏塔采用单级结构,共有 30 块塔板。

图 3 为塔内一个任意分离级的物理模型示意图,本文在建立数学模型时做以下假设。

(1)每一级处于力学平衡状态 $P_V = P_L = P$。

(2)汽液相界面均匀,且其两侧的汽相和液相主体完全混合。

(3)相界面上汽液平衡关系成立,界面上无质量和能量积累。

(4)实际塔板和填料结构中只有液相蓄积量,忽略汽相蓄积量。

根据精馏塔建模经验性的原则,某型精馏塔的研究对象,包括冷凝蒸发器在内,全塔共分为 6 段(或 6 级),冷凝蒸发器 K2 为第 1 段,塔顶为第 2 段,塔底为第 5 段,冷凝蒸发器 K1 为第 6 段,在 19 与 20 号塔板间有进料,所以选取 1,19,20,30 号塔板为灵敏板,见表 1。

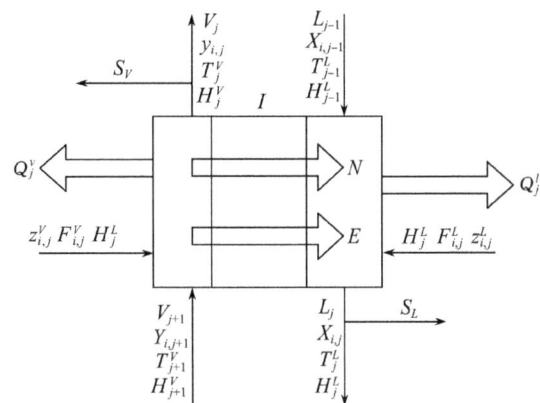

X,液相摩尔分率;y,汽相摩尔分率;z,进料摩尔分率;T,温度;F,进料流量 kmol/h;P,压力,kPa;Q,与外界的热交换量 kJ/h;S,侧线采出流量,kmol/h;V,汽相流量 kmol/h;c,组分数目;E,能量传递速率 kJ/h;L,液相流量,kmol/h;N,传质通量,kmol/h;H,热焓,kJ/h;I,界面;上标 V,汽相;上标 L,液相;i,组分序号;下标 j,塔段序号。

图 3　非平衡级模型图

表 1　精馏塔分段对应表

塔段号	1	2	3	4	5	6
塔板号	冷凝蒸发器 K2	30	20~29	2~19	1	冷凝蒸发器 K1
灵敏板号	—	30	20	19	1	—

3 某型精馏塔数学模型建立

在某型精馏塔建模假设的基础,基于非平衡级模型应用分段法建立如下数学模型。

3.1 冷凝蒸发器

3.1.1 组分物料衡算方程组

$$M_{i,j}=(L_{i,j}+S_j^L)x_{i,j}+V_{i,j}y_{i,j}-V_{i,j+1}=0 \quad (i=1,2;j=1,6) \tag{1}$$

3.1.2 热量衡算方程组

$$E_j=H_j^V\sum_{i=1}^{2}V_{i,j}+H_j^L\sum_{i=1}^{2}L_{i,j}+S_j^L-H_{j+1}^V\sum_{i=1}^{2}V_{i,j+1}+Q_j=0 \quad (i=1,2;j=1,6) \tag{2}$$

3.1.3 相平衡方程组

$$Q_{i,j}=K_{i,j}x_{i,j}-y_{i,j}=0 \tag{3}$$

式中,K 为液化率;$i=1,2;j=1,6$。

3.2 塔板

3.2.1 组分物料衡算方程组(M 方程)

汽相

$$M_{ij}^V=V_{i,j+1}y_{ij+1}+F_j^V z_{ij}^V-(V_j+S_j^V)y_{i,j}-\int N_{ij}^V \mathrm{d}a_j=0 \tag{4}$$

液相

$$\frac{\mathrm{d}M_{ij}^L}{\mathrm{d}t}=L_{i,j-1}x_{i,j-1}+F_j^L z_{ij}^L-(L_j+S_j^L)x_{i,j}+\int N_{ij}^L \mathrm{d}a_j \tag{5}$$

式中,M 为塔板蓄积量(kmol),Ni,j 为局部传递通量,da 为界面微元面积,$i=1,2,2\leqslant j\leqslant5$。设从汽相到液相的传质方向为正,稳态过程中,相界面处无物质的积累,得到

$$M_{i,j}^I=\int N_{i,j}^V \mathrm{d}a_j-\int N_{i,j}^L \mathrm{d}a_j=0 \tag{6}$$

3.2.2 传质速率方程组(R 方程)

汽相传质

$$R_{i,j}^V=N_{i,j}-\int N_{i,j}^V \mathrm{d}a_j=0 \quad (i=1,2;2\leqslant j\leqslant5) \tag{7}$$

液相传质

$$R_{i,j}^L=N_{i,j}-\int N_{i,j}^L \mathrm{d}a_j=0 \quad (i=1,2;2\leqslant j\leqslant5) \tag{8}$$

3.2.3 热量衡算方程组(E 方程)

汽相

$$E_j^V=H_{j+1}^V\sum_{i=1}^{2}V_{i,j+1}-H_j^V\sum_{i=1}^{2}V_{i,j}-S_j^V H_j^V+H_j^{VF}\sum_{i=1}^{2}F_{i,j}^V-Q_j^V-\int e_j^V \mathrm{d}a_j=0 \tag{9}$$

液相

$$\frac{\mathrm{d}E_j^L}{\mathrm{d}t}=H_{j-1}^L\sum_{i=1}^{2}L_{i,j-1}-H_j^L\sum_{i=1}^{2}L_{i,j}-S_j^L H_j^L+H_j^{LF}\sum_{i=1}^{2}F_{i,j}^L-Q_j^L+\int e_j^L \mathrm{d}a_j \tag{10}$$

式中 ej 为局部传质速率,da 为界面微元面积,$i=1,2,2\leqslant j\leqslant5$。设从汽相到液相的能量

传递为正,且稳态过程中相界面处无能量的积累,得到

$$E_j^I = \int e_j^V \, da_j - \int e_j^L \, da_j = 0 \tag{11}$$

3.2.4　相平衡方程组(Q 方程)

根据非平衡级假设,汽液相界面上的相平衡方程为

$$Q_{i,j}^I = K_{i,j}^I x_{i,j}^I - y_{i,j}^I = 0 \quad (i=1,2;2 \leqslant j \leqslant 5) \tag{12}$$

3.2.5　总物料平衡方程组

为保证方程的封闭性,将全塔板的总物料平衡关系式加入方程体系中,得到

$$M_{T,j}^V = (V_j + S_j^V) - V_{j+1} - F_j^V + \sum_{i=1}^{2} N_{i,j} = 0 \tag{13}$$

$$\frac{\mathrm{d}M_{T,j}^L}{\mathrm{d}t} = (L_j + S_j^L) - L_{j+1} - F_j^L - \sum_{i=1}^{2} N_{i,j} \tag{14}$$

3.2.6　归一化方程

$$S_j^{LI} = \sum_{i=1}^{2} x_{i,j}^I - 1 = 0 \tag{15}$$

$$S_j^{VI} = \sum_{i=1}^{2} y_{i,j}^I - 1 = 0 \tag{16}$$

系统共有 6 级,总的自由变量数为 $NE = N(5c+5) = 90$ 个,其中稳态模拟过程需指定进料流量、摩尔分率、温度压力以及侧线采出流量,与外界热交换量的设计参数和部分操作参数,共指定 $2Nc+6N+6(N-1)+5 = 75$ 个变量,这样,以上方程组关于第 1 级和第 6 级的独立方程和迭代变量各 5 个,用向量表达为

$$\boldsymbol{f}_1 = (M_{1,1}, M_{2,1}, E_1, Q_{1,1}, Q_{2,1}) \boldsymbol{f}_6 = (M_{1,6}, M_{2,6}, E_6, Q_{1,6}, Q_{2,6})$$

$$\boldsymbol{x}_1 = (V_{1,1}, V_{1,2}, Q_1, L_{1,1}, L_{2,1}) \boldsymbol{x}_6 = (V_{1,6}, V_{1,6}, Q_6, L_{1,6}, L_{2,6})$$

对 $j=2\sim5$ 每一个非平衡级来说,有独立方程 15 个,写成向量表达式为:

$$\boldsymbol{f}_j = (M_{1,j}^V, M_{2,j}^V, M_{1,j}^L, M_{2,j}^L, M_{T,j}^L, M_{T,j}^V E_j^V, E_j^L, E_j^I, R_{1,j}^V, R_{2,j}^L, Q_{1,j}^I, Q_{2,j}^I, S_j^{LI}, S_j^{VI})$$

$$\boldsymbol{x}_j = (V_j, L_j, T_j^V, T_j^L, T_j^I, N_{1,j}, N_{2,j}, x_{1,j}, x_{2,j}, y_{1,j}, y_{2,j}, x_{1,j}^I, x_{2,j}^I, y_{1,j}^I, y_{2,j}^I)$$

在按级或段序号将这些方程集中,并写成向量表达式,得到

$$\boldsymbol{f}(\boldsymbol{x}) = 0 \tag{17}$$

式中,

$$\boldsymbol{x} = (\boldsymbol{x}_1, \boldsymbol{x}_2, \boldsymbol{x}_3, \boldsymbol{x}_4, \boldsymbol{x}_5, \boldsymbol{x}_6) \tag{18}$$

$$\boldsymbol{f} = (\boldsymbol{f}_1, \boldsymbol{f}_2, \boldsymbol{f}_3, \boldsymbol{f}_4, \boldsymbol{f}_5, \boldsymbol{f}_6) \tag{19}$$

此外,还应计算如下的 $K_{i,j}$、H_j^L、H_j^V、$N_{i,j}^V$、$N_{i,j}^L$、e_j^V 和 e_j^L 关系式。

a. 界面相平衡常数 $K_{i,j}$

$$K_{i,j} = K_{i,j}(T_j, P_j, x_{i,j}, y_{i,j}; i=1,2) \tag{20}$$

b. 汽相和液相摩尔焓 H_j^L、H_j^V

$$H_j^V = H_j^V(T_j, P_j, y_{i,j}; i=1,2) \tag{21}$$

$$H_j^L = H_j^L(T_j, P_j, x_{i,j}; i=1,2) \tag{22}$$

c. 汽相和液相传质速率 $N_{i,j}^V$、$N_{i,j}^L$

$$N_{i,j}^V = -\kappa_{i,j}^V a \left(y_{i,j} - y_{i,j}^I \right) + y_{i,j} N_{t,j} \tag{23}$$

$$N_{i,j}^L = -\kappa_{i,j}^L a \left(x_{i,j}^I - x_{i,j} \right) + x_{i,j} N_{t,j} \tag{24}$$

式中，$N_{t,j}$ 为界面总传质通量，$\kappa_{i,j}$ 为有效传质系数。

不论采用哪种传质模型，传质系数和传质速率相关，局部传质速率方程可以表述为

$$N_i^V = N_i^V \left(K_{i,k}^V a_j, y_{k,j}^I, y_{k,j}^V, N_k^V; k = 1,2 \right) \tag{25}$$

$$N_i^L = N_i^L \left(K_{i,k}^L a_j, x_k^I, x_k^L, N_k^L; k = 1,2 \right) \tag{26}$$

d. 传热速率 e_j^V、e_j^L

$$e^V = q^V + \sum_{i=1}^{2} N_i^V \overline{H_i^V} \tag{27}$$

$$e^L = q^L + \sum_{i=1}^{2} N_i^L \overline{H_i^L} \tag{28}$$

式中，$\overline{H_i^V}$ 为组分的偏摩尔焓。传导项 q 与温差成正比：

$$q^V = h^V \left(T^V - T^I \right) \quad q^L = h^L \left(T^I - T^L \right) \tag{29}$$

式中，h^V、h^L 为热传导系数。

根据以上关联式，得到能量传递过程的统一表达式：

$$e^V = e^V \left(h^V, T^V, T^I, N_k^V; k = 1,2 \right) \tag{30}$$

$$e^L = e^L \left(h^L, T^L, T^I, N_k^L; k = 1,2 \right) \tag{31}$$

4 结论

本文从精馏过程的工作机制出发，采用分段建模法构建了精馏过程的非平衡级动态机制模型，此模型能够降低维数，便于计算。本文构建的数学模型把冷凝器看作平衡级，非平衡级模型对整个精馏塔都适用。只要对模型方程中涉及的大量物性参数选择适当的参数计算公式，并选择收敛性较好的求解方法，就可以提高精馏模型的求解效率和精度。

参考文献

[1] 王炳忠. 航空制氧制氮设备[D]. 青岛:海军航空工程学院青岛分院,2009.

[2] 王炳忠. 王炳忠硕士学位论文[D]. 沈阳:东北大学,2010.

[3] 高建强. 大型循环流化床锅炉实时仿真模型与运行特性研究[D]. 保定:华北电力大学,2005.

[4] 李怀阳. 流体网络的图形化建模与仿真[D]. 哈尔滨:哈尔滨工程大学,2005.

[5] 颜庆津. 数值分析[M]. 北京:北京航空航天大学出版社,1996.

某型航空制氧制氮设备安全策略研究

杨中书　王炳忠

摘　要　本文在分析某型航空制氧制氮设备运用的基础上,运用道化学火灾、爆炸指数评价方法对其进行安全评估,并依据评估结论对影响安全的关键因素采取针对性补偿措施,降低安全风险,从而形成该型航空制氧制氮设备安全策略。

关键词　低温;航空制氧制氮;评价方法;安全策略

1　引言

低温航空制氧制氮设备是以空气为原料的,其基本工作原理如图1所示:空气经过设备中的压缩机压缩后压力升高,进入制冷机换热、降温、液化后的空气再在空分器单元内经换热、精馏一系列过程以后,分离成了我们需要的液氧产品,生产出来的液氧产品通过低温液氧泵增压到 14.7 MPa 汽化后作为氧氮产品灌充到气瓶中储存。

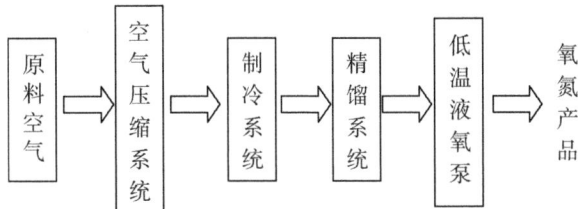

图1　低温航空制氧制氮设备基本工作原理示意图

2　设备运用

2.1　组成与布局

某型航空制氧制氮设备的灵活机动的特点在航空氧氮保障中得到了广泛应用。其主要由空气压缩系统、空气预冷系统、分子筛纯化系统、空气精馏系统、制冷系统、产品灌装系统、仪电控制系统和工程车八大系统组成,并配有 150 kW 发电拖车一辆。

该型航空制氧制氮设备的布局如图2所示。全套设备安装在一辆由某型东风牌汽车改装的工程车上。车厢分为前、后舱。从车辆前进方向看,前舱左侧安装分子筛纯化器,右侧由前往后安装空气预冷机组、螺杆压缩机;后舱左侧由前往后依次安装分馏塔冷箱、电控柜,分馏塔冷箱左侧安装气体轴承透平膨胀机,后侧安装低温液体泵。车厢外壁右侧下部,由前往后安装依次 2 只不锈钢缓冲器及充气台;车厢底板夹层内安装一根分馏塔放液管;汽车尾部左侧车厢底部安装电源接线匣,尾部后舱内安装空调器室外机。

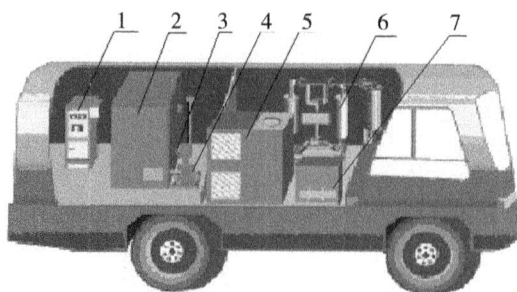

1—电控箱；2—分馏塔冷箱；3—膨胀机；4—液氧泵；5—空压机；6—纯化器；7—预冷机组。

图 2 某型制氧制氮车的布局图

2.2 工艺流程

环境空气由螺杆压缩机升压到 1.25 MPa 后，经过油水分离器、初级油过滤器、空气预冷机组、管路贮气筒、精油过滤器和超精油过滤器，除去其中的油分、水分，再经分子筛纯化机组除去剩余的水分、二氧化碳等杂质。净化后的空气进入冷箱，经两组板式换热器换热后温度下降，达到饱和状态，最后进入分馏塔进行精馏，分离出满足飞行要求的液氧或液氮产品。液体产品可直接输出，也可通过低温液体泵和高压氧（氮）换热器，将液氧或液氮升压气化成气氧或气氮产品。出分馏塔的返流气体经膨胀机膨胀制冷，提供精馏所需的冷源和作为纯化器的再生气源。

2.2.1 液氧工况

空气经空气滤清器过滤出灰尘和机械杂质后，进入螺杆压缩机升压到 1.25 MPa，经过油水分离器、初级油过滤器、空气预冷机组、管路贮气筒、精油过滤器和超精油过滤器，除去空气中的水分和油分，使空气中的含油量≤0.01×10^{-6}（V/V）。

温度为 10 ℃左右的压缩空气在吸附器组中被进一步除去水分、二氧化碳、乙炔及其他一些碳氢化合物。

净化后的空气经 V101 阀进入冷箱后，先由主换热器 E1-Ⅰ与一股返流气体进行预冷，再进入主换热器 E1-Ⅱ与二股返流气体进行热交换，从而进一步得到冷却，并且有一定含湿量。

含湿饱和空气经 V1 阀进入冷凝蒸发器 K1，被低压侧的饱和液氧冷凝成饱和液空。液空经节流阀 V3 节流至 0.36 MPa 左右后进入分馏塔上部，其中的液体沿塔板下流，不断参与精馏，使液体中的氧纯度不断提高，最后在塔底可得到高纯度的液氧。液氧在冷凝蒸发器的低压侧吸热后部分蒸发，作为上升蒸气。最终，空气在分馏塔中被分离为液氧和污氮气体。

液氧从冷凝蒸发器低压侧通过调节 V8 阀流入贮液器 SV，经过冷器 E3 过冷后经 V11 阀定时排放。

塔上部污氮气体经过换热器 E1-Ⅱ复热后，进入透平膨胀机膨胀，膨胀后的低温污氮气体经液氧过冷器 E3、主换热器 E1-Ⅱ和 E1-Ⅰ后排出冷箱。

排出冷箱的一部分污氮气体进入吸附器，作为吸附剂再生气源。

2.2.2 气氧工况

经压缩、预冷并净化后的空气（之前过程与液氧工况同）分两路进入冷箱，一路与主换热器 E1-Ⅰ中的膨胀后返流污氮气换热,而另一路则与高压氧(氮)换热器 E2 中的高压氧(氮)换热。然后,两股空气汇合在一起进入主换热器 E1-Ⅱ,被污氮和经膨胀后的污氮冷却至饱和温度,并有一定含湿量。

含湿饱和空气进入冷凝蒸发器 K1,被低压侧饱和液氧冷却成饱和液空。液空经节流阀 V3 节流至 0.36 MPa 左右后进入分馏塔上部,其中的液体回流,与从分馏塔底部上升的蒸汽充分接触,空气在分馏塔中被分离为液氧和污氮气。

液氧从冷凝蒸发器低压侧通过调节阀 V8 流入贮液器,经过冷器 E3 过冷后,经 V12 阀进入低温液体泵压缩至 15 MPa,在高压氧(氮)换热器 E2 被热空气复热后出冷箱,至充气台充瓶。

塔上部污氮气经过换热器 E1-Ⅱ换热进入透平膨胀机进行膨胀,膨胀后低温污氮气经液氧过冷器 E3、主换热器 E1-Ⅱ和 E1-Ⅰ后排出冷箱。

排出冷箱的一部分污氮气进入吸附器,作为吸附剂再生气源。

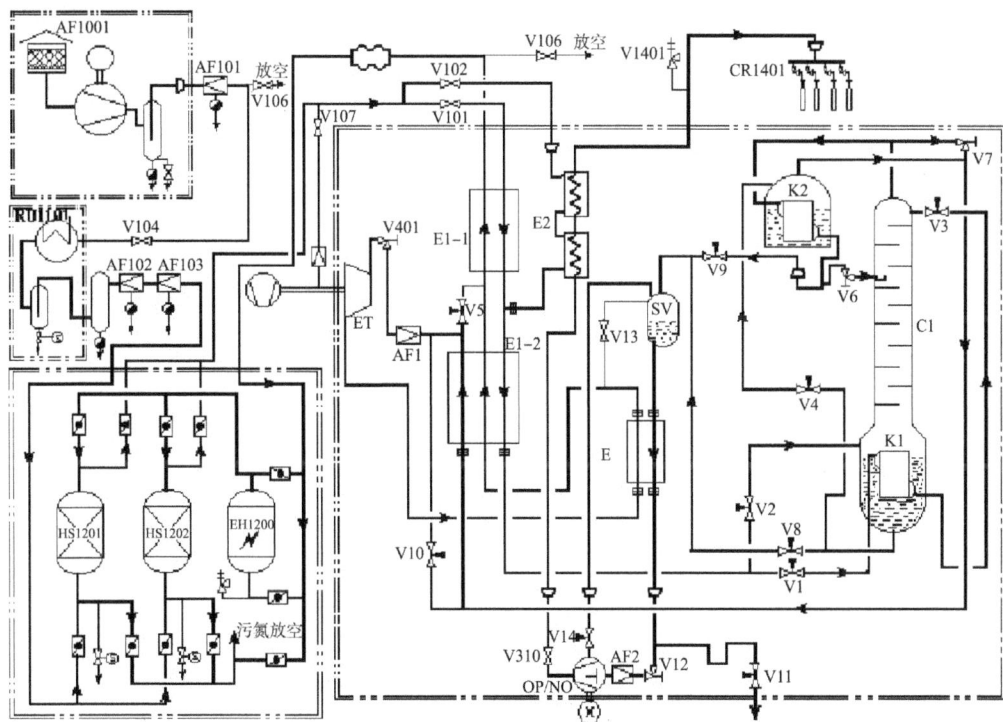

图 3　某型制氧制氮车工艺流程图

3　道化学火灾、爆炸指数评价法的目的和特点

道化学火灾、爆炸指数评价方法的目的是客观地量化各类工作中潜在火灾、爆炸和反应性事故的预期损失,确定可能引起事故发生或使事故扩大的设备,向管理部门通报潜在的火灾、爆炸危险性,其最终目的是了解各工艺部分可能造成的损失,并帮助其确定减小潜在事故的严重性和总损失。

道化学火灾、爆炸指数评价方法的特点是整个评价过程基于对物质危险性和工艺过程危险性的评价,以物质危险性为基础,整个危险指数可以认为是工艺过程对物质及其反应的影响。其所评价的危险指数反映了系统的最大潜在危险,预测了事故可能导致的最大危害程度和停产损失。

4 道化学、爆炸指数评价方法

4.1 计算流程

图 4 给出了与道化学火灾、爆炸指数评价方法有关的 $F\&EI$ 计算基本流程。需要说明的是,这个流程并不是 $F\&EI$ 计算流程的全部,只是其中的一部分,其他部分因在本次评价中未用到而略去。

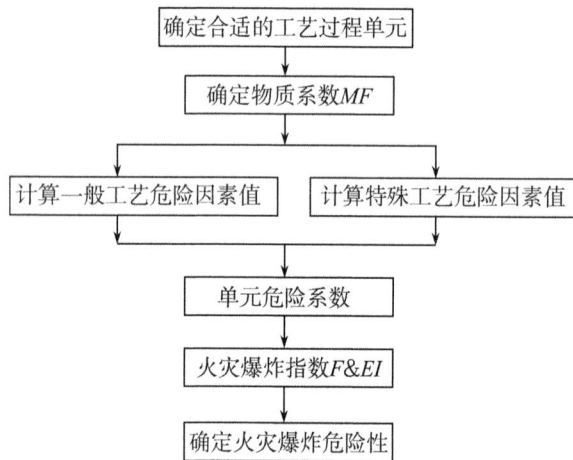

图 4 火灾爆炸指数计算流程

4.2 物质系数 MF 是计算 $F\&EI$ 的基本数据

所谓的物质系数,是物质在由燃烧或其他化学反应引起的火灾和爆炸中潜在能量释放速率的度量。《火灾爆炸危险指南》详细介绍了 MF 的求取方法,并在其附录中给出了部分常用的化合物和物质的 MF 值。

4.3 一般工艺危险因素值 F_1

一般工艺危险因素是在确定火灾爆炸事故损失时起主要作用的因素。这些因素被分为六个方面,每个方面均有各自的取值范围。它们包括:a. 放热反应过程;b. 吸热反应过程;c. 物质加工和运输;d. 室内或密闭的工艺过程单元;e. 紧急出入通道;f. 对排泄和溢出的控制。

将上述六个方面的数值求和,再加上基数 1,即可得到一般工艺危险因素值 F_1。

4.4 特殊工艺危险因素值 F_2

特定工艺危险因素是影响事故发生的可能性的危险因素,共有 12 种,都是那些导致火灾和爆炸事故主要原因的特定工艺条件。这 12 种因素包括:毒性物质;负压操作;在或靠近物质燃烧条件下工作;有粉尘爆炸;释放压力;低温;易燃和不稳定物质的数量;腐蚀和风化;接合部或填充部的泄漏;使用明火加热;热油交换系统;旋转设备。根据具体条件确定各因素的数值后,将各值求和,再加上基数 1,即为特定工艺危险因素值 F_2。

4.5 单元危险因素值 F_3

单元危险因素值 F_3 是一般工艺危险因素值 F_1 与特定危险因素值 F_2 的乘积,反映的是两种工艺危险因素的综合影响。

在正常情况下,F_3 的值一般为 $1\sim8$;当 F_3 大于 8 时,仍取为 8。

4.6 火灾和爆炸指数 $F\&EI$

$F\&EI$ 是对事故可能导致的损坏的定量估计,其计算方法为单元危险因素值 F_3 和物质系数 MF 的乘积,即:$F\&EI=F_3\times MF$。

4.7 火灾爆炸危险性评价

计算出 $F\&EI$ 后,可按表 1 给出的危险性等级,确定发生火灾爆炸的危险程度。

表 1 $F\&EI$ 与危险等级的对应关系

$F\&EI$ 数值	$1\sim60$	$61\sim96$	$97\sim127$	$128\sim158$	>159
相应的危险等级	最轻	较轻	中等	很大	非常大

需要指出的是,在选取和确定 F_1、F_2 的有关数值时,需要根据实践经验和相应的判断能力。不同的人对同一种情况给出的数值可能是不同的,因此,火灾爆炸指数法虽然被认为是定量的评价方法,但也包含了相当多的主观因素。

5   某型航空制氧制氮设备安全评估及对策

5.1   评价单元的划分

评价对象主要是化学性质较为活泼的氧气,因此,在进行火灾爆炸危险性评价时,将整个航空制氧制氮设备作业作为一个评价单元,包括空气压缩(含空气净化)、制冷(空气液化)、精馏、氧压送四个主要环节。

5.2   氧气的物质系数

高浓度的氧气属于强氧化剂,经查 DOW 的《火灾爆炸危险指南》中常用化合物和物质的 MF 值表,氧气的物质系数 MF 为 16。

5.3   一般工艺危险因素值 F_1

某型航空制氧制氮设备单元的一般工艺危险因素值 F_1 的计算过程见表 2。

表 2   某型航空制氧制氮设备单元的一般工艺危险因素值 F_1

一般工艺因素危险	取值范围	取值	说明
基数	1.0	1.0	
放热反应	$0.30\sim1.25$	0.5	无放热化学反应,但有机械摩擦放热、分子筛吸附放热
吸热反应	$0.20\sim0.40$	0.4	无吸热反应,但由于有温差,液氧从摩擦体及环境吸热
物料处理与输送	$0.25\sim1.05$	0.6	有液氧的输送,凭经验确定
室内或密闭的工艺单元	$0.25\sim0.90$	0.3	液氧达到压力,排出泵头排出阀前工艺单元为密闭
通道	$0.20\sim0.35$	0	符合要求
排放和泄漏控制	$0.25\sim0.50$	0	泵头排出阀由限位器、气化的液氧由阀门控制排出泵体
F_1			2.6

5.4 特殊工艺危险因素值 F_2

液氧泵增压单元的特殊工艺危险因素值 F_2 的确定过程见表3。

表3　液氧泵增压单元的特殊工艺危险因素值 F_2

特殊工艺因素危险	取值范围	取值	说明
基数	—	1.0	—
毒性物质	0.2～0.8	0	无毒物
负压操作	0.50	0	有负压，0～20.264 kPa
接近易燃范围的操作	0.30～0.80	0	低温液氧，操作在易燃范围之外
粉尘爆炸	0.25～2.00	0	无
释放压力	0.10～2.00	0.9	增压单元存在压力，14.7 MPa
低温	0.20～0.30	0.2	液氧泵增压单元为低温工作系统
易燃和不稳定物质的数量	0.10～0.80	0.4	高纯度液氧
腐蚀和磨损	0.10～0.75	0.3	高浓度氧气的氧化作用
泄漏（接头和填料）	0.10～1.50	0.2	有泄漏的可能性
使用明火加热	0.10～1.50	0	无
热油、热交换系统	0.15～1.15	0	无
转动设备	0.50	0.5	>75 hp
F_2		3.5	

5.5 单元危险因素值 F_3

液氧泵增压系统的单元危险因素值 F_3 为

$$F_3 = F_1 \times F_2 = 2.6 \times 3.5 = 9.1$$

5.6 火灾和爆炸指数 $F\&EI$

评价单元的 F_3 为9.1，则液氧泵增压系统的火灾爆炸指数 $F\&EI$ 为

$$F\&EI = F_3 \times MF = 9.1 \times 16 = 145.6$$

5.7 评价结果及安全策略

根据表1可以得知，当 $F\&EI$ 等于145.6时，对应的危险等级为"很大"。由此可得评价结论：该型低温液氧泵增压系统不采取安全措施而发生火灾爆炸的固有危险程度为"很大"。

为降低该型低温液氧泵增压系统工作中的安全隐患，我们应当在相应的危险隐患点采取有效的补偿措施，从工艺控制补偿系数 C_1、物质隔离补偿系数 C_2 和防火设施补偿系数 C_3 三个方面着手采取有针对性的安全策略。

某型低温液氧泵增压系统安全措施补偿系数的计算过程见表4。

表4　液氧泵增压系统的安全措施补偿系数计算过程

1. 工艺控制安全补偿系数（C_1）					
项目	补偿系数范围	采用补偿系数	项目	补偿系数范围	采用补偿系数
应急电源	0.98	0.98	惰性气体保护	0.94～0.96	0.94（氮气）
冷却装置	0.97～0.99	0.98（绝热）	操作规程/程序	0.91～0.99	0.93

（续表）

1. 工艺控制安全补偿系数（C_1）

项目	补偿系数范围	采用补偿系数	项目	补偿系数范围	采用补偿系数
抑爆装置	0.84～0.98	0.90	化学活泼性物质检查	0.91～0.98	0.92（微量 O_2 仪）
紧急切断装置	0.96～0.99		其他工艺危险分析	0.91～0.98	—
计算机控制	0.93～0.99	0.93（变频）	—	—	—

$$C_1 = 0.65$$

2. 物质隔离安全补偿系数（C_2）

项目	补偿系数范围	采用补偿系数	项目	补偿系数范围	采用补偿系数
遥控阀	0.96～0.98		排放系统	0.91～0.97	0.92
卸料/排空装置	0.96～0.98	0.96	联锁装置	0.98	0.98

$$C_2 = 0.87$$

3. 防火设施安全补偿系数（C_3）

项目	补偿系数范围	采用补偿系数	项目	补偿系数范围	采用补偿系数
泄漏检测装置	0.94～0.98	0.98	水幕	0.97～0.98	—
钢质结构	0.95～0.98	0.96	泡沫灭火装置	0.92～0.97	0.92
消防水供应系统	0.94～0.97	0.95	手提式灭火器材/喷水枪	0.93～0.98	0.98
特殊灭火系统	0.91	—	电缆防护	0.94～0.98	0.94
洒水灭火系统	0.74～0.97	0.90	—	—	—

$$C_3 = 0.68$$

安全措施补偿系数 $= C_1 \times C_2 \times C_3 = 0.38$

6 结束语

根据某型低温液氧泵增压系统所采取的防范措施（见表 4 中的安全措施补偿系数计算过程）进行补偿后，其 $F\&EI = 145.6 \times 0.38 = 55.3$，危险等级为"最轻"，说明该型低温液氧泵增压系统在防止火灾爆炸方面的措施基本有效。

当然，道化学火灾、爆炸指数评价方法在评价过程中基本上未涉及当时生产过程中人员和管理的因素,并且评价中所有数据来源于以往的事故统计、物质的潜在能量及现行防灾措施的经验。所以尽管把这些经验量化成了数据,但本质上仍属定性的、相比较的方法。因此基于道化学火灾、爆炸指数评价方法的某型低温制氧机安全策略也不是全面和完全精准的,在工艺实现过程中还应当结合人机环境现状完善安全策略。

参考文献

[1] 张祉祐,石秉三. 低温技术原理与装置[M]. 北京:机械工业出版社,1987.

[2] 赵耀江. 安全评价理论与方法[M]. 北京:煤炭工业出版社,2008.

[3] 杨中书,殷合香,王炳忠. KL-15A型航空制氧制氮车[M]. 北京:海潮出版社,2010.

[4] 佟瑞鹏. 常用安全评价方法及其应用[M]. 北京:中国劳动社会保障出版社,2011.

[5] 王炳忠,杨中书. 航空制氧制氮设备[M]. 北京:国防工业出版社,2020.

岛礁环境下航空液压油泵车三防设计研究

邹开凤

摘　要　为提升上岛礁航空液压油泵车防腐蚀能力,本文在对油泵车岛礁应用环境分类、油泵车结构部件分类、选用材料分类等分析的基础上,按照底盘与箱体、动力机械与液压系统、电气系统三个方面,从外购件选用、结构设计、材料选用、表面处理等对油泵车三防设计进行分析,为上岛礁油泵车的研制与制造提供一定的技术参考。

关键词　航空液压油泵车;防腐;岛礁环境

1　引言

上岛礁航空液压油泵车三防设计研究是针对工作于南沙岛礁的航空液压油泵车防湿热、防盐雾的大气环境及防霉菌生长所进行的装备设计制造方面的研究。航空液压油泵车可为飞机在地面提供液压动力源,其由行驶底盘、特装两大部分组成。针对航空液压油泵车运用于南沙岛礁机场的特殊需求,本文就上岛礁航空液压油泵车的三防设计开展研究。

2　上岛礁航空液压油泵车的应用环境及分类

南沙岛礁地处热带,其气候特征属于热带海洋性气候,全年气温都在 20 ℃以上,平均气温接近 30 ℃,年平均降雨量约为 2 800 mm。岛礁四周环海,面积较小,受海浪飞溅以及海水蒸发的影响,空气中氯离子的浓度较高,盐雾时间比例以及浓度也较高。因此,与陆基机场相比,南沙岛礁总体上高温、高湿、高盐雾的环境特点更加突出,使得岛礁上装备设备受到大气腐蚀的问题非常突出。此外,由于岛礁上常年受到季风的影响,风力较大,风速不稳月份多。在起风时,空气中混有的珊瑚沙尘易附着在装备车辆的表面。由于该种沙尘遇水易积聚盐类物质,若不及时清除,将会破坏车辆的表面涂层,加剧腐蚀。

虽然岛礁的自然环境恶劣,但装备车辆通过自身外壳以及工作场所的环境调控可以营造防湿热、防盐雾、防霉变的环境。[1]为了区分装备设备、系统部件等所处的环境状态,或者考虑车辆装备从转运上岛到完成接装工作,其间频繁变换工作场所,例如,车辆处于运输船舶之中、四站连的车库、岛礁场站外场以及场地简易机棚,可用表 1 对装设备应用环境进行分类。

表 1 装设备应用环境分类表

序号	环境类型	环境特点
1	A 类	受控环境,温度受控的室内或封闭的有效空间,如机库、车库、室内工作间
2	B 类	不受控的环境,RH 值偶尔会达到 100%,如户外简单遮蔽场所
3	C 类	恶劣环境,如海上运输船舶内、岛礁场站外场、岛礁场站上没有环境控制的简易库房

3 航空液压油泵车结构部件及材料选用

为便于开展防腐研究,可以将航空液压油泵车的底盘、车辆外壳、动力系统、传动系统、液压管路、电子元器件、仪表及操作面板等作为独立的结构部件,研究其腐蚀情况。

3.1 结构部件分类

根据装备的功能及使用范围,将装备各结构部件按照是否与外界大气直接接触进行划分,划分依据见表 2。

表 2 结构部件分类表

序号	分类	定义
1	Ⅰ类结构部件	能与外界自然大气直接接触的外露零部件
2	Ⅱ类结构部件	除Ⅰ型外,不与外界自然大气直接接触的零部件

注:1. A 类环境中只有Ⅱ类结构部件;

2. B、C 类环境中外壳为Ⅰ类结构部件,封闭外壳内的零部件为Ⅱ类结构部件。

根据表 2 的分类,车辆底盘、车辆外壳属于Ⅰ类结构部件,特装部分其余子系统中结构部件均为Ⅱ类结构部件,车辆底盘驾驶室内零部件为Ⅱ类结构部件。

3.2 结构部件材料选用

车辆外壳、底盘主要由型材、热轧钢板焊接而成,为密封结构,可有效防止在其内部的工作系统及结构部件遭受 C 类环境的损坏,为Ⅰ类结构部件。其余位于车辆壳体内部的零部件多为Ⅱ类结构部件。表 3 所示为 DYC 系列油泵车上常用的各种材料信息。

表 3 DYC 系列油泵车上常用的各种材料信息

序号	材料名称	规格牌号	应用系统	部件、零件
1	热轧钢板	Q235A	车体系统	壳体、密封条
	硅橡胶	MFVQ1401		
2	热轧钢板	Q235A	传动系统	壳体、轴、齿轮
	合金钢	40Cr		
	合金钢	20CrMnTi		

序号	材料名称	规格牌号	应用系统	部件、零件
3	不锈钢板	1Cr18Ni9Ti	特装部分	接头、连接管路、液压阀块、异形密封件、支架
	热轧圆钢	1Cr18Ni9Ti		
		Q235A		
	冷拉六角钢	1Cr18Ni9Ti		
		Q235A		
	不锈钢管	1Cr18Ni9Ti		
	铝管	LF2M		
	丁腈橡胶	NBR1504		
4	紫铜	T2-M(Y)	电气系统	接线片

相关研究表明，铅、铝、镍这几种材料有较好的抗海洋大气腐蚀性能，然而目前来说，在各个装备上使用最为广泛的依旧是钢铁材料，其在硬度、韧性以及经济型等方面依旧有不可忽视的优势，大面积地替换为耐蚀性更好的有色金属显然是不现实的，为了达到提高基材耐蚀能力的目的，在相同条件下可优先选择合金钢以提高耐腐蚀性。

4 上岛礁航空液压油泵车三防设计

上岛礁四站装备车辆在设计制造时，无论是外购成品件，还是自制件，除少数部件能选用新型材料以增强基材的耐腐蚀能力外，绝大多数在选材上保持与陆基场站四站装备车辆一样的材料。一方面，总体上需要从结构设计、表面处理、金属镀层、涂层等方面综合施策来实现三防的要求[2]；另一方面，从油泵车结构布局来看，可分为外露的箱体部分、箱体内部机械及液压传动部分、箱体内部电气部分三个大的类别进行针对性三防设计。

4.1 车体系统、底盘"三防"设计

航空液压油泵车选配的底盘（驾驶室箱、车桥、车架）和车体系统（箱体）主要由型材、热轧钢板焊接而成，为密封结构，可有效防止在其内部的液压系统、传动系统等子系统遭受 C 类环境的损害；其零部件属于 I 型结构部件，与外界自然大气直接接触，容易遭受腐蚀损害。在选配好的底盘上加装特装及箱体时，或者对底盘上一些结构件进行一定位置调整时，必然要有不同类型的机械加工、安装等工作，此阶段做好"三防"设计可以保证处于 C 类环境中的车体系统、底盘具有良好的防腐蚀性。具体可从以下几个方面考虑。

（1）避免尖角及折弯损伤：钣金、折弯时半径应不低于 0.5 mm。

（2）避免凹凸不平的平面：材料表面应保持规定的平整度，避免产生应力集中源，选用材料的表面粗糙度 Ra 不大于 6.4。

（3）避免积水结构：设计时应无凹形结构，避免存水腐蚀，无盲孔结构件。

（4）避免进水缝隙：焊接件采用满焊焊接方式，拼接件间安装密封垫，避免雨水渗入、留存。

（5）箱体采用型材焊接成型电泳后，采用特定的喷涂工艺使箱体漆面具有良好的耐腐蚀性、耐磨性；箱体地板可采用经阳极化处理的印花铝板。

（6）车体系统中需要经常拆装的固定标准件均应使用不锈钢标准件,不需要经常拆装的固定件可使用进行"达罗克"处理的碳钢材料的标准件,安装后在表面进行喷漆处理。

4.2 动力系统、传动系统、液压系统"三防"设计

航空液压油泵车的动力系统、传动系统、液压系统是航空液压油泵车的核心系统,主要由外购成品件、自制件组成,安装于车体系统内,其工作环境可归为B类环境,其零部件归为Ⅱ类结构部件。具体可从以下几个方面考虑。

（1）外购成品件(如特装发动机、液压泵)选型时,充分考虑上岛礁对于三防的要求,采购前应与成品供应商进行沟通,签订环境条件要求明确的技术协议,从源头上控制好成品件的耐腐蚀性问题。

（2）把液压泵采购入厂后,应对其表面进行酸洗磷化,表面涂装工艺可采用油漆或喷塑方式。

（3）液压系统中需要拆装、维护的零部件可采用不锈钢材料加工制作,不需要经常拆装、维护的零部件可采用碳钢材料,但表面应进行镀锌处理。

（4）传动系统联轴器、输入轴、输出轴表面可镀锌钝化,镀锌层厚度不小于 $20~\mu m$。

（5）动力系统、传动系统、液压系统内的支架、壳体等非核心自制件数量多,形状多样,表面处理可采用油漆、喷塑相结合的方式,应加强工艺过程的管理。

4.3 电气系统"三防"设计

航空液压油泵车的电气系统主要由外购成品件、自制件组成,安装于车体系统内,其工作环境可归为B类环境,其零部件归为Ⅱ类结构部件。由于电气系统的电缆、接线端子等易受到腐蚀[3],在三防设计制造上应重点考虑以下几方面。

（1）应选用具有三防特性的电缆,电缆可采用硅橡胶护套,接头处进行涂胶处理,防止霉菌生长。

（2）接线盒选用PC聚碳酸酯材料,防水等级应达到IP55。

（3）底板、导轨和大型元器件的安装固定均应采用不锈钢螺栓和螺帽。

（4）线路的接线端子采用铜制冷压接头,接线端子应喷三防漆处理。

（5）电器箱框架、封板应采用不锈钢材质的型材、板材。

（6）控制箱可使用聚氨酯发泡密封胶条进行密封,应能有效防止灰尘和水进入箱体。

5 结束语

本文所提出的三防设计措施大多是基于采用传统材料前提下所开展的结构设计、表面处理等腐蚀防护方法,把这些传统的方法成体系、成系统地运用到航空液压油泵车三防设计上可以取得较好的防腐效果。

参考文献

[1] 王争荣,向永华,杨潇,等. 岛礁油料装备的腐蚀特性及全寿命腐蚀控制策略[J]. 装备环境工程,2020(10):14-19.

[2] 刘欣,刘继芬. 三防技术分析与应用[J]. 电子工艺技术,2010,31(6):354-357.

[3] 叶姗. 电子设备岛礁环境适应性设计[J]. 中国设备工程,2021(1):106-107.

某型飞机地面保障电源改进设计方案

杨秀芹

摘　要　某型飞机是舰载机飞行前的高教训练机,目前被大量配发到部队。该型飞机的主电源系统是直流电源,发动机启动需要转高压电源,也就是 28.5/57 V 电源。地面电源保障该型飞机供电时,地面电源供电完毕,就要由地面电源切换到机上电源供电,该型飞机要求必须在 50 ms 内完成电源的切换,如果电源切换时间过长,就会导致故障。本文研究了该问题,并提出了改进方案。

关键词　转高压;故障分析;地面电源保障;舰载机

1　问题分析

飞机的供电按供电方式分为机上供电和地面电源供电。当飞机停放在地面时,在供电方法上采用地面供电优先的方式,即在地面电源供电时飞机发电机和机上蓄电池均不供电,机上电源与地面电源之间的电气控制关系如图 1 所示。由发电机输出的两组 28.5 V(Ⅰ+、Ⅰ-和Ⅱ+、Ⅱ-)直流电源,在飞机控制信号(电缆插头的 4、5、6 号)的控制下,经串并联转换盒后通过电缆插头的 1、2、3 向飞机输出 28.5/57 V 转高压电源。

1.1　地面电源供电分析

飞机发动机启动时,地面机务人员首先将电缆插头插到飞机的地面电源插座上,地面电源操作员启动机组发电,闭合输出开关 S1 向飞机输出电源。

开关 S1 闭合,接触器 K7、K8 线圈得电工作,触点吸合,电缆插头的 5 脚连接至Ⅰ组 28.5 V 电源的正极。因输出电缆插头已经插到飞机的地面电源插座上,因此,飞机上的控制继电器 13D 的工作线圈也连接至Ⅰ组 28.5 V 电源上,线圈得电工作,触点转换。此时,闭合飞机上的"机上蓄电池与地面电源"开关 14Y,电缆插头的 6 脚通过飞机上的控制继电器 13D 的触点接地,因此,串并联转换盒的控制回路接地,同时也切断了飞机上"蓄电池"和"启动发电机"的控制接触器 19Y、26Y 和 2Y 的控制回路,优先采用地面电源供电。

当电缆插头的 6 脚接地后,串并联转换盒内的输出控制接触器 K4、K5 同时工作,Ⅰ、Ⅱ两组 28.5 V 电源并联起来通过电缆插头的 1、2、3 脚向飞机电网供电,此时,1、3 脚之间和 2、3 脚之间均为 28.5 V 电压,这就是并联供电过程,持续时间大约为 7.1 s。

飞机发动机要启动,首先由飞机的启动系统向电缆插头的 4 脚提供一个正电信号。实际上启动系统是将电缆插头的 4、5 两脚短接,由于 5 脚已经连接到了Ⅰ组 28.5 V 电源的正极,因此,4 脚也就接至Ⅰ组 28.5 V 电源的正极。首先使串并联转换盒内的继电器 K2 工作,导致输出控制接触器 K4 断电,同时使转换控制接触器 K6 线圈得电工作,此过

程中接触器 K5 保持工作不变。接触器 K4 不工作、K5、K6 工作,使得Ⅰ、Ⅱ两组 28.5 V
电源由并联转为串联向飞机电网供电,此时,1、3 脚之间为 28.5 V 电压,2、3 脚之间电压
转为 57 V,实现飞机发动机的升压启动。

通过以上分析可知,地面电源正常供电时不存在"瞬间断电"的问题。

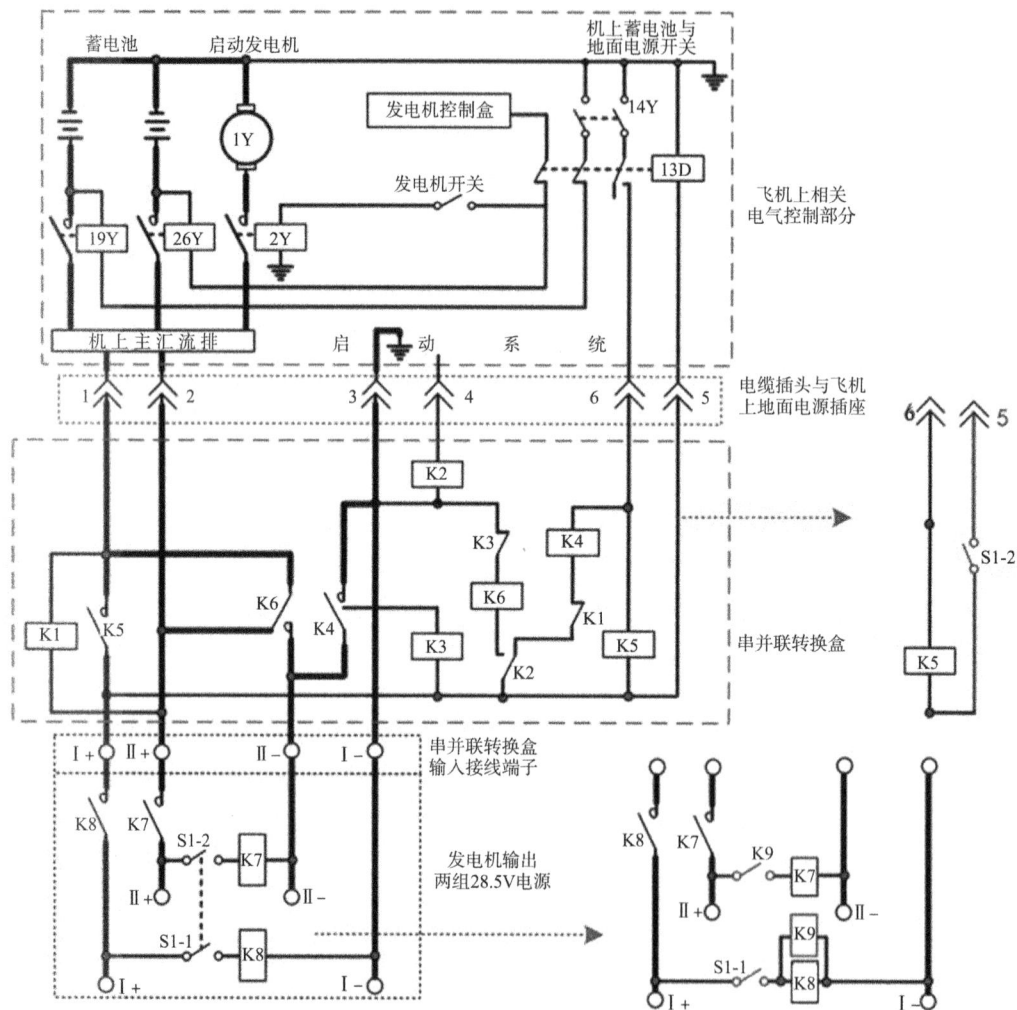

图 1 飞机启动控制电路与地面电源电气逻辑关系

1.2 地面电源断电分析

根据飞机电气系统以及飞机与地面电源之间的控制关系,地面电源停止给飞机供电
有三种情况:一是断开飞机上的"机上蓄电池与地面电源"开关,二是断开电源车上的供电
开关,三是直接从飞机地面电源插座上拔下电缆插头。这三种情况下断电状态是不同的。

1.2.1 断开飞机上的"机上蓄电池与地面电源"开关

断开飞机上的"机上蓄电池与地面电源"开关 14Y 后,如图 1 所示,切断了电缆插头
的 6 脚接地点,必然使串并联转换盒内的接触器 K4、K5 断电,但此时电缆插头的 5 脚因
为地面电源未断电,因此飞机上的控制继电器 13D 不能断电,也就无法实现由地面电源

向机上电源切换,也就是说,此时地面电源和机上电源均无法供电。因此,不能采用断开飞机上的"机上蓄电池与地面电源"开关的方法来进行电源的切换。

1.2.2 断开地面电源供电开关

由图 1 得知,S1 为地面电源供电开关,当断开 S1 时,必然使接触器 K7、K8 断电,电缆插头的 5 脚断电,飞机上的控制继电器 13D 断电,飞机上的"蓄电池"和"启动发电机"控制接触器 19Y、26Y、2Y 就会得电,由机上电源来供电,实现由地面电源向机上电源的切换。地面电源向机上电源的切换时间为接触器 K7、K8 断电时间,飞机上的控制继电器 13D 断电时间和接触器 19Y、26Y、2Y 得电时间的总和。

1.2.3 直接从电源插座上拔下电缆插头

直接从飞机电源插座上拔下电缆插头,飞机上的控制继电器 13D 断电,飞机上"蓄电池"和"启动发电机"控制接触器 19Y、26Y、2Y 得电,由机上电源来供电,实现由地面电源向机上电源的切换。地面电源向机上电源的切换时间为插头拔下时间,飞机上的控制继电器 13D 断电时间,飞机上"蓄电池"和"启动发电机"的控制接触器 19Y、26Y、2Y 得电时间的总和。

1.3 电源切换时间分析

通过对地面电源断电过程的分析可知,要实现由地面电源向机上电源的切换,切换时间可分为:飞机上的转换时间,即 13D 断电时间,飞机上"蓄电池"和"启动发电机"的控制 19Y、26Y、2Y 得电时间的总和;地面电源的转换时间,即接触器 K7、K8 断电时间;直接从飞机上拔下电缆插头的时间。

1.3.1 飞机上的转换时间

飞机上控制继电器 13D 的型号为 J500-DIA,断电释放触点转换时间不大于 15 ms,线圈释放电压为 3.5~5 V。飞机上"蓄电池"和"启动发电机"控制接触器 19Y、26Y、2Y 型号相同,均为 MZJ-400A,触点吸合转换时间为 10~30 ms。因此机上转换时间为两者之和,即大于 10 ms 且小于 45 ms。

1.3.2 地面电源的转换时间

地面电源控制接触器 K7、K8 型号为 MZJ-600A,断电时间应为 20~50 ms。

1.3.3 直接从飞机上拔下电缆插头的时间

飞机上地面电源插座和电缆插头的新旧程度,会影响到插拔力,拔下时间会有所不同。同时该操作因人而异,插头拔下的时间也会不同。总之,该断电时间少则几毫秒,多则几百毫秒。

1.4 瞬间断电问题分析

飞机上转换控制时间大于 10 ms 且小于 45 ms,直接从飞机上拔下电缆插头的断电时间因人和设备而异。因此采用拔插头断电的方式时,地面电源向机上电源的切换时间不可控,如果切换时间不大于 50 ms,正常切换,飞机可正常供电;但如果拔插头时间长,使电源切换时间超过 50 ms,则会导致"瞬间断电"故障。并且从插座上直接拔电缆插头时,因为此时插头带电,直接拔会烧蚀插头,因此,不建议采取这种方式进行电源切换。

用断开地面电源开关的方式断电时,如图 1 所示,电源切换时间为机上转换时间和地面转换时间之和,即为 30～95 ms,因此,采取图中的控制电路,很难将地面电源向机上电源的切换总时间控制在 50 ms 以内,飞机"瞬间断电"的故障概率非常大。

2 问题定位

地面电源向机上电源的切换时间大于 50 ms,造成机上"瞬间断电"。

3 改进方案

综上分析,该型飞机要求电源切换时间不大于 50 ms,当采取断开地面电源开关的方式实现电源的切换时,电源切换时间为 30～95 ms,因此,导致飞机出现"瞬间断电"的故障概率非常大。

电源切换时间为机上转换时间和地面转换时间之和,飞机上转换时间不能改变,只能改变地面转换时间。改进方案如图 1 所示(箭头所指部分为改进电路),断开地面供电开关 S1 时,同时切断飞机与地面电源电缆插头的 5 脚电源,则地面电源向机上电源的总切换时间只是机上转换时间 10～45 ms,可保证电源切换时间不大于 50 ms 的要求。

4 风险分析

该方案更改了串并联转换盒的控制电路,串并联转换盒电路是自俄罗斯飞机串并联技术引进的标准线路,该方案完善了地面电源向机上电源的转换逻辑控制关系。改进后的断电回路不改变飞机电源启动系统的逻辑关系,不改变地面电源的控制时序,因此不存在风险。

航空四站装备巡修模式研究

范红军 李 丽

摘 要 航空四站装备巡修是军地一体化修理在航空四站装备上的应用与实践。本文剖析航空四站装备巡修模式的概念,明确了航空四站装备巡修的机制体制的建立原则以及开展航空四站装备巡修应准备的内容,详细阐述了实施航空四站装备巡修的程序,包括修理级别的划分、计费方法的确定以及部队装备的检验验证等。

关键词 航空四站装备;巡修模式;军地一体化

航空四站装备指的是为军用飞机起飞及地面维护实施各种勤务保障的装备,其性能的好坏关系到军用飞机能否正常起飞。随着高新技术不断应用,航空四站装备的故障由单一部件故障向复杂系统故障扩展,由硬件故障向软、硬件综合故障发展,因此维修难度越来越大,单纯依靠基层部队的人员,很难完成维修任务,需要引进地方维修力量尤其是装备生产单位的维修,以提高航空四站装备的维修效益。四站装备巡修指的是为了保持、恢复四站装备的性能,综合运用部队和地方的维修力量,在部队现场实施装备检修的一种修理行为。航空四站装备巡修是针对航空四站装备实际型号多、数量大、结构复杂等特点,发挥装备生产单位的技术优势,积极引进地方维修力量,提高航空四站装备维修效率的一种维修保障模式,是军地一体化修理模式在四站装备上的应用与实践。本文从四站装备巡修机制体制的建立、巡修准备工作、巡修实施程序等方面对航空四站装备的巡修模式进行探讨。

1 建立航空四站装备巡修的机制体制

需要明确,航空四站装备巡修不是代替部队的装备修理,而是四站装备生产单位组成维修力量对装备实施巡回检修,因此四站装备巡修既涉及部队,又涉及装备生产单位。为了保障巡修工作的顺利实施,首先需要建立巡修机制体制。巡修机制体制可以通过"三个统筹"建立,即统筹建立巡修运行机制和配套规范、统筹建立巡修保障力量、统筹制定巡修保障计划。

1.1 统筹建立四站装备巡修运行机制和配套规范

四站装备巡修涉及海军航空兵的所有四站部队,因此应该由海军级四站业务机关牵头,组织四站部队各装备生产单位人员制定出指导航空四站装备巡修工作的巡修规范,即规定巡修的范围、巡修的时间、实施方法、修理后验证等内容;战区级装备部门应成立四站业务工作室,专门负责航空四站装备巡修的具体实施;而各个四站装备生产单位应成立巡修办公室,负责承接和实施部队的巡修任务,保证实际巡修效果。

1.2 统筹军队和地方单位建立巡修保障力量

巡修工作是针对四站部队维修力量薄弱而引入装备生产单位维修的举措,因此四站部队应着眼于提升本单位的维修能力的需要,安排责任心强、熟知装备、善于学习的士官参与四站装备巡修,使其在协助地方人员巡修的同时提升自身的能力。装备生产单位要站在对装备负责、对部队战斗力负责的高度,安排精通装备、维修能力强的专业技术人员到部队实施装备巡修。在巡修过程中专业技术人员必须对部队参与人员实施现场带教,以提升部队参与人员的修理能力。

1.3 统筹制订巡修保障计划

巡修时要进行大修、中修、小修三级修理的合理划分,避免装备的重复修理和无序维修。战区级四站业务工作室必须将巡修与四站装备的大修、中修、小修合理统筹,每年年初制订年度巡修计划,并将巡修计划及时通知到装备生产单位;装备生产单位根据之前制订的巡修规范和接收的年度巡修计划,整合维修保障资源,并组织巡修办公室人员针对各个具体型号装备制定出详细的部队现场检修方案和带教内容。

2 航空四站装备巡修的预先准备

完备的预先准备是保障航空四站装备巡修工作顺利实施的先决条件。航空四站装备巡修的预先准备工作包括部队巡修预先准备和装备生产单位巡修的预先准备,并且实际准备时按照以军队为主、地方为辅的原则。航空四站装备巡修的预先准备工作如图1所示。

2.1 部队巡修准备工作

部队巡修的预先准备由战区级的四站业务室主导。战区的四站业务室在征求四站基层连队装备使用情况和修理建议的前提下,制订出实施航空四站装备巡修的详细计划,内容应包括巡修装备数量、装备状态、部队巡修人员、巡修任务承接单位等。制订的巡修计划在下达到基层四站部队和

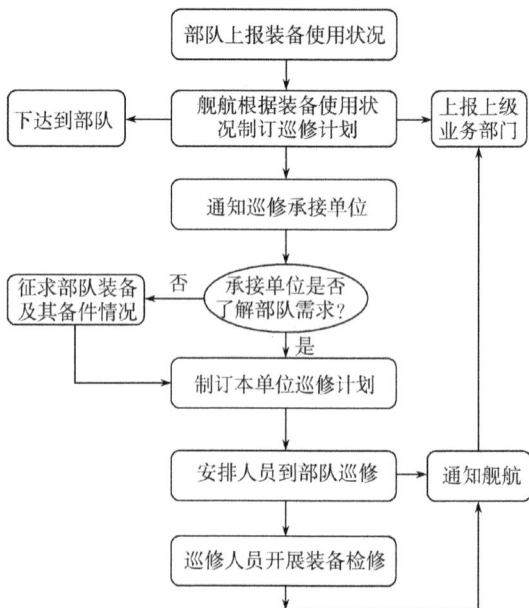

图1 航空四站装备巡修预先准备工作

各装备生产单位巡修办公室的同时,上报海军级四站业务部门备案。在制订巡修计划时,为了有效节省时间,提高巡修效率,可以将相对集中的若干个四站基层部队明确划分为一个集中巡修模块,协调相关装备生产单位,共同组成联合巡修队,对部队装备集中实施巡修。

2.2 装备生产单位巡修准备工作

装备生产单位的巡修办公室接到巡修任务后,应及时通过电话咨询或派专人赴四站部队的形式详细调研装备的使用情况、故障情况以及备品备件的存贮情况,在此基础上,

依据前期准备的检修计划,积极开展筹措修理器材、以表格形式分条目制定出装备检修内容和要求、培训修理人员等工作,并了解战区级的四站业务室提出的赴部队巡修所需的保障要求。

3 航空四站装备现场检修流程

航空四站装备的巡修人员在部队实施的现场检修要认真、细致,严格按照表格的条目逐项检修装备。检修过程发现的装备故障,应该及时进行排故修理。针对航空四站装备故障较为复杂,既有较容易的一般故障,也有较难修理的重大故障,不可能做到所有故障能够现场修理的实际情况,现场检修人员可以依据排故的难易程度和故障件的贵重程度对故障级别进行划分。而且排故更换的部件有一般常见部件,也有比较贵重的部件,其更换费用不能全部由装备生产单位负担,需要根据修理级别明确更换部件的计费方法。最后,装备检修结束后,在四站部队人员监督下进行装备验收,以检验装备是否恢复到最佳状态。巡修人员在部队实施的现场检修流程如图2所示。

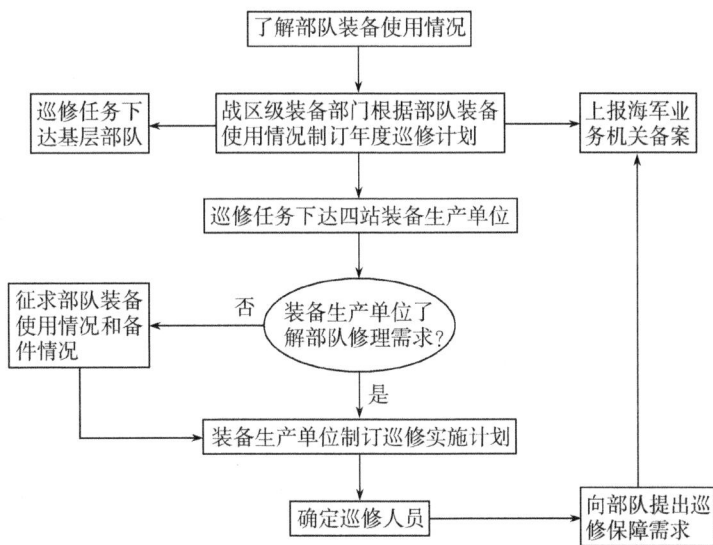

图2　航空四站装备检修程序

3.1 根据故障性质划分修理级别

航空四站装备检修过程中,依据装备是否达到了技术标准,判断装备是否出现故障;依据排除故障的难易程度以及故障件的贵重程度,判断故障性质是一般故障还是重大故障。对于一般故障的排故修理,划归装备中修的范围,并按照中修的要求进行排故性修理;对于重大故障,则可以参照装备大修的要求,进行返回装备生产单位修理。需要注意的是,对于影响装备使用的重大故障,还要及时上报战区级的四站业务部门。

3.2 根据更换部件的贵重程度采取不同的计费方法

部队应依据更换部件的贵重程度实施不同计费方法:对于常见的、消耗量不大的部件,由装备生产单位的巡修人员免费更换;对于较贵重部件的更换,由于产生的维修费用较大,可以借鉴部队飞机机载部件的修理方法实行计费;其他一般收费部件的更换,优先采用部队库存的备品备件,在确认部队没有备件的情况下,采用地方人员携带的备件,并参照地方产品的定价由部队付费。

3.3 巡修后的装备验收

四站装备的全部检修工作完成后,装备生产单位的巡修人员邀请部队人员共同对装备进行性能验收,以验证四站装备是否恢复或保持了原有的技术要求,验证合格后,巡修人员要与四站部队的装备使用人员做好交接、登记,并填写装备检修验收证明。

装备检修过程中,巡修人员应该采用理论与实践相结合的方式,做好四站部队人员的带教和培训,提升四站部队的装备维修能力。

4 结束语

航空四站装备巡修是航空四站装备实施军地一体化维修保障的尝试和实践,在部队试行的过程中取得了较好的效果。当前,军地一体化维修是部队装备维修保障的发展趋势,但在航空四站装备修理中的应用中刚刚起步。在当前军民融合发展战略的背景下,应该按照最大限度提升航空四站装备维修效益的要求,通过实施航空四站装备巡修积累经验,最终逐步建立完善的航空四站装备军地一体化维修保障体系。

参考文献

[1] 吕卫东,古平. 关于一体化装备保障的系统思考[J]. 装备指挥技术学院学报,2005,16(4):10-13.
[2] 邹小军. 军地一体化装备维修保障模式研究[D]. 长沙:国防科学技术大学,2007.
[3] 张英志. 高新武器装备军民一体化保障模式研究[D]. 哈尔滨:哈尔滨工业大学,2005.
[4] 孙万国,王凯,何嘉武,等. 装甲装备军民一体化维修保障的几点思考[J]. 装甲兵工程学院学报,2011,25(5):6-9.

基于模糊故障树理论的充电无输出故障分析研究

姚海燕　杨秀芹　邹开凤

摘　要　本文根据某型航空充电设备的故障特点,在充分研究模糊故障树理论的基础上,以充电设备某一路无电流输出故障作为实例进行应用研究,验证了模糊故障树理论故障诊断的可行性。

关键词　充电设备;模糊理论;故障树;故障分析

1　引言

随着多机种保障以及综合演练任务的增多,航空蓄电池的保障需求也日益增大。而航空充电设备是航空蓄电池维护质量的重要保证,如果充电设备发生故障却没有及时发现并排除,将会影响蓄电池的品质,甚至延误战训任务的完成,因此,航空充电设备的可靠运行显得尤为重要。

在充电技术不断升级和自动化程度不断提高的今天,充电设备的电路日趋复杂,产生故障的原因同样错综复杂,充满了不确定性,因此,探究航空充电设备故障诊断的方法,有助于充电员快速、准确地找到故障点,并根据故障点进行有针对性的维修,使充电设备快速恢复到正常状态,减少故障造成的损失,提高航空充电设备的保障能力。

2　充电设备故障特点

航空充电设备一般专指用于航空蓄电池充电的装置,主要完成能量的传输与转换,将输入的能量变换为符合要求的直流电输出,包括电压的高低或电流的大小,另外还有调整性能方面的要求。在设备的使用过程中,由于使用不当或长期使用,就会表现出各种不同的故障,总结起来主要有以下几点。

2.1　复杂性

充电设备本身的结构和工作原理都是比较复杂的,所以当出现故障后,其故障原因也是十分复杂的,以下两点是总结出来的规律。

(1)一对多的关系,即当充电设备发生故障后,往往同一个故障原因会对应多个故障现象,而且同一个故障现象也会对应多个故障原因,这就使得对充电设备故障诊断的困难程度加大。

(2)故障难以被全面认识。由于充电设备的故障现象和故障原因都有很多,没有办法将两者的关系一一确定,这就造成了一定的误差,使故障无法被全面地认识,从而使得故障具有了不可预知性。

2.2 层次性

充电设备是一个复杂的系统,又由多个子系统构成,画出构成图后类似树枝状,所以充电设备的故障图也是类似树枝状的,即故障具有层次性,如果能在故障发生后判断出是哪一层级发生的故障,能有效提高故障诊断的效率。

2.3 相关性

如果充电设备出现了一些故障现象,往往是多个元器件发生故障,彼此之间存在一点联系,故障出现后,很难判断出故障发生的根本原因。

2.4 不确定性

因为充电设备的系统结构比较复杂,构成充电设备的零部件数量也很大,零部件之间在发生故障这一方面并不存在什么关联,所以不知道充电设备什么时候会发生故障,充满了不确定性。

3 充电无输出故障分析

3.1 故障现象

某场站充电员在利用某型充电机对航空蓄电池充电时,连接好蓄电池,各路电压表读数及偏转方向均正常,随后启动该型充电机,合上各路电源开关,电源指示灯亮,但在调整第一路电流调节旋钮时,发现第一路电流表不指示。

3.2 故障分析

该型充电机主要由主电路和控制电路组成,主电路由电源变压器变压,经整流及电抗器滤波后,输出大小符合要求的平稳直流电对蓄电池进行充电。主电路的输出由控制电路进行调整,充电机一共六路输出,每组输出的主电路和控制电路都是相对独立的。根据故障的现象——充电机个别分路无电流输出,说明故障是在该分路的主电路或控制电路,而与充电机输入公共部分即电路中主变压器次级的前级电路无关,也和其他输出分路无关。根据经验,首先应采用替换法,用备用的控制板或其他好的分路的控制板替换故障分路的控制板。更换控制板后,故障消失则说明故障在控制板上,如果故障仍然存在,则说明故障在控制板以外的部分,包括主电路、控制板插座、电流调节器、电源开关等。

若故障在控制板上,由故障的现象应能确定故障在控制板上的范围是电源电路、恒流触发电路、蓄电池接反保护电路以及关机控制电路等。根据先易后难的原则,应检查控制板的电源电路的各种输入和输出电压,包括交流输入电压、整流输出电压、+25 V 脉冲变压器初电压、+15 V、−15 V 和 +5 V 电压。根据各种电压的有无、大小来判断电源电路是否有故障和故障的具体位置,例如交流输入电压正常、整流输出正常、+15 V 电压没有则说明相应的三端稳压器烧坏。若各电压均符合要求,说明电源电路无故障,则进一步检查恒流触发电路。

4 模糊故障树理论

模糊故障树理论是一种估计底事件发生概率的分析方法,它将元器件的故障发生概率用模糊数表示,这样便解决了故障树分析法解决不了的模糊性和不确定性问题,而且还考虑到利用人的实际经验做出诊断,使结果更加具有实际意义,可通过定性分析,也可定量计算。所以在实际应用中,模糊故障树理论具有较强的适用性,是设备故障诊断的有效方法。

故障诊断中需要的元器件故障概率,一般可以通过历史故障数据来计算,但是由于设备的使用环境会发生变化,并且设备需要不时地更换一些元器件,所以各元器件的故障概率是不确定的。模糊故障树理论就是为了解决这一类问题而出现的,它运用了模糊逻辑将不确定的元器件故障概率用模糊数来表示,使概率成为模糊概率;同时,该理论还考虑到了"人"这一不能忽略的因素,将经验人员对故障的评判也通过运算融入结果;而且,对于故障程度这一本就不能用精确值量化的词语也可以用模糊数表示出来,应用十分灵活。

模糊数的隶属函数应该既方便又具有一般性,所以采用四边形隶属函数表示,函数 F 表示如下:

$$F \equiv (F_0, s_z, m_z, s_y, m_y) \tag{1}$$

式中:F_0 是模糊数支撑集的中心,s_z 和 s_y 是左右支撑半径,m_z 和 m_y 是左右模糊区,示意图如图 1 所示。

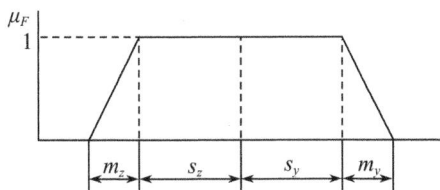

图 1   模糊数的隶属函数

由图 1 可知:

$$\mu_F \begin{cases} 0, 0 \leqslant F \leqslant F_0 - s_z - m_z; \\ \dfrac{F - (F_0 - s_z - m_z)}{m_z}, F_0 - s_z - m_z < F \leqslant F_0 - s_z; \\ 1, F_0 - s_z < F \leqslant F_0 + s_y; \\ \dfrac{F_0 + s_y + m_y - F}{m_y}, F_0 + s_y < F \leqslant F_0 + s_y + m_y; \\ 0, F_0 + s_y + m_y < F. \end{cases} \tag{2}$$

要想使得四边形函数简化成三角形函数,只需令 $s_z = s_y = 0$;那么什么时候模糊数会变成确定数呢? 就是当支撑半径和左右模糊区都等于 0 时,就会成为确定数。

假如我们定义第 i 个元器件的概率为 P_i,则该元器件的模糊可能性是模糊数 P_i,倘若这个元器件有大量的历史数据,我们可以直接计算出该元器件的故障概率,即此概率是一个确定值,那么这一元器件的支撑半径和左右模糊区便都等于 0。实际应用中,故障程度通常在大于零小于 1 的范围内选取,可简单分为大、中、小,则可采用模糊数 0、0.5、1 来描述。

5   故障实例诊断

5.1   模型建立

在使用演绎法构建故障树时,将"充电机某一路无电流输出"这一风险作为顶事件。首先寻找能够导致该风险的直接原因,根据第二章内容可总结出几个中间事件作为直接原因。这些中间事件为"控制板异常""主电路异常""控制板插座异常""电流调节器异常"。这些中间事件可以再往下细分，每一个中间事件均可对应一个或多个事件，直至细分到底事件为止，这些底事件组成了导致系统故障的基础元件。

一级中间事件"控制板异常"可细分为"电源电路异常""恒流触发电路异常""接反保护电路异常""关机控制电路异常"，其中"电源电路异常"又可细分为"交流输入电压异常""整流输出电压异常""+25 V脉冲变压器处电压异常""+15 V、−15 V、+5 V电压异常"；"恒流触发电路异常"又可细分为"电阻、二极管、电容烧糊""二极管各继电器触电异常""电压异常"。一级中间事件"主电路异常"可细分为"输出熔断器熔断""单极开关异常""电抗器异常""变压器次级线圈异常""电源开关异常"。这些底事件中的任何一个发生都可以导致其对应的中间事件发生。故障树对应的事件编码表如表1所示。

表1　事件编码表

事件代码	事件名称	事件代码	事件名称
T	充电机某一路无电流输出	x_7	电抗器异常
M_1	控制板异常	x_8	变压器次级线圈异常
M_2	主电路异常	x_9	电源开关异常
x_1	控制板插座异常	x_{10}	交流输入电源异常
x_2	电流调节器异常	x_{11}	整流输出电源异常
M_3	电源电路异常	x_{12}	+25 V脉冲变压器处电压异常
M_4	恒流触发电路异常	x_{13}	+15 V、−15 V、+5 V电压异常
x_3	接反保护电路异常	x_{14}	电阻、二极管、电容烧糊
x_4	关机控制电路异常	x_{15}	二极管各继电器触电异常
x_5	输出熔断器熔断	x_{16}	电压异常
x_6	单极开关异常		

5.2　定性分析

模糊故障树建造好之后，首先需要对其进行定性分析，目的是找出影响顶事件的重要底事件，即找出肯定会影响顶事件的底事件，定性地分析出影响顶事件的关键事件，为定量计算做好铺垫。

5.3　定性分析

模糊故障树建造好之后，首先需要对其进行定性分析，目的是找出影响顶事件的重要底事件，即找出肯定会影响顶事件的底事件，定性地分析出影响顶事件的关键事件，为定量计算做好铺垫。

定性分析就是求出该模糊故障树的最小割集，常用方法是下行法，经过下行法分析后，得到以下表达式：

$$T = M_1 + M_2 + x_1 + x_2$$
$$M_1 = M_3 + M_4 + x_3 + x_4$$
$$M_2 = x_5 + x_6 + x_7 + x_8 + x_9 \tag{3}$$
$$M_3 = x_{10} + x_{11} + x_{12} + x_{13}$$
$$M_4 = x_{14} + x_{15} + x_{16}$$

可得到顶上事件的表达式为：

$$T = x_1 + x_2 + x_3 + x_4 + x_5 + x_6 + x_7 + x_8 + x_9 + x_{10} + x_{11} + x_{12} + x_{13} + x_{14} + x_{15} + x_{16} \tag{4}$$

则故障树的最小割集为：

$$\{x_1\}, \{x_2\} \{x_3\}, \cdots, \{x_{14}\}, \{x_{15}\}, \{x_{16}\}$$

5.4 定量分析

当充电机某一路无电流输出时,初步判断出以下故障征兆:

$$U = \{U_1, U_2, U_3\} = \{控制板异常,主电路异常,控制板插座异常\}$$

通过采纳经验人员对故障程度的初步评判,定义出加权模糊向量如下:

$$u = (u_1, u_2, u_3) = (0.6, 0.2, 0.2)$$

由历史故障数据初步给定以下几种为故障原因备择集:

$$v = \{v_1, v_2, v_3, v_4\} = \{电源电路异常,恒流触发电路异常,输出熔断器熔断,控制板插座异常\}$$

建造模糊故障树并进行重要度分析,通过下式进行计算:

$$I_i^{FV} = \frac{E[\emptyset_R^{(i)}(X)]}{P_{(TOP)}} \tag{5}$$

得到3个 FV 重要度集合:

$$I_1^{FV} = \{I_{11}^{FV}, I_{12}^{FV}, I_{13}^{FV}, I_{14}^{FV}\} = \{0.43, 0.10, 0.09, 0.37\}$$
$$I_2^{FV} = \{I_{21}^{FV}, I_{22}^{FV}, I_{23}^{FV}, I_{24}^{FV}\} = \{0.18, 0.49, 0.15, 0.00\}$$
$$I_3^{FV} = \{I_{31}^{FV}, I_{32}^{FV}, I_{33}^{FV}, I_{34}^{FV}\} = \{0.00, 0.00, 0.68, 0.37\}$$

根据 $r_{ij} = I_{ij}^{FV}$ 建立模糊关系矩阵:

$$R = (r_{ij})_{m \times n} = \begin{bmatrix} 0.43 & 0.10 & 0.09 & 0.30 \\ 0.18 & 0.49 & 0.15 & 0.00 \\ 0.00 & 0.00 & 0.68 & 0.00 \end{bmatrix}$$

根据模糊变换的原理,计算出: $v = u \circ R = (0.430, 0.200, 0.200, 0.200)$,其中最大值为 0.430,对应的底事件是控制电路板异常,结果与实际相符。

6 结束语

本文根据航空充电设备的故障特点,在充分研究模糊故障树理论的基础上,以"充电机某一路无电流输出"作为故障实例进行应用研究,首先进行模型建立,列出了事件编码表;然后进行定性分析,求出了该模糊故障树的最小割集;再进行定量分析,计算底事件发生概率,以底事件模糊概率重要度分析确定了底事件的重要度排序,越有可能发生的底事件顺序越靠前,这样就明确了检修人员的检修顺序,最后利用了模糊矩阵来解决这一问题,发现结果与实际相符,成功地证明了模糊故障树理论的可行性。

参考文献

[1] 段万普,郑路,李静. 蓄电池使用和维护[M]. 北京:化学工业出版社,2018.

[2] 李国勇,杨丽娟. 神经·模糊·预测控制及其 MATLAB 实现[M]. 北京:电子工业出版社,2018.

[3] 蔡自兴. 智能控制[M]. 北京:电子工业出版社,2010.

[4] 李爱国. 事件模糊概率的确定方法[J]. 山西机械,2009(9):23-24.

动力锂电池的热分析

谈秋宏　李勋章　姚海燕

摘　要　随着新能源电动汽车的发展,汽车对车载电源的要求也越来越高,动力锂电池作为汽车的主要驱动力,其性能直接影响行车的可靠性,锂电池在正常工作下会产生大量的热,如果散热不及时,可能会引发安全事故。本文对不同工作条件下的锂电池温度变化进行比较,并设计散热模型,对仿真结果进行分析,以确定最优方案。

关键词　锂电池;热特性分析;热管理系统;强制风冷

1　引言

作为新能源电动汽车的主要驱动力,动力锂电池性能的发展不容小觑。在正常工作状态下,动力锂电池内部会发生电化学反应,充电时电池将外部供给的电能通过锂离子的嵌套以化学能的形式储存在电池内部[1],放电时又通过电子得失将存储的能量转化为电能,同时产生大量的热。当温度过高时,根据锂离子在正负极往复运动的原理,电池负极的 SEI 膜会变厚[2],使锂电池的内阻变大,从而焦耳热增加,温度升高,发生恶性循环[3-5];同时电池单体之间由于排列紧密,加上冷却效果的差异,与外界环境对流较好处的温度一般低于电池中心处的温度,会出现电池组温度分布不均衡的现象,严重破坏电池的容量、寿命、电压均衡等性能,影响电动汽车的安全可靠性能[6-9]。为了满足新能源汽车实际运行的要求,在仿真软件 Icepak 中搭建电池组模型,对电池组在自然对流、风冷和水冷条件下进行模拟分析,比较不同条件对电池组温度分布的影响,针对散热不均问题总结合理的制冷方案使电池在最佳温度工作,从而确保电池组的工作性能、安全性和寿命的维护。

2　电池组建模

选取 12 块标称容量为 11.5 Ah 的立方体锂电池,分为两种方式排列,相邻电池间的空隙设为 5 mm。

在 Icepak 软件中搭建立方体电池组的仿真模型,单体的几何参数为 70 mm×27 mm×88 mm,本文选择了两种电池组排列方式 a 和 b,电池组 a 为 12×1 排列,电池组 b 为 3×4 排列,成组后对其进行网格划分,如图 1 和图 2 所示。

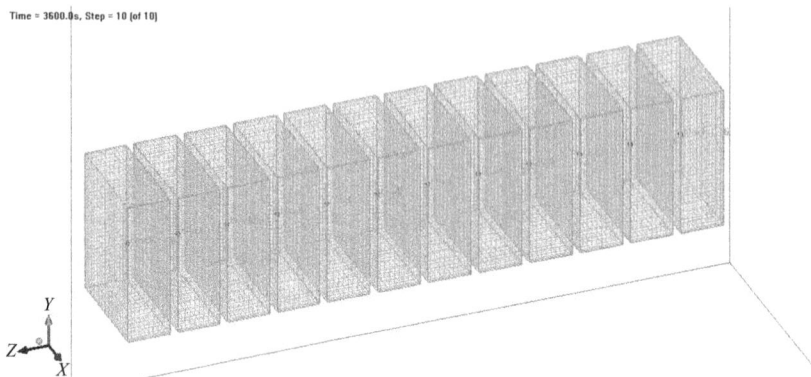

图 1　立方体锂电池组 a 的网格划分

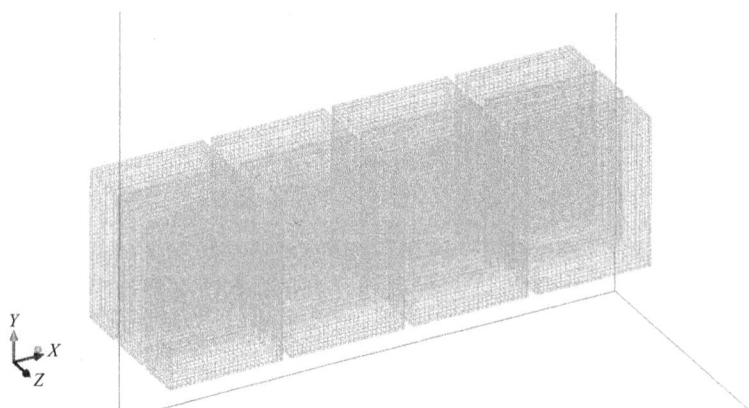

图 2　立方体锂电池组 b 的网格划分

3　排列方式选取

本文假定锂电池内部产热均匀,忽略极耳生热情况,计算得到锂电池的工作参数,通过仿真结果比较两种排列形式下电池组的散热情况。由于电池组紧密排列,间距较小,阻碍热量散出,因此电池组中部温度最高,四周散热相对较好,温度下降快,与电池组 a 相比,电池组 b 的最高温度上升 3.66 ℃,最低温度上升 0.87 ℃,分析其原因,由于电池组 b 的中间两块电池只有两个面完全接触空气,其余四面被周边电池包围,散热面积很小,是整个电池组温度最高的区域,这两块电池温度偏高,通过对流与辐射传热,使与其相邻的其余电池的热量无法有效散出,所以 b 组温差比 a 组高 2.79 ℃,因此综合考虑选取电池组 a 进行温度场模拟(图 3)。

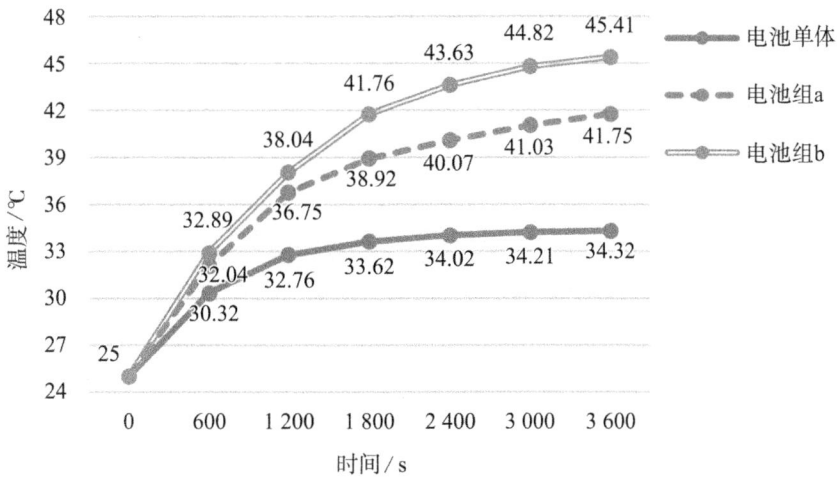

图 3　1C 放电倍率下电池单体和电池组 a、b 温度走势的比较

4　结果与分析

4.1　强制风冷下电池组的温度变化结果

笔者设计了一个风冷散热装置,分析电池组在不同条件下的散热效果,采用并行通风装置,将温度较低的进口环境风由右至左并行流经每块电池,使所有电池周围的气流温度保持一定的低温,起到制冷效果,如图 4 所示。

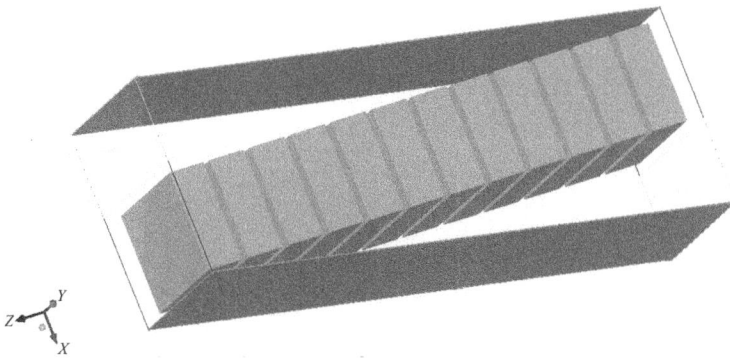

图 4　强迫风冷散热装置的几何模型

在相同放电倍率下,对电池组 a 设置强风制冷装置,进行 1C 放电倍率下的仿真,环境温度和初始温度设置为 25 ℃,入口风速为 3 m/s。结果如图 5 所示,在强制风冷的条件下,电池组 a 在 1C 倍率放电结束时最高温度为 32.08 ℃,整个过程比放电最初的温度升高了 7.08 ℃,高温区域集中在风道进口处,出口处电池温度最低,表面温差为 6.31 ℃,温差较小。强制风冷使电池组最高温度、最低温度和温差均有下降,但作用并不显著。

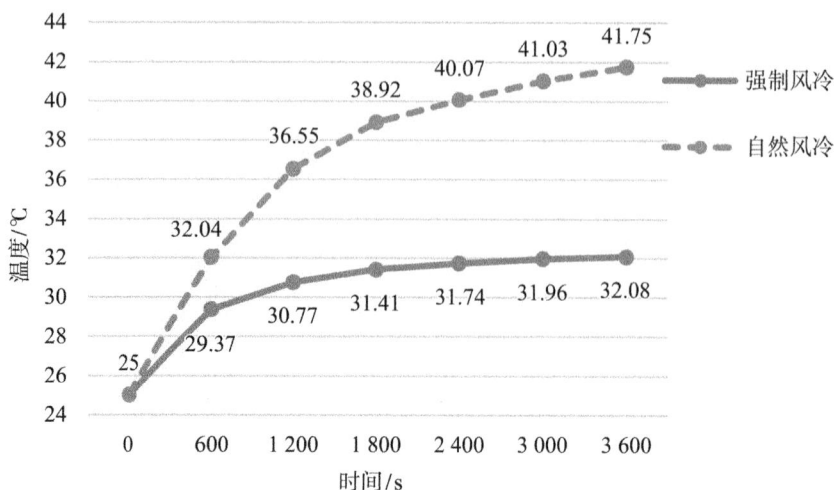

图 5　1C 放电倍率下电池组 a 自然风冷与强制风冷的温度走势比较

当放电电流为中、高倍率时,电池组温度极不均匀,温差增大,并且 3 m/s 这样的低风速的风冷条件无法使电池温度控制在正常范围内,为了更深入地研究其温度影响,可以在中高倍率的基础上逐次模拟不同冷却强度下电池组温度场的情况。

2C 放电倍率下,环境温度及初始温度设置为 25 ℃,选取入口风速 3 m/s、5 m/s、10 m/s 三种边界条件,对电池组 a 进行仿真计算,结果如图 6 所示,风速为 3 m/s 时,放电结束的最高温度比初始温度升高了 20.24 ℃,工作温差为 18.03 ℃;风速为 5 m/s 时,放电结束的最高温度比初始温度升高了 14.62 ℃,工作温差为 13.14 ℃;风速为 10 m/s 时,放电结束的最高温度比初始温度升高了 9.56 ℃,工作温差为 8.57 ℃。高温区域集中在风道进口处的几块电池中,风道出口处的电池温度降低明显,在中倍率放电下,冷却强度的大小明显满足降温的需求,温控效果比较显著。

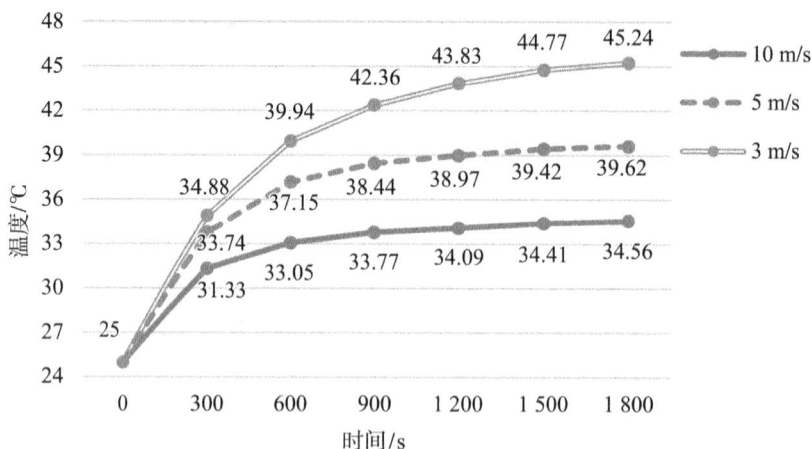

图 6　电池组 a 在 2C 放电倍率下不同入口风速的温度走势比较

在模拟 3C 放电倍率下不同风速对电池组温度影响的过程中,发现电池组温差较大,这将严重影响电池的充放电循环特性及工作性能。这说明高倍率放电下,低强度的风冷散热无法达到降温效果,必须采用大功率制冷设备来控制温度,并且该方式只能勉强保证温度不超过额定范围,要想电池工作在最佳温度范围内,可以采用冷却效果更好的液冷或者相变材料冷却方案。

4.2 水冷下电池组的温度变化结果

由于电动汽车存放电池的空间狭小,行驶过程中其他部件的发热量也不可忽视,为了更好地给电池散热,笔者提出了一种水冷散热方案。电池之间间隙为 5 mm,将冷水管道设计为扁平的立方体管道,每两个锂电池为一组设置入水口和出水口,总共分为六组,由一个管道通入冷水再依次流经六条入水通道,最终给电池降温过的水流再汇流到"母线"一样的出水管道向外界排出,几何模型如图 7 所示。

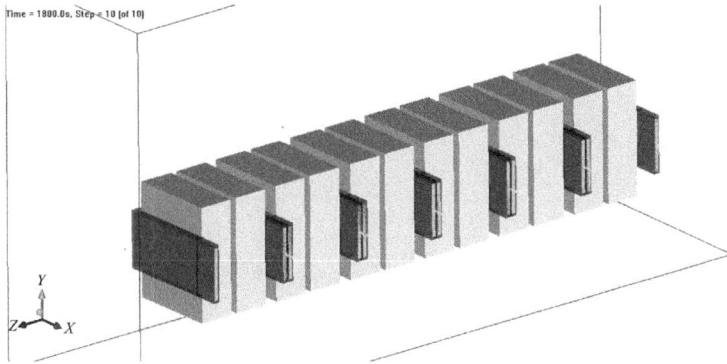

图 7 水冷散热装置的几何模型

对 2C 和 3C 放电倍率下的自然散热、风冷、水冷三种条件下的电池组温度变化进行仿真分析,环境温度和初始温度为 25 ℃,入口流速为 3 m/s,入水压力为 200 N/m²,结果如图 8 和图 9 所示。结果表明,三种不同散热条件下,电池组的温差越来越小,水冷散热比自然冷却和风冷散热的降温效果更显著,更有利于电池工作在最佳温度范围内,满足了给电池组降温的需求。由于高倍率电流放电,电池温度剧烈升高,严重时会失控,引发火灾及爆炸,危及人身安全破坏生活环境,因此在中、高倍率放电时,必须严格降低其工作温度,采用合适的散热方案将温度控制在安全范围内。

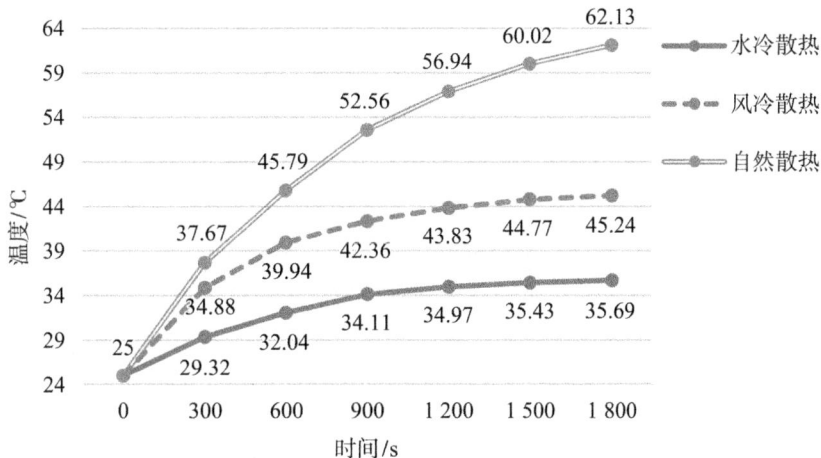

图 8 2C 放电倍率下电池组 a 在不同散热条件下的温度走势比较

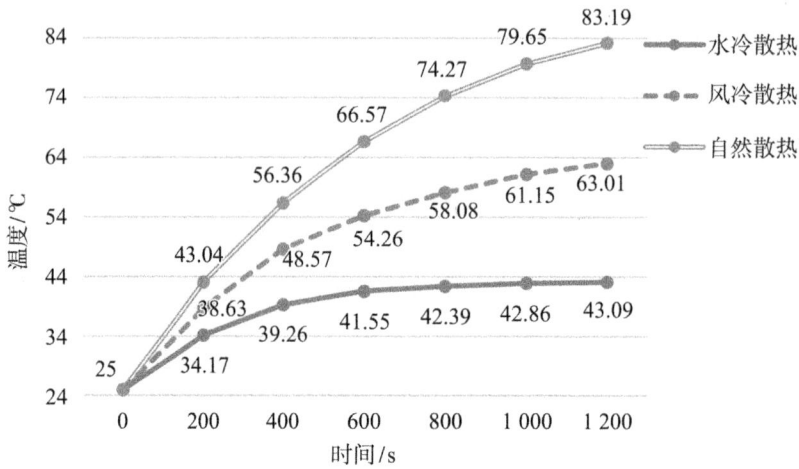

图 9　3C 放电倍率下电池组 a 在不同散热条件下的温度走势比较

5　小结

本文设计了简单的风冷和水冷散热装置,比较了相同倍率放电下不同散热条件对电池组温度的影响。结果表明低倍率时风冷散热能很好地解决电池组工作温度过高的问题,而中、高倍率放电时电池内部温差过大,一定强度的风冷散热已不能保证电池组正常工作,水冷散热能更好地将温度控制在安全范围内,解决散热不均的问题。

参考文献

[1] 李凯,王奂. 电动汽车用动力电池环境下的安全性能[J]. 电子产品可靠性与环境试验,2013,31(2):8-21.

[2] 李毅,于东兴. 锂离子电池火灾危险性研究[J]. 中国安全科学学报,2012,22(11):36-40.

[3] 黄维斐,常国峰. 车用动力锂离子电池热响应特性研究进展[J]. 电源技术,2017,41(2):321-324.

[4] 张洪锋,井澄妍,王习文,等. 动力锂离子电池隔膜的研究进展[J]. 中国造纸,2015,34(2):55-60.

[5] 王青松,孙金华,陈思凝,等. 陈春华锂离子电池热安全性的研究进展[J]. 电池,2005,35(3):240-241.

[6] 李军求,吴朴恩,张承宁. 电动汽车动力电池热管理技术的研究与实现[J]. 汽车工程,2016,38(1):22-27.

[7] 胡棋威,文斌,王兆聪. 锂离子电池组冷却技术研究进展[J]. 船电技术,2016(2):53-58.

[8] AN Z J, JIA L, DING Y, et al. A review on lithium-ion power battery thermal management technologies and thermal safety [J]. Journal of Thermal Science,2017,26(5):391-412.

[9] CHEN M, ZHAO E, CHEN D, et al. Decreasing Li/Ni disorder and improving the electrochemical performances of Ni-rich $LiNi_{0.8}Co_{0.1}Mn_{0.1}O_2$ by Ca doping[J]. Inorganic Chemistry,2017,56(14):8 355-8 362.

基于神经网络模型的发动机仿真实时性研究

王　彬　胡新生　张　涛

摘　要　神经网络模型具有仿真速度快的优点,但神经网络算法建模对实验数据具有很大的依赖性。本文依托主机数据以及实验数据,搭建了发动机曲轴转角模型。为进一步提高发动机模型的仿真速度,本文使用曲轴转角模型仿真数据训练,并搭建了基于曲轴转角模型的神经网络模型,对该模型的实时性展开研究。

关键词　发动机;神经网络模型;仿真实时性

在现代战争中,航空四站的装备保障能力决定着战机能否正常迅速起飞并参与战斗,甚至可能影响到战争的胜负。而航空四站装备保障中,发动机作为航空四站保障装备的原动机,其性能直接影响保障能否顺利开展。

随着仿真技术的发展,发动机仿真模型不但可以用于发动机性能分析,而且在发动机模型的基础上,可以开发在线监测与故障诊断系统、模拟器等仿真系统。当模型用于开发在线监测与故障诊断系统时,对仿真实时性具有很高的要求,需要发动机模型仿真运行时间要小于发动机实际运行时间,这样才可以在发动机出现故障之前预测到故障的出现,及时应对,以避免出现太大的损失。如何实现实时仿真一直是实时仿真系统开发中的一个重要难题。

神经网络是指利用工程技术模拟人脑神经的结构和功能的技术,用计算机模拟人脑神经元对信息的加工、存储和搜索等活动过程的技术。神经网络技术辨识参数间关系的能力很强,适合寻找参数间存在的非线性关系。[1]神经网络模型依赖具体的发动机和大量的实验数据,具有仿真速度快、针对具体发动机精度高的优点,因此神经网络模型在发动机性能仿真、控制方面有广泛的应用。[2]

1　发动机曲轴转角模型的搭建

发动机曲轴转角模型以曲轴转角作为自变量,可以清楚地描述发动机的变化现象,具有精度高的优点。发动机为四冲程发动机,对其缸内燃烧过程采用零维单区域模型进行仿真,此模型把气缸看成一个单区域系统,气缸内的热力特性参数均匀分布,系统中的边界由气缸盖、气缸套和活塞顶端构成。根据一些特定的假想条件,根据质量守恒定律、能量守恒定律以及理想气体状态方程来算出发动机气缸中的热力学参数。通过建立气缸内热力过程的微分方程来仿真发动机的工作过程:

$$\frac{d(m_zU_z)}{d\varphi}=\frac{dQ_f}{d\varphi}+\frac{dm_s}{d\varphi}h_s-\frac{dm_e}{d\varphi}h_e-\frac{dQ_w}{d\varphi}-p_z\frac{dV_z}{d\varphi} \tag{1}$$

$$\frac{dm_z}{d\varphi}=\frac{dm_s}{d\varphi}-\frac{dm_e}{d\varphi}+g_f\frac{d\chi}{d\varphi} \tag{2}$$

$$p_zV_z=m_zR_zT_z \tag{3}$$

式中,φ 为发动机的曲柄转角,m_z 为气缸内气体质量,U_z 为气体热力学能,$d(m_zU_z)/d\varphi$ 为气体热力学能变化量,$dQ_f/d\varphi$ 为燃油燃烧产热量,$dm_s/d\varphi$ 为进入气缸新鲜空气流量,h_s 为新鲜空气的焓,$dm_e/d\varphi$ 为排出气缸的废气流量,h_e 为废气的焓,$dQ_w/d\varphi$ 为工质与燃烧室组件换热量,$dV_z/d\varphi$ 为气缸容积的变化量,p_z 为气缸压力,V_z 为气缸容积;g_f 为单缸循环喷油量。

发动机曲轴转角模型如图 1,图中 Pressure 为压力模块,Q_loss 为热量损失模块,u_com_eff_d1 为燃烧放热量。

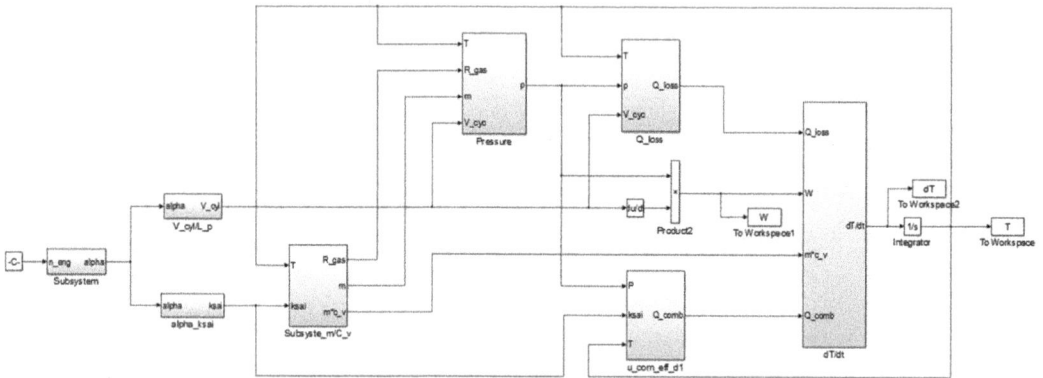

图 1　发动机曲轴转角模型

2　仿真模型的组成

2.1　发动机神经网络模型

2.1.1　BP 神经网络结构及训练过程

BP 神经网络是一种建立在误差方向的多层前馈网络,是现在使用最多的神经网络模型之一。典型的 BP 神经网络使用的算法是梯度下降法。[3]其一般具有 3 层或者以上的结构,均具有输入、输出层,然后分情况可能具有一层或多层隐含层,每层之间的节点是全部相连的,同一层的节点之间没有连接关系。[4]在使用 BP 神经网络来进行预测之前要对其进行训练,经过训练调整阈值、权值使网络形成记忆并获得联想预测功能。图 2 为神经网络算法流程图。

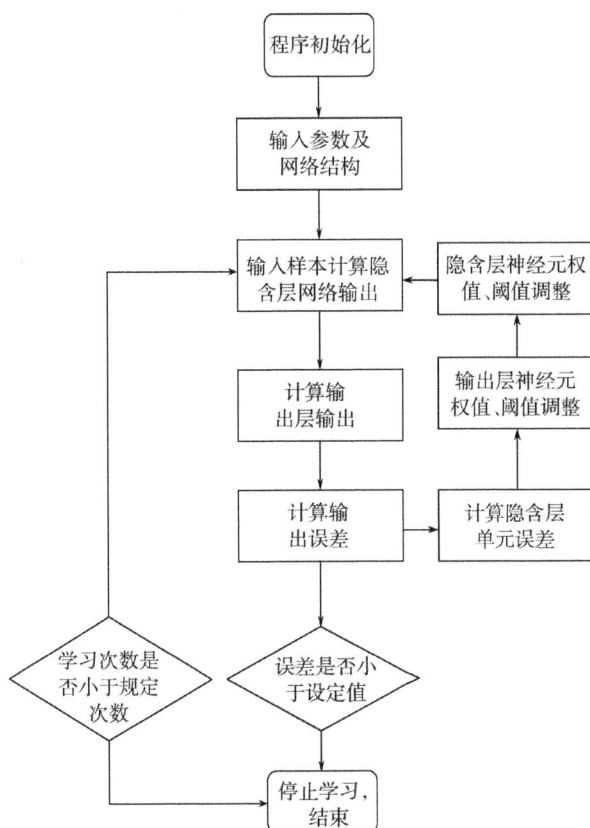

图 2　神经网络算法流程图

2.1.2　神经网络样本点的选取

训练神经网络时,训练样本的选取要满足遍历性、致密性和相容性三个基本要求。[4] 本次训练神经网络样本的选取是在 10% 额定工况点到 100% 额定工况点之间每隔 3% 个点选取一个工况点,共有 30 个工况点作为训练网络的样本数据,随机选取其中 25 个工况点下的数据点用于训练样本点,剩余 5 个未参与训练的工况点下的数据用于测试训练的网络的精确度。训练 BP 网络时由于原样本的数据量太大,根据数据的周期性特点,可以每隔 5 个数据点选取一个点,数据量大大减少,可以增加 BP 网络训练速度。

2.1.3　BP 神经网络模型隐含层节点数的确定

现在,还没有任何一套可以系统地确定神经网络节点数的算法,因此,在实际使用中,通常是根据以往的经验来估计确定。但是还是可以根据一些文献中找到确定节点数上下界限的方法。

以 Basheer 为首的一些学者给出了隐含层节点数上限的估算公式[5]:

$$N_{hid} \leqslant N_{train} / [R + (N_{in} + N_{out})] \tag{4}$$

式中,N_{train} 表示训练样本数;N_{in} 表示输入层节点数;N_{out} 表示输出层节点数;N_{hid} 表示隐含层节点数;R 是一个常数,通常取值 $5 \leqslant R \leqslant 10$。

Widrow 等人通过研究认为隐含层节点数的取值如下:

$$(N/N_{out}) \leqslant N_{hid} \leqslant (N/N_{out}) * \log_2^{N/N_{out}} \tag{5}$$

在训练神经网络时,隐含层节点数的选择首先参考经验公式确定节点数的大致范围,然后用试凑法确定最佳的节点数。各个过程网络训练的隐含层数及隐含层节点数的选择如表 1 所示。

表 1   隐含层数及节点数选择表

性能参数	压缩缸压	燃烧与膨胀过程缸压	换气过程缸压	温度
隐含层数	2	2	1	2
节点数	4,4	5,5	10	8,9

2.1.4   训练结果

使用没有参加训练神经网络的数据样本点来测试神经网络的误差,压缩过程预测误差在 6% 以内,燃烧过程预测误差在 4% 以内,换气过程预测误差在 3% 以内,温度训练误差在 5% 以内。

通过在 MATLAB 命令窗口输入"gensim(net,−1)"语句生成训练好的神经网络 SIMULINK 模块,再利用 IF 模块搭建模型,如图 3 所示,然后利用训练好的神经网络根据输入变量(循环喷油量、曲轴转角)分别计算出输出变量(缸内压力)。

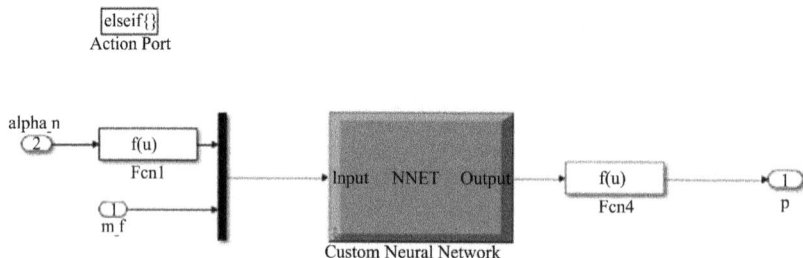

图 3   压缩过程神经网络模型

选取未参与训练的 75% 额定工况点来测试搭建好的发动机神经网络模型,如右图所示。从图中可以看出在两种模型下得到的缸压曲线基本吻合。

2.1.5   发动机输出扭矩计算

进行作用力分析时,将曲柄连杆机构视为刚体。单缸曲柄连杆机构的受力分析简图如图 4 所示。通过活塞及活塞杆作用在十字头销上的力 F 是气体力 F_R 和活塞及连杆的往复惯性力 F_i 的合力,方向向下:

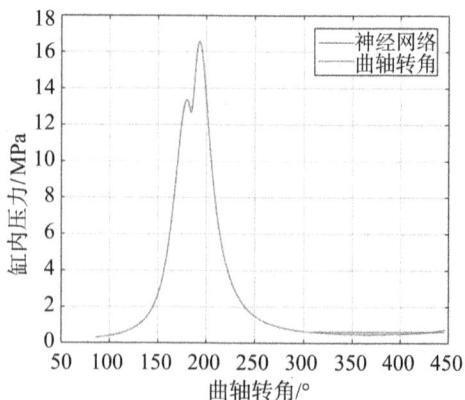

图 4   75% 额定工况缸压对比图

$$F = F_g + F_j \tag{6}$$

连杆推力经连杆作用在曲柄销中心,在此分解为指向曲轴中心的法向作用力 F_x 和垂直于曲柄中心的切向作用力 F_T。

切向力的计算如下式:

$$F_T = F\left[\sin\left(\frac{n\pi}{30}\right)t + \frac{\lambda\sin^2\left(\frac{n\pi}{30}\right)t}{2\sqrt{1-\lambda^2\sin^2\left(\frac{n\pi}{30}\right)t}} \right] \tag{7}$$

作用在曲轴销的力和作用在主轴承的力大小相等方向相反,它们构成一个以曲轴半径为力臂的力偶,这个力偶的力矩就是发动机一个气缸的输出扭矩:

$$T_{cyl} = F_T R \tag{8}$$

2.2 轴系转动平衡模型

轴系的旋转运动由一阶微分方程表示:

$$2\pi I_P \frac{\mathrm{d}n_{\text{eng}}}{\mathrm{d}t} = T_{\text{eng}} - Q_{\text{load}} \tag{9}$$

式中,n_{eng}为发动机转速,单位为 r · s^{-1};I_P为换算至发动机输出的当量转动惯量,单位为 kg · m^2;T_{eng}为发动机扭矩,单位为 N · m;Q_{loud}为作用在发动机输出轴上的负载扭矩,单位为 N · m。

调节环节通过比例积分调节调节齿杆位置。调速器中比例积分的数学表达式如(10)所示。

$$X_{PI} = K\left(\Delta n_{\text{eng}} + \frac{1}{T_i}\int \Delta n_{\text{eng}}\,\mathrm{d}t \right) \tag{10}$$

式中,Δn_{eng}为设定转速与实际转速的偏差;K为 PI 调节放大系数;T_i为积分时间常数,单位为 s。

在比例积分调节中,比例调节用于对控制的灵敏度的调节,积分调节用于对控制恢复时间长短的调节。

2.3 发动机动态模型整体模型

搭建发动机神经网络动态模型是一个动态调节的循环过程,其整体思路是根据实际转速与设定转速之间存在的偏差,经过调速器调节喷油量,改变发动机缸内压力从而改变发动机输出扭矩,再通过输出扭矩与负载扭矩之间的偏差调节发动机的转速,直到发动机实际转速与设定转速达到相同值,然后稳定运行。因此根据此思路,搭建的发动机神经网络动态模型主要包括以下四个模块:① 转速设定模块(Subsystem4);② 喷油量计算模块(Subsystem1);③ 发动机主机模块(Subsystem);④ 旋转动平衡模块(Subsystem2)。整体模型如图 5 所示。

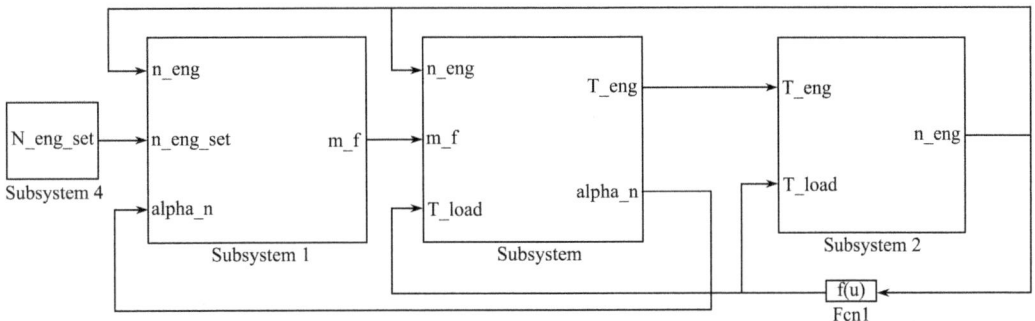

图 5 整体模型

3　神经网络模型实时性研究

3.1　仿真实时性的定义

仿真实际是在真实时空构造出一个虚拟时空，并将仿真模型至于该虚拟时空进行运行的过程。因此,时间在仿真中十分重要。[6]

在仿真系统中,通常有三类时间(图6)[7]：

(1)自然时间:自然时间通常也称为实际时间或真实时间,它指的是客观世界的现实时间。

(2)机器时间:机器时间通常也被称为物理时间,它指的是仿真系统根据仿真计算机的时钟物理部件(一般由石英振荡电路和计数器组成)产生的时间量。

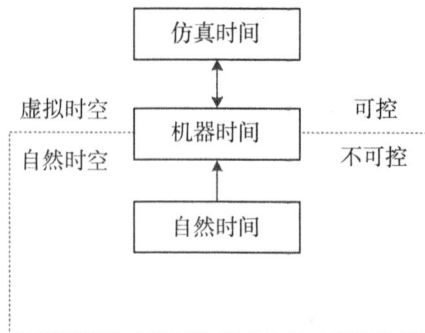

图 6　仿真时间

(3)仿真时间:仿真时间通常也被称为仿真模型时间或虚拟时间,它指的是仿真系统产生的仿真世界的时间。

在仿真系统中,RT 代表自然时间,ST 代表仿真时间,若存在常数 $\lambda = 1$,使得 RT 和 ST 满足比例关系 $ST = \lambda \times RT$,则称该仿真系统为实时仿真系统。[8]该定义简明清晰,被仿真领域广泛引用,但是在实际应用中 RT 是自然世界中均匀流动的时间,属于连续值,而 ST 是仿真世界的时间,属于离散值,所以二者不存在比例关系,因此该公式适用于概念描述,但是不适用于理论分析。

由于该定义不适用于理论分析,在实际应用中,针对不同的实时仿真提出了各自的评价指标。例如,学者姚新宇提出,在进行半实物仿真时,最小仿真步长、帧同步精确度和时间同步精确度是评价仿真系统仿真实时性的三个重要指标;并指出,虽然半实物仿真的模型计算是循环计算,并且每个循环的程序是相同的,但是模型中存在条件分支,因此,不同的帧计算时间是不同的,最小仿真步长对应最大的帧计算时间。在进行实时仿真时,要求一帧的计算时间均小于仿真步长,否则,会发生数据溢出。[9]

虽然有评价指标,但是对于实时仿真系统的实时性验证,要想提出一种通用的实时验证方法并不简单,因为不同的仿真系统对各个实时性指标的要求不同,很难提出一个统一标准。有些系统对时间同步精确度的要求很高。另一方面,对于实时性验证结果,是定性给出,还是可以定量,目前也没有形成共识。

3.2　学习速率对神经网络及神经网络模型实时性的影响

本节研究 BP 神经网络在其他网络参数不变的情况下,单独改变学习速率,研究学习速率对 BP 神经网络训练速度级精度的影响。对比图如图7～12所示。其中,图7、图9、图11为不同学习速率迭代次数图。

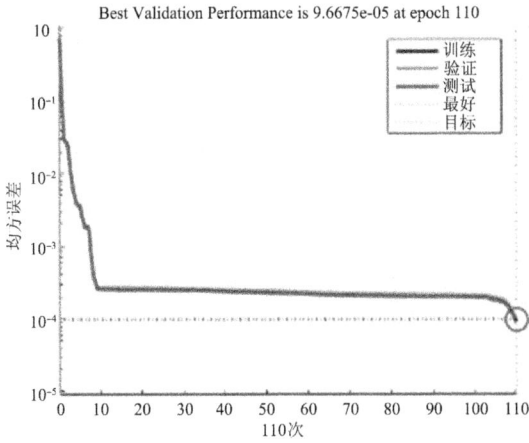

图 7　学习速率为 0.001 的迭代次数图

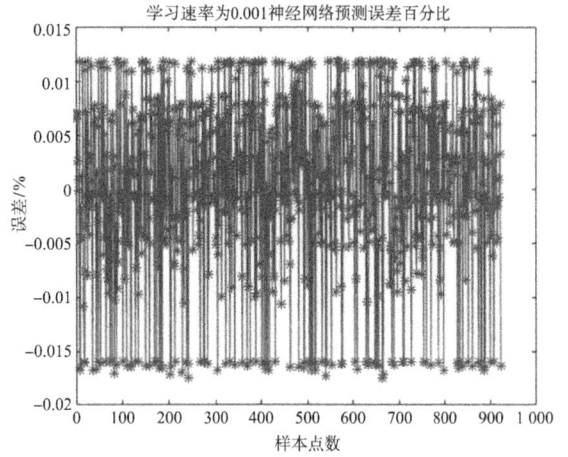

图 8　学习速率为 0.001 的误差图

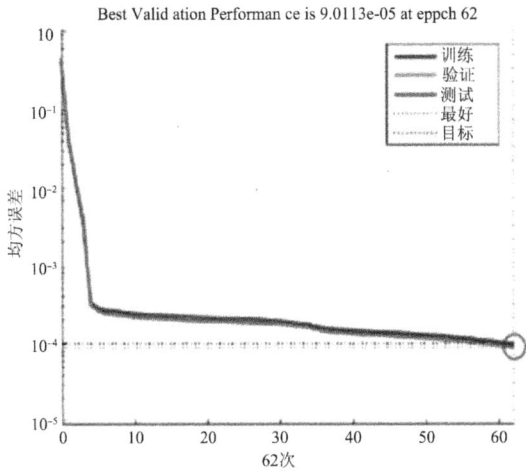

图 9　学习速率为 0.01 的迭代次数图

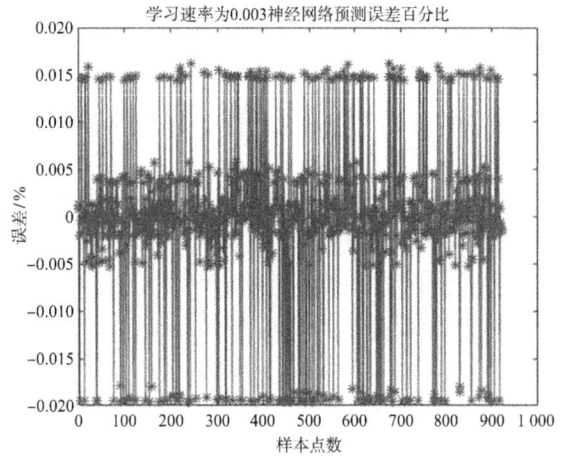

图 10　学习速率为 0.01 的误差图

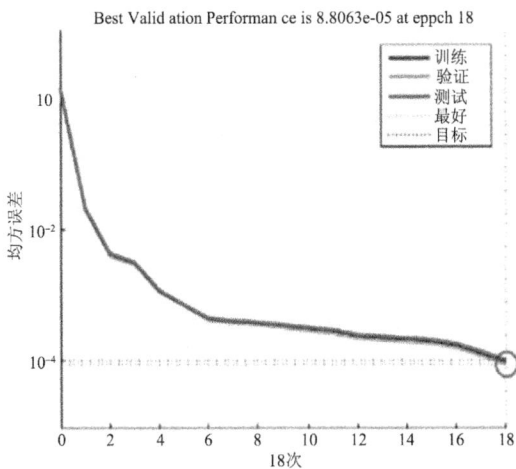

图 11　学习速率为 0.1 的迭代次数图

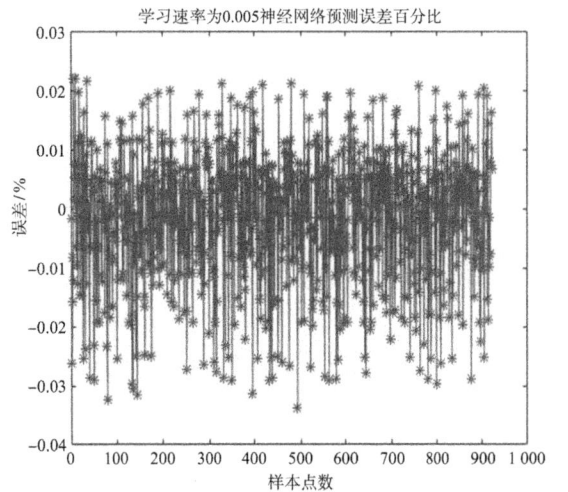

图 12　学习速率为 0.1 的误差图

从图 7～12 中我们可以看出随着学习速率的增加,BP 神经网络训练过程中迭代次数是逐渐减少的,说明学习速率的增加可以使 BP 神经网络训练速度明显加快,但是在训练速度随着学习速率增加的同时,可以看出训练的神经网络的误差是逐渐增大的。因此可以得出结论:学习速率的减少可以使得 BP 神经网络学习速度减慢,但是学习速率减小可以使得 BP 神经网络对数据的预测变得更加精确,因此在使用 BP 神经网络时要综合考虑所需要的神经网络对训练速度与训练精度的要求来选取合适的学习速率。

分别研究当学习速率取 0.001、0.01、0.1 时神经网络模型的仿真速度,得出的仿真速度如下表 2。

表 2　不同学习速率时的仿真时间表

学习速率		0.001	0.01	0.1
计算时间/s	1	0.410 609	0.456 465	0.399 901
	2	0.498 949	0.403 380	0.390 816
	3	0.507 228	0.390 816	0.407 939
	4	0.399 142	0.424 650	0.403 016
	5	0.382 252	0.387 863	0.393 057
平均时间/s		0.439 6	0.412 6	0.398 4

从表格中可以看出随着学习速率的增加,仿真时间是逐渐缩短的。因为当学习速率增加时,神经网络的训练速度会得到提高,因此生成的神经网络模块对于输入的数据就会有更快的计算速度,仿真速度就会变得更快。由此,得出结论:BP 神经网络生成的神经网络模型仿真速度会随着学习速率的增加而增加,随着 BP 神经网络收敛速度的增加而增加。

4　结论

本文通过运用 MATLAB/SIMULINK 软件对发动机曲轴转角模型的搭建,并在此基础上使用 BP 神经网络改进搭建的曲轴转角模型为发动机神经网络模型;然后使用模型仿真了一些发动机运行的工况,对参数变化进行研究分析;最后研究了可以提高模型仿真速度的因素。本文得出如下结论:

(1)基于发动机曲轴转角模型的神经网络模型可以集曲轴转角模型仿真精度高、神经网络模型仿真速度快的优点于一身,可以达到发动机模型又快又准的要求。

(2)在神经网络训练过程中,改变神经网络的参数设置可以改变神经网络模型的仿真速度,神经网络模型训练时收敛速度越快,训练出来的神经网络模型仿真速度越快。

(3)相比于曲轴转角模型,神经网络模型可以大幅度缩短模型仿真时间。

参考文献

[1] 朱振夏,张付军,吴滔滔,等.基于神经网络的零维预测燃烧模型及建模方法[J]. 内燃机学报,

2015(02):163-170.

[2] 杜宝程.人工神经网络在发动机性能预测中的应用[D].南宁:广西大学,2004.

[3] 李翱翔,陈健.BP神经网络参数改进方法综述[J].电子科技,2007(2):79-82.

[4] 谢浩.基于BP神经网络及其优化算法的汽车车速预测[D].重庆:重庆大学,2014.

[5] DOVIFAAZ X, OULADSINE A, RACHID A, et al. Neural modeling and control of a diesel engine with pollution constraints[C]// American Control Conference. IEEE, 2002,3:2 008-2 013.

[6] 王海燕.大型低速船用发动机建模与系统仿真[D].大连:大连海事大学,2007.

[7] 姚新宇,黄柯棣.仿真中的时间和实时仿真[J].系统仿真学报,1999(6):415-417.

[8] 张达.HLA仿真系统的实时性研究[D].哈尔滨:哈尔滨工业大学,2007.

[9] 梁彦刚,唐国金,王锋.基于HLA仿真系统的实时性改进策略研究[J].系统仿真学报,2005(2):361-363.

航材保障信息化的研究与思考

孙伟奇　李　琨

摘　要　本文通过分析未来信息化战争的特点,从数字化航材保障技术、可视化航材保障技术、维修智能化技术、备件快速补给与分发技术四个方面研究了未来信息化战争的航材保障保障技术,最后对我军航材保障信息化进行了思考并提出建议。

关键词　航材;保障;信息化

纵观人类战争史,战争的模式只发生过两次真正的转变:第一次是从冷兵器到热兵器的转变,第二次是机械化条件下的接触式作战到信息化条件下的非接触式作战的转变。主题主线思想正是在人类战争模式发生第二次根本变化的时刻指导我军建设,深刻揭示了信息化条件下战斗力建设的客观规律,为推进国防和军队现代化建设指明了正确方向。航材部门必须深入研究和探索未来战争中信息化条件下的航材保障能力的生成特点和内在规律,积极推动海军航空兵航材保障模式由机械化向信息化整体转变。

要研究未来战争中信息化条件下的航材保障问题,有必要首先简单分析一下未来信息化战争本身的特点。

1　未来信息化战争的特点

从最近发生在世界范围内的几场局部战争可以看出,现代战争应具备以下四个特点。

1.1　物资消耗大

随着科学技术的发展和军队武器装备机械化、自动化水平的不断提高,现代战争物资的消耗量将大大增加。我军在抗美援朝时期,一个步兵师地面火炮一次齐射,只消耗弹药1.1吨,而现在则为几十吨。一个师坚守防御作战,平均每天消耗弹药32吨,而现在则平均达几百吨。当然,其他物资的消耗也会相应增大。

1.2　人员伤亡大

现代战争中,高技术武器在战场上的广泛运用,短时间内可使战场上的作战军队整军、整师的失去作战能力,其伤亡的程度将是十分惊人的。如一枚基因工程武器可使一个几百万人口的城市变为"死城"。即使使用常规武器,由于杀伤力和命中精度提高,也会使人员的伤亡数量大大增加。

1.3　技术装备损坏率高

杀伤威力大的高技术武器使用于战场,将使各种武器装备的损坏率比过去的战争大得多,战场抢修任务也更加繁重。在只进行了18天的第四次中东战争中,损坏飞机达

495架,损坏坦克达4 394辆,比第二次世界大战中的阿拉曼坦克会战损失的坦克要大得多。技术装备损坏率高导致了航材保障需求的大量增加。

1.4 装备要在战斗中保障,在保障中战斗

战争的实践证明,破坏和摧毁对方赖以支援军队作战的装备补给基地和装备设施是达到战争胜利目的的重要战略手段。因此,交战双方都十分重视对对方装备补给的破坏。尤其是处于战略进攻的一方,十分强调在交战尚未开始或刚开始时就集中兵力降低对方的装备补给能力,使对方陷于人无粮、枪没弹、飞机缺少器材的困境,从而迫使对方处于不利的境地。我们的航材仓库就是战争中敌人首先进攻的目标。

2 未来信息化战争的航材保障技术研究

2.1 数字化航材保障技术

目前,以美国为首的发达国家正在积极推进数字化航材保障技术的建设,而数字化航材保障的建设是以信息战为前提的。为此,美军已把建设重点放在研究信息战上。与此同时,美军把数字信息技术运用于航空装备领域,大力加强航材保障建设,使航材保障和备件管理出现了"数字化航材保障"的新技术。何谓数字化航材保障? 它与传统的航材保障有什么区别? 在这里就这些问题做一些简单探讨。

2.1.1 数字化航材保障的概念

数字化航材保障是指以数字信息技术和系统为工具进行的航材管理。它是社会发展的必然趋势,是数字化航空部队和数字化战场建设的必然要求。航材管理数字化一方面是管理信息的数字化,另一方面是管理系统和过程的数字化。航材管理数字化不但能提高管理效率,节省人力、物力、财力,而且能极大地提高航材保障效率。航材管理数字化的基础是航空器材本身以及管理的标准化、制度化和航材管理数据库建设,关键是要建立开放的、实时的、面向部队的数字化航材管理联合信息通道。

航材管理数字化技术是指运用于航材管理中的数字信息技术。从信息处理的过程看,数字化技术包括数字信息获取、存储、传输和处理技术,如数字传感技术、数字扫描技术、电子数据交换技术、各种数字通信技术、系统网络技术、数字模拟技术、人工智能技术。

2.1.2 数字化航材保障与传统航材保障的区别

数字化航材保障与传统航材保障的不同主要体现在管理思想、方法、手段、目标等方面。数字化航材保障在思想上着眼于全系统全寿命的信息管理,不但能照顾全局,而且能突出重点,并在各个管理环节中考虑系统的发展和变化;而传统航材保障则着重于局部临时的管理,从根本上来说,这是由传统管理技术和手段所决定的。在管理方法上,信息化管理采用的是少层次的系统网络管理方法,也可以说是信息化法规管理、标准管理;传统的管理采用的则是行政管理法、经济管理法和人工的标准管理、法规管理。在管理手段上,数字化管理工具是计算机,并通过各种先进的信息管理系统、网络通信系统和用户信息服务系统来实现;而传统的管理手段主要是经验管理和人工管理,管理效率低、层次多、范围小、时效短。在管理目标上,数字化管理以全系统、全寿命效益为总目标,航材管理的

总目标是通过各个具体化的分目标来实现的,总目标与分目标之间是相互联系和相互协调的;而传统的管理实现的是局部的、临时的目标,各级各管理目标之间经常是矛盾的和冲突的。

2.1.3 数字化航材保障的特点

数字化装备对未来战场的影响是巨大的,将从根本上改变传统的装备观念和保障方式,引起航材保障方面的深刻变革。

2.1.3.1 航材保障精确化

信息技术的大量应用使"精确航材"变为可能。过去实施航材保障,常常采用把一切现有保障备件按计划基数送往战区的办法,大量的备件堆集于战场上,极易造成损失和浪费。实现战场信息化以后,一方面,航材保障人员通过航材保障系统可随时了解战斗部队的需求,并通过计算机模拟预测未来 24~48 小时内的保障任务量;另一方面,航材保障人员也可以通过信息化网络系统,准确掌握航材保障部门的备件储备情况和航空部队的部署情况,并可对航材保障过程进行实时监控,根据不断变化的情况,适时修订保障方案,从而在战略、战役、战术各层次的保障活动中最大限度地避免盲目性,确保航材备件的供、修、运工作的准确与及时。

"精确航材"是美军最近几年提出的一种全新的航材保障理论,主要指充分运用以数字信息技术为核心的现代高技术手段,精细而准确地筹划和运用各种航材保障力量,在准确的时间、地点为作战部队提供精准的航材技术保障,最大限度满足航材保障的适时、适地、适量原则,节约航材备件资源。

2.1.3.2 航材保障敏捷化

在 21 世纪的航材保障中,美军认为保障速度比保障数量更重要。为此,必须对不能适应快速变化的技术、不能对逐渐增长的威胁及时做出反应的装备机构进行改革,以获取"敏捷"的装备,即持久、灵活、费效比高、规模小的装备。

美国国防部(DOD)以三个能力来定义"敏捷":一是关联,二是裁减保障,三是灵活性。关联是维护需求变化的能力。裁减保障指的是由企业来提供适当的解决办法。灵活性是适应不可预料的环境的能力。为满足动态保障需求,航空装备必须在结构上、行动上、智力上变得敏捷,因此,美军又提出了结构重组,旨在实现一个敏捷的国防结构。

"敏捷航材"的目的:在资源有限、军事预算减少的情况下,取得最小的航材资源耗费;在信息技术及运输技术高度发达的情况下,增加保障反应灵敏度;提高航材保障设施的生存能力及质量,减小备件规模,用较少的备件获得更好的使用效果。

美国空军"敏捷航材"的焦点在于在航材保障过程中通过整合和应用现代的商业实践来提高作战单位的能力。其"敏捷航材"的目标在于通过使用高速、时间明确的过程来管理任务和备件需求,以消除巨大的库存规模,从而使作战能力最大化,缩短航材生产周期、减少存货和费用以及缩减备件规模。"敏捷航材"的另外一个目标是产生一个系统,在这个系统中航材备件以及这些备件的信息可以在军队和商界的服务提供者之间,在战斗单位和保障单位之间,从采购到战场指挥部,突破穿越时空的限制,自由地贯穿整个供应链。

"敏捷航材"战略是从国防部装备战略计划所描述的三个目标中发展出来的:一是缩

短航材需求满足时间,二是形成紧密衔接的航材供应链,三是精简航材供应环节。第一个目标为缩短航材需求满足时间,就是从一个以库存为基础的系统向一个以运输为基础的系统发展,因为运输同庞大库存相比,具有灵活性高与成本相对较低的特点,而庞大库存需要有昂贵的投资。此外,依靠目前和未来的技术几乎可以"实时"订购零部件,多而高效的商业和军事运输手段使得建立大量库存失去了必要性。第二个目标为形成紧密衔接的航材供应链,即为取得成功,必须在各航材保障职能之间,在军队和商界的服务提供者之间,在下面的修理厂一级和上面的舰队装备部一级之间,让信息和物资能够自由地流动。紧密衔接系统具有给航材管理者和使用者以透视力的能力,使他们能够"看到"补给线上的备件,因此可对航材堵塞迅速做出反应,从而大大地提高了效率。第三个目标是通过减少运输停顿点来改进航材供应链的速度。

"敏捷航材"的关键是全资可视化(TAV),这也是成功完成部署和供应的关键。全资可视化通过提供综合的采购、备件管理、维修、供应和运输信息使高效和富有成效的航材保障成为可能。全资可视化可以明显提高一线维修人员、基层航材保管人员和各级航材管理人员获取整个航材管道中备件所处的位置、数量、状况和运动情况的能力。

全资可视化的全自动、近"实时"的开放技术特性,可以使航材人员对备件和其他数据拥有全面、综合的了解。全资可视化是一个分布式多维数据库系统,用户可以通过通信方式访问指挥部的个人计算机。实现全资可视化后,它可以在采购之前及时提供资源信息,辅助做出战略物资管理决策,力争达到最小的资源耗费的目标。

由于采用先进的信息技术,使航材需求满足时间大大缩短,美军最近推行的一项缩短航材需求满足时间的计划,就是采用速度管理的方法提高航材补给链的备件和信息流的速度与精确度,进而提高航材保障的效率。工作的重点是缩短航材补给订货与运输时间、减少备件维修时间、精确库存量等。美军认为21世纪部队装备应着眼于信息化战场的要求,提高战场分发速度。发展方向是"补给品将在积极主动的控制下经由分发网络快速运动,绕过通常的库存环节,从起点直接送达一线部队"。

2.1.3.3 保障方式多样化

在信息化战场,航材保障将以"蛙跳式"和"携行式"为主要方式。其基本结构是:把航材保障管理机构和航材供应基地主体尽量配置在战略后方,前方只建立小型的航材保障小组和携带少量急需备件的"携行式"保障分队,减少战场展开的备件规模,作战部队通过前方航材保障小组的信息化C4I系统与战略后方基地保持密切的联系。战斗中根据需要,备件主要依靠空运,以"蛙跳式"的方法,在前方或敌后方建立临时性保障基地,利用战斗间隙为作战部队和前方小型化保障分队进行快速补给。临时性保障基地可以由某一级航材供应基地单独建立,也可根据情况由战略、战役、战术三级供应基地共同建立。据此美军提出了"分离式"航材保障设想:由于信息化战场上大容量电子情报传输与高技术卫星通信系统的广泛应用使得信息传输十分便捷、准确,因此美军计划把航材保障管理机构和供应基地的主体留在美国本土,把本来就不足的战略运输工具节省下来,用于运送战斗部队和作战物资。作战部队不但可以通过前方基地的信息化传输系统向本土基地或其他后方基地申请作战备件,而且可以进行维修难题的咨询。

同时,为适应高机动部队实施分散打击的作战模式,单元小型化、模式化的航材保障形式也越来越受到重视。航材保障部队的编制也将呈小型化、模块化的趋势,由按专业编组变为按功能编组,即把供、修、运等专业保障力量和防卫力量混合编组,分成若干保障单元,每个单元都具有指挥、保障和防卫等全部功能。其特点是规模小、功能全、机动性好、生存力强,并可按任务需要任意组合。

2.1.3.4　航材保障综合一体化

战场信息化使作战实现了"一体化"的同时,也必然带来航材保障的一体化。航材保障综合一体化是指将国家力量、地方力量、各军兵种力量和战略、战役、战术各级航材保障要素联成一个统一的整体,即通过科学的优化组合,适度、有效地超越某些环节和层次,最佳合并同类因素,达成全方位一体、全过程一体、全纵深一体的航材保障格局,最大限度地发挥航材保障的整体保障效能。美军设想,21世纪部队航材保障系统将由战略层次的"高级主管"统一负责,从战略层次通向战区,提供作战部队遂行作战和保障进攻势头所需的一切航材保障。

2.2　可视化航材保障技术

自海湾战争结束以来,美军提出了"可视化航材保障"的新理论,其突出特点就是通过对航材信息流的掌握,实现对备件流的控制。美军通过其遍布全球的网络平台,能够可视化跟踪备件从进入航材供应网络到其最终被使用或消耗的全过程。在伊拉克战争中,美军就使用了"全球资产可视化系统"。该系统将自动识别技术、全球运输网络、联合资源信息库和决策支持系统等综合运用,使得指挥官可以不间断地掌握全部航材资源的动态情况,全程跟踪"人员流""装备流"和"备件流",并指挥和控制其接收、分发和调换,从而大大提高了航材保障效率。

未来的信息战中,战场是透明的,随着作战地域的多变和备件库存的减少,备件储存和运输的可见性变得至关重要。为了使备件储存、运输达到可见性,美军采用了货运激光卡、电子数据交换技术以及装备监测无线电终端等一系列新技术手段。

美国国防装备局研制的货运激光卡是备件可见性自动识别技术的一种。它是美军在仓库使用的一种特别耐用的存贮媒介,正式名称为"自动货单系统"。该系统由一台光学读写器和一台个人计算机组成,使用如信用卡一般大小的激光卡。该卡耐冲撞,抗表面损伤、震动、水浸以及极高或极低的温度。该系统具有以下特点:一是使货物内容具有可见性,二是确定了卸货的先后顺序,三是加快了货物交接手续的办理,四是自动核对和编出账货符合情况报告。

美军利用电子数据交换技术使器材发放速度加快。这种电子数据交换的工作程序是生产厂将带有电子条形码的标签系在器材上,发往器材中心。在需要器材时,管理者用扫描器扫描标签,将所需器材名称、型号等信息输入计算机,将信息传到国防保障中心,再由国防保障中心传到生产厂,用于制订生产计划。使用电子数据交换技术发放器材可以收到以下效果:器材生产供应数量准确,减少库存,订货、供货加快。

美军装备了监测无线电终端。该装置用于对备件资源进行监控、远程识别和位置确定。它由一个微型无线电发射器、接收器和处理机组成。其终端将信息发往某个电子判读器,由它再转发给控制部门和数据库。信息战中,军事物资集中在一处会成为敌人的重点打击目标,且会被精确制导武器毁于一旦。有了这种终端,航空备件就可以分散存放在远离战场的地方,以利于对战斗部队的补给。总之,未来战场信息化对航材保障的影响是巨大的,而未来的航材保障也必将以崭新的面貌出现于信息化战场。

2.3 维修智能化技术

随着信息化的发展,未来信息战场将实现战场信息的高效流通,全面提高部队的机动性。信息化战场上的航材维修,必须提高速度,彻底改变凭维修人员经验进行修理的旧模式,向故障检测智能型方向发展。为适应未来信息战的需要,美军开发出智能型航空发动机故障诊断系统。这个系统由三部分组成。一是航空发动机故障诊断程序。该程序具有以下功能:预先分析、快速功能检测、根据故障征兆检测故障和保护模式检测。二是故障诊断智能指导程序。它包括基本的维修程序和航空发动机的工作原理,能根据故障各种征兆,分析判断、准确找出故障并向维修人员提供故障诊断模拟。三是自动检测箱部分。该部分用以检测航空发动机及传输装置的工作状态。它可单独使用,也可以与其他故障诊断程序相连。实践证明,美军该智能检测系统极大地提高了 F-22 主战飞机的故障诊断速度和修复效率。故障诊断准确率由原来的 26% 提高到 50%,维修工作效率提高 92%。美军正在研制一种嵌入式智能故障诊断设备。该设备采用的是芯片诊断(DOC)。它是未来信息化战场航材维修的又一高新技术手段。嵌入式智能诊断是在飞机飞行子系统或其部件内部嵌入智能型微处理器,然后微处理器能及时、自动地提供飞行系统的运行信息、发生的故障及具体维修方法。嵌入式智能故障诊断设备能实时诊断,节约时间;自行诊断,减少耗费;减少环节,提高维修效率。目前,美军还在推广远程维修系统。它包括视频辅助修理系统、一线维修支援网络、佩戴式计算机系统及人工智能综合维修系统。其中,视频辅助修理系统可在前线修理人员和后方维修专家之间提供双向视/音频联系,增强前线维修能力。佩戴式计算机系统由头戴式电视摄像机、显示器和奔腾级微机组成。维修人员既可与后方基地进行多媒体通信,也可拨号进入美军备件采购和航材供应机构的支援网络。人工智能综合维修系统则可协助维修人员对各系列主战飞机和各型发动机运行状况进行评估,可对飞行系统的故障进行预测,并能将有关数据实时传送到维修仓库,便于其对故障进行预测和诊断以及零备件的预先准备,从而提高维修效率。

2.4 备件快速补给与分发技术

近年来,美军提出在备件补给与分发方面建立一个全局性的整体分发系统,以便将部队所急需的补给品从工厂直接送到一线维修点,而没有作业上和程序上的阻塞和停顿现象。航空器材的需求与运输可以看作沿一条补给管道从战略一级流向作战地域的过程,战略一级要对整个流程负责,而战役一级则是管道的中心。在现代信息战场,要实现该管道的顺利畅通,迫切需要利用现有的通信技术和源数据技术(如无线电频率标签和卫星通信)实现战区内备件分发的现代化,从而提高请领、运输、接收、储存和发放过程的速度和准确性。为此,美军采取了以下主要措施。

(1)在补给源头加快对请领单的处理速度。

(2)最大限度地提高向一线维修点分发备件的效率和效益。

（3）将请领单成批处理的方法和以仓库为基础的体制改造成接近实时的对请领单随到随处理的办法。

（4）减少多余的储备品,压缩前方基地储备的规格和品种。

（5）减少卸载机场和港口的库存。

（6）从补给源头到直接保障部队实施集中运输控制和备件管理。

3 对我军航材保障信息化的思考及建议

当前的信息革命,在军事领域里正在引发一场新的军事革命,其核心就是战争样式由机械化战争正式跨入信息化战争。因此,研究信息战的基本特征,信息战对航材保障力量结构、航材保障方式、航材保障手段的影响,对于面向 21 世纪的我军航材保障建设,寻找新军事革命与我军航材保障实际的结合点,以使我军装备在未来信息战争中达到"保障有力"的要求是极为必要的。

3.1 保障力量的结构层次应该减少

航材保障力量的层次结构通常与作战部队的层次结构相对应。从传统的军队结构看,总部、海军、舰队、师(旅)、团各级都有相应的保障力量,这种结构层次是一定历史条件下的产物,曾起到过应有的作用。信息战的特点要求航材供应实施快速保障,必将减少保障力量的结构层次。而现代信息技术的发展,尤其是航空装备的信息化,又为航材保障力量结构层次的减少提供了物质技术基础。世界各国军队都很重视保障层次的简化,尽量减少供应环节、保障阶梯、运输中转等。

美军依赖国家雄厚的经济实力和先进的科学技术,为其装备提供了大规模、远距离、高速度的战略空、海运装备和全球性的航材保障自动化指挥系统,已基本实现了备件直接补充供应的少层次结构。现在美军的军、师航材备件需求可以通过卫星通信系统直接向国内申请,国内备件供应部门也可以通过空运和海运直接将物资发送到军、师,这不仅大大缩短了备件请领补给周期,而且减少了海外战区的备件储备量和庞大的仓库设施及分配系统,从而节省了人力、物力和财力。美军在设想未来 21 世纪部队航材保障时,将主要依托战略层次的"高级主管"统一负责提供作战部队航空装备的所有航材保障,其补给层次将变为总部—战区—飞行大队——线维修点。结构层次减少将导致指挥权进一步向高层集中,从而使航材保障达到最高程度的一元化。航材保障一元化指的是建立集中统一的航材保障指挥中心,对军地航材保障力量、三军航材保障力量、各级技术保障力量以及后方生产维修体系实施统一指挥。信息战条件下的作战将是作战节奏大大加快、战役进程大大缩短的快速战争,要求航材保障机构必须实施高效、快速的指挥,而一元化航材保障顺应了这一客观要求。通过一元化指挥,一是把航材保障各方面支援力量组成一个有机整体,形成综合保障能力;二是使作战信息和备件信息在指挥对象中高效流通,及时准确获取、传递和处理,迅速协调军地、三军以及各层次和各专业的关系,提高保障效率;三是能依据战场情况的变化迅速做出灵敏反应,保证航材保障系统担负起既组织航材保障、又指挥后方生产维修的任务。

3.2 航材保障力量的构成应该更加多元化

包括信息技术在内的各种高技术航空装备的大量使用以及信息作战样式的变化,将使传统的军兵种装备力量比例发生变化,而且由于新的航空部队(如无人机部队)出现,还需筹组必要的航材保障力量,因此,航材保障力量的构成将进一步呈现多元化的格局。

3.2.1 地方保障力量将成为航材整体保障力量的重要组成部分

信息战条件下,信息网络的形成和航材保障社会化、军民一体化的发展,将使国家、社会的战争保障体系与军队的航材保障体系更紧密地联系在一起,甚至成为未来战争航材保障系统的不可分割的组成部分。作战部队更加精干,保障作战的各种职能将进一步与作战职能分离,使传统的"直接保障"向"间接保障"转化。这一情况的直接结果是航材保障部队将与作战部队分离,一部分航材保障部队将由更高一级指挥部门指挥,或通过预备役和动员等手段将保障力量寓于地方之中。从这一意义上看,未来信息战中,每个具体作战行动将越来越多地带有战略的色彩,每一作战行动将不只是某一作战单元或仅是整个军队的行为,而越来越成为整个国家,甚至是国家集团的行动。与此相关联,未来信息战的航材保障不仅是军队某个局部、某作战地区乃至整个军队保障力量的行动,而且将牵动国家保障体系甚至国际保障支援体系的协同动作。

3.2.2 保障新型航空部队的航材保障力量将相继出现

信息技术在武器装备上的发展和运用必然导致新型航空部队的产生,从而将诞生保障这些新型航空部队的航材保障力量。从目前看,这些新型航空部队包括无人机部队以及舰基航空兵部队,还可能出现航天部队等,与之配套的航材保障力量必将随之出现,成为我军航材保障力量的新的组成元素。

3.2.3 保障力量向综合化、多功能化发展

在信息战和作战部队编组的影响下,未来作战部队的建制航材保障部门的编组将呈现新格局。依据信息战的总体性和综合性要求,航材保障部门必须具有综合保障能力,因此,航材保障部门编组的综合化和多功能化势在必行。从目前情况看,航材保障部门编组的综合化有两个明显特点:一是将各专业部队通过优化、组合形成综合保障部队,二是综合化的层次越来越低。为适应信息战条件下作战部队小型化的趋势,综合化层次将从航空队、航空联队向中队发展。在使装备保障部门编组适应未来信息战的要求方面,美军动手最早,效果也较显著。

第一,美军将航空联队下的单一功能中队改为多功能中队。20世纪80年代后期,美航空兵开始对航空联队保障部进行整编,将补给与运输中队、保障中队和维修中队三个单一功能中队改编为四个具有综合保障能力的多功能中队,即一个主保障中队和三个前方保障中队。多功能中队有两点好处:① 减少了人员的数量,改变了作战和保障人员的比例,使部队在压缩军费、削减兵员的大环境下,减少现役人员数量的同时,还能使作战人员保持在足够的水平上。② 提高了部队的综合保障能力。尽管保障部队的规模减少,但由于采用了多功能化的编成,其实际保障能力反而有所增强,能够更有效地为飞行大队提供比过去反应更快的航材保障。

第二,减少中队级航材保障人员,加强联队级航材保障力量。最近,美空军训练与条

令司令部对向 21 世纪部队过渡的航空队的装备编制体制进行了重新设计。按照新的编制方案,各中队级装备保障人员共减少 2 600 名,而联队级装备保障部队再增加 1 100 多人。此外,联队保障部将新编一个航空兵维修连取代航空兵中队的维修营。这一新方案不但使空军的核定规模缩小,达到了削减兵员、节省经费之目的,而且通过精简作战部队的装备人员,使作战部队更加机动灵活。改编后,中队级前线指挥官将不再过多地考虑装备问题,可以更加集中精力指挥战斗。

第三,组建提供中队级保障的前方保障分队。在 1996 年举行的"草原勇士"演习中,美军提出了建立前方保障分队的方案。该方案设想把目前战斗中队所属各小队的保障分队分别合并为一个前方保障分队,由其对各航空小队遂行建制保障和直接支援保障。此外,美军还设想在联队级保障部所属的前方保障中队编设基地保障分队,由基地保障分队对所有得不到各前方保障分队保障的直属部队提供保障。

3.3 应当加大高技术航材保障装备的研制

"工欲善其事,必先利其器",高技术装备是航材保障的重要物质基础,加大高技术航材保障装备的研制,已成为美军装备改革的又一特点。

伊拉克战争中,美军首次使用了技术含量很高的"力量提供者"系统。该系统是一个完整的、用集装箱盛装的、具有高度可部署性的简易基地化维修保障系统,其基本模块是伸展的模块式车间。它可提供现代化的可控制气温的战地修理点,包括各种车间、设备、工具以及人员休息和娱乐设施。每套组件包括一个 8 万加仑(约 303 立方米)的用水储存和分配系统、一个 4 万加仑(约 151 立方米)的油料储存和分配系统、废水储存站,以及能持续供电 100 千瓦电力的发电站,可供 500 名维修人员工作和休息使用。"力量提供者"系统能充当一线修理厂和人员的休息与恢复场所,可作为中间集结准备基地。

3.3.1 合理调整结构,加大备件的战略投送力度

目前,军事力量的战略投送能力被作为"转型"的重点内容之一,受到世界各国的重视。美军为加大航空备件战略投送能力,提出了进一步扩大战略空、海运能力的要求,在 2003 财年预算中,为美空军租用 100 架"波音"宽体客机改装成空中加油机提供了拨款,并同意购买 15 架 C-17 型运输机。

在某两场高技术局部战争中,美军运用各种高技术装备,从空、海、陆各个渠道实施兵力运送和立体化航材保障,既弥补了保障单一途径的局限性,又能在较短的时间内完成繁重的保障任务。空地立体"力量投送"的运送保障方式得到有力体现。

航空备件的战略投送能力是承担信息化战争航材需求的主干支撑力量,美军的所有航材供应改革都是基于强大的备件战略投送力量才得以实现,我们也要将战略级远程投送力量的建设作为提升航材备件供应能力的基础性任务来抓。

3.3.2 改变保障机制,提高航材保障效率

3.3.2.1 自我保障来得方便

美军一直在利用信息化技术提高航空装备自我保障能力。如美军最新一代战机配备了数字诊断与预测"工具箱",用电子技术手册替代书面手册。装备使用者可按照新的手册,对装备进行简单修理;对那些搞不懂的问题,还可以借助信息化通信网,向远在千里之

外的专家请教,通过专家指导实现远程修理。据美军中央司令部新闻会介绍,美军航空兵地面维护人员都配备了这种信息化的"工具箱",他们往往在战斗间隙参照"工具箱手册"对飞机进行必要的维护。五角大楼的装备专家也通过先进的通信网对前方的维修人员进行维修指导,从而减少了机械的故障率,保障了参战飞机的完好。

3.3.2.2 伴随保障来得及时

伴随保障能使装备力量和作战力量紧密地结合在一起,随时随地向作战部队提供保障。参加伊拉克战争的美军下属的运输飞机保养分队能够对航空联队的各型直升机提供航空保养维修,包括直升机的动力系统、电子通信系统、导航系统、武器系统、飞行控制设备的维修、抢修与撤离。

3.3.2.3 直达保障来得快速

直达保障是指超越中间保障环节直接将备件投送至作战部队其至单个人员。1991年海湾战争中,美军首次采用了越过战区、集团军装备,直接将备件从美国本土送达到前线军、师,大大提高了保障速度。现在这种方式又有较大发展。前方部队如需要某些特殊备件,只要向美国本土拨几个电话号码,本土即可直接送到一线维修点。

伊拉克战争中,美军启动了"全球战斗保障系统"。它可通过普通的计算机存取重要的装备数据,并为战略、战役、战术各个层次的军事行动和装备人员提供急需的紧缺资源可视性信息,包括各型航材备件。一线维修人员可以从该系统中查阅到各种备件信息,然后直接向后方的航材部门申请所需备件,从而使航材保障的效能和效率发生质的飞跃。

3.3.2.4 社会化保障提高效率

美军认为,许多后勤保障工作,特别是那些非战斗性的保障工作,完全可以由市场承担,如备件的国内运输、远程维修的技术支持、安全区域内的航材修理。伊拉克战争准备过程中,美军征召了大量航空装备生产和维修工厂的后备役人员扩充兵力。这些人从事备件的后方运送、远程维修等工作,其至直接参加前方的航材维修和装备排故的工作,由于这些人员的专业素质很高,大大提升了整个航材保障体系的效率。

美军后勤保障的几乎所有领域都有私营公司承包的项目。美军在科威特的营房维修、军人商店、伙食供应、娱乐设施、邮件、环境清扫等基本上都是由地方服务公司承包,军队主要用合同方式规范其行为。同时,作战部队的淡水、生活品和油料等物资中的相当大一部分也向当地购买。

这种大量借助社会力量参与装备保障的做法,值得我们好好借鉴。

3.3.3 采用科学方法,确保精确保障

一是作战观念体现精确适量保障。从两次美伊战争的比较中可以看出美军保障观念的转变。从兵力集结看,第一次海湾战争时,美国出动军队55万人(盟军除外);而在伊拉克战争中,从最初的"绝对优势兵力"论到精干、轻型、快速、灵活论,使美军兵力出动人数大为减少,实际作战仅投入兵力12万人。从作战消耗上看,海湾战争消耗了600多亿美元,而在伊拉克战争中美军仅消耗200亿美元,保障的效益观得到充分体现。

二是装备科技水平提升精确适量效率。先进的航空装备是实施精确适量航材保障的重要前提。伊拉克战争与海湾战争相比,美军装备科技含量显著增强,"全球作战保障系

统"的应用实现了航材保障的"精确化""可视化";智能"工具箱""检测仪"等仪器的应用实现了航空装备的快速检测、修理;海运、空运和陆地运输等"三位一体"的备件投送能力为实施精确航材保障奠定了扎实基础;同时,建立有效的地面、空中防卫走廊使航材保障活动在全无顾虑下行动。所有这些都大大提高了航材保障的效率。

三是信息支持辅助精确适量保障。利用以信息技术为核心的高新技术改革装备工序、加快传送速度以及实行直达运输,是实施精确保障的有效措施。在伊拉克战争中,美军把信息保障作用发挥得淋漓尽致,准确率达到80%。"可视化装备"系统使维修人员能够运用电子装备控制航材补给,如控制自动监视备件该在什么时节保障、该在哪儿保障、保障什么品种。信息技术的运用使战场所需十分精确透明。

四是力量精干适应精确适量保障。美军提出要将传统的数量型装备转变为速度型装备,即依靠航材保障"管道"确保备件的快速流动,减少其库存量,使整个航材保障系统在精简的同时提高保障效率。我们航空装备保障部门应紧跟作战部队发展,着力向轻型化、野战化、综合化发展,以适应精确适量保障的要求。

任职教育课程实践教学规范化研究与实践[①]

李卫灵 刘臣宇 郭星香

摘 要 实践教学是任职教育课程教学的重要方式,实践教学规范化是当前任职教育课程"实战化"改革全面深入的重要环节。本文重点从实践教学课目的选择、实践指导书的编写、实践教学的过程、实践教学的评价等方面对任职教育课程实践教学规范化进行研究与探索。

关键词 任职教育;实践教学;规范化

1 引言

实践教学能有效巩固和加深理论知识,是以获得直接经验、培养实践动手能力为主要目标的教学形式,是部队任职教育教学的重要方式。因此,在新的人才培养方案中,不少任职教育课程都相应增加了实践教学的课目和学时,但是,有的课程在实践教学课目的设置、实践教学的实施和评价等方面并不规范,存在较大的随意性。[1]如何做好实践教学的规范化是当前任职教育教学中亟须解决的问题。

下面结合士官高等职业技术教育"航材供应保障"课程实践教学规范化实际,对任职教育课程实践教学规范化进行研究和探索。该课程的实践教学主要是将学员放置在真实(或仿真)的工作情境中进行实际操作练习,目的是使学员获得某种特长或技能。

2 实战任务牵引,课目按需合理设置

实践教学的目的为培养学员的实践动手能力,实践教学课目的选择应结合人才培养目标和课程目标进行。

一是要求课程以岗位实战任务为中心,实践课目均来自部队真实岗位的典型任务,做到"打仗需要什么就练什么"。

二是在组合实践课目时应注意把握单项实践课目和综合实践课目的有机结合。[2]单项实践课目设置的目的是增强学员在某一单项技能的操作熟练度,突出"专"。综合实践课目重点为了锻炼学员综合运用所学理论,结合真实工作情境有效解决实际工作问题的能力,它主要关注的是综合应用,更突出问题的有效解决。因此,在选择和设计实践课目时,应按岗位能力要求设置必需的单项实践课目和一定数量的综合实践课目,这样既能培养学员扎实的基本技能,还能更好地培养学员有效解决问题的综合技能。

三是要对选定的实践课目进行合理分解与合并。一方面要力求让每个子任务都能成

---

① 发表于《现代职业教育》2020 年 45 期。

为一个可以考核的项目,实践课目的考核标准正是技能训练的核心目标。另一方面对操作步骤、方法相同(相近)的任务要进行必要合并,突出重点难点,讲解和练习一到两项,其他任务应合并作为拓展练习。

四是在不影响实施的前提下,实践任务应尽量按照"先易后难""先单项后综合"的顺序设置,这样的顺序遵循了学员的学习认知规律,更适合教学的组织实施。

根据上述思路,"航材供应保障"课程主要选择了四个大方面的实践项目:① 航材筹措(申请、送修、入库);② 航材供应(直属库发付、场站发付);③ 航材登记(单据、挂卡、登记账);④ 航材统计(各类报表)。这些项目中又包含若干具体的实践课目,如航材筹措项目中包含航材申请、航材送修和航材接收入库三个具体课目。每个具体课目都是一个综合实践课目,其中均包含 1~2 项核心技能。如航材申请的核心技能就是申请数的计算,在设计时由易到难又分为临时申请、专项申请和年度申请等具体作业。在航材统计(各类报表)的项目中,重点选取具备代表性的三个报表进行讲解和练习,其余报表课下自主练习;三个代表性报表课目中,良好率报表侧重工作成效评价,发动机报表主要突出有寿可修关重件的管理,救生报表则突出有寿消耗关重件的管理。

3   完善实践指导书,操作实施源头规范

实践课目设置好后接下来就要考虑各课目如何组织规范实施,这就要求编写高质量的实践教学指导书。目前的实践教学指导书在制定时往往由多名教员分别制定,存在内容详略不一、质量参差不齐等问题,更多是为了应付教学管理要求,其实践指导作用发挥非常有限,导致同一实践课目教学实施过程中,经常出现因组织教员不同或时间不同而采取不同的训练方式、训练手段和训练进程等情况。这反映出原来的实践教学指导书的编写缺乏全面深入的思考,急需进行规范。

因此,在编制实践教学指导书时,应当加强集体研究,以课程团队的形式研究本课程的实践项目,由团队集体研究并统一要求后再编写实践指导书,构成要素上应统一、规范,内容详略一致,学员应能根据指导书自行开展训练。指导书编写完成后,应由课程组集体验收,确保各项要求真正落实、真正统一规范、真正具有较强操作性。

4   创建真实情境,实践过程规范一致

实践教学过程的优劣将直接影响学员对技能的掌握。之前不少实践课目的教学过程仅仅流于形式,很多指导教员在实践教学过程中进行指导时,会下意识地依据自己的知识、技能掌握情况进行指导,甚至改变实践教学内容或者实践教学时长,自己会的地方重点指导,不会的地方一言带过;或者只看学员练习,不做点评归纳;或者教员缺乏对学员进行导控的意识,不掌控学员的操作状况,使学员在实践中随意操作、拖沓延时,甚至出现过学员围绕非核心环节练了一堂课,对重点内容却一点儿未练的情况;或者分组分场地教学时,只有一名教员现场指导,顾此失彼,难以全面全过程掌握学员情况并实施针对性指导;或者实践场所条件、工作程序与部队实际相差太大,学员在学校学完后到部队还得重新再学习才能真正上岗。

因此对任职教育课程实践过程的规范,首先要以真实的工作环境作为教学情境[3],基本做到"部队什么样,实践场所什么样"。这就要求我们对目前的实践教学条件按照部队实际情况进行升级完善,建立与部队一致的实践场所。其次要求实践课目教学过程与工作过程一致,做到"部队怎么做,实践怎么练";要求参与实践教学的指导教员按照实践指导书设定的时间、地点、内容,对学员进行专业化的实践指导;要求参与实践的学员能按照指导教员的安排,合理、有序地进行实践锻炼。再次要严格要求,加强指导。一是要按组或按场地配备相应足够数量的指导教员,才能真正实现实践全过程指导。二是要强化指导教员的责任意识,切实按照部队严谨、细致、认真的工作作风对学员进行指导和要求,增强学员的职业素养。

5 全面综合考核,效果评价规范合理

评价的目的在于发现问题并进行改进提高。以往的实践教学评价往往只关注考核学员个体完成任务情况,一方面很少对团队进行考核,缺乏教员在实践教学过程中自我反思与评价;另一方面只有最终实践成绩,缺少对实践实施过程的考核评价,且对学员个体的考核评价往往以定性为主,打分多是离散跳跃的,如 A、B、C、D 四级打分。可以看出,之前的评价难以考核学员在整个实践过程的全面表现,难以考核学员个体在团队完成任务中的团队协作表现,对学员的评价总体存在偏颇,容易引发学员的不满。

因此,我们认为规范化的实践评价应从以下几个方面进行完善。

第一,实践教学考核评价中对学员的评价既要考核评价学员个体,还要考核评价团队合作情况。日常实际工作中大多需要多人协作才能完成一项具体的工作,实践教学时就要培养学员的团队意识。一个团队协作项目完成得好与坏并不是由一个学员决定的,因此考核评价时必须对团队协作进行综合评价。评价时既要有整体评价也要有个体评价,能激发个人积极性、增强团队协作意识,避免出现"一人优秀,整组高分"或"一人落后,整组低分"的情况,同时避免出现团队中学员各干各的甚至相互拆台的情况。

第二,要变结果评价为全过程全维度评价。无论个体评价还是团队评价,均应在全过程中设置多个评价节点,对实践任务的操作情况及完成情况进行全过程考核评价,同时还要考核评价个体在教学过程中的态度、在团队中的表现以及团队整体协作氛围等。

第三,还要加大实践课目的定量评价,增强评价的可信度。本课程将技能鉴定实操考核的评价模式引入航材收发和航材报表等实践课目的评价中,学员操作完成就能看到详细的得分扣分情况,及时知道自己不足之处,事后可以更有针对性地加强练习。

第四,要让教员评价常态化。对教员的实践教学评价与对学员的评价有很多不同,对教员评价时应更多地从教员的教学准备、任职态度、讲授能力、操作示范能力、教学全过程组织与评价等方面进行。具体应综合采用教员自我反思评价、跟课教员互评和学员评价等方式进行。

6 实践检验成效显著

"航材供应保障"课程按照上述思路方法进行实践教学改革探索实践,对实践教学课

目、实践教学指导书、实践场所、实践过程和评价方式进行了规范,已有三个批次完成了规范教学和毕业鉴定考核。航材管理专业鉴定工种中统计员和保管员两个工种的考核培训主要依托本课程进行,其中统计员中级技能实操考核有 60％分值的内容出自本课程,保管员中级技能实操考核内容全部出自本课程。课程组将实践教学规范化改革前后各三个批次学员参加技能鉴定实操考核的情况进行了统计分析,见图 1 和图 2。

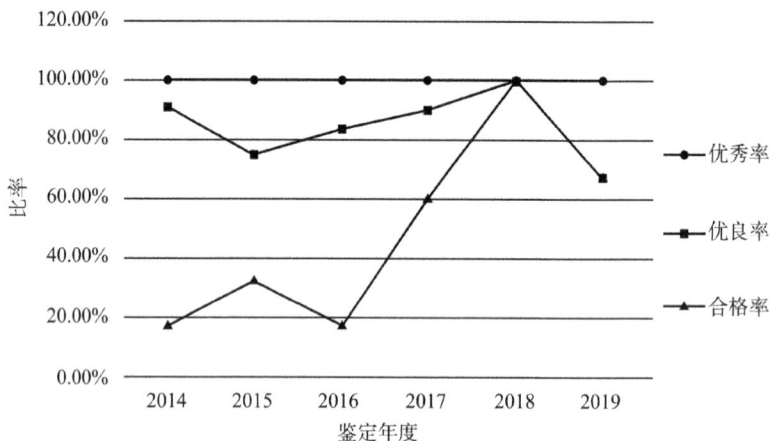

图 1　保管员鉴定实操成绩统计

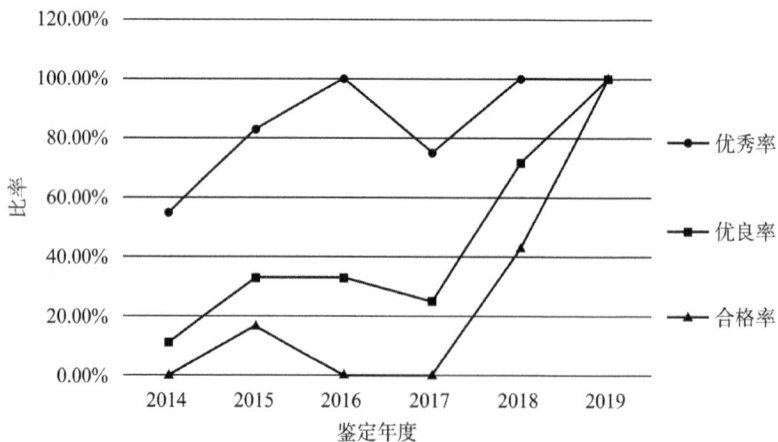

图 2　统计员鉴定实操成绩统计

　　从上面两图可以看出,在实施实践教学规范化之后,鉴定实操成绩有了显著的提升。规范化实施后,保管员平均优良率(80 分以上)由 82.35％提升至 95.24％,平均优秀率(90 分以上)由 23.53％提升至 71.43％;统计员工种难度较保管员要大一些,往年合格率、优良率都不是很高,规范化实施后,统计员平均合格率由 75％提升至 93.33％,平均优良率由 25％提升至 66.67％,平均优秀率由 8.33％提升至 46.67％。在鉴定考核内容一致的情况下,实操考核合格率、优良率和优秀率大幅上升,充分说明本课程实践教学改革成效显著,学员的岗位实作能力提升明显。

7 结束语

实践教学是任职教育教学的特色,是任职教育"实战化"改革深入发展的实现途径,是培养士官学员岗位实作能力的重要手段。实践教学规范化实施能更好地培养学员岗位操作技能,提升学员职业素养,有效实现人才培养目标。

参考文献

[1] 张强,赵文俊,黄家成. 任职教育条件下士官岗位实践教学探讨[J]. 大学教育,2018(2):85-87.

[2] 张翼,饶彬. 浅析高校化学师范专业实训教学的规范化[J]. 绵阳师范学院学报,2014(11):160-163.

[3] 张宝华,刘振宇,严凤斌. 军械仓储管理专业实践教学改革探索[J]. 石家庄职业技术学院学报,2017(2):65-67.

"三全育人"大格局下任职课程思政教学改革探析

李　丽　史玉敏　郭　峰　李　琨

摘　要　"三全育人"是符合军队人才培养需求的一种系统育人理念,而课程思政则是实现"三全育人"最有效的途径。课程思政就是将专业课与德育有机融合,将德育渗透贯穿课程教学的全过程,是助力学员全面发展的重要举措。本文分析了课程思政的内涵与意义,并以"航材仓储管理"任职岗位课程为例,挖掘思政元素,探讨教学改革,实现知识传授与价值引领的有机统一。

关键词　仓储管理;课程思政;教学改革

2016 年 12 月,习近平总书记在全国高校思想政治工作会议上强调,要坚持把立德树人作为中心环节,把思想政治工作贯穿教育教学全过程,实现全程育人、全方位育人,努力开创我国高等教育事业发展新局面。要用好课堂教学这个主渠道,各类课程都要与思想政治理论课同向同行、同频共振、协同发展。专业课的课程思政就应该突出专业课程教学的育人导向,使专业课上出"思政味"。要大力推动以课程思政为目标的课堂教学改革,优化课程设置,完善教学设计,加强教学管理,梳理专业课程所蕴含的思政元素和思政功能,融入课程教学各个环节,实现思政教育与课程教学的有机统一。[1-3]

1　课程思政的内涵

美国著名教育家、心理学家、纽约州立大学教授托马斯·里克纳曾经指出,在价值观培养方面学术课程的作用就像是一个沉睡的巨人,人文、社会和自然科学等方面的学术成果都是进行价值观教育的丰富资源。因此,所有课程都承载着思想政治教育与专业知识传授的双重作用,教员在课程教学过程中要有意识地培养与树立学员正确的世界观、人生观和价值观。

"课程思政"是指一种教育教学理念,而不是指特定的课程。它的基本含义是在课程教育教学中以强烈的目标意识和价值指导为指引,精心设计课程的教学环节,充分挖掘课程的德育功能,营造有利于教学效果的外在氛围,以间接、内隐的方式将政治理念、道德规范和价值认知有机融入并传递到受教主体,实现立德树人润物无声的效果,最终培育合格人才。而在这一过程中,如何使专业课教员在开展思政教育时善任和胜任、善教和乐教,既是目前军队任职院校课程思政工作中的重大课题,也是专业课程教育教学改革需要着重思考的研究方向。[4,5]

2　课程思政的意义

在教学过程中融入课程思政的教育理念,一方面,通过课程思政能够实现专业课程的德育职能,挖掘专业课程的育人功能,梳理课程蕴含的思政元素,完善思想政治教育的课程体系建设,把思想政治工作贯穿教育教学全过程,实现三全育人的思政建设格局,着力培养热爱祖国、爱岗敬业、踏实肯干、追求卓越的新型军事人才。另一方面,课程思政的实施还可以提高课堂教学质量。以学员为本、以育人为要、以学习为中心,准确把握学员的思想动态,将专业理论知识与课程思政元素合理结合,用丰富多彩的课堂教学形式,增强课堂吸引力,提高课堂教与学的质量。基于以上背景,改变传统思政课程"孤军奋战"的思政教育模式,以"培养什么样的人、如何培养人、为谁培养人"为根本任务,构建出全方位育人的大思政模式,课程思政的全面研究与教学改革应运而生。[6]

3 课程思政的实践

军校教员在传授课程知识的基础上,要注意引导学员把学到的知识转化成自身精神系统的有机构成,转化为一种自身素质,转化为自身的内在德行,使其成为个体认识和改造世界的基本能力和基本方法,这就是课程思政的内在含义。教育事业的根本任务是"立德树人",树人必先立德,"德"在育人中起着关键性的作用。培养全面发展的社会主义伟大事业的建设者和接班人,把人们的精神追求与社会主义核心价值观紧密相连,在日常生活中能够做到自觉践行是社会主义核心价值观培育的重要目标。[7-9]

3.1 主要原则[10]

3.1.1 坚持正确的思想政治教育方向

当代青年面临着一个深刻变化的社会,丰富多彩的生活及多样化的思潮,他们更需要在理想和信念上得到强而有力的指导。用社会主义核心价值观教育学生,引导他们扣好人生的第一粒扣子,是高校思想政治工作的使命所在。全国广大高校毕业生要志存高远、脚踏实地,不畏艰难险阻,勇担时代使命,把个人理想追求融入党和国家的事业之中,为党、为祖国、为人民多做贡献。

3.1.2 遵循军校学员的成长规律

课程思政实践过程中,教员必须把握军校学员的特点,遵循思想政治工作规律,遵循教育教学规律,遵循学员的成长规律。思想政治教育要讲究方式方法,讲究说话艺术,才能让学员听进去,做出来。总之,思想政治工作要遵循客观规律,因人、因事、因时而变。

3.1.3 思想政治教育要循序渐进

思想政治教育工作是一项长期工程,不能急于求成,要循序渐进,慢工出细活。思政教育内容与学段对应,根据大学阶段思政课程的内容设置完成对应的教育内容,环环相扣,稳步推进。

3.2 课程实施

"航材仓储管理"课程的核心价值观是"爱国、敬业、责任、担当"。本课程针对学员历史背景知识及人文素养较为薄弱的环节,在不同章节结合历史故事、社会热点、现实问题、典型案例等设计思政元素,将专业知识和人文素养充分结合起来,旨在对学员进行爱国敬业精神和责任担当教育,帮助学员树立正确的三观,不断增强学员的责任感、使命感和荣誉感。表1中列出了"航材仓储管理"课程中挖掘的思政元素,与教学目的进行了一一对应。

表1 "航材仓储管理"知识单元课程思政元素表

知识单元	思政素材	融入方式	教学目的
航材仓库管理的含义与内容	1. 介绍我国早期西安半坡村的仰韶遗址 2. 学习研讨《厉害了,我的国》电影里与仓储供应相关的成就	视频展示 案例讨论	学员在掌握仓库概念的同时,提高文化自觉、树立文化自信,同时激发民族荣誉感和战斗精神
航材仓库建设规划与布局	观看"自动搬运机器人""自动送货机器人""京东无人仓"等视频	视频展示 案例讨论	增强学员对知识的向往和民族自豪感
航材仓库管理体制与库房管理	学习"西沙精神""南沙精神"	视频展示 案例讨论	启发学员从"不忘初心、牢记使命"主题教育联系到专业学习,具备良好的职业道德和职业规范,积极鼓励"干一行、爱一行、钻一行、精一行"的敬业和奉献精神
航材仓库设备管理	观看"工匠精神"精彩视频	视频展示 案例讨论	对学员进行爱岗敬业和安全意识教育,能将工匠精神中的"敬业、精益、专注"的品质运用于未来的工作岗位中
航材储运作业管理	学习讨论"一带一路"倡议和"高铁建设"等案例	视频展示 案例讨论	让学员了解科技的发展带来了日新月异的变化,提高学员爱国爱党的民族自豪感
航材包装	学习二维码的基本知识	视频展示 案例讨论	让学员了解二维码的滥用会导致用户隐私的泄露,引导学员树立法治意识、安全意识,遵守职业道德
航材储备管理	学习十九大报告提出的"打铁必须自身硬"的理念	视频展示 案例讨论	让学员认识到只有加强自身的学习,才能做好航材仓库的各项管理工作
航材装卸搬运管理	学习北斗卫星导航技术的优势及成功应用	视频展示 案例讨论	增强学员的民族自豪感,树立让国家富强的价值目标
航材堆垛倒垛管理	结合十九大报告提出的"创新是引领发展的第一动力",学习高架立体仓库的案例	视频展示 案例讨论	让学员了解科技创新的重要性,激发学员的创新精神
航材仓库战备管理	通过射频识别技术在战储器材方面的应用,引入华为、京东等科技公司的发展	视频展示 案例讨论	让学员了解我国芯片技术研发虽取得了巨大进步,但仍然落后于发达国家,科技的发展道路充满险阻且漫长,激发学员的责任感和使命感,引导学员勇于追梦、自强不息
航材期限管理	学习仓库管理24字要诀	视频展示 案例讨论	培养学员细心、耐心、吃苦耐劳和尽职尽责的职业意识和职业素养,培养大国工匠精神

（续表）

知识单元	思政素材	融入方式	教学目的
航材仓库温度湿度管理	学习仓库温湿度控制系统的发展变化	视频展示案例讨论	激发学员的历史责任感和使命感以及爱岗敬业的职业道德
航材仓库安全管理	学习仓库事故案例	视频展示案例讨论	让学员认识到仓库安全管理的重要意义和规范操作的重要性,提高学员的安全意识和规范意识,进而培养学员的爱岗敬业、履职尽责的职业素养,增强学员任职岗位的适应能力

4　结束语

　　时代在前进,思想政治教育工作也要审时度势,紧跟时代步伐。"只有站在时代前沿,引领风气之先,精神文明建设才能发挥更大威力。"在新时代背景下,各门课程都要肩负起教书育人的责任,各学科教员都要学会在教授专业知识过程中融入思想政治教育。思政课程和课程思政要同向同行、合力向前。结合"航材仓储管理"的课程特点,运用德育思维,提炼出爱国情怀、社会责任,努力奋斗,职业道德、工匠精神等思政元素,通过思政教育达到润物无声的教育目的,实现"三全育人"的思政建设格局。

参考文献

[1] 高燕. 课程思政建设的关键问题与解决路径[J]. 中国高等教育,2017(23):11-14.

[2] 刘承功. 高校深入推进"课程思政"的若干思考[J]. 学科与课程建设,2018(6):62-67.

[3] 朱漪. 高校实施"课程思政"若干问题的思考[J]. 牡丹江教育学院学报,2018(2):68-69.

[4] 匡尔峰. 课程思政与思政课程的思考[J]. 社会科学,2018(2):55-56.

[5] 李旭荣,胡月来,李明震. 《Pro/E设计与实验》课程思政的设计与实践[J]. 教育现代化,2019,6(79):188-190.

[6] 胡婷婷. 探讨如何在《混凝土结构》课程的教学设计中体现课程思政[J]. 创新创业理论研究与实践,2019(21):38-39.

[7] 胡阳,石立莹,李梅. 医学微生物学课程思政教学设计及评价方法[J]. 医学教育研究与实践,2019,27(3):476-479.

[8] 张其慧. 文化育人视域下高职课程思政教学设计与实践[J]. 浙江工贸职业技术学院学报,2019,19(4):32-36.

[9] 孙小丹. 工匠精神在"三维建模设计"课程思政教育工作中的融入:以三维场景建模教学情境为例[J]. 教育观察,2019,8(16):94-96.

[10] 张扬. 仓储管理课程思政教学设计探索与实践[J]. 物流工程与管理,2019,41(8):172-173.

A Double-level Combination Approach for Demand Forecasting of Repairable Airplane Spare Parts Based on Turnover Data[①]

GUO Feng   DIAO Jun   ZHAO Qiuhong   WANG Dexin   SUN Qiang

Abstract   To address the problem that the demand forecasting methods for repairable airplane spare parts are not advanced, and that the basic forecasting data are not consistent with actual consumption, this paper proposes a double-level combination forecasting approach for repairable spare parts based on relevant data. First, we conduct an analysis for the factors that influence the demand of repairable spare parts. Second, five types of individual direct forecasting models are combined to establish a double-level combination forecast model, which is superior to both individual combination forecasting models and individual direct forecasting models. Finally, we evaluate the forecasting performance by utilizing consumption data for an aircraft fleet and turnover data for an aircraft. The forecasting results provide strong evidence that the double-level combination forecast model is more accurate and consistent with actual demand.

Keywords   Demand forecasting; repairable airplane spare parts; double-level combination forecast; genetic neural network; exponential smoothing; grey model

1   Introduction

Quantifying the consumption of airplane spare parts is highly complicated, especially due to the nonlinear, grey and trending characteristics of demand. Spare parts suppliers commonly determine the demand for spare parts by experience; however, this is a random, blind procedure that could result in a large backlog of spare parts because of less consumption than anticipated and a shortage of critical spare parts. The key to solving this problem is to forecast the demand for spare parts accurately.

Assessing future demand plays an important role in order management for spare parts, which requires accurate forecasting. Demand forecasting is the foundation of ordering decisions for spare parts. Demand forecasting is conducive to accurately determining the consumption of various spare parts and further enhancing ordering accuracy and supply effectiveness for spare parts.[1,2]

Consequently, suppliers should gauge the consumption of spare parts and use scientific

---

①   发表于 Computers & Industrial Engineering 2017 年第 110 卷。

methods to forecast demand. Although many factors that influence the consumption of repairable spare parts are considered, a commonly neglected one is that the actual consumption of repairable spare parts is constantly affected by aircraft number and repair cycle. Furthermore, the accuracy of different forecasting theories and methods is often directly affected by the manner in which they are applied. Therefore, current studies and applications on demand prediction often encounter two major challenges: inconsistent data with actual demand and less accurate forecasting approaches.

In recent decades, annual consumption data for an aircraft fleet are commonly adopted to forecast demand for aircraft spare parts, often causing the purchase quantities for reparable parts to far exceed the actual required turnover number. The authors have been analyzing the overstocked and scrapped reparable spare parts for nearly 10 years and have found that the annual average cost of the overstocked and scrapped reparable spare parts accounts for about 11% of annual procurement funds for Chinese naval aviation. Obviously, the waste of funds is serious; meanwhile, the inventory of critical spare parts is often insufficient. The aircraft readiness rates of various aircraft rarely reach more than 90% each year, some even just 70%. In order to overcome the problem of inconsistent data with actual demand, in this paper, annual turnover data for an aircraft, rather than annual consumption data for an aircraft fleet, are used to forecast the demand for repairable spare parts.

To address the second problem of inaccurate methods, there are currently two forecasting strategies for spare parts. One is to forecast directly by individual forecasting methods, which is known as an item-level forecast or direct forecast (DF). The other is to forecast indirectly by combining individual forecasting methods, which is known as a group-level forecast or combination forecast (CF), in which individual forecasting methods are members. [3-5] But the prediction accuracy of these methods can't meet the actual demand. In this paper, we propose a double-level combination forecast (DCF) method to forecast the demand for repairable spare parts. A double-level combination forecast model is composed of two combination forecast models, including a low-level combination forecast (LCF) model and a top-level combination forecast (TCF) model. A low-level combination forecast model consists of several direct forecast models, and a top-level combination forecast model is used to optimize the demand forecasts further based on the results of a low-level combination forecast model. A double-level combination forecast model can obtain a superior final result by automatic optimization combination of multiple models, which does not require decision makers to make subjective judgements. It is very important for demand forecasting models to forecast a large number of spare parts precisely, and it is not possible for each spare part to make subjective judgements again to find a superior result after forecasted by different methods. Because aviation corps in many countries often have more than tens of kinds of aircrafts, and have about tens of thousands of fault reparable spare parts, it is necessary for us to adopt a double-level combination forecast method capable of automatic optimization to forecast.

In summary, this paper adopts relevant data pre-processed in accordance with actual demand. In addition, a double-level combination forecast model is established using advanced and reliable methods to forecast the demand for repairable spare parts. This methodology is unique and innovative in the field of demand forecasting.

The remainder of this paper is organized as follows. In Section 2, we provide a review of relevant literature. We conduct an analysis on the demand forecasting methods for repairable spare parts from the rationality of basic data and the accuracy of forecasting methods. Section 3 analyzes and determines the factors influencing the consumption of repairable spare parts, which provides a suitable foundation for modeling. In Section 4, we found five direct forecast models and a double-level combination forecast model. In Section 5, we conduct a comparative analysis for the forecasting effectiveness of the proposed models and data. The theoretical and computational analyzes suggest that the models and approaches provided in this paper have higher accuracy and applicability for repairable spare parts; the forecasting results are consistent with the actual demand for repairable spare parts. Finally, we put forward some conclusions for the study in Section 6.

2 Related research

A forecasting method based on a Poisson distribution has been studied in the field of demand forecasting of repairable spare parts. This method commonly assumes that the random demand mean is constant, and the time between failures follows an exponential distribution, such that the demand for spare parts follows a Poisson distribution during a specified time period. [6,7] In practice, with the growth of the observation cycle, the variance-to-mean ratio of certain spare parts gradually increases, and the demand for spare parts will follow a non-steady incremental Poisson process that will change over time. [8] In addition, for spare parts with wear and tear faults, such as tires and batteries, their variances are less than their means. Therefore, it is notably complex to determine a suitable demand distribution for different spare parts, which means that it is difficult to accurately forecast their demand using traditional analytical methods. [9]

For some spare parts, annual actual consumption is characterized by trends, and some time-series methods are used to forecast the demand for these parts over a long time. Classical methods include the exponential smoothing method and grey theory. Exponential smoothing is a trend-analysis forecasting method developed from the moving average method.[10] The exponential smoothing method mainly includes three kinds: linear exponential smoothing (LES), secondary exponential smoothing (SES) and cubic exponential smoothing (CES), which have different prediction accuracies for different regular time series. Researchers have suggested that the linear exponential smoothing method is suitable for time series with great fluctuation, and the secondary exponential smoothing method is suitable for time series with upward trend, whereas the cubic exponential smoothing method is suitable for time series with downward trend.[11]

These three types of exponential smoothing methods are suitable for forecasting the demand for spare parts with different consumption trends. Grey theory performs well in the demand forecasting for spare parts with a small sample size.[12] In this theory, the service period for a new type of aircraft is often only a few years, and the sample size of consumption data is small. The simplest grey model is the GM(1, 1) model[13], which can weaken the randomness and volatility of an original sequence and provide more useful information. This is very effective for the demand forecasting for spare parts of military aircraft.

Generally, the consumption of spare parts is caused by multiple factors, whose demand can be forecasted by regression analysis methods such as linear regression, non-linear regression and neural network. Of these methods, neural network has a suitable adaptive and self-learning ability and strong anti-interference properties, which is suitable to solve linear and non-linear problems.[14−16] Among neural network, back-propagation neural network is often used in many fields. For example, a moving back-propagation neural network and a moving fuzzy neuron network have been applied to forecast the demand for critical spare parts[17], and a back-propagation neural network has been used to forecast stock indices[18]. However, a general neural network has faults such as a slow convergence rate and a high tendency to fall into local minima.[19] To overcome these faults, a genetic algorithm is often used to optimize neural network.[20] This method is called genetic neural network (GNN). A genetic algorithm has characteristics of global search and population optimization, which are used not only to optimize a neural network but also to solve an optimization model. A novel approach based on a genetic algorithm has been proposed in which the most probable excess stock and shortage levels required for inventory optimization in a supply chain are distinctively determined to achieve the minimum total supply chain cost.[21]

In the above mentioned studies, the adopted forecasting approaches are all direct forecast methods that directly forecast demand alone; however, they do not fully analyze or determine the factors that affect the consumption of repairable spare parts. Thus, the accuracy and scope of these approaches are limited. To solve this problem, different direct forecast methods are often combined to perform forecasts, which can provide distinct useful information.[22] The combination forecast approach can provide a comprehensive utilization of the useful information provided by the direct forecast methods, which can greatly improve forecasting accuracy. It has been demonstrated that combination forecast is superior to direct forecast. [23] The effectiveness of combination forecast for intermittent demand has been empirically explored, and the combination of methods and the temporal combination have been examined. [24] The former is based on the combination of different methods for the same time series, whereas the latter uses the combination of the series produced at different points of time series based on temporal aggregation. Given the not-too-large sample provided by a fleet, this paper mainly studies the combination forecast of methods, rather than the temporal combination. The intermittent demand study is solely based on the time-series data for time-series forecast[25], whereas this paper combines time-series methods such as grey systems and regressive analysis methods such as neural network to forecast. The influence factors that are considered are comprehensive, and the number and variety of the proposed theories and methods can better meet the needs of the demand forecasting for repairable spare parts.

To further improve the forecasting precision of common combination forecast models, this paper proposes a double-level combination forecast approach to forecast demand. For demand forecasting of repairable spare parts, there are two universal problems all the time. The first problem is that the studies do not consider the different consumption behaviors between repairable spare parts and consumptive spare parts. In fact, the proposed models are solely suitable for forecasting the demand for consumptive spare parts. Larger errors will be caused if they are used to forecast the demand for repairable spare parts. That is because repairable spare parts can be repeatedly repaired, and some spare parts can be even repaired several times within a year, which means that the actual demand for repairable spare parts, namely turnover number, is often far lower than the statistical consumption number. Consumption data are the number of spare parts that are sent to maintenance departments to replace failed units, whereas turnover data are the number of spare parts stored in a warehouse and repaired in a factory. The latter but not the former is the main basis for the inventory management decision, which is exactly what suppliers concern.

To address the problem, we adopt annual turnover data rather than annual consumption data to forecast the demand for repairable spare parts, which can ensure forecasting results consistent with actual demand. The other problem is that current studies do not consider that annual aircraft strength of a fleet often changes for flight accidents or combat losses, and there is a certain positive correlation between the aircraft strength and the demand for spare parts. Thus, a larger deviation from annual actual demand for some spare parts may result if this relationship is not considered. For this problem, we perform demand forecasting for repairable spare parts on the basis of annual average supply data of an aircraft, rather than annual total supply data of a fleet. Such solutions can make the proposed models applicable to repairable spare parts whose consumption is greatly affected by the change of aircraft strength.

3   The factors influencing demand of repairable spare parts

The accurate forecast for spare parts demand requires in-depth research to identify the factors influencing that demand.

To forecast the demand for spare parts accurately, we need to adhere to two principles. First, the influence factors should be objective and easily identifiable in practice. Second, the influence factors should be consistent with actual consumption.

According to the above principles, we mainly consider the following factors:

Annual aircraft strength of a fleet

Annual total flight time of a fleet

Annual average flight time of an aircraft

Annual total takeoff-landing times of a fleet

Annual average takeoff-landing times of an aircraft

Annual total spare parts supply good rate of a fleet

Annual average spare parts supply good rate of an aircraft

Annual total spare parts fault number of a fleet

Annual average spare parts fault number of an aircraft

Annual total spare parts consumption number of a fleet

Annual average spare parts consumption number of an aircraft

Annual total spare parts turnover number of a fleet

Annual average spare parts turnover number of an aircraft

Annual consumption and turnover number of a fleet divided by annual number of aircraft is equivalent to annual consumption and turnover data of an aircraft.

4   Demand forecasting model

We establish five direct forecast models, including a genetic neural network model, a linear exponential smoothing model, a secondary exponential smoothing model, a cubic exponential smoothing model and a grey model, and then we establish a double-level combination forecast model based on the direct forecast models.

A double-level combination forecast procedure is shown in Fig. 1. The main procedures are as followed. First of all, on the basis of statistics of repairable spare parts supply data, calculate the demand values and errors by various direct forecast models; then based on the demand values and errors of the direct forecast models, calculate the demand values and errors by a double-level combination forecast model; finally, benchmark all the applied models by the calculated errors. If the double-level combination forecast model is superior, then its predicted results are the ultimate demand forecasts; otherwise, it needs to be further improved until it is superior.

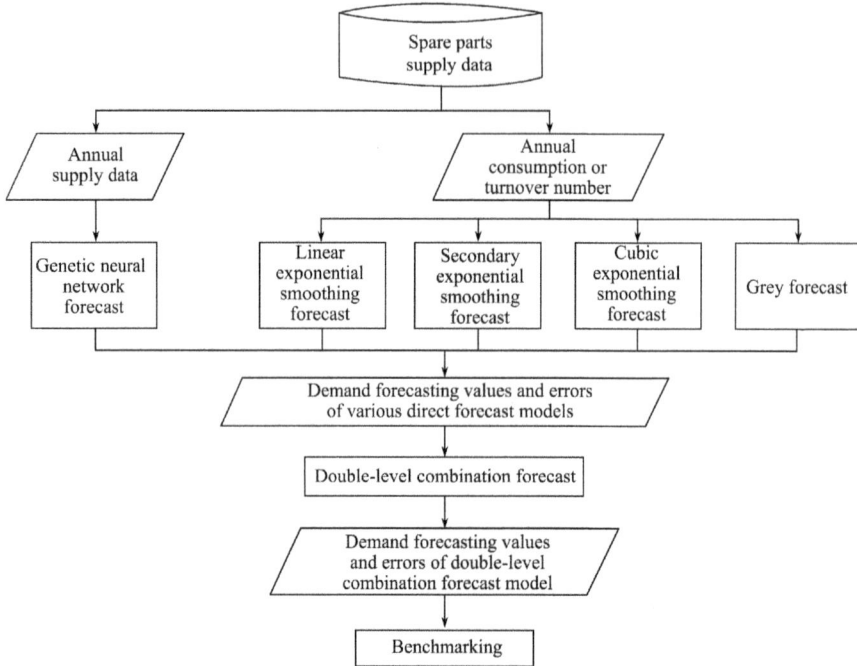

Fig.1 A double-level combination forecast procedure

4.1 Direct forecast models

4.1.1 Genetic neural network model

Nielson[26] has supported that a back-propagation neural network with only one hidden layer and sufficient hidden nodes can estimate a nonlinear function with high precision. Thus, we adopt a three-layer back-propagation neural network model based on various factors to obtain a regressive forecast for the demand of repairable spare parts, and we use a genetic algorithm to optimize the initial parameters of the neural network, which is namely a genetic neural network model. The main modeling steps are: first, determine the base algorithm of the three-layer back-propagation neural network; second, determine the network structure by the factors that affect the consumption of repairable spare parts; finally, determine the initial weight values by a genetic algorithm.

4.1.1.1 Determine the base algorithm of neural network

The three-layer back-propagation neural network is composed of three layers including an input layer, a hidden layer and an output layer, whose algorithm is described as follows.

a) Initialize the weights and thresholds.

b) Input the training samples. Set $\{X_p, Y_p\}_p$ as the input and output sample p. The size of the sample set is P.

c) Forward propagation: calculate the outputs of neurons in the hidden layer and output layer in turn.

Set $W_{ij}(t)$ as the weight between the neuron i in the input layer and the neuron j in the hidden layer in period t, $\theta_j(t)$ as the threshold of the neuron j in the hidden layer in period t, and N_h as the number of neurons in the layer h. Then, the output O_j^2 of the neuron j in the hidden layer is

$$O_j^2 = f\left(\sum_{i=1}^{N_1} W_{ij}(t) X_i^1 + \theta_j(t)\right), 1 \leqslant j \leqslant n_2 \tag{1}$$

In equation (1), $f(x)$ is a transfer function. To meet the needs of the non-linear demand forecasting and network output, the hidden layer uses a sigmoid function $f(x)$ $= \dfrac{1}{1+e^{-x}}$ as the transfer function.[27] For the input layer, the output is equal to the input, namely $O_i^1 = X_i^1$.

Set $W_{jk}(t)$ as the weight between the neuron j in the hidden layer and the neuron k in the output layer in period t, and set $\theta_k(t)$ as the threshold of the neuron k in the output layer in period t. Then, the output O_k of the neuron k in the output layer is

$$O_k^3 = f\left(\sum_{j=1}^{N_2} W_{jk}(t) X_j^2 + \theta_k(t)\right), 1 \leqslant k \leqslant N_3 \tag{2}$$

In equation (2), the output layer uses a linear function $f(x) = x$ as a transfer function, whose input is equal to the output of the hidden layer, namely $X_j^2 = O_j^2$.

d) Back propagation: calculate the errors of neurons in the output layer and hidden layer in turn.

Set e_k^3 as the error of the neuron k in the output layer, namely

$$e_k^3 = O_k^3(1-O_k^3)(Y_k - O_k^3), 1 \leqslant k \leqslant N_3 \tag{3}$$

Set e_j^2 as the error of the neuron j in the hidden layer, namely

$$e_j^2 = O_j^2(1-O_j^2)\sum_{j=1}^{N_3} W_{jk}(t) e_j^3, 1 \leqslant j \leqslant N_2 \tag{4}$$

e) Modify the weights and thresholds.

For the output layer:

$$\left.\begin{array}{l} W_{jk}(t+1) = W_{jk}(t) + \eta(t) e_k^3 O_j^2 \\ \theta_k(t+1) = \theta_k(t) + \eta(t) e_k^3 \end{array}\right\} \tag{5}$$

For the hidden layer:

$$\left.\begin{array}{l} W_{ij}(t+1) = W_{ij}(t) + \eta(t) e_j^2 O_i^1 \\ \theta_j(t+1) = \theta_j(t) + \eta(t) e_j^2 \end{array}\right\} \tag{6}$$

In equations (5)−(6), $\eta(t)$ is a learning rate in period t, which can be performed as an adaptive adjustment according to the changed information of the total error.[28]

This paper uses the squared sum error E_{SSE} as the objective function of the neural network, $E_{SSE} = \frac{1}{2} \sum_{p=1}^{P} \sum_{q=1}^{N_3} (Y_{qp} - O_{qp}^3)^2$. Set $\overline{E} = \frac{1}{P} E_{SSE}$, then $\eta(t+1) = \eta(t) \cdot \frac{\overline{E}(t)}{\overline{E}(t-1)}$.

f) Determine a convergence condition.

Set ζ as the error precision of the objective function. Then the convergence condition is $E_{SSE} < \zeta$.

If the convergence condition is satisfied, then the algorithm ends; otherwise, it returns to formula (1) and repeats the procedure from formula (1) to formula (6) until the convergence condition is satisfied. The output O_k^3 is the final forecast.

4.1.1.2　Determine the network structure

The input neurons are the factors that affect the consumption of repairable spare parts, which include the data for a fleet of aircraft and the data for an aircraft.

When predicting the demand for spare parts based on the data for a fleet, the input neurons are as follows.

Annual aircraft strength of a fleet

Annual total flight time of a fleet

Annual total takeoff-landing times of a fleet

Annual total spare parts supply good rate of a fleet

Annual total spare parts fault number of a fleet

The output neuron is annual total spare parts consumption number of a fleet or annual total spare parts turnover number of a fleet.

When predicting the demand for spare parts based on the data for an aircraft, the input neurons are

Annual average flight time of an aircraft

Annual average takeoff-landing times of an aircraft

Annual average spare parts supply good rate of an aircraft

Annual average spare parts fault number of an aircraft

The output neuron is annual average spare parts consumption number of an aircraft or annual average spare parts turnover number of an aircraft.

In addition, the number of hidden neurons is commonly $l = 2n + 1$[29], where n is the number of the input neurons.

4.1.1.3　Determine the initial weight values by a genetic algorithm

A genetic algorithm is applied to optimize the initial weight values of the neural network. The optimization algorithm is as follows.

a) Set parameters. Currently, how to determine the optimal parameters of a genetic algorithm remains an open and important topic in the study of genetic algorithms. In addition to using a large number of experimental or empirical results to determine the appropriate parameters, many scholars design adaptive parameters to dynamically adjust the search ability of a genetic algorithm; however, the theoretical conclusions remain minimal. [30] In general, the appropriate algorithm parameters are found by continuous debugging.

b) Generate the initial population. The encoded string length is the number of input neurons.

c) Use the transfer function to determine the fitness function and calculate the population fitness, and select individuals with the maximum fitness value as parental samples. The objective function E_{SSE} of the neural network is a minimal value problem. When determining the population fitness, it is necessary to change the minimal value problem into a maximum value problem, then the fitness function is obtained, namely $fit = E_{SSE}^{-1}$.

d) Perform selection, crossover and mutation operations with current generation groups to produce a new generation of groups.

e) Return to step c), and repeat until the setup evolution algebra is achieved. Finally, determine the initial weight values of the neural network.

4.1.2 Exponential smoothing model

The principle of the exponential smoothing method is that the exponential smoothing value of any period is the weighted average of the actual observation value and the smoothing value of the previous period, by which various exponential smoothing models are founded.

Set Y_t as the actual value in period t, $1 < t < T$, which is a time series that is composed of consumption data or turnover data; α as a smoothing coefficient; and $S_t^{(i)}$ as an exponential smoothing value of method i in period t, where $i = 1, 2, 3$ respectively represent the linear exponential smoothing method, the secondary exponential smoothing method and the cubic exponential smoothing method. A general formula of exponential smoothing is

$$S_t^{(i)} = \alpha Y_t + (1 - \alpha) S_{t-1}^{(i)}, 0 < \alpha < 1 \tag{7}$$

Set $Y_{t+1}^{(i)}$ as the demand of method i in year $T + 1$, then the three exponential smoothing models are

$$Y_{T+1}^{(1)} = a_T^{(1)} \tag{8}$$

$$Y_{T+1}^{(2)} = a_T^{(2)} + b_T^{(2)} \tag{9}$$

$$Y_{T+1}^{(3)} = a_T^{(3)} + b_T^{(3)} + c_T^{(3)} \tag{10}$$

In equations $(8) - (10)$, $a_T^{(1)} = S_T^{(1)}$; $a_T^{(2)} = 2S_T^{(1)} - S_T^{(2)}$, $b_T^{(2)} = \dfrac{\alpha}{1-\alpha}[S_T^{(1)} - S_T^{(2)}]$; $a_T^{(3)} = 3S_T^{(1)}$

$-3S_T^{(2)} + S_T^{(3)}$, $b_T^{(3)} = \dfrac{\alpha}{2(1-\alpha)^2}[(6-5\alpha)S_T^{(1)} - 2(5-4\alpha)S_T^{(2)} + (4-3\alpha)S_T^{(3)}]$, $c_T^{(3)} = \dfrac{\alpha^2}{2(1-\alpha)^2}$

$[S_T^{(1)} - 2S_T^{(2)} + S_T^{(3)}]$.

The key to solving an exponential smoothing model is to determine the initial value and smoothing coefficient.

Determine the initial value: if a sample size is greater than 20, use the observation value in the first period as the initial value; otherwise, use the average observation value of initial several periods as the initial value.

Determine the smoothing coefficient: first of all, use the minimal squared sum errors of the exponential smoothing model as the objective function to optimize the smoothing coefficient; then, use genetic algorithm to solve it (refer to Section 4.1.1.3); the difference is that its encoded string length is 1, and its fitness function is the reciprocal of the squared sum error of linear exponential smoothing, secondary exponential smoothing and cubic exponential smoothing respectively.

4.1.3 Grey model

The essence of a grey model is to weaken the influence of the random disturbance factor by the accumulation of the original data sequence and then to establish the corresponding grey model to predict the future development trend of things such as economy, population, water quality and spare parts demand.

The GM(1,1) model formulated in this paper uses the same time series data as the exponential smoothing models, which is the original sequence $x^{(0)} = [x^{(0)}(1), x^{(0)}(2), \cdots, x^{(0)}(n)]$ of the grey model.

To weaken the randomness and volatility of the original sequence and to provide more effective information for the grey model, this paper uses an Accumulating Generation Operator (AGO) to obtain the accumulating generation sequence, $x^{(1)}$ namely $x^{(1)} = AGO(x^{(0)}(k)) = \sum_{i=1}^{k} x^{(0)}(i)$, $k=1,2,\cdots,n$.

Then, the GM(1,1) model is

$$x^{(1)}(k+1) = \left[x^{(0)}(1) - \frac{u}{a} \right] e^{-ak} + \frac{u}{a} \tag{11}$$

In equation (11), $k=0,1,2,\cdots,n$, a is development grey number, u is endogenous control grey number. In order to solve for a and u, construct an equation as follows

$$y_n = B\alpha \tag{12}$$

In equation (12),

$$B = \begin{bmatrix} -\frac{1}{2}(X^{(1)}(1)+X^{(1)}(2)) & 1 \\ -\frac{1}{2}(X^{(1)}(1)+X^{(1)}(2)) & 1 \\ \cdots & \cdots \\ -\frac{1}{2}(X^{(1)}(n-1)+X^{(1)}(n)) & 1 \end{bmatrix}, y_n = \begin{bmatrix} X^{(0)}(2) \\ X^{(0)}(3) \\ \cdots \\ X^{(0)}(n) \end{bmatrix}, \alpha = \begin{bmatrix} a \\ u \end{bmatrix} = (B^T B)^{-1} B^T y_n.$$

In addition, to ensure that the grey model has high forecasting accuracy and credibility, one needs to conduct a residual test, a correlation test and a posterior margin test. We find that, when the development grey number is 0, the model has no solution.

To address this problem, we add a small positive constant ρ to the development grey number a in the denominator. Then the GM(1,1) model is changed to

$$x^{(1)}(k+1)=\left[x^{(0)}(1)-\frac{u}{a+\rho}\right]e^{-ak}+\frac{u}{a+\rho} \tag{13}$$

4.2 Double-level combination forecast model

4.2.1 Modeling

The key to developing a double-level combination forecast model is to determine the weight coefficients of the direct forecast models. First, this paper makes comprehensive use of the absolute errors of the five direct forecast models to establish a low-level combination forecast model and then solves it by quadratic programming. Then, based on the demand observation value, the demand forecast and the weight coefficients computed by the low-level combination forecast model, a top-level combination forecast model is established and solved by a genetic algorithm. The weight coefficients computed by the low-level combination forecast model are actually the initial values of the weight coefficients of the top-level combination forecast model.

4.2.1.1 The low-level combination forecast model

Set:

T as the sample size.

N as the number of the direct forecast methods.

y_t as the demand observation value at year t, $t=1,2,\cdots,T$.

$\hat{y}'_{nt}$ as the demand forecast of the direct forecast method n at year t, $n=1,2,\cdots,N$. In this paper, $n=1,2,3,4,5$, which express the linear exponential smoothing model, the secondary exponential smoothing model, the cubic exponential smoothing model, the genetic neural network model and the grey model respectively.

e_{nt} as the absolute value of the absolute error for the direct forecast method n at year t, $e_{nt}=|\hat{y}'_{nt}-y_t|$, $e_n=[e_{n1},e_{n2},\cdots,e_{nT}]^T$.

E as the error matrix, namely

$$E=\begin{bmatrix} E_{11} & E_{12} & \cdots & E_{1N} \\ E_{21} & E_{22} & \cdots & E_{2N} \\ \vdots & \vdots & & \vdots \\ E_{N1} & E_{N2} & \cdots & E_{NN} \end{bmatrix}, E_{ij}=E_{ij}=e_i^T e_j, E_{ii}=e_i^T e_i=\sum_{t=1}^{T} e_{it}^2, i=1,2,\cdots,N, j=1,$$

$2,\cdots,N$.

$\hat{y}'_{n(T+1)}$ as the demand forecast of the direct forecast method n at year $T+1$, $Y'_{T+1}=[\hat{y}'_{1(T+1)},\hat{y}'_{2(T+1)},\cdots,\hat{y}'_{N(T+1)}]^T$.

$\hat{y}'_{T+1}$ as the demand forecast of the low-level combination forecast model at year $T+1$.

k'_n as the weight coefficient of the direct forecast method n in the low-level combination forecast model, $K'=[k'_1,k'_2,\cdots,k'_N]^T$, $\sum_{n=1}^{N} k'_n=1, 0 \leqslant k'_n \leqslant 1$.

The objective function of the low-level combination forecast model searches for a weight coefficient vector K' to minimize the squared sum error $J(k'_1, k'_2, \cdots, k'_N)$, that is

$$\min J(k'_1, k'_2, \cdots, k'_N) = K'^T E K' \tag{14}$$

Then, the demand forecast $\hat{y}'_{T+1}$ of the low-level combination forecast model at year $T+1$ is

$$\hat{y}'_{T+1} = m K'^T Y'_{T+1} \tag{15}$$

In equation (15), if forecasting by the data for an aircraft, m is the aircraft strength of a fleet at year T; otherwise, if forecasting by the data for a fleet, $m=1$.

4.2.1.2　The top-level combination forecast model

Set:

k''_n as the weight coefficient of the direct forecast method n in the top-level combination forecast model, $K'' = [k''_1, k''_2, \cdots, k''_N]^T$, $\sum\limits_{n=1}^{N} k''_n = 1, 0 \leqslant k''_n \leqslant 1$.

$\hat{y}''_{T+1}$ as the demand forecast of the top-level combination forecast model at year $T+1$, which is the demand forecast of the double-level combination forecast model too.

The objective function of the top-level combination forecast model searches for a weight coefficient vector K'' to minimize the squared sum error $J(k''_1, k''_2, \cdots, k''_N)$, that is

$$\min J(k''_1, k''_2, \cdots, k''_N) = \sum_{t=1}^{T} \left(\sum_{n=1}^{N} k'_n e_{nt} \right)^2 \tag{16}$$

In equation (16), k'_n and e_{nt} are computed by the low-level combination forecast model.

Then, the demand forecast $\hat{y}''_{T+1}$ of the top-level combination forecast model at year $T+1$ is

$$\hat{y}''_{T+1} = m K''^T Y'_{T+1} \tag{17}$$

In equation (17), Y'_{T+1} is the demand computed by the low-level combination forecast model. For the value of m, refer to Equation (15).

4.2.2　Solution algorithm

4.2.2.1　The algorithm for solving the low-level combination forecast model

Because equation (14) is a quadratic programming equation for the weight coefficient vector K', whose restrictions, $\sum\limits_{n=1}^{N} k'_n = 1$ and $0 \leqslant k'_n \leqslant 1$, are linear, the low-level combination forecast model can be solved by quadratic programming. [31]

The common model of a quadratic program is

$$\min f(x) = \frac{1}{2} x^T H x + f^T x \text{ s. t. } A \cdot x \leqslant b, Aeq \cdot x = beq, lb \leqslant x \leqslant ub \tag{18}$$

In equation (18), H is a real symmetric matrix, and f, A and Aeq are column vectors. When using the quadratic programming model to solve the low-level combination forecast model, x is equal to the weight coefficient vector K' in the low-level combination forecast model, and H is equal to the error matrix E in the low-level combination forecast model. We found that equation (18) is subject to the constraint conditions including $A \cdot x \leqslant b$, $Aeq \cdot x = beq$ and $lb \leqslant x \leqslant ub$, and equation (14) is subject to $\sum_{n=1}^{N} k'_n = 1$ and $0 \leqslant k'_n \leqslant 1$. When using equation (18) to solve equation (14), $\sum_{n=1}^{N} k'_n = 1$ corresponds to $Aeq \cdot x = beq$, $0 \leqslant k'_n \leqslant 1$ corresponds to $lb \leqslant x \leqslant ub$, but the inequality constraint $A \cdot x \leqslant b$ does not exist. Therefore, we set $Aeq = [1,1,1,1,1]$, $beq = 1$, $lb = [0,0,0,0,0]$, $ub = [1,1,1,1,1]$, $A = [\quad]$ and $b = [\quad]$. In addition, the expression corresponding to $f^{T}x$ in equation (18) does not exist in equation (14), we set f $[\quad]$.

4.2.2.2　The algorithm for solving the top-level combination forecast model

The top-level combination forecast model is used to further optimize the parameter K' which is computed by the low-level combination forecast model. The top-level combination forecast model can be solved by a genetic algorithm, whose solution algorithm is nearly in accordance with the algorithm that optimizes the initial weight values of the neural network, as discussed in Section 4.1.1.3. The exceptions are that the encoded string length is the number n of the direct forecast methods, and the fitness function is the reciprocal of the squared sum error of the top-level combination forecast model.

4.3　Benchmarks

This paper determines which forecasting methods are more accurate by comparing different benchmarks of the proposed forecasting models. There are several typical benchmarks such as mean absolute error (MAE), mean squared error (MSE), Theil IC and mean absolute percentage error (MAPE).[32] Equations (19) − (22) present the respective formulas.

$$MAE = \frac{1}{n} \sum_{t=1}^{n} | \hat{y}_t - y_t | \qquad (19)$$

$$MSE = \frac{1}{n} \sqrt{\sum_{t=1}^{n} (\hat{y}_t - y_t)^2} \qquad (20)$$

$$Theil\ IC = \frac{\sqrt{\sum_{t=1}^{n} (\hat{y}_t - y_t)^2}}{\sqrt{\sum_{t=1}^{n} \hat{y}_t^2} + \sqrt{\sum_{t=1}^{n} y_t^2}} \qquad (21)$$

$$MAPE = \frac{1}{n} \sum_{t=1}^{n} \left| \frac{\hat{y}_t - y_t}{y_t} \right| \qquad (22)$$

In equations (19) − (22), $\hat{y}_t$ is the demand forecast at year t, and y_t is the demand observation value at year t.

When evaluating the combination forecast model, at least three kinds of error performance indexes are generally used to make a comprehensive evaluation.[33]

This paper mainly utilizes MAE, MSE and Theil IC to evaluate the forecasting effectiveness of the different direct forecast models, the low-level combination forecast model, the top-level combination forecast model and the double-level combination forecast model.

5   Comparative analysis

The effectiveness of applying the above models to forecast the demand for repairable spare parts will be demonstrated using an example of fifty items of repairable spare parts for a type of aircraft at an airport. The annual business data of the spare parts for a fleet for 50 years is shown in Table 1—3, and the annual flight assignment data for the fleet during the same period are shown in Table 4.

On the basis of the annual business data of the spare parts and flight assignment data, this paper compares and analyzes the forecasting effectiveness from the following aspects: one is the forecasting accuracy of the applied models including the LES, SES, CES, GNN, GM, LCF and TCF models, the other is the forecasting effectiveness based on the four types of data, the application methods of the different data adopted by the applied models as described in Section 4.

5.1   The forecasting accuracy analysis of the applied models

For different types of basic data, the forecast accuracies of different models are basically the same. Thus, we take an example of the consumption data of an aircraft to compare and analyze the forecasting accuracy of different models, and we estimate the forecasting accuracy of the models via three benchmarks MAE, MSE and Theil IC.

Table 1　The spare parts business data for a fleet(1)

Annual total spare parts fault number of a fleet

Parts number	1	2	3	4	5	6	7	8	9	10	11	12	13	14	15	16	17	18	19	20	21	22	23	24	25	26	27	28	29	30	31	32	33	34	35	36	37	38	39	40	41	42	43	44	45	46	47	48	49	50
part 1	10	8	12	9	14	17	13	12	9	10	11	7	8	9	13	15	14	12	11	9	9	7	11	8	13	13	4	17	11	15	13	13	8	7	12	8	13	10	6	14	20	7	17	12	14	12	3	16	10	14
part 2	12	11	14	15	11	9	8	11	13	21	22	15	9	8	16	23	21	19	25	20	11	10	13	14	10	14	10	17	11	20	19	14	15	13	22	17	12	12	9	21	24	20	19	18	20	13	9	16	10	19
part 3	13	7	16	14	11	10	13	8	9	9	8	15	10	8	11	18	7	16	14	11	12	6	15	13	10	12	8	15	15	10	7	9	8	11	18	21	16	8	6	14	25	18	20	25	18	11	7	14	14	9
part 4	9	6	11	7	14	16	11	11	7	11	9	6	7	7	13	14	12	11	9	10	8	5	10	6	13	12	4	15	11	13	11	13	7	6	9	7	12	8	5	11	19	6	15	12	10	11	3	14	10	12
part 5	10	10	13	11	11	8	8	8	13	22	16	14	9	6	17	22	18	18	21	21	9	9	12	10	10	12	10	14	13	14	16	14	12	12	13	20	10	9	10	15	22	21	17	20	12	11	9	13	12	13
part 6	9	2	12	9	8	6	8	4	4	7	3	11	6	3	8	14	2	8	9	8	8	1	11	8	7	7	7	11	8	14	16	13	10	8	8	10	7	7	9	10	15	13	11	9	9	6	6	10	7	13
part 7	6	3	8	4	11	13	5	8	4	8	6	3	4	4	10	11	9	8	6	7	5	2	7	3	10	9	10	13	14	11	8	8	9	12	19	21	15	8	8	13	23	20	18	23	8	8	9	12	13	10
part 8	8	8	10	12	6	5	8	7	10	15	19	11	5	5	11	19	18	15	22	14	7	7	9	11	5	6	6	15	13	11	9	13	6	8	7	7	15	9	8	8	18	6	15	12	19	9	5	14	12	10
part 9	9	3	12	10	7	6	10	4	5	5	4	3	6	4	7	14	3	12	10	7	8	2	11	9	6	6	5	10	6	8	15	11	9	6	9	8	6	6	7	10	14	11	11	7	10	5	4	9	5	13
part 10	6	5	8	6	9	13	13	8	6	4	8	7	4	6	8	11	11	8	8	10	5	4	7	5	8	7	9	12	10	11	7	7	8	12	20	15	14	8	6	14	22	17	17	19	20	6	8	11	9	10
part 11	13	9	13	10	14	18	13	14	10	12	12	18	9	9	16	15	15	13	13	24	12	8	12	9	13	8	1	11	9	6	5	8	2	3	5	2	11	5	3	5	14	1	11	7	8	5	0	10	7	7
part 12	16	14	18	18	17	14	14	15	16	26	26	15	13	11	21	28	25	23	29	11	15	12	17	17	15	11	2	7	3	7	12	8	6	3	6	5	3	3	4	7	11	8	7	4	6	2	1	6	2	10
part 13	13	7	16	14	11	10	13	18	9	9	8	9	10	8	11	18	7	16	14	11	12	6	15	13	10	9	7	9	11	9	4	5	5	9	13	18	11	4	5	8	19	17	14	20	13	4	6	8	10	5
part 14	14	7	14	11	18	24	19	8	11	16	13	20	11	12	20	21	20	16	12	15	13	13	13	10	17	13	2	11	9	14	5	9	2	4	3	3	3	5	4	4	14	2	11	8	6	5	1	10	8	6
part 15	15	14	18	17	18	16	13	12	18	27	20	20	16	11	25	27	22	27	30	30	14	5	17	16	17	7	4	7	5	17	9	10	6	5	2	7	7	3	6	5	11	10	7	6	2	2	3	6	4	8
part 16	15	6	13	16	13	10	15	14	8	12	7	16	10	8	14	19	3	17	13	11	9	4	20	15	12	8	8	12	9	13	12	13	12	9	10	11	18	8	9	13	15	14	14	11	9	9	7	11	8	13
part 17	10	5	19	6	18	20	13	11	7	13	11	5	8	7	16	17	14	13	9	12	15	14	12	5	17	13	13	17	17	11	17	13	13	15	24	25	15	12	11	18	28	24	22	27	23	12	11	16	16	15
part 18	16	15	17	19	15	11	14	13	19	29	30	20	13	10	22	32	29	26	34	27	11	2	18	18	14	11	6	15	13	18	13	13	6	8	7	7	9	9	8	8	18	6	15	12	12	9	5	14	12	10
part 19	13	3	11	13	11	8	13	5	6	8	6	16	9	5	10	20	3	17	13	11	12	5	16	12	10	7	6	13	10	18	9	13	13	10	14	12	20	10	12	17	21	19	15	10	10	10	5	12	9	17
part 20	9	6	16	7	15	18	14	11	7	8	11	4	6	7	12	16	14	11	10	6	8	9	10	6	14	13	13	17	16	13	23	15	16	17	25	19	16	15	11	22	27	21	26	7	14	11	12	16	15	17
part 21	14	11	14	12	20	22	18	16	12	15	15	10	12	12	18	20	18	16	15	13	13	10	15	11	18	13	5	20	15	18	15	13	6	7	10	6	5	9	8	11	19	2	16	28	29	11	4	19	14	12
part 22	12	11	14	15	11	9	8	12	13	21	22	15	9	8	16	23	21	19	25	20	11	7	13	14	10	10	4	12	5	15	9	11	10	6	11	10	20	7	7	13	17	13	12	11	10	6	3	11	4	17
part 23	18	8	19	18	15	18	21	12	13	14	12	18	14	13	18	25	15	21	17	16	10	9	18	17	14	10	14	18	18	13	19	13	12	18	27	29	16	12	10	19	32	28	25	32	26	12	13	17	17	14
part 24	14	10	16	13	21	24	17	19	12	16	13	12	14	12	21	17	17	20	18	19	17	13	15	12	20	6	2	16	12	14	7	3	3	5	6	5	5	8	5	7	20	2	16	11	10	9	1	15	11	10
part 25	16	14	22	18	16	12	14	14	17	27	20	19	13	11	23	27	19	23	25	23	15	13	21	17	15	6	5	10	6	15	17	14	9	6	6	10	4	5	7	9	16	13	10	8	5	5	4	9	5	14

(Continued Table)

Parts number	1	2	3	4	5	6	7	8	9	10	11	12	13	14	15	16	17	18	19	20	21	22	23	24	25	26	27	28	29	30	31	32	33	34	35	36	37	38	39	40	41	42	43	44	45	46	47	48	49	50
part 26	10	8	12	9	14	17	13	12	9	10	11	7	8	9	13	15	14	14	11	9	9	7	11	8	13	13	4	17	11	11	13	13	8	7	12	8	13	10	6	14	20	7	17	12	14	12	3	16	10	14
part 27	12	11	14	15	11	9	8	11	13	10	22	15	9	8	16	23	21	19	25	20	11	10	13	14	10	14	10	17	11	20	19	14	15	13	22	17	12	12	9	21	24	20	19	18	20	13	9	16	10	19
part 28	13	7	16	14	14	10	8	8	9	21	8	15	10	8	11	18	7	16	14	11	12	6	15	13	10	12	8	15	15	15	7	9	8	11	9	21	16	8	6	14	25	18	20	25	18	11	7	14	14	9
part 29	9	6	11	7	14	16	13	7	7	7	8	6	7	7	13	14	12	11	11	10	8	5	10	6	13	12	4	15	11	10	7	13	8	6	9	7	12	8	5	11	19	6	15	12	10	11	3	14	10	12
part 30	10	10	13	11	11	8	11	10	13	22	16	14	9	6	17	22	18	18	21	21	9	9	12	10	10	12	10	14	13	14	16	14	12	12	13	20	10	9	10	15	22	13	11	20	12	6	9	13	12	13
part 31	9	2	12	9	11	8	8	4	4	7	3	11	6	3	8	14	2	12	9	9	5	1	11	8	7	9	7	11	8	11	16	13	10	8	8	10	7	7	9	9	15	13	11	9	8	6	6	10	7	13
part 32	6	3	8	4	8	13	8	8	4	8	6	3	4	4	10	11	9	2	6	7	12	7	7	3	10	9	10	13	14	11	9	10	9	12	19	21	15	9	8	13	23	20	18	23	19	8	9	12	13	10
part 33	8	8	10	12	6	5	5	7	4	15	19	11	5	5	11	19	18	15	22	14	7	9	13	11	5	6	6	10	13	11	15	11	6	8	7	7	7	9	8	8	18	6	15	12	10	5	5	9	5	13
part 34	9	3	12	10	7	6	9	4	5	5	4	7	6	6	7	14	3	3	8	7	8	4	7	5	8	7	9	7	6	8	7	11	9	3	9	8	6	6	3	10	14	11	10	7	5	5	8	11	9	7
part 35	6	5	8	6	9	13	10	8	10	4	8	3	4	9	16	11	11	13	13	3	5	8	5	9	8	7	1	12	10	14	7	8	8	12	20	15	14	8	6	14	22	17	17	19	20	6	8	11	9	7
part 36	13	9	13	10	14	18	13	14	10	12	12	7	9	11	16	15	15	13	13	10	12	8	12	5	13	6	2	7	8	8	5	8	2	3	5	2	3	5	3	5	14	17	11	7	8	5	0	10	7	7
part 37	16	14	18	18	17	14	13	15	16	26	26	18	13	11	21	28	25	23	29	24	15	12	17	17	15	3	2	9	3	11	12	13	6	3	6	5	11	3	4	7	19	8	7	4	2	2	1	6	2	10
part 38	13	7	16	14	11	10	13	8	9	9	8	15	10	8	11	18	7	16	14	11	6	6	13	13	10	5	2	11	11	6	4	5	5	9	9	18	15	4	5	8	14	17	14	20	13	4	6	8	10	5
part 39	14	7	14	15	18	24	19	15	11	16	13	9	11	12	20	21	20	16	12	11	6	6	13	10	17	6	2	20	11	7	5	9	11	4	3	3	11	5	4	4	4	5	11	20	6	5	6	10	8	6
part 40	15	14	18	17	18	16	13	15	18	27	20	16	16	11	25	27	22	27	30	30	14	13	17	16	12	12	4	7	5	9	5	5	6	5	7	7	3	3	6	4	11	11	7	6	2	2	3	3	4	8
part 41	15	6	21	16	13	10	15	18	8	12	7	16	10	8	14	17	14	17	13	14	12	8	17	17	17	6	8	12	9	14	17	13	13	15	24	25	18	12	9	17	22	17	22	27	23	9	7	11	8	13
part 42	10	5	13	12	18	20	15	12	8	7	26	5	8	7	10	32	3	13	11	12	15	8	10	5	12	11	13	13	17	17	23	19	13	15	5	19	9	9	9	22	27	24	22	23	10	12	11	16	16	17
part 43	16	15	17	19	15	11	11	14	19	29	30	20	14	10	22	20	21	26	25	27	15	16	18	18	14	10	5	18	15	18	9	15	16	10	10	6	20	15	8	11	19	21	15	10	10	11	12	12	15	10
part 44	13	6	17	13	9	8	11	5	6	8	8	16	6	5	10	16	14	17	13	11	13	5	5	6	10	7	4	13	5	13	13	13	7	17	25	29	16	9	6	13	19	2	26	29	13	5	6	19	15	17
part 45	9	6	11	7	15	18	14	11	6	8	13	4	6	7	12	20	3	12	6	6	11	5	15	11	14	13	14	18	15	13	9	15	16	6	10	6	16	9	8	9	19	13	15	13	11	11	12	12	14	5
part 46	14	11	16	12	20	22	18	16	16	15	15	10	12	12	18	23	18	19	25	20	13	10	10	14	10	12	13	16	15	13	19	13	10	7	11	6	6	9	8	11	17	13	12	11	10	11	13	16	9	10
part 47	12	8	14	15	11	9	17	11	13	14	12	18	14	13	21	25	15	21	19	19	13	18	18	14	14	10	14	18	12	12	7	11	12	18	27	29	20	12	10	13	32	28	25	32	26	12	13	17	14	17
part 48	18	8	19	18	21	24	17	19	21	16	20	18	14	13	21	19	16	20	18	23	15	15	17	17	20	20	4	16	12	17	7	7	3	5	6	5	16	8	5	7	20	2	16	11	9	6	3	11	11	12
part 49	14	10	16	15	16	12	14	14	17	27	20	18	14	11	23	27	19	23	25	23	15	13	21	17	15	6	5	10	6	15	17	14	9	6	6	10	4	5	7	9	16	13	10	8	5	4	4	9	5	14
part 50	16	14	22	18	16	12	14	14	17	27	19	19	13	11	23	27	19	23	25	23	15	13	21	17	15	6	5	10	6	15	17	14	9	6	6	10	4	5	7	9	16	13	10	8	5	4	4	9	5	14

Annual total spare parts fault number of a fleet

Table 2 The spare parts business data for a fleet（2）

Annual total spare parts consumption number of a fleet

Parts number	1	2	3	4	5	6	7	8	9	10	11	12	13	14	15	16	17	18	19	20	21	22	23	24	25	26	27	28	29	30	31	32	33	34	35	36	37	38	39	40	41	42	43	44	45	46	47	48	49	50
part 1	12	7	11	10	9	18	15	10	9	10	10	7	8	11	15	16	13	13	10	9	11	6	10	9	8	17	14	9	8	9	9	6	7	10	14	15	12	12	9	8	7	6	4	6	5	5	7	6	8	5
part 2	16	13	15	14	15	17	18	15	10	11	10	19	15	15	17	21	22	19	27	21	15	12	14	13	14	16	17	14	9	10	9	18	14	14	16	20	21	18	26	20	16	13	10	9	10	9	18	13	13	11
part 3	13	8	17	14	11	10	14	8	10	11	10	14	10	9	11	17	8	16	13	9	12	7	16	13	10	9	13	7	8	9	8	13	9	8	10	16	7	15	12	8	9	12	8	8	7	7	10	7	6	7
part 4	11	6	12	7	17	16	13	11	8	13	12	7	10	8	14	15	12	12	9	12	10	5	11	6	16	15	12	10	7	12	11	6	9	7	13	14	11	11	8	11	6	7	4	5	8	6	7	10	5	8
part 5	12	10	14	11	14	8	9	10	14	24	19	15	12	7	18	23	18	19	21	23	11	9	13	10	13	7	8	9	13	23	18	14	11	6	17	22	17	18	20	22	13	12	9	11	12	12	19	14	12	10
part 6	11	2	13	9	11	6	6	4	5	9	6	12	9	4	9	15	2	13	9	11	10	1	12	8	10	5	9	3	4	8	5	11	8	3	8	14	1	12	8	10	5	9	3	2	5	3	5	7	3	5
part 7	8	3	9	4	14	13	10	8	5	10	9	4	8	5	11	12	9	9	6	7	7	2	8	3	8	4	6	7	6	8	8	3	6	3	10	11	8	8	5	8	3	4	0	2	0	2	4	6	10	4
part 8	10	8	11	12	11	5	7	8	11	17	22	12	13	6	12	20	18	16	22	16	9	7	12	11	13	16	12	6	10	16	21	11	7	5	11	19	17	15	21	15	12	8	8	7	7	2	18	7	10	8
part 9	11	3	13	5	13	6	4	7	6	7	7	12	8	8	8	15	3	13	10	9	10	2	10	5	8	5	15	3	5	6	6	11	5	4	6	13	2	12	9	8	6	9	4	4	7	3	11	6	3	8
part 10	8	5	9	8	10	4	8	8	7	6	11	4	9	7	9	9	11	9	8	5	7	4	13	8	9	12	11	7	6	5	10	3	7	6	8	11	10	8	7	4	6	4	8	4	0	1	5	5	2	4
part 11	11	5	9	6	16	14	11	8	13	8	9	18	13	8	13	20	11	16	25	8	10	10	15	9	11	16	15	13	7	8	7	17	12	9	14	19	19	17	25	18	15	11	9	4	9	3	16	12	10	10
part 12	8	11	14	12	13	15	17	13	6	9	9	13	8	7	9	16	6	15	11	20	14	5	15	12	8	8	11	6	7	11	6	12	7	7	8	15	5	14	11	6	6	5	7	6	6	4	5	6	4	6
part 13	12	6	16	12	10	8	13	6	8	8	8	6	8	6	12	14	10	15	7	8	11	3	13	8	8	14	10	9	6	9	9	5	5	9	8	13	9	10	7	9	5	10	3	3	7	6	8	9	10	6
part 14	10	4	11	5	16	14	12	9	7	11	11	6	10	3	12	14	11	11	7	11	9	7	15	12	8	8	10	8	11	11	11	17	11	7	8	10	5	13	17	6	5	8	9	9	7	5	5	5	6	7
part 15	11	8	13	9	13	6	8	8	8	11	11	14	6	6	16	22	16	18	19	22	10	11	12	9	14	6	10	8	11	22	16	13	9	5	15	21	15	17	19	20	12	10	8	9	11	11	11	13	10	9
part 16	10	0	12	7	10	4	9	2	4	7	5	11	7	3	7	14	0	12	7	10	9	0	11	7	8	4	6	2	5	7	3	10	4	2	6	13	1	11	7	8	4	7	8	5	7	4	5	6	8	7
part 17	7	1	8	2	13	11	9	6	4	8	8	3	6	4	9	11	7	8	4	9	6	5	11	2	6	3	7	6	7	11	9	2	4	3	6	10	6	7	4	6	2	2	1	0	0	1	4	3	0	4
part 18	9	6	10	10	8	3	9	6	4	8	11	11	7	5	10	19	16	15	20	15	8	0	13	10	4	4	7	5	6	4	6	10	5	4	9	18	15	14	20	13	15	6	7	5	6	4	5	5	8	7
part 19	10	3	12	8	9	4	9	9	5	15	6	3	5	6	6	14	1	12	8	8	9	2	11	8	9	3	4	2	3	11	4	4	8	3	5	13	8	11	6	6	4	0	2	0	1	0	9	5	9	4
part 20	7	3	14	4	11	11	10	2	6	4	10	11	9	14	7	11	9	8	6	4	6	6	7	4	9	4	4	6	4	4	8	10	4	4	5	10	8	7	4	2	8	6	4	5	6	5	2	5	9	4
part 21	16	8	20	12	20	24	20	12	11	12	13	8	13	12	9	22	9	17	12	11	14	6	13	11	9	11	8	11	9	11	11	7	11	5	18	20	15	16	11	9	5	6	7	6	6	5	8	5	9	6
part 22	22	17	20	18	14	12	25	20	13	14	13	26	20	20	23	29	30	26	38	29	20	15	19	17	18	23	23	19	11	13	14	25	18	19	21	28	29	25	37	27	22	17	13	11	13	11	24	17	17	14
part 23	17	9	23	18	23	21	9	9	11	12	11	19	12	11	14	23	9	22	17	11	8	8	22	17	12	11	17	8	9	16	14	7	11	10	12	22	8	20	16	9	11	15	10	9	8	8	12	8	6	8
part 24	14	6	16	8	14	9	17	9	10	17	16	8	12	10	18	20	15	16	11	16	13	5	14	7	21	20	15	13	8	16	14	19	11	8	17	19	14	14	10	14	7	8	4	5	10	7	8	8	5	8
part 25	16	12	19	14	19	9	11	12	19	33	26	20	15	8	24	32	24	26	29	32	14	11	17	13	17	8	9	11	17	32	24	19	14	7	23	31	23	25	28	30	17	15	11	14	16	16	26	19	15	13

(Continued Table)

Parts number	Annual total spare parts consumption number of a fleet																																																	
	1	2	3	4	5	6	7	8	9	10	11	12	13	14	15	16	17	18	19	20	21	22	23	24	25	26	27	28	29	30	31	32	33	34	35	36	37	38	39	40	41	42	43	44	45	46	47	48	49	50
part 26	14	0	17	11	14	6	13	3	5	11	7	16	11	4	11	20	0	17	11	14	13	16	10	10	12	5	11	2	3	10	5	14	9	2	9	19	2	16	10	12	5	11	2	3	10	5	14	10	2	10
part 27	10	2	11	3	19	17	13	5	5	12	11	4	8	5	14	16	11	11	6	11	8	0	10	2	17	16	11	8	3	9	9	2	6	4	12	14	9	10	5	9	2	3	1	0	5	2	3	8	0	5
part 28	13	9	14	15	11	5	8	8	14	23	31	16	9	7	15	28	24	22	30	22	11	13	16	14	9	4	6	7	12	22	29	14	8	5	14	26	23	20	29	20	16	9	10	8	8	1	24	8	12	10
part 29	14	2	17	12	13	6	14	3	7	8	8	16	9	5	9	20	2	17	12	11	13	16	11	11	11	5	12	2	5	7	6	14	9	4	8	19	0	16	11	9	7	9	4	3	8	2	14	7	2	10
part 30	10	5	11	6	16	17	16	10	8	6	14	4	11	8	11	16	14	11	5	8	3	10	5	5	14	16	14	8	6	5	12	2	6	7	9	14	12	10	8	3	5	0	2	0	1	2	3	2	0	5
part 31	12	9	13	10	9	18	14	9	9	10	7	4	8	11	15	16	11	14	8	11	8	11	9	9	7	17	12	9	7	8	7	12	6	9	13	15	9	12	10	6	7	0	6	6	6	5	8	5	7	6
part 32	18	15	17	14	15	17	20	14	9	11	10	22	15	17	17	26	28	19	31	22	13	15	13	13	13	15	19	12	8	9	9	20	13	15	15	24	27	17	29	20	15	13	10	9	11	9	21	14	15	12
part 33	13	7	16	13	11	10	13	7	9	9	9	15	10	8	10	20	10	18	15	11	11	14	14	12	9	9	12	6	7	8	7	14	9	6	8	18	19	17	13	9	8	11	10	8	6	5	8	7	5	6
part 34	12	6	12	8	11	16	14	12	14	14	12	8	10	8	14	16	12	12	11	5	6	11	6	6	16	15	12	10	8	12	4	11	9	7	13	14	11	11	8	11	8	4	4	5	8	6	7	10	5	8
part 35	9	7	11	9	11	5	7	7	7	21	17	13	9	5	15	21	15	17	19	21	8	10	10	7	10	4	5	6	7	12	19	8	14	3	14	19	14	15	17	19	10	9	6	9	9	9	16	11	9	7
part 36	12	2	14	10	12	6	10	4	6	6	6	12	8	4	10	16	2	14	10	12	10	12	8	8	10	5	9	3	6	9	5	11	8	3	8	14	1	12	10	10	5	9	3	4	8	5	11	8	3	8
part 37	8	3	10	4	14	14	10	8	10	10	10	4	8	6	12	12	10	10	6	7	7	8	3	3	13	12	4	7	7	9	3	9	6	4	10	11	8	8	5	8	3	4	0	1	5	3	4	7	1	5
part 38	8	6	10	10	8	4	6	6	10	16	20	10	6	4	10	18	16	14	20	8	5	8	9	9	6	2	4	4	14	14	10	9	5	3	9	17	15	13	19	13	10	6	6	2	5	1	16	5	8	6
part 39	10	3	12	6	8	4	10	3	4	6	6	10	8	4	6	14	3	12	8	14	5	8	9	5	7	3	8	2	3	5	7	9	7	3	5	10	1	7	7	6	4	6	6	2	5	2	9	4	5	6
part 40	8	6	10	6	12	14	12	4	8	12	12	4	8	8	10	12	12	10	6	6	8	10	5	11	11	12	11	6	6	3	4	3	6	6	8	11	10	8	7	4	5	1	1	1	1	2	4	3	8	3
part 41	23	19	25	22	21	38	29	23	18	21	21	15	18	22	30	33	27	27	24	20	20	22	18	18	21	34	28	19	18	17	21	12	15	19	28	30	24	24	19	17	15	15	10	14	12	10	17	13	17	12
part 42	32	29	32	31	29	32	34	29	18	27	29	40	23	29	35	49	52	38	59	43	29	29	27	27	34	28	34	24	21	24	26	37	27	27	32	46	50	36	54	42	31	28	21	20	22	18	43	27	31	22
part 43	25	17	33	30	23	23	28	17	17	18	18	31	17	17	22	38	20	35	30	21	23	30	18	25	22	18	27	13	18	16	17	28	20	15	20	36	18	32	26	21	18	19	19	18	14	12	23	15	14	14
part 44	21	15	24	17	34	35	27	25	16	28	23	15	17	12	29	31	27	24	21	24	12	22	13	13	34	30	26	20	16	23	23	13	19	14	27	29	24	22	16	23	23	16	9	11	16	13	16	15	21	15
part 45	20	20	25	22	25	16	19	19	25	46	35	28	20	9	34	44	36	36	42	43	17	23	18	24	24	11	15	15	16	42	34	26	10	9	32	42	33	37	43	43	23	24	20	20	21	22	37	25	24	16
part 46	21	7	27	21	22	15	20	9	11	14	11	9	20	9	20	31	7	27	22	22	17	24	17	17	22	10	20	6	10	15	11	22	17	6	17	29	4	24	16	22	10	20	6	6	16	10	24	16	8	15
part 47	15	8	19	11	28	29	20	18	21	21	18	23	16	11	24	25	21	19	14	18	12	16	16	16	10	25	20	14	10	17	17	20	13	9	21	22	19	16	16	18	23	11	0	6	9	6	10	14	6	9
part 48	17	17	21	25	16	18	21	15	21	34	23	23	15	9	23	39	37	30	44	30	14	18	18	17	23	25	24	12	20	41	20	20	15	8	13	36	34	28	40	29	23	17	15	13	11	6	36	12	21	13
part 49	19	8	25	21	18	13	21	9	10	12	12	23	18	9	15	29	8	25	20	16	22	22	16	16	17	8	20	5	10	9	11	20	15	7	13	27	6	22	16	16	11	17	7	8	11	5	22	10	7	13
part 50	15	13	19	15	24	29	24	18	15	22	9	9	16	15	20	25	25	19	18	10	12	16	10	10	23	25	24	14	14	9	21	13	13	13	17	22	23	14	16	10	10	6	6	5	2	10	10	6	6	7

Table 3 The spare parts business data for a fleet(3)

Annual total spare parts turnover number of a fleet

Parts number	1	2	3	4	5	6	7	8	9	10	11	12	13	14	15	16	17	18	19	20	21	22	23	24	25	26	27	28	29	30	31	32	33	34	35	36	37	38	39	40	41	42	43	44	45	46	47	48	49	50
part 1	7	6	7	4	5	6	7	6	5	5	6	4	4	6	8	9	5	8	7	4	6	5	7	5	4	9	6	5	4	4	5	3	3	5	7	8	4	7	6	3	4	4	3	4	4	3	5	3	4	4
part 2	11	9	10	8	5	10	12	7	5	6	6	13	8	10	9	16	18	10	18	12	8	8	9	7	7	8	11	6	4	5	5	12	7	9	8	15	17	9	17	11	8	7	6	5	7	5	13	8	9	7
part 3	7	4	5	6	8	9	7	8	5	5	5	9	6	4	5	12	7	10	9	12	6	3	7	6	5	5	6	3	4	4	4	8	5	3	4	11	6	10	8	6	4	6	7	5	3	2	4	4	3	3
part 4	7	4	6	6	6	6	7	4	5	8	7	5	6	5	8	9	7	7	9	7	6	3	6	4	9	8	7	6	4	7	6	4	5	4	7	8	6	6	8	6	4	4	3	3	5	4	4	6	3	5
part 5	4	3	7	5	10	9	3	8	5	10	8	6	6	2	7	9	7	7	6	7	6	2	4	3	4	8	2	2	4	9	7	4	3	1	6	8	6	6	5	6	4	4	2	3	4	4	7	5	4	3
part 6	7	2	5	4	6	2	6	8	4	6	4	7	4	3	6	10	7	8	9	10	6	1	7	5	6	1	5	2	3	5	7	6	5	2	5	8	6	7	8	6	3	4	2	3	5	3	6	5	4	3
part 7	5	2	8	6	6	4	3	3	4	6	6	3	6	4	7	9	2	8	6	7	4	1	5	2	7	7	5	4	3	5	5	6	4	3	6	8	1	7	5	5	2	3	0	1	3	2	3	5	1	3
part 8	4	2	6	3	8	8	3	5	2	8	10	5	5	2	5	7	6	6	4	7	3	2	4	4	3	1	2	2	4	7	9	4	2	1	4	8	5	5	9	6	5	3	3	2	2	1	8	4	4	3
part 9	5	3	6	5	4	2	5	3	5	3	3	5	3	2	3	9	2	7	10	4	4	1	5	3	3	1	2	1	4	7	2	4	3	1	2	6	7	5	3	3	2	3	3	1	2	1	4	2	4	3
part 10	5	2	8	5	7	8	7	2	5	4	3	3	4	5	6	7	5	6	4	4	4	3	5	3	6	7	6	4	4	7	6	4	4	4	5	6	6	5	4	3	3	1	2	1	0	1	4	2	1	1
part 11	8	4	8	7	6	8	8	5	6	5	7	5	5	7	8	10	5	6	5	5	7	5	8	6	4	7	6	6	4	5	5	4	3	4	7	9	4	8	4	3	5	4	4	4	5	4	5	4	4	5
part 12	12	6	10	8	9	10	13	6	7	6	7	14	8	11	9	17	18	9	18	13	11	8	10	8	7	10	11	6	4	5	4	13	7	10	8	16	17	10	18	11	9	7	7	4	8	4	13	9	9	8
part 13	8	4	8	7	6	9	8	7	6	5	6	10	6	5	5	13	7	8	9	8	7	3	7	7	4	9	6	5	4	6	6	9	5	4	4	9	6	11	9	6	5	6	8	5	5	6	4	5	9	4
part 14	8	4	6	7	7	6	8	4	6	8	8	10	6	11	5	10	7	8	9	8	7	5	7	7	5	9	6	4	4	5	4	9	5	6	7	9	6	7	6	6	5	4	4	4	4	6	4	5	3	4
part 15	5	3	8	5	3	9	9	3	6	6	8	10	6	5	5	10	7	9	6	8	4	3	5	5	5	6	5	5	4	8	6	5	5	5	7	9	6	8	6	5	5	5	4	5	6	5	4	7	3	6
part 16	8	2	6	3	5	2	4	5	6	8	9	6	6	6	6	11	7	9	9	8	5	2	6	6	6	9	5	3	3	8	7	6	3	2	6	10	6	8	6	6	5	3	3	3	6	4	6	6	4	4
part 17	6	2	7	5	5	8	7	3	5	9	5	10	6	3	5	10	7	7	4	7	4	2	6	6	3	4	5	5	4	6	3	3	5	4	4	7	5	6	10	5	4	3	1	2	4	3	8	5	4	4
part 18	6	2	6	4	5	2	4	5	5	5	7	6	5	3	5	10	7	7	10	8	7	1	6	4	3	8	5	2	4	8	5	5	4	2	4	7	7	7	4	5	3	3	4	1	3	2	4	3	4	4
part 19	6	3	6	4	5	2	6	3	6	6	4	3	4	3	6	8	5	7	4	5	5	3	6	4	3	8	5	5	4	3	5	5	4	5	2	7	6	6	5	3	3	3	2	4	3	2	4	3	4	2
part 20	6	2	7	4	7	8	7	2	3	4	8	12	6	3	6	8	5	7	5	5	5	3	6	4	6	8	6	5	4	4	5	5	4	2	5	7	4	6	5	3	4	3	5	4	3	2	4	3	4	3
part 21	6	4	2	4	5	10	4	4	6	5	5	3	8	9	8	8	5	7	5	3	5	3	6	4	6	7	6	5	4	4	7	7	5	5	7	7	4	6	5	3	3	4	5	5	6	2	4	2	3	3
part 22	10	4	9	7	11	10	11	6	8	6	4	12	8	9	15	15	18	10	18	11	8	5	8	6	7	7	11	5	4	4	4	11	7	8	8	14	17	8	16	11	7	7	5	5	6	2	13	7	9	3
part 23	6	4	7	5	5	9	6	7	4	5	6	8	6	3	5	11	7	6	9	6	5	3	6	5	5	4	7	5	4	3	6	7	5	8	7	10	6	9	7	6	3	6	6	5	2	3	4	3	3	4
part 24	6	4	6	5	9	6	7	7	4	8	6	4	6	4	8	11	7	6	6	6	5	3	5	3	5	7	6	5	4	3	6	3	5	2	7	10	6	5	4	6	3	4	2	3	4	3	4	5	3	4
part 25	3	3	4	4	4	2	3	3	4	10	7	5	4	1	7	9	7	8	9	9	2	2	3	2	4	0	2	1	4	8	7	4	3	0	6	8	6	6	7	9	3	4	1	3	3	3	7	4	4	2

(Continued Table)

Parts number	1	2	3	4	5	6	7	8	9	10	11	12	13	14	15	16	17	18	19	20	21	22	23	24	25	26	27	28	29	30	31	32	33	34	35	36	37	38	39	40	41	42	43	44	45	46	47	48	49	50
part 26	6	2	7	4	6	6	5	3	3	6	3	6	6	2	6	8	2	7	6	6	5	1	6	4	6	2	5	1	3	4	3	5	5	1	5	7	1	6	4	6	2	5	1	3	4	2	6	4	2	4
part 27	4	7	5	6	6	8	5	5	3	6	5	2	5	3	6	6	5	5	4	5	3	1	4	1	7	6	5	3	3	3	5	1	4	2	6	5	5	4	2	5	1	3	5	1	2	1	3	3	1	2
part 28	3	5	4	3	7	2	2	3	4	8	9	4	3	1	7	8	8	6	10	6	2	2	3	3	3	0	2	1	4	4	9	3	2	0	4	7	7	5	8	6	4	3	2	2	1	0	8	1	4	2
part 29	4	3	5	5	5	2	4	2	1	3	2	4	4	1	5	6	2	5	4	3	3	1	4	2	3	0	4	0	1	1	2	3	3	0	2	5	1	4	2	3	1	3	0	1	4	0	4	1	1	2
part 30	4	2	5	4	3	8	6	5	4	4	6	2	5	4	3	6	7	5	5	4	4	3	4	2	6	6	6	3	4	2	6	1	4	3	5	5	6	4	3	3	2	1	1	1	4	0	3	1	1	0
part 31	7	4	8	4	6	12	7	8	5	7	6	4	6	6	6	9	7	8	9	4	6	7	7	5	6	9	8	5	6	4	7	3	5	5	9	8	6	7	6	5	4	4	3	6	4	3	7	3	6	4
part 32	11	8	10	8	5	11	12	9	5	8	6	13	10	10	10	16	20	10	20	12	10	10	9	7	9	8	13	3	6	5	7	12	9	9	10	15	19	9	17	13	8	8	6	7	7	5	15	8	11	7
part 33	7	11	8	10	8	8	7	6	5	7	5	9	8	4	11	12	9	11	11	7	6	5	7	6	7	5	8	6	3	4	8	8	7	3	6	11	8	10	8	8	4	6	7	7	3	2	6	4	5	3
part 34	7	6	8	9	6	11	8	9	5	10	7	5	8	5	4	9	9	7	8	7	6	5	6	4	11	8	9	6	6	6	8	4	7	4	9	8	8	6	5	8	4	6	3	5	5	4	6	6	5	5
part 35	4	6	7	7	10	4	3	5	4	12	8	6	6	2	7	9	9	8	8	10	3	4	4	3	6	6	4	2	6	9	9	5	5	1	8	9	8	7	8	11	4	7	2	5	4	4	9	5	6	3
part 36	7	5	8	6	5	6	6	5	4	8	4	7	8	3	10	7	4	6	8	7	6	3	7	5	8	3	3	2	6	5	5	6	7	2	7	8	3	3	5	8	3	5	2	3	5	3	8	5	4	5
part 37	5	4	6	8	7	10	6	7	5	6	6	3	7	4	6	9	8	7	6	6	4	3	5	2	9	7	7	4	5	5	9	4	6	3	8	6	7	7	3	7	2	5	0	4	3	2	5	4	3	3
part 38	4	4	5	5	8	4	3	5	2	10	10	5	5	2	8	7	10	6	6	7	3	4	4	4	5	1	7	2	5	7	5	4	4	1	6	8	9	5	9	8	5	3	3	3	2	1	10	2	6	3
part 39	5	5	6	7	4	4	5	4	5	5	3	5	6	2	9	7	4	6	12	4	4	3	5	3	5	1	4	1	1	2	7	2	5	1	4	6	3	6	3	5	2	3	1	3	2	1	6	2	3	3
part 40	11	4	6	6	7	10	7	7	9	6	7	3	7	5	7	17	9	14	7	4	4	5	5	3	8	7	6	4	3	3	11	6	6	4	7	6	8	5	4	5	3	9	2	8	0	1	5	2	3	1
part 41	16	12	14	12	12	20	14	13	11	11	11	8	10	11	15	28	14	19	14	8	9	10	12	9	13	17	8	10	6	8	4	12	8	9	14	15	12	12	10	9	8	15	6	11	7	5	10	7	9	7
part 42	12	16	17	17	14	15	16	14	11	18	18	21	14	14	18	21	30	19	32	22	14	15	15	14	14	12	14	12	10	14	4	19	13	13	16	26	29	18	28	22	15	15	11	11	12	9	25	14	18	11
part 43	10	16	16	16	14	15	16	14	9	11	17	17	13	8	11	16	12	17	17	12	11	8	14	12	14	12	17	10	12	7	2	15	11	13	10	20	11	17	14	13	9	14	11	10	7	5	13	8	8	7
part 44	8	9	12	16	12	13	14	14	8	15	9	8	11	9	15	13	15	14	19	12	9	7	11	7	12	9	14	6	10	11	4	7	10	7	14	15	13	11	8	12	7	7	5	6	8	7	9	10	7	7
part 45	10	9	14	11	11	19	7	9	11	22	11	13	10	5	16	19	18	10	21	20	6	8	10	8	18	15	14	10	9	19	3	12	9	4	15	20	16	15	17	21	10	12	6	9	9	10	18	11	12	6
part 46	7	10	10	12	11	8	10	6	6	11	16	13	9	5	11	14	5	14	8	11	9	3	12	9	4	4	7	3	12	7	6	11	9	3	9	15	3	12	8	12	5	11	3	6	8	5	13	8	5	7
part 47	7	5	10	7	14	16	10	10	6	11	5	5	7	6	13	13	12	12	22	7	5	4	8	3	5	5	11	7	3	8	9	3	7	5	11	11	11	8	5	10	3	7	0	4	4	3	6	7	4	4
part 48	8	9	12	13	7	7	6	8	10	17	9	11	9	5	11	19	19	10	10	14	5	7	8	9	13	13	6	4	6	13	20	9	6	3	10	17	17	13	19	14	11	9	7	6	4	2	18	5	11	5
part 49	8	5	9	11	8	12	10	5	4	7	19	11	9	4	7	14	5	10	10	7	7	4	10	7	3	3	3	2	10	3	5	9	7	3	6	13	4	10	7	8	5	9	4	4	2	2	11	4	4	5
part 50	7	8	10	9	12	16	12	10	8	7	5	5	9	8	11	13	14	10	10	5	5	7	8	5	13	13	13	7	5	4	11	3	7	7	9	11	13	8	7	6	5	4	3	3	1	1	6	3	4	2

Annual total spare parts turnover number of a fleet

Table 4　The flight assignment data for the fleet

Affecting indicators	Annual flight assignments data																
	1	2	3	4	5	6	7	8	9	10	11	12	13	14	15	16	17
Annual strength of the fleet	12	12	12	12	12	12	18	18	22	22	22	24	24	24	22	22	22
Annual total flight time of the fleet	1 361	1 445	1 436	1 350	1 434	1 425	1 879	1 986	2 373	2 437	2 474	2 432	2 477	2 524	2 373	2 437	2 474
Annual total takeoff-landing times of the fleet	1 367	1 471	1 532	1 356	1 460	1 521	2 212	2 231	2 357	2 397	2 412	2 779	2 823	2 729	2 357	2 397	2 412
Annual total support good rate of the fleet	0.80	0.83	0.87	0.83	0.90	0.83	0.83	0.90	0.87	0.88	0.90	0.87	0.87	0.89	0.88	0.89	0.86

Affecting indicators	Annual flight assignments data																
	18	19	20	21	22	23	24	25	26	27	28	29	30	31	32	33	34
Annual strength of the fleet	24	24	24	24	23	23	24	21	22	24	24	22	22	22	24	24	24
Annual total flight time of the fleet	2 774	2 734	2 766	2 846	2 361	2 345	2 476	2 018	2 023	2 466	2 513	2 362	2 426	2 463	2 763	2 723	2 755
Annual total takeoff-landing times of the fleet	2 632	2 656	2 723	2 661	2 696	2 943	2 867	2 235	2 366	2 812	2 718	2 346	2 386	2 401	2 621	2 645	2 712
Annual total support good rate of the fleet	0.89	0.89	0.93	0.90	0.90	0.91	0.90	0.93	0.93	0.90	0.93	0.92	0.92	0.90	0.92	0.92	0.96

Affecting indicators	Annual flight assignments data															
	35	36	37	38	39	40	41	42	43	44	45	46	47	48	49	50
Annual strength of the fleet	24	23	23	24	21	22	24	24	24	22	22	22	24	24	24	24
Annual total flight time of the fleet	2 835	2 350	2 334	2 465	2 007	2 012	2 451	2 396	2 486	2 732	2 721	2 740	2 745	2 737	2 776	2 889
Annual total takeoff-landing times of the fleet	2 650	2 685	2 932	2 856	2 224	2 355	3 058	2 812	2 785	3 003	3 015	3 008	3 012	3 005	3 095	3 210
Annual total support good rate of the fleet	0.93	0.93	0.94	0.94	0.96	0.97	0.96	0.95	0.95	0.95	0.95	0.97	0.96	0.96	0.97	0.96

5.1.1 The calculation procedure of the double-level combination forecast model

Take the example of Part 1 based on the consumption data of an aircraft to show the calculation procedure of the double-level combination forecast model as follows.

5.1.1.1 Set the initial parameters for the applied models

Through multiple tests, we adopt the initial parameters for the applied models as follows.

Set the parameters of the neural network in the genetic neural network model: the error precision ζ is 0.000 01, the number of training is 1 000, the learning rate is 0.04, when forecasting is based on the consumption data of an aircraft, the number of the input neurons is 4, and the number of the hidden neurons is $2 \times 4 + 1 = 9$.

Set the parameters of the genetic algorithms in the genetic neural network model, exponential smoothing model and the top-level combination forecast model: the population size is 60, the crossover probability is 0.6, the mutation probability is 0.001, and the evolution algebra is 200.

The initial exponential smoothing value is equal to the average value of the initial two years of consumption data or turnover data.

The small positive constant ρ in the grey model is 0.000 01.

5.1.1.2 Calculate demand by the direct forecast models

According to equations (1)—(13). The demand forecasts for all the spare parts are shown in Table 5.

In Table 5, the demand forecast vector of the five direct forecast models for part 1 is $Y'_{T+1} = [0.249\ 6, 0.226\ 7, 0.217\ 6, 0.481\ 1, 0.160\ 3]^{\mathrm{T}}$. In addition, the annual absolute errors e_{nt} of the five direct forecast models for part 1 are shown in Table 6.

5.1.1.3 Calculate demand by the low-level combination forecast model

First, compute the error matrix E, namely

$$E = \begin{bmatrix} E_{11} & E_{12} & E_{13} & E_{14} & E_{15} \\ E_{21} & E_{22} & E_{23} & E_{24} & E_{25} \\ E_{31} & E_{32} & E_{33} & E_{34} & E_{35} \\ E_{41} & E_{42} & E_{43} & E_{44} & E_{45} \\ E_{51} & E_{52} & E_{53} & E_{54} & E_{55} \end{bmatrix} = \begin{bmatrix} 1.779\ 0 & 1.731\ 6 & 1.691\ 1 & 1.776\ 8 & 1.532\ 9 \\ 1.731\ 6 & 1.941\ 6 & 1.951\ 4 & 1.762\ 0 & 1.674\ 5 \\ 1.691\ 1 & 1.951\ 4 & 2.005\ 2 & 1.713\ 9 & 1.731\ 7 \\ 1.776\ 8 & 1.762\ 0 & 1.713\ 9 & 2.931\ 5 & 1.818\ 3 \\ 1.532\ 9 & 1.674\ 5 & 1.731\ 7 & 1.818\ 3 & 1.960\ 2 \end{bmatrix}$$

Second, according to equations (14) and (18), we use the function "quadprog" of Matlab to compute the weight values K' of the five direct forecast models in the low-level combination forecast model, namely

$$[K'] = \mathrm{quadprog}(E, f, A, b, Aeq, beq, lb, ub)$$

The calculation result of the weight coefficient vector K' is $[0.634\ 5, 0, 0, 0, 0.365\ 5]^{\mathrm{T}}$, as shown in Table 7, which makes the squared sum error $J(k'_1, k'_2, \cdots, k'_n)$ minimal.

Place Table 7 here.

Table 5　The demand forecasts of the applied models based on the annual consumption data of an aircraft and the actual consumption data in the fifty-first year

Parts number	The demand forecasts of the applied models							The actual consumption data
	DF					LCF	TCF	
	LES	SES	CES	GNN	GM			
part 1	5.990 4	5.440 8	5.222 4	11.546 4	3.847 2	5.207 1	5.175 8	6
part 2	11.427 2	11.320 7	11.604 5	17.765 3	7.621 0	11.874 6	10.099 1	10
part 3	7.137 9	6.570 4	6.501 5	12.362 3	4.311 4	6.398 1	5.827 6	6
part 4	7.340 8	6.483 3	5.990 1	11.835 1	4.018 5	5.809 4	5.760 6	6
part 5	10.866 0	13.017 5	12.792 7	16.199 4	7.978 7	13.259 0	9.977 3	11
part 6	6.984 6	6.342 0	6.270 0	9.061 8	3.523 8	5.459 6	5.308 3	6
part 7	4.362 3	3.640 0	3.284 9	8.311 1	2.526 8	3.150 0	3.419 7	4
part 8	8.294 9	9.493 6	9.290 5	12.953 2	6.105 3	9.935 5	7.566 9	8
part 9	6.427 1	5.831 4	5.929 3	9.081 2	3.325 8	5.131 5	4.874 3	5
part 10	3.997 6	2.186 0	1.975 7	8.347 9	2.253 9	3.286 5	3.190 3	4
part 11	4.730 1	4.129 8	3.818 9	9.855 2	3.169 4	4.087 8	3.932 2	4
part 12	10.329 3	10.203 6	10.238 7	16.073 3	6.912 7	10.706 6	9.022 3	9
part 13	5.932 9	5.441 2	5.583 9	10.670 3	3.616 7	5.027 7	4.652 8	5
part 14	6.001 9	5.131 6	4.697 5	10.143 2	3.334 4	4.555 4	4.628 2	4
part 15	11.607 4	11.678 1	11.286 4	14.507 5	7.267 7	12.410 6	9.668 9	9
part 16	5.631 3	4.789 4	4.590 6	7.432 5	2.887 9	4.222 2	3.953 6	4
part 17	3.262 0	2.607 6	2.167 8	6.659 2	1.917 1	2.428 9	2.534 8	3
part 18	7.168 3	8.371 8	8.070 9	11.261 2	5.392 3	8.666 0	6.883 9	7
part 19	5.086 7	4.295 5	3.945 6	7.389 2	2.626 6	3.830 1	3.851 3	4
part 20	2.331 2	1.136 5	0.858 3	6.699 7	1.674 0	1.962 9	1.789 8	2
part 21	6.396 9	5.693 8	5.189 3	14.138 3	4.435 6	5.429 3	5.653 6	6
part 22	14.621 3	14.464 7	14.726 4	23.466 0	10.012 8	15.324 1	13.429 5	13
part 23	8.215 8	7.424 5	7.714 7	15.361 4	5.091 2	6.949 0	6.820 2	7
part 24	8.355 6	7.135 3	6.563 5	14.570 8	4.677 8	6.250 1	6.609 8	6

(Continued Table)

| Parts number | The demand forecasts of the applied models | | | | | | | The actual consumption data |
	LES	SES	DF CES	GNN	GM	LCF	TCF	
part 25	16.882 7	17.009 3	16.446 8	21.117 2	10.530 5	18.320 0	13.958 6	15
part 26	7.843 9	6.656 8	5.859 4	10.536 0	4.008 6	5.962 3	5.322 8	5
part 27	4.215 3	3.423 8	2.801 4	9.354 8	2.586 8	3.156 9	3.607 9	4
part 28	9.890 7	12.060 4	11.669 0	16.247 8	7.724 0	12.232 2	9.636 4	10
part 29	7.015 0	5.881 1	5.379 3	10.439 8	3.601 1	5.274 1	5.115 5	5
part 30	3.191 7	1.494 9	1.113 5	9.481 9	2.303 4	2.720 9	2.754 4	3
part 31	5.960 1	5.270 6	5.342 6	11.116 3	3.358 1	4.814 1	4.688 7	5
part 32	12.647 5	12.487 0	12.282 5	18.552 5	7.972 3	13.666 2	10.832 4	12
part 33	5.893 9	5.250 6	5.525 6	11.818 0	4.150 6	5.501 1	5.136 8	6
part 34	7.148 6	6.231 3	5.848 0	11.807 8	3.797 0	5.526 2	5.481 9	6
part 35	7.672 6	10.126 9	9.762 2	12.644 3	6.226 0	9.887 3	7.504 1	8
part 36	6.744 0	6.010 4	5.910 4	9.081 9	3.282 5	5.021 1	4.978 3	5
part 37	3.886 6	3.131 1	2.774 2	8.206 1	2.322 7	2.787 0	3.192 1	4
part 38	6.283 5	7.622 3	7.332 4	10.581 2	4.824 3	7.520 1	6.010 2	7
part 39	4.431 4	3.811 3	3.896 0	6.967 7	2.186 0	3.250 3	2.957 7	3
part 40	2.144 7	1.088 5	0.903 7	8.244 7	1.991 9	2.077 3	1.938 8	2
part 41	12.986 2	12.051 0	12.116 9	24.320 7	7.711 6	11.630 1	10.648 5	11
part 42	24.694 9	24.463 9	24.272 3	37.157 7	16.213 3	26.483 1	21.726 4	21
part 43	14.937 8	13.873 0	13.994 1	25.795 3	9.231 7	13.904 2	12.457 4	12
part 44	14.871 1	13.492 8	12.758 1	24.562 6	8.072 8	12.153 1	11.749 0	13
part 45	17.363 8	23.797 8	23.043 8	29.763 4	14.436 4	22.752 2	17.589 3	17
part 46	14.324 7	13.311 8	13.577 9	19.063 4	7.056 0	11.494 6	10.757 5	11
part 47	8.595 5	7.607 7	6.913 8	17.448 8	5.116 4	6.512 1	6.869 0	7
part 48	14.520 5	18.126 4	17.470 7	24.454 0	11.171 2	17.806 8	13.802 6	13
part 49	11.439 7	10.555 7	10.871 8	16.968 5	5.758 9	9.298 8	8.373 9	9
part 50	6.258 0	3.943 9	3.717 6	17.545 1	4.521 4	5.616 5	5.381 5	5

Table 6 The annual absolute errors e_m of the direct forecast models based on the consumption data of an aircraft for part 1

The annual absolute errors e_m ($t=1-25$) of the direct forecast models

The DF models	1	2	3	4	5	6	7	8	9	10	11	12	13	14	15	16	17
e_{1t}	0.166 7	0.340 0	0.176 9	0.001 9	0.084 2	0.711 3	0.339 5	0.433 9	0.346 1	0.113 7	0.052 3	0.186 9	0.044 3	0.104 6	0.271 6	0.170 4	0.058 0
e_{2t}	0.166 7	0.290 0	0.110 5	0.002 4	0.081 3	0.688 4	0.142 2	0.394 4	0.452 8	0.299 5	0.222 0	0.321 6	0.189 6	0.001 3	0.243 0	0.250 7	0.071 2
e_{3t}	0.166 7	0.280 0	0.101 9	0.001 4	0.082 0	0.682 8	0.105 8	0.370 9	0.455 9	0.329 9	0.267 0	0.374 8	0.255 5	0.070 2	0.183 3	0.214 3	0.056 2
e_{4t}	0.518 9	0.102 2	0.435 5	0.352 2	0.268 9	1.018 9	0.352 2	0.074 4	0.072 0	0.026 6	0.026 6	0.189 5	0.147 8	0.022 8	0.200 7	0.246 1	0.109 8
e_{5t}	0.000 0	0.179 6	0.178 2	0.118 5	0.058 0	0.830 1	0.184 9	0.072 2	0.198 6	0.133 7	0.114 9	0.259 5	0.200 2	0.058 2	0.181 8	0.243 3	0.122 4

The annual absolute errors e_m ($t=25-50$) of the direct forecast models

The DF models	18	19	20	21	22	23	24	25	26	27	28	29	30	31	32	33	34
e_{1t}	0.075 9	0.159 9	0.115 2	0.030 3	0.183 5	0.089 5	0.018 2	0.002 6	0.390 6	0.009 7	0.212 8	0.109 3	0.004 8	0.002 2	0.160 1	0.032 0	0.110 3
e_{2t}	0.018 3	0.098 7	0.104 5	0.017 5	0.169 1	0.060 2	0.003 2	0.024 8	0.427 0	0.151 1	0.083 7	0.067 3	0.003 3	0.012 2	0.140 0	0.055 1	0.094 7
e_{3t}	0.011 8	0.100 8	0.109 7	0.009 4	0.172 3	0.050 3	0.001 3	0.026 6	0.433 5	0.186 1	0.040 2	0.030 5	0.034 9	0.043 5	0.108 6	0.032 9	0.113 9
e_{4t}	0.060 5	0.064 5	0.106 1	0.022 8	0.220 3	0.046 3	0.106 1	0.100 2	0.291 6	0.102 2	0.106 1	0.117 5	0.072 0	0.072 0	0.231 1	0.189 5	0.064 5
e_{5t}	0.088 1	0.022 4	0.050 0	0.046 9	0.137 4	0.049 3	0.001 8	0.019 7	0.423 0	0.244 8	0.047 3	0.046 4	0.102 0	0.111 8	0.037 7	0.013 1	0.147 0

The annual absolute errors e_m ($t=25-50$) of the direct forecast models

The DF models	35	36	37	38	39	40	41	42	43	44	45	46	47	48	49	50
e_{1t}	0.217 4	0.168 8	0.052 8	0.046 0	0.092 6	0.107 5	0.121 4	0.097 5	0.128 2	0.047 1	0.023 8	0.010 9	0.059 4	0.014 4	0.076 7	0.089 7
e_{2t}	0.251 1	0.270 7	0.082 8	0.044 7	0.035 1	0.089 9	0.138 1	0.143 1	0.186 6	0.028 2	0.056 6	0.032 4	0.051 2	0.009 2	0.101 5	0.036 8
e_{3t}	0.276 4	0.310 9	0.137 1	0.100 0	0.018 5	0.042 8	0.100 4	0.116 8	0.170 9	0.024 5	0.054 1	0.032 5	0.050 3	0.012 6	0.106 2	0.025 4
e_{4t}	0.102 2	0.171 0	0.040 6	0.018 9	0.052 6	0.117 5	0.189 5	0.231 1	0.314 5	0.208 4	0.253 9	0.253 9	0.189 5	0.231 1	0.147 8	0.272 8
e_{5t}	0.322 3	0.399 5	0.277 2	0.263 2	0.199 4	0.141 8	0.076 9	0.042 1	0.034 6	0.077 9	0.038 7	0.044 7	0.114 9	0.078 9	0.167 7	0.048 0

Table 7　The weight values of the direct forecast models in the LCF and TCF

models based on the consumption data of an aircraft for part 1

The CF models	The weight value of the direct forecast models in the different CF models				
	LES	SES	CES	GNN	GM
LCF	0. 634 5	0	0	0	0. 365 5
TCF	0. 503 3	0. 016 4	0. 005 2	0. 028 1	0. 446 9

Finally, according to equation (15), compute the demand forecast $\hat{y}'_{T+1}$ of the low-level combination forecast model for part 1. According to Table 2, we know that the aircraft strength of a fleet at the fiftieth year is 24, so $m=24$. The calculation procedure is shown as below.

$$\hat{y}'_{T+1}=mK'^{\mathrm{T}}Y'_{T+1}=24 \cdot [0.634\ 5,0,0,0,0.365\ 5] \cdot \begin{bmatrix} 0.249\ 6 \\ 0.226\ 7 \\ 0.217\ 6 \\ 0.481\ 1 \\ 0.160\ 3 \end{bmatrix}=5.027\ 1$$

As a result, the demand forecast of the low-level combination forecast model for part 1 is 5. 027 1.

5. 1. 1. 4　Calculate demand by the top-level combination forecast model

According to equation (16), compute the weight coefficient vector K'' of the five direct forecast models in the top-level combination forecast model, which can make the squared sum error $J(k''_1,k''_2,\cdots,k''_N)$ minimal.

In equation (16), K' and e_{nt} are computed by the low-level combination forecast model: $K'=[k'_1,k'_2,\cdots,k'_N]^{\mathrm{T}}=[0.634\ 5,0,0,0,0.365\ 5]^{\mathrm{T}}$, and all of the errors e_{nt} of part 1 are shown in Table 6.

Then, solve the equation by the genetic algorithm as shown in the last paragraph in Section 4. 2. 2, the calculation result of the weight coefficient vector K'' is $[0.503\ 3, 0.016\ 4,0.005\ 2,0.028\ 1,0.446\ 9]^{\mathrm{T}}$, as shown in Table 7.

Finally, according to equation (17), compute the demand forecast $\hat{y}''_{T+1}$ of the top-level combination forecast model for part 1. The calculation procedure is shown as below.

$$\hat{y}''_{T+1}=mK''^{\mathrm{T}}Y'_{T+1}=24 \cdot [0.503\ 3,0.016\ 4,0.005\ 2,0.028\ 1,0.446\ 9] \cdot \begin{bmatrix} 0.249\ 6 \\ 0.226\ 7 \\ 0.217\ 6 \\ 0.481\ 1 \\ 0.160\ 3 \end{bmatrix}=5.175\ 8$$

As a result, the demand forecast of the top-level combination forecast model for part 1 is 5. 175 8.

5. 1. 2   The forecasting accuracy analysis of the applied models

a) Table 8 shows that, for all 50 parts, all the benchmarks of the top-level combination forecast model, including MAE, MSE and Theil IC, are the lowest of the seven models; in addition, 86. 8% of the errors of the low-level combination forecast model are lower than those of the direct forecast models, and the remaining errors are just 3. 248% higher than the errors of the direct forecast models on average. This means that the forecasting accuracy of the low-level combination forecast model is much higher than that of the direct forecast models in general, and what is more, the forecasting accuracy of the top-level combination forecast model is superior than that of the direct forecast models and the low-level combination forecast model.

These findings support the observation that the low-level combination forecast model is still not accurate enough because its forecasting accuracy sometimes does not exceed that of the direct forecast models. In comparison, the top-level combination forecast model always outperforms both the direct forecast models and the low-level combination forecast model, and the forecasting accuracy of the top-level combination forecast model is therefore the highest.

It is important that the double-level combination forecast model not only independently obtains superior results for suppliers, but it also can be programmed conveniently to accomplish computational tasks for professional forecasters. The latter is even more valuable for actual demand forecasting in practice.

b) In this paper, we perform the combination forecast twice: first by the low-level combination model, and second by the top-level combination model, whose forecasts are shown in Table 5. Meanwhile, Table 5 shows that the forecasting results of the top-level combination forecast model are consistent with the actual consumption data in the 51st year. But compared with the actual consumption data, the low-level combination forecast model generates larger errors. For example, the forecast 22. 752 2 of the low-level combination forecast model for part 45 is about 6 higher than its actual consumption data 17. Therefore, the accuracy of the low-level combination forecast model can't well meet the needs of demand forecasting.

c) We formulate a variety of testing schemes for some important parameters. The parameters include the error precision, the training time, the learning rate of the neural network in the genetic neural network model, and the population size, the crossover probability, the mutation probability, the evolution algebra of the genetic algorithms in the genetic neural network model, exponential smoothing model and the top-level combination forecast model. We randomly choose different parameter values according to numerous correlative studies, and set six different parameter schemes as shown in Table 9, among which, scheme 1 is used for all the analysis in Section 5.

Table 8 The forecasting benchmarks of the applied models based on the consumption data of an aircraft

Parts number	MAE							MSE							Theil IC						
	DF					LCF	TCF	DF					LCF	TCF	DF					LCF	TCF
	LES	SES	CES	GNN	GM			GM	LES	SES	CES	GNN			GM	LES	SES	CES	GNN		
part 1	0.133 3	0.140 3	0.141 7	0.178 7	0.141 0	0.136 1	0.086 6	0.026 7	0.027 9	0.028 3	0.034 2	0.028 0	0.026 0	0.015 8	0.174 1	0.183 6	0.187 1	0.237 4	0.201 5	0.147 9	0.096 5
part 2	0.152 8	0.169 1	0.183 7	0.221 6	0.203 7	0.157 6	0.111 7	0.026 9	0.029 9	0.032 2	0.038 3	0.037 4	0.026 8	0.020 1	0.119 6	0.132 3	0.142 7	0.177 4	0.185 2	0.108 9	0.084 4
part 3	0.138 0	0.136 3	0.141 6	0.174 7	0.154 6	0.142 0	0.097 8	0.025 2	0.025 8	0.026 6	0.033 6	0.027 8	0.024 9	0.016 8	0.153 8	0.160 5	0.165 6	0.219 5	0.189 8	0.136 4	0.096 8
part 4	0.163 7	0.166 2	0.167 2	0.175 2	0.158 7	0.161 4	0.099 1	0.030 0	0.030 5	0.030 8	0.035 6	0.030 5	0.028 8	0.017 8	0.191 1	0.195 5	0.198 0	0.240 6	0.214 4	0.157 6	0.105 5
part 5	0.195 8	0.204 4	0.204 9	0.210 3	0.218 2	0.202 8	0.123 4	0.033 6	0.034 3	0.034 7	0.034 4	0.037 6	0.031 8	0.020 7	0.165 4	0.169 8	0.173 1	0.174 7	0.207 1	0.137 3	0.094 7
part 6	0.166 3	0.171 2	0.175 2	0.162 7	0.160 5	0.162 3	0.101 1	0.030 0	0.030 0	0.030 4	0.031 1	0.028 5	0.027 6	0.020 0	0.240 5	0.247 2	0.253 3	0.270 0	0.258 8	0.186 9	0.147 6
part 7	0.155 7	0.156 0	0.156 3	0.161 5	0.141 7	0.146 4	0.092 0	0.028 5	0.028 5	0.028 5	0.031 9	0.027 3	0.026 9	0.017 0	0.246 2	0.247 2	0.247 3	0.297 2	0.261 1	0.190 9	0.134 0
part 8	0.195 6	0.210 9	0.209 9	0.217 3	0.198 9	0.204 9	0.113 3	0.033 9	0.035 1	0.035 3	0.035 1	0.036 3	0.031 9	0.019 5	0.201 4	0.210 0	0.210 0	0.218 0	0.243 9	0.161 6	0.107 4
part 9	0.149 5	0.155 4	0.160 1	0.158 7	0.147 5	0.149 8	0.090 4	0.027 9	0.027 9	0.028 3	0.030 0	0.026 6	0.025 6	0.018 1	0.223 6	0.229 8	0.236 2	0.261 9	0.241 1	0.176 3	0.135 8
part 10	0.128 8	0.136 1	0.138 3	0.165 0	0.127 3	0.128 2	0.081 4	0.023 0	0.024 6	0.024 8	0.031 0	0.024 0	0.022 2	0.014 8	0.197 9	0.213 9	0.214 4	0.289 1	0.226 1	0.162 2	0.116 3
part 11	0.134 2	0.137 1	0.137 8	0.167 1	0.130 2	0.133 0	0.082 8	0.026 4	0.027 0	0.027 3	0.032 3	0.026 4	0.025 3	0.015 4	0.198 0	0.204 4	0.206 1	0.259 4	0.218 2	0.162 2	0.107 1
part 12	0.155 8	0.168 0	0.179 7	0.212 7	0.192 7	0.159 5	0.110 3	0.027 0	0.029 7	0.032 0	0.036 6	0.035 5	0.026 9	0.019 6	0.131 6	0.145 8	0.155 9	0.186 2	0.193 3	0.118 6	0.089 8
part 13	0.142 1	0.140 7	0.143 5	0.171 9	0.145 1	0.144 1	0.086 5	0.026 5	0.026 8	0.027 5	0.032 4	0.026 9	0.025 5	0.016 0	0.183 7	0.189 7	0.195 7	0.242 5	0.209 4	0.154 9	0.104 1
part 14	0.165 8	0.164 4	0.164 6	0.168 0	0.152 6	0.158 3	0.098 1	0.030 0	0.030 0	0.030 0	0.034 1	0.029 3	0.028 5	0.017 9	0.217 5	0.220 0	0.220 0	0.265 0	0.235 9	0.174 2	0.120 0
part 15	0.199 1	0.203 8	0.203 3	0.203 2	0.208 3	0.202 0	0.118 4	0.033 8	0.034 0	0.034 3	0.033 3	0.036 4	0.032 5	0.020 8	0.183 7	0.187 0	0.189 1	0.189 3	0.222 4	0.152 5	0.105 5
part 16	0.168 3	0.170 0	0.173 0	0.159 6	0.157 8	0.159 2	0.100 3	0.030 5	0.030 0	0.030 7	0.030 5	0.028 2	0.027 7	0.020 0	0.286 7	0.292 7	0.300 4	0.314 0	0.301 2	0.212 1	0.170 5
part 17	0.154 1	0.151 7	0.151 1	0.156 8	0.137 1	0.141 0	0.092 5	0.028 2	0.028 0	0.028 0	0.030 0	0.026 6	0.026 4	0.017 3	0.290 6	0.290 0	0.291 6	0.342 3	0.303 4	0.215 4	0.159 2
part 18	0.195 0	0.208 4	0.207 2	0.211 3	0.193 9	0.201 8	0.112 2	0.034 0	0.034 0	0.034 8	0.034 4	0.035 4	0.031 8	0.019 8	0.227 8	0.235 5	0.236 1	0.243 6	0.269 6	0.178 0	0.122 2
part 19	0.155 9	0.156 4	0.160 1	0.159 4	0.148 6	0.151 6	0.097 7	0.029 1	0.029 0	0.029 3	0.029 9	0.026 7	0.026 3	0.019 1	0.273 4	0.279 7	0.285 8	0.309 9	0.285 7	0.204 5	0.163 5
part 20	0.130 1	0.132 9	0.134 2	0.153 8	0.123 1	0.126 2	0.079 3	0.023 4	0.024 0	0.024 0	0.029 1	0.022 9	0.022 2	0.014 9	0.240 9	0.248 9	0.249 3	0.328 4	0.259 4	0.187 6	0.136 9
part 21	0.197 0	0.203 5	0.203 5	0.248 4	0.188 4	0.192 8	0.120 3	0.039 0	0.040 1	0.040 0	0.047 1	0.039 1	0.037 5	0.022 3	0.203 0	0.209 3	0.211 3	0.266 2	0.224 7	0.165 9	0.107 4
part 22	0.227 6	0.249 0	0.267 0	0.315 7	0.283 3	0.234 6	0.161 3	0.039 7	0.043 9	0.047 4	0.054 0	0.052 7	0.039 5	0.028 8	0.132 4	0.146 4	0.157 6	0.188 3	0.196 5	0.119 1	0.090 5
part 23	0.206 8	0.204 8	0.208 8	0.248 8	0.208 6	0.207 8	0.134 5	0.037 8	0.038 4	0.039 4	0.046 9	0.038 8	0.036 6	0.024 2	0.181 1	0.188 1	0.194 1	0.243 8	0.209 6	0.154 5	0.109 5
part 24	0.240 5	0.240 8	0.241 8	0.248 1	0.220 9	0.229 3	0.141 8	0.043 8	0.044 0	0.044 1	0.050 0	0.042 9	0.041 7	0.025 9	0.221 1	0.223 6	0.223 3	0.269 8	0.240 0	0.176 2	0.120 1

(Continued Table)

| Parts number | MAE | | | | | | | MSE | | | | | | | Theil IC | | | | | | |
| | DF | | | | | LCF | TCF | DF | | | | | LCF | TCF | DF | | | | | LCF | TCF |
	LES	SES	CES	GNN	GM			LES	SES	CES	GNN	GM			GM	LES	SES	CES	GNN		
part 25	0.298 1	0.301 0	0.301 0	0.304 3	0.310 2	0.302 2	0.176 8	0.050 4	0.050 7	0.049 6	0.053 9	0.050 0	0.048 2	0.031 0	0.186 9	0.188 8	0.191 7	0.192 0	0.226 6	0.154 9	0.107 6
part 26	0.238 7	0.243 8	0.246 7	0.230 5	0.226 4	0.228 9	0.134 7	0.043 3	0.043 7	0.043 6	0.040 3	0.043 3	0.039 6	0.028 4	0.287 5	0.293 2	0.296 6	0.315 9	0.304 0	0.213 1	0.171 1
part 27	0.222 6	0.221 4	0.221 2	0.231 1	0.199 8	0.205 0	0.134 9	0.040 9	0.040 8	0.044 4	0.038 8	0.041 1	0.038 6	0.024 9	0.299 8	0.298 9	0.300 2	0.352 8	0.312 5	0.219 7	0.160 5
part 28	0.291 5	0.312 1	0.310 4	0.314 5	0.286 0	0.300 6	0.167 4	0.051 8	0.051 8	0.051 1	0.052 7	0.050 6	0.047 3	0.029 1	0.233 3	0.242 1	0.242 6	0.250 1	0.277 8	0.181 4	0.123 4
part 29	0.223 4	0.226 4	0.232 0	0.230 6	0.214 1	0.218 3	0.145 5	0.041 4	0.041 8	0.042 8	0.038 2	0.041 5	0.037 7	0.027 5	0.275 2	0.281 5	0.287 4	0.313 8	0.289 2	0.206 2	0.165 1
part 30	0.186 4	0.191 8	0.192 3	0.224 8	0.176 0	0.180 9	0.114 8	0.034 9	0.034 9	0.042 0	0.033 3	0.033 7	0.032 0	0.021 2	0.242 9	0.253 7	0.254 7	0.334 1	0.265 0	0.188 8	0.137 4
part 31	0.143 8	0.143 3	0.147 0	0.183 5	0.137 0	0.140 8	0.085 8	0.028 0	0.028 6	0.035 5	0.027 7	0.027 2	0.026 2	0.015 4	0.179 9	0.188 7	0.194 1	0.253 5	0.203 6	0.151 6	0.096 4
part 32	0.205 0	0.216 3	0.231 4	0.268 7	0.233 0	0.216 0	0.136 6	0.038 7	0.041 1	0.045 2	0.043 9	0.035 0	0.035 4	0.024 2	0.150 1	0.162 8	0.172 4	0.198 6	0.206 0	0.131 7	0.094 9
part 33	0.146 6	0.143 7	0.147 3	0.187 1	0.153 6	0.150 0	0.098 3	0.027 9	0.028 7	0.034 4	0.028 8	0.027 2	0.026 6	0.017 3	0.172 3	0.180 5	0.186 6	0.231 1	0.204 1	0.148 7	0.103 3
part 34	0.165 1	0.166 7	0.168 5	0.182 9	0.156 9	0.161 1	0.097 7	0.030 8	0.031 2	0.036 8	0.030 5	0.030 3	0.029 0	0.017 9	0.191 9	0.197 0	0.200 6	0.248 3	0.212 9	0.157 7	0.105 7
part 35	0.189 6	0.200 1	0.199 0	0.203 4	0.202 3	0.196 8	0.114 4	0.033 4	0.033 5	0.032 9	0.035 0	0.033 2	0.030 9	0.019 9	0.203 8	0.205 7	0.206 6	0.211 2	0.242 2	0.162 2	0.113 0
part 36	0.174 6	0.179 6	0.183 7	0.172 8	0.165 9	0.169 0	0.106 0	0.031 4	0.031 8	0.033 0	0.029 5	0.031 1	0.028 7	0.021 1	0.247 3	0.254 2	0.260 5	0.283 7	0.263 1	0.190 8	0.153 6
part 37	0.161 4	0.161 2	0.161 2	0.169 6	0.145 9	0.150 5	0.096 7	0.029 4	0.029 4	0.033 3	0.028 0	0.029 5	0.027 7	0.017 9	0.253 6	0.254 0	0.254 0	0.311 3	0.266 0	0.194 6	0.140 2
part 38	0.191 5	0.205 8	0.204 9	0.209 3	0.188 8	0.197 8	0.109 0	0.034 0	0.034 0	0.033 9	0.034 4	0.033 3	0.031 1	0.019 0	0.234 9	0.242 7	0.243 1	0.254 4	0.275 8	0.182 4	0.123 0
part 39	0.135 6	0.138 3	0.142 4	0.147 3	0.131 3	0.134 2	0.085 6	0.025 7	0.026 0	0.027 8	0.023 5	0.025 6	0.023 1	0.015 8	0.254 7	0.262 1	0.269 8	0.306 6	0.264 8	0.193 2	0.143 7
part 40	0.132 5	0.138 1	0.139 7	0.175 1	0.129 8	0.131 8	0.081 9	0.024 8	0.025 1	0.032 8	0.024 1	0.023 5	0.022 6	0.014 9	0.200 0	0.213 2	0.215 8	0.305 7	0.224 6	0.163 5	0.116 7
part 41	0.255 0	0.272 8	0.281 0	0.367 0	0.292 3	0.264 8	0.164 2	0.055 0	0.056 5	0.070 0	0.057 0	0.051 4	0.050 6	0.030 8	0.159 4	0.172 8	0.178 0	0.234 0	0.195 3	0.138 8	0.090 2
part 42	0.336 0	0.365 9	0.389 0	0.471 9	0.415 5	0.355 5	0.228 9	0.064 6	0.068 8	0.078 8	0.079 5	0.059 6	0.058 9	0.041 3	0.126 7	0.138 0	0.147 0	0.174 5	0.189 2	0.113 8	0.083 1
part 43	0.284 7	0.286 7	0.293 4	0.361 8	0.322 5	0.291 6	0.194 0	0.053 0	0.054 7	0.067 6	0.058 1	0.051 1	0.051 0	0.034 1	0.151 6	0.159 2	0.164 7	0.212 3	0.192 0	0.134 2	0.095 3
part 44	0.306 0	0.324 7	0.328 2	0.366 9	0.318 1	0.311 0	0.192 3	0.060 9	0.061 7	0.072 8	0.061 5	0.058 7	0.056 4	0.034 6	0.181 0	0.189 2	0.192 7	0.237 4	0.209 2	0.150 3	0.099 1
part 45	0.371 4	0.399 1	0.395 6	0.414 7	0.426 4	0.390 8	0.232 5	0.066 9	0.067 0	0.066 9	0.072 9	0.065 3	0.061 3	0.039 8	0.173 1	0.179 2	0.181 1	0.184 3	0.217 9	0.142 5	0.098 4
part 46	0.325 4	0.334 2	0.342 6	0.332 3	0.321 1	0.324 4	0.202 4	0.058 1	0.058 8	0.062 1	0.056 6	0.057 9	0.054 4	0.038 7	0.223 1	0.229 5	0.235 4	0.258 0	0.247 1	0.178 6	0.138 0
part 47	0.307 9	0.309 0	0.309 1	0.331 8	0.281 7	0.292 2	0.175 9	0.057 4	0.057 5	0.065 3	0.055 3	0.056 9	0.053 3	0.032 6	0.236 6	0.238 3	0.238 7	0.290 8	0.252 9	0.184 0	0.123 6
part 48	0.400 4	0.423 6	0.421 4	0.425 5	0.389 5	0.410 5	0.225 6	0.069 4	0.069 4	0.069 5	0.071 7	0.068 0	0.064 0	0.038 6	0.212 8	0.217 6	0.218 2	0.228 5	0.253 8	0.169 0	0.111 5
part 49	0.277 6	0.282 3	0.289 2	0.300 5	0.272 1	0.277 7	0.171 3	0.050 6	0.051 6	0.056 4	0.049 1	0.050 2	0.047 2	0.031 8	0.215 3	0.222 7	0.228 5	0.262 4	0.238 0	0.173 5	0.126 6
part 50	0.252 0	0.277 9	0.278 5	0.353 7	0.254 0	0.252 7	0.158 0	0.050 5	0.051 2	0.065 0	0.049 3	0.046 1	0.044 4	0.029 1	0.188 1	0.208 7	0.211 7	0.288 3	0.221 5	0.155 8	0.109 7

Table 9　The different parameter schemes testing the TCF model

Parameters		Parameter schemes					
		Scheme 1	Scheme 2	Scheme 3	Scheme 4	Scheme 5	Scheme 6
The parameters of the neural network	The error precision	0. 000 01	0. 000 01	0. 000 001	0. 000 001	0. 000 001	0. 000 001
	The training time	1 000	800	1 200	1 500	2 000	2 500
	The learning rate	0. 04	0. 04	0. 03	0. 02	0. 03	0. 01
	The population size	60	50	70	60	80	60
The parameters of the genetic algorithm	The crossover probability	0. 6	0. 55	0. 65	0. 6	0. 45	0. 5
	The mutation probability	0. 001	0. 005	0. 001	0. 002	0. 003	0. 000 8
	The evolution algebra	200	180	220	240	200	200

On the basis of the consumption data of an aircraft, we conduct corresponding experiments by the parameter schemes. Take part 1 as an example, the forecasts of the top-level combination forecast model based on scheme 1 to scheme 6 are 5. 175 8, 5. 326 3, 5. 069 2, 5. 061 6, 5. 122 4, 5. 315 2 respectively, which are basically identical. Obviously, though the input parameter values vary, the forecasts have no significant change. That means that the input parameter values can be chosen within a certain range easily, whereas it hardly influences the stability of the double-level combination forecast model.

d) We choose the five commonly used direct forecast methods to found the double-level combination forecast model, certainly, we can choose other methods to create a new combination or exclude some models in the current combination. No matter what direct forecast methods are adopted, it is necessary to run an analysis to estimate the impact of including those methods in the double-level combination forecast approach. If the combination approach works as well when some methods are excluded, especially when they will challenge for most professional forecasters to implement, we may not adopt such methods to combine. In order to determine whether there are such methods in the double-level combination forecast model, we use the MAE and MAPE results averaged over all 50 spare parts to analyze the performance of the double-level combination forecast model when excluding some direct forecasting models. We adopt the consumption data of an aircraft to compute the MAE and MAPE of the original combination and three subsets of the double-level combination forecast method, namely excluding the grey model, excluding the genetic neural network model, and excluding both the grey model and the genetic neural network model. The MAE and MAPE results are shown in Table 10.

Table 10　The MAE and MAPE results of the double-level combination forecast model

when excluding some direct forecasting models

The original combination and three subsets of the DCF method	MAE	MAPE
The original combination	0. 127 3	0. 387 2
Excluding the GM model	0. 149 1	0. 492 3
Excluding the GNN model	0. 134 0	0. 390 9
Excluding the GM and GNN models	0. 243 3	0. 646 2

In Table 10, The MAE and MAPE results of the three subsets are higher than those of the original combination, which shows that the prediction accuracy will be decreased when some direct methods are reduced. In particular, it is apparent that it is imperative to include the grey model in the double-level combination approach. However, we see that the degradation in forecast accuracy is rather minimal if the genetic neural network model is excluded. In that regard, managers who have concerns about implementing the complex genetic neural network model, or who would wish to decrease computer solution time, may consider excluding the genetic neural network model while remaining confident in the accuracy of the reduced double-level model that remains.

5.2 The forecasting effectiveness analysis based on different data

Set Y1, Y2, Y3, Y4 respectively as the demand forecast of the double-level combination forecast model based on the four types of data including the consumption data of a fleet, the consumption data of an aircraft, the turnover data of a fleet and the turnover data of an aircraft. The forecasts of the double-level combination forecast model based on the four types of data, Y1, Y2, Y3, Y4, are shown in Table 5, and the differences between them and the actual turnover data in the 51st year are shown in Table 11.

Table 11　The differences between the demand forecasts of the TCF model based on the four types of data and the actual turnover data in thefifty-first year

Parts number	Y_1	Y_2	Y_3	Y_4	Y_1-Y_2	Y_3-Y_4	Y_1-Y_3	Y_2-Y_4	The actual turnover data
part 1	7.465 6	5.175 8	4.464 9	2.998 8	2.289 8	1.466 2	3.000 6	2.177 1	3
part 2	13.228 4	10.099 1	8.649 5	6.568 7	3.129 3	2.080 8	4.578 9	3.530 4	5
part 3	9.289 2	5.827 6	4.656 9	2.944 8	3.461 6	1.712 1	4.632 3	2.882 8	3
part 4	7.874 0	5.760 6	4.877 5	3.241 4	2.113 4	1.636 1	2.996 5	2.519 2	3
part 5	13.092 1	9.977 3	4.569 6	3.177 8	3.114 8	1.391 7	8.522 6	6.799 5	3
part 6	6.116 1	5.308 3	3.780 2	3.029 0	0.807 8	0.751 2	2.335 8	2.279 3	3
part 7	4.666 1	3.419 7	3.027 0	1.924 5	1.246 3	1.102 5	1.639 0	1.495 2	2
part 8	10.527 2	7.566 9	4.054 6	2.797 7	2.960 3	1.257 0	6.472 5	4.769 3	3
part 9	6.390 0	4.874 3	2.283 9	1.561 3	1.515 6	0.722 5	4.106 1	3.313 0	2
part 10	4.805 6	3.190 3	2.078 1	1.245 2	1.615 3	0.832 8	2.727 5	1.945 0	1
part 11	6.319 3	3.932 2	4.909 7	3.440 2	2.387 0	1.469 4	1.409 6	0.492 0	4
part 12	11.916 9	9.022 3	9.277 1	6.969 7	2.894 6	2.307 5	2.639 7	2.052 6	7
part 13	7.810 1	4.652 8	5.752 3	3.303 4	3.157 3	2.448 9	2.057 8	1.349 4	4
part 14	6.540 7	4.628 2	5.492 1	3.956 0	1.912 4	1.536 1	1.048 5	0.672 2	4
part 15	12.150 3	9.668 9	5.309 1	4.086 9	2.481 4	1.222 2	6.841 1	5.582 0	4
part 16	5.530 7	3.953 6	4.416 5	3.646 8	1.577 1	0.769 7	1.114 2	0.306 8	4
part 17	3.767 0	2.534 8	3.529 8	2.764 8	1.232 2	0.765 0	0.237 2	−0.230 0	3
part 18	8.901 1	6.883 9	4.766 2	3.417 1	2.017 2	1.349 0	4.134 9	3.466 7	4
part 19	4.650 0	3.851 3	2.761 7	1.913 2	0.798 7	0.848 5	1.888 4	1.938 2	2
part 20	3.413 6	1.789 8	2.860 3	1.727 7	1.623 9	1.132 6	0.553 4	0.062 1	2
part 21	8.435 6	5.653 6	3.662 4	2.426 6	2.782 0	1.235 9	4.773 2	3.227 0	3

(Continued Table)

Parts number	Y_1	Y_2	Y_3	Y_4	Y_1-Y_2	Y_3-Y_4	Y_1-Y_3	Y_2-Y_4	The actual turnover data
part 22	17. 039 5	13. 429 5	8. 060 2	5. 951 3	3. 610 0	2. 108 9	8. 979 3	7. 478 2	6
part 23	11. 224 2	6. 820 2	3. 979 8	2. 449 0	4. 404 0	1. 530 8	7. 244 4	4. 371 2	3
part 24	9. 402 8	6. 609 8	4. 316 0	2. 867 5	2. 793 0	1. 448 5	5. 086 8	3. 742 3	3
part 25	17. 836 9	13. 958 6	3. 744 4	3. 326 1	3. 878 3	0. 418 3	14. 092 6	10. 632 5	4
part 26	6. 814 9	5. 322 8	3. 024 6	2. 465 5	1. 492 1	0. 559 1	3. 790 4	2. 857 3	3
part 27	5. 070 9	3. 607 9	1. 967 7	1. 599 4	1. 463 1	0. 368 3	3. 103 3	2. 008 5	1
part 28	12. 736 3	9. 636 4	3. 619 4	2. 624 1	3. 099 9	0. 995 3	9. 116 9	7. 012 2	3
part 29	6. 921 0	5. 115 5	1. 520 2	1. 048 5	1. 805 4	0. 471 7	5. 400 8	4. 067 1	1
part 30	4. 858 1	2. 754 4	1. 248 9	0. 865 5	2. 103 7	0. 383 4	3. 609 2	1. 888 9	1
part 31	7. 179 8	4. 688 7	5. 047 3	3. 493 7	2. 491 1	1. 553 6	2. 132 5	1. 195 0	4
part 32	14. 497 8	10. 832 4	9. 928 2	7. 071 2	3. 665 5	2. 857 0	4. 569 7	3. 761 1	6
part 33	8. 650 8	5. 136 8	5. 276 0	3. 431 3	3. 514 0	1. 844 8	3. 374 8	1. 705 5	4
part 34	7. 967 5	5. 481 9	5. 909 6	3. 977 2	2. 485 7	1. 932 4	2. 058 0	1. 504 7	4
part 35	10. 331 8	7. 504 1	5. 726 7	4. 334 3	2. 827 7	1. 392 4	4. 605 1	3. 169 8	3
part 36	5. 748 6	4. 978 3	4. 565 3	3. 635 9	0. 770 3	0. 929 5	1. 183 2	1. 34 24	3
part 37	4. 048 8	3. 192 1	3. 654 2	2. 596 2	0. 856 7	1. 058 0	0. 394 6	0. 595 9	3
part 38	8. 434 1	6. 010 2	4. 857 0	3. 566 8	2. 423 8	1. 290 2	3. 577 0	2. 443 4	4
part 39	4. 165 0	2. 957 7	2. 789 7	2. 128 5	1. 207 3	0. 661 3	1. 375 3	0. 829 2	2
part 40	3. 418 4	1. 938 8	2. 232 5	1. 714 5	1. 479 6	0. 518 0	1. 186 0	0. 224 3	2
part 41	16. 071 4	10. 648 5	8. 656 4	5. 801 3	5. 422 9	2. 855 1	7. 415 0	4. 847 2	5
part 42	28. 292 9	21. 726 4	15. 422 9	11. 680 2	6. 566 5	3. 742 7	12. 870 1	10. 046 2	10
part 43	19. 864 0	12. 457 4	10. 763 9	6. 585 2	7. 406 6	4. 178 6	9. 100 1	5. 872 2	6
part 44	17. 276 7	11. 749 0	9. 148 4	5. 766 8	5. 527 7	3. 381 6	8. 128 3	5. 982 2	6
part 45	24. 204 5	17. 589 3	10. 317 1	7. 833 6	6. 615 2	2. 483 6	13. 887 4	9. 755 7	8
part 46	13. 446 9	10. 757 5	7. 168 6	5. 395 3	2. 689 4	1. 773 3	6. 278 3	5. 362 2	5
part 47	10. 105 1	6. 869 0	5. 307 5	3. 363 5	3. 236 1	1. 944 0	4. 797 6	3. 505 6	4
part 48	19. 003 9	13. 802 6	9. 252 7	6. 863 7	5. 201 2	2. 389 0	9. 751 1	6. 938 9	7
part 49	11. 649 3	8. 373 9	5. 438 7	3. 657 4	3. 275 4	1. 781 3	6. 210 6	4. 716 6	4
part 50	8. 719 9	5. 381 5	3. 872 2	2. 254 1	3. 338 4	1. 618 1	4. 847 7	3. 127 4	3

5. 2. 1　The forecasting effectiveness analysis based on the consumption data of a fleet and an aircraft

The differences between the forecasts based on the consumption data of a fleet and an aircraft are shown in the "Y1-Y2" column in Table 11. Among the fifty items of spare parts, the differences 6. 566 5, 7. 406 6 and 6. 615 2 of part 42, part 43 and part 45 are relatively large, which means that the influence of the aircraft strength for their consumption number is relatively large. So the forecasts 21. 726 4, 12. 457 4 and 17. 589 3 based on the consumption data of an aircraft are more accurate than the forecasts 28. 292 9, 19. 864 and 24. 204 5 based on the consumption data of a fleet. If the forecasts based on the consumption data of a fleet are used to purchase and supply, the backlogs of these spare parts will be 31. 27%, 61. 72% and 38. 91% more than the actual consumption data in Table 3 respectively. Therefore, the forecasting effectiveness based on the consumption data of an aircraft is better than the forecasting effectiveness based on the consumption data of a fleet.

5. 2. 2　The forecasting effectiveness analysis based on the turnover data of a fleet and an aircraft

The differences between the forecasts based on the turnover data of a fleet and an aircraft are shown in the "Y3-Y4" column in Table 11. This table shows that the forecasts for all the spare parts based on the turnover data of an aircraft are basically consistent with the actual turnover data in the 51st year. Among the fifty spare parts, the difference 4. 178 6 of part 43 is the biggest, which means that the influence of the aircraft strength for its turnover number is the biggest as well. The forecast for part 43 based on the turnover data of a fleet is 10. 763 9, and the actual turnover number of part 43 in the 51st year is 6, which means that, if in accordance with the turnover data of a fleet to purchase and supply, it may produce a backlog of about 5 for part 43. Therefore, the forecasting results based on the turnover data of an aircraft are more accurate than the forecasting results based on the turnover data of a fleet.

5. 2. 3　The forecasting effectiveness analysis based on the consumption and turnover data of a fleet

The differences between the forecasts based on the consumption data and turnover data of a fleet are shown in the "Y1-Y3" column in Table 9. Obviously, the differences are quite large overall. That is mainly because consumption data do not consider the effect of repair factor for actual demand, and the actual demand is turnover data rather than consumption data for repairable spare parts. Therefore, if in accordance with the consumption data of a fleet to purchase and supply, it will produce a heavy backlog for all the spare parts. Take part 25 as an example, the forecast based on the consumption data of a fleet is 17. 836 9, and the forecast based on the turnover data of a fleet is 3. 744 4. That means that, while there are about 18 pieces of failed units for this part in a year, only about 4 pieces will be able to meet the need for its shorter repair cycle. Therefore, it is only necessary for suppliers to prepare for 4 pieces for a fleet, rather than 18 pieces; otherwise, it will inevitably lead to a quite large backlog. As a result, the forecasting results based on the turnover data of a fleet are more accurate than the forecasting results based on the consumption data of a fleet.

5. 2. 4   The forecasting effectiveness analysis based on the consumption and turnover data of an aircraft

The differences between the forecasts based on the consumption data and turnover data of an aircraft are shown in the "Y2-Y4" column in Table 11. According to this table, the forecasting results based on the turnover data of an aircraft are consistent with the actual turnover data of the 50 parts in the 51st year in Table 5; meanwhile, the differences are quite large overall too.

In fact, the repair cycles of a lot of repairable spares parts are often short, which leads to their fast turnover rates, so consumption data are often bigger than turnover data. Compared with consumption data, the demand forecasting results based on turnover data, whether it is for a fleet or an aircraft, are clearly more accurate and more consistent with actual demand. In addition, the consumption and turnover data of a fleet will not be able to accurately reflect the impact of aircraft strength changes for actual demand. Therefore, the authors conclude that forecasting the demand for repairable spare parts by the consumption data for a fleet will possibly result in larger backlogs or shortages, and forecasting the demand for repairable spare parts by the turnover data for an aircraft is more accurate.

In conclusion, we proffer an improved means to forecast the demand of repairable spare parts by the double-level combination forecast model based on the turnover data for an aircraft.

6   Conclusions

Accurately forecasting the demand for repairable spare parts is of vital importance for supply work, and it is particularly difficult to master the complex characteristics of the demand of repairable spare parts. The low accuracy of current forecasting methods can not meet the need of actual work, and it is not considered that varying aircraft strength and duplication turnover have tangible influences on the demand for repairable spare parts. In order to solve these problems, we determined the factors influencing the demand of repairable spare parts and subsequently proposed the double-level combination forecast model to forecast the demand for repairable spare parts based on relevant data.

The double-level combination forecast model actually consists of two combination forecast models, one is the low-level combination forecast model, which is established by the demand forecasts and absolute errors of the direct forecast models; the other is the top-level combination forecast model, which is established by the demand forecasts and absolute errors of the direct forecast models and the weight coefficients computed from the low-level combination forecast model. The proposed direct forecast models include a genetic neural network model, three types of exponential smoothing models and a grey model.

An example is used to compare and analyze the forecasting effectiveness of various forecasting models, and the forecasting effectiveness based on different data. The results indicate that the direct forecast models and the low-level combination forecast model often produce larger errors, whose forecasting accuracy is difficult to meet the needs of demand forecasting; and the double-level combination forecast model is most accurate among the proposed models, whose forecasting results are consistent with the actual demand. The proposed double-level combination forecast model can well solve the problem of insufficient accuracy of current methods; meanwhile, it has higher stability.

In addition, the results confirm that, for repairable spare parts, the forecasting outcomes that are based on the turnover data of an aircraft are better than the forecasting outcomes that are based on the consumption data of a fleet, which means that the former approach is consistent with actual demand. In contrast, the latter approach leads to a large deviation from actual demand. These findings produce evidence that the proper interpretation of relevant data can play an important role in forecasting the demand for repairable spare parts; however, this point is frequently neglected.

In this paper, we adopt five direct forecast models to create a double-level combination forecast model. It takes about 40 seconds to forecast the demand of one spare part. And there are about 30 thousand spare parts in our actual work, forecasting their demand needs to spend about 333 hours. We used five computers and spent more than two days to accomplish the important task last year. Although the duration still seems a little long, but it is considered acceptable. If we add some direct forecast models, the operation time will be longer. Since our practice has shown that the double-level combination forecast model using the five direct forecast models can meet the actual needs, it is not necessary to add some direct forecast models. On the other hand, firms that desire even less complexity and faster solution time can consider removing the genetic neural network model and still expect to obtain excellent results.

7　Acknowledgements

This paper was funded by the National Natural Science Foundation of China under Grant Number 71471006. The authors declare that they have no conflict of interest.

References

[1] BACCHETTI A, SACCANI N. Spare parts classification and demand forecasting for stock control: Investigating the gap between research and practice[J]. Omega, 2012, 40(6): 722-737.

[2] BASTEN R J I, VAN DER HEIJDEN M C, SCHUTTEN J M J. Joint optimization of level of repair analysis and spare parts stocks[J]. European journal of operational research, 2012, 222(3): 474-483.

[3] HYNDMAN R J, AHMED R A, ATHANASOPOULOS G, SHANG H L. Optimal combination forecasts for hierarchical time series[J]. Computational Statistics & Data Analysis, Elsevier, 2010, 55(9): 2 579-2 589.

[4] MILLER J G, BERRY W L, LAI C Y F. A comparison of alternative forecasting strategies for multi-stage production-inventory systems[J]. Decision Sciences, 2007, 7(4): 714-724.

[5] ZOTTERI G, KALCHSCHMIDT M, CANIATO F. The impact of aggregation level on forecasting performance[J]. International Journal of Production Economics, 2005, 94(8): 479-491.

[6] LAU H C, SONG H W. Multi-echelon repairable item inventory system with limited repair capacity under nonstationary demand[J]. International Journal of Inventory Research, 2008, 1(1): 67-92.

[7] BRANCH B. Institutional economics and behavioral finance [J]. Journal of Behavioral and Experimental Finance, 2014, 1: 13-16.

[8] TIEMESSEN H G H, VAN HOUTUM G J. Reducing costs of repairable inventory supply systems via dynamic scheduling[J]. International Journal of Production Economics, 2013, 143(2): 478-488.

[9] CATTANI D, JACOBS F R, SCHOENFELDER J. Common inventory modeling assumptions that fall short: Arborescent networks, Poisson demand, and single-echelon approximations[J]. Journal of Operations Management, 2011, 29(5): 488-499.

[10] LI S G, KUOA X. The inventory management system for automobile spare parts in a central warehouse[J]. Expert Systems with Applications, 2008, 34(2): 1 144-1 153.

[11] GUO F, LIU C Y, LI W L. Research on spares consumption quota prediction based on exponential smoothing method[J]. Computer and Modernization, 2012(9): 163-165.

[12] GHOBBAR A A, FRIEND C H. Sources of intermittent demand for aircraft spare parts within airline operations[J]. Journal of Air Transport Management, 2002, 8: 221-231.

[13] CHEN C I, HUANG S J. The necessary and sufficient condition for GM (1,1) grey prediction model[J]. Applied Mathematics and Computation, 2013, 219(11): 6 152-6 162.

[14] KAYACAN E, ULUTAS B, KAYNAK O. Grey system theory-based models in time series prediction[J]. Expert Systems with Applications, 2010, 37(2): 1 784-1 789.

[15] KOURENTZES N. Intermittent demand forecasts with neural networks[J]. International Journal of Production Economics, 2013, 143(1): 198-206.

[16] TUĞBA E, ÖNÜT S. An integration methodology based on fuzzy inference systems and neural approaches for multi-stage supply-chains[J]. Computers & Industrial Engineering, 2012, 62(2): 554-569.

[17] CHEN T. An effective fuzzy collaborative forecasting approach for predicting the job cycle time in wafer fabrication[J]. Computers & Industrial Engineering, 2013, 66(4): 834-848.

[18] CHEN F L, CHEN Y C, KUO J Y. Applying moving back-propagation neural network and moving fuzzy neuron network to predict the requirement of critical spare parts[J]. Expert Systems with Applications, 2010, 37(6): 4 358-4 367.

[19] WANG J, WANG J, ZHANG Z, et al. Forecasting stock indices with back propagation neural network[J]. Expert Systems with Applications, 2011, 38(11): 14 346-14 355.

[20] GONZáLEZ-ROMERA E, JARAMILLO-MORáN Má, CARMONA-FERNáNDEZ D. Forecasting of the electric energy demand trend and monthly fluctuation with neural networks[J]. Computers & Industrial Engineering, 2007, 52(3): 336-343.

[21] HAJIAGHAEI-KESHTELI M, MOLLA-ALIZADEH-ZAVARDEHI S, TAVAKKOLI -MOGHADDAM R. Addressing a nonlinear fixed-charge transportation problem using a spanning tree-based genetic algorithm [J]. Computers & Industrial Engineering, 2010, 59(2): 259-271.

[22] RADHAKRISHNAN P. Genetic algorithm model for multi product flexible supply chain inventory optimization involving lead time [M]. Organisational Flexibility and Competitiveness. Springer India, 2014: 325-334.

[23] QIAN C, CHAN C Y. A new production approach for compensating forecast error and customer loss in waiting[J]. International Journal of Production Research, (ahead-of-print), 2014: 1-12.

[24] MOON S, SIMPSON A, HICKS C. The development of a classification model for predicting the performance of forecasting methods for naval spare parts demand[J]. International Journal of Production Economics, 2013, 143(2): 449-454.

[25] PETROPOULOS F, KOURENTZES N. Forecast combinations for intermittent demand [J]. Journal of the Operational Research Society, 2015, 66(6): 914-924.

[26] HAN J, MORAG C. The influence of the sigmoid function parameters on the speed of back propagation learning[J]. From Natural to Artificial Neural Computation, 1995: 195-201.

[27] PRASADA R, PANDEYA A, SINGHB KP, et al. Retrieval of spinach crop parameters by microwave remote sensing with back propagation artificial neural networks: comparison of different transfer functions[J]. Advances in Space Research, 2012, 50(3): 363-370.

[28] LI X F, XU J P, WANG Y Q, et al. The establishment of self-adapting algorithm of BP Neural Network and its application[J]. Journal of systems engineering theory and Practice, 2004, 24(5): 1-8.

[29] SPRECHER D A. A numerical implementation of Kolmogorov's superpositions [J]. Neural Networks, 1996, 9(5): 765-772.

[30] WONG T C, CHAN F T S, CHAN L Y. A resource-constrained assembly job shop scheduling problem with Lot Streaming technique[J]. Computers & Industrial Engineering, 2009, 57(3): 983-995.

[31] IZMAILOV A F, KURENNOY A S, SOLODOV M V. Some composite-step constrained optimization methods interpreted via the perturbed sequential quadratic programming framework[J]. Optimization Methods & Software, 2015, 30(3): 461-477.

[32] PRESTWICH S D, ROSSI R, TARIM S A, HNICH B. Mean-based error measures for intermittent demand forecasting[J]. International Journal of Production Research (ahead-of-print), 2014: 1-10.

[33] GNEITING T. Making and evaluating point forecasts[J]. Journal of the American Statistical Association, 2011, 106(494): 746-762.

航母舰载机航材携行品种及数量确定方法研究[①]

郭　峰　王德心

摘　要　本文针对航母舰载机航材保障困难的问题,对航材携行品种和数量的确定方法进行研究。深入分析了航母舰载机航材需求规律,为进一步开展航材携行品种和数量的确定方法研究奠定了基础。提出对统计数据进行预处理,利用单机周转数或单机消耗数预测可以有效改善可修性航材和受机群规模影响较大航材的需求预测精度。阐述了利用 AHP、TOPSIS 等确定航材携行品种的方法。重点研究了航母舰载机年度例行任务和专项任务条件下故障消耗以及到寿消耗导致的航材需求的预测方法,然后利用海洋环境因子修正并最终确定航材携行数量。本文的研究成果对于合理确定航母舰载机航材携行品种和数量具有一定的参考价值。

关键词　航材携行数量;航材携行品种;航母舰载机;故障需求;到寿需求

1 引言

航母舰载机是航母战斗群实施对地、对空、对海攻击和反潜等作战任务的主要武器装备之一,确保航母舰载机战斗力有效发挥的关键是做好航母舰载机的航材保障工作。但是,航母舰载机的工作和停放环境非常恶劣,航材故障率比较高,消耗原因也比较复杂,同时航材的补充和周转非常困难,而舰载航材仓库空间又非常有限。因此,如何准确确定航母舰载机航材携行品种及数量,避免航母舰载机航材保障工作陷入"带的用不上、要用的没有带或带得不足"的困境,是航母舰载机航材保障工作亟待解决的难题。航母舰载机航材携行品种和数量确定方法的研究有利于部队掌握舰载机各种航材的消耗规律,有利于合理利用航材保障经费,确保"用的有储备、备的能用上",从而有效解决航母所携航材有限和保障任务较重之间的矛盾,实现高效、精确的舰载机航材保障。因此,航母舰载机航材携行品种和数量确定方法研究具有较高的军事经济效益。

目前,国内外针对航母舰载机的航材保障问题进行的研究比较缺乏,但是一些相关的研究对于解决航母舰载机航材携行问题具有一定的借鉴价值。渔翁[1]阐述了舰载机是航母能称雄海上的主要倚仗,航母上的航空部门必须为舰载机提供良好的备件支援,以保证航母维修能力的有效发挥。王文亮和程明[2]阐述了航母舰载机和陆基飞机之间的区别,分析了舰载机维修性的特点。现代舰船装备的维修通常分为原位维修、离位维修和后方维修三个等级,前两类维修均可在航母上进行,而后一类则在陆上进行。航空母舰上飞机多,维护保养工作量大,维修器材的需要量很大,而且只有实现零部件的快速提供才能加强航母的维修能力、缩短维修的周期。隋志刚和李守发[3]提出了拟制战时空运转场随机

---

① 发表于《军事运筹与系统工程》2015 年 29 卷第 2 期。

航材携行标准的基本原则,包括出动规模、作战任务及其时限等。李文元等[4]对通信装备随装携行备件优化方法进行了研究,分析了通信装备保障所需备件的种类,以通信装备的战备完好性和备件费用作为两个互相制约的因素,进行了建模测算。王佩高和全家善[5]针对精确化保障的需要,提出了一种随舰备件动态管理策略,建立了一个能综合考虑具有不同寿命分布、不同任务要求、不同工作时间等特点的随舰备件数量计算模型。上述研究没有对航母舰载机航材的需求规律进行全面分析,没有考虑海洋环境对航母舰载机航材需求的影响,所建模型不完全适用于航母舰载机航材携行品种和数量的确定。

本文首先对航母舰载机的航材需求规律进行了深入分析,为进一步开展航母舰载机航材携行品种和数量的确定方法研究奠定合理的基础。其次,首次提出对统计数据进行预处理,以确保预测所依据的数据符合实际需求。再次,重点阐述了确定航母舰载机航材携行品种和数量所采用的理论与方法。

2 航材需求分析

本文主要研究的是平时航母舰载机进行日常训练和演习等专项任务所需携行航材品种和数量的确定方法,不考虑飞行事故等突发性事件和战时任务造成的需求。航母舰载机航材的平时消耗一般包括故障、到寿、定检和维护四种情况,不同消耗情况对航材的需求不同,具体分析如表1所示。

表 1　航母舰载机航材需求情况分析

消耗情况	需求分析
故障	故障消耗的航材主要是对飞行安全、任务执行具有一定影响的飞发、特设器材附(成)件
到寿	到寿消耗的航材主要是对使用寿命需要进行严格控制的航材
定检	定检所需的航材主要是标准件
维护	日常维护所需要航材的主要是耗材

定检和维护不同的任务科目所需航材是一定的,所以一定任务条件下定检和维护所需航材的品种和数量可以基本确定。

装机使用航材的到寿时刻是确定的,所以其到寿导致的需求也是可以准确预测的。而因故障导致的需求就比较难以确定,但是由于其故障主要是随机故障,一般假设其需求基本服从泊松分布。对于同时存在故障消耗、到寿消耗的航材,既要考虑故障导致的需求,还要考虑到寿造成的需求。另外,预测到寿数时应排除任务期间未到寿而发生故障的部分,以避免重复计算该部分需求。由于航材的寿命一般服从指数分布,那么所预测的任务期间到寿的航材提前发生故障的概率非常小,所以本文假设未来一定任务期间,预测要到寿的航材不会发生故障。因此,未来一定任务条件下,同时具有到寿和故障两种消耗情况的航材的需求即为到寿和故障导致的需求之和。

3 统计数据预处理

统计数据是预测的基础,如果统计数据与实际消耗规律不符合,即使预测方法再先进,预测结果也是不准确的。过去,航材需求预测的相关文献均没有在统计数据的预处理方面进行过针对性研究,所以其预测所依据的统计数据不一定能准确反映一些特殊的消耗规律,因此,其预测方法的适用性有所降低。

尚晓锶等[6-8]都是采用一个飞行团的历年消耗数对未来一年的航材需求进行时间序列预测,但是其应用存在一定的局限性。首先,没有考虑到消耗性航材和可修性航材的消耗规律是有区别的。实际上,消耗性航材不可修,故障或到寿即消耗,而可修性航材是可以修理的,故障或到寿修复后还可以再次周转,并没有被消耗掉,其实际的周转数可能远小于统计的消耗数。其次,没有考虑到有些航材的消耗与飞机架数有着密切的联系。实际上,由于飞行事故等意外损失,一个飞行团的机群规模不会一直不变,而如果机群架数改变,那么一个飞行团产生的航材需求就会随之改变。所以,尚晓锶等[6-8]的研究成果并不适用于可修性航材和机群规模变化较大的飞行团的航材需求预测,根本原因就是预测所依据的统计数据不能真实反映航材的实际消耗规律。

因此,为了确保需求预测的准确性,笔者认为应对预测所依据的消耗统计数据进行以下预处理:一是对于可修性航材的需求预测应该采用周转数,而不能采用消耗数;二是在预测时应该采用单机消耗数或单机周转数,而不能采用整个飞行团的消耗数或周转数。

4 航材携行品种和数量确定方法

4.1 航材携行品种的确定方法

航母舰载机出海执行任务时,无法通过调拨、紧急订货等非正常供应方式补充备件,虽然通过定检或大修飞机串件可以在一定程度上缓解缺件导致任务飞机完好率降低的问题,但仍然会导致航母舰载机的总体任务执行能力降低。因此,在航母舰载机航材保障工作中,要尽量避免缺件,确定有需求的航材必须携带而且要带足,任务中故障概率较高的航材则应该适量携带。其中,到寿、定检、维护三种情况导致的需求是"刚需",这些航材是必须携带的;故障消耗航材的携行品种则无法明确地判定,需要根据重要性、故障率等指标,利用各种评价方法进行综合评价来确定。另外,在航母上主要是以原位维修和中级维修为主,一般用简单的部件更换来取代费工费时的就地修理,故障件的修复则通过离位维修的方式在后方大修厂进行。所以,航母舰载机所携带的航材应以外场可更换单元(Line Replaceable Unit,LRU)为主,同时包含维修所必需的车间可更换单元(Shop Replaceable Unit,SRU)。

4.1.1 建立航材携行品种评价指标

航母舰载机所应携带的航材一般是影响飞机飞行和任务执行的航材,包括液压系统、冷气系统、燃油系统等工作系统以及综合航电系统等任务系统中的重要附(成)件和在航母上起降、滑行等动作中容易引发损伤的飞机机体、起落装置器材以及维修必需的零件。另外,在相同保障效果的情况下,高价值、低故障率甚至无故障的航材尽量不备,应把经费配置给更需要携带的备件。

因此,航母舰载机航材携行品种的评价指标基本可以确定为重要性、故障率、易损性、维修性、经济性五个指标。

4.1.2 建立并计算指标权重集

航母舰载机航材携行品种确定的关键是建立备件权重集,指标集即为{重要性,故障率,易损性,维修性,经济性}。

权重的确定方法有多种,主要有主观赋权法和客观赋权法。主观赋权法是一类根据评价者主观上对各指标的重视程度来决定权重的方法,如 AHP 法[9]。客观赋权法所依据的赋权原始信息来源于客观环境,它根据各指标的联系程度或各指标所提供的信息量来决定指标的权重,如熵值法、主成分分析法、因子分析法[10]。在建立指标权重集时,不同方法会有所区别。以 AHP 法为例,它是将重要性、故障率、易损性、维修性、经济性五个指标分为三个等级,然后由部队专家采用两两比较方式,根据 9 标度法建立并求出指标权重集。

4.1.3 确定航材携行品种

航材携行品种的确定可以采用 TOPSIS 评价方法。TOPSIS 方法将各备件的重要性、故障率、易损性、维修性、经济性五个指标视为变量,不同备件的五个指标值与根据 AHP 法计算的指标权重集就形成了加权判断矩阵。[11] 那么,在几何上各备件将形成一个高维空间,而每个备件由反映它的多个指标值在空间中决定一个点。因此,航材携行品种的综合评价问题就转变为对这些点做出总体评价或排序,具体方法:在空间中确定出参考点,然后计算各点到参考点的距离,采用这种距离来给备件排序,优先选择排序高的备件随舰携带。随着航母舰载机的陆续服役,航材携行品种还需要根据部队今后的日常任务执行情况加以修正,以进一步提高决策的准确性。

4.2 航材携行数量的确定方法

定检和维护所消耗的航材携行数量可以由舰基离位维修组根据任务需要直接确定。只有故障消耗或者只有到寿消耗的航材携行数量就是它们各自的需求预测结果,而同时存在故障和到寿消耗的航材携行数量即为这两种情况的需求预测结果之和。下面分别介绍故障消耗、到寿消耗导致航材需求的确定方法,然后利用海洋环境因子修正航母舰载机航材携行数量。

4.2.1 故障消耗航材需求预测

航材需求是针对任务的,任务类型的不同决定了航材需求规律及其预测方法的不同。航空兵的任务一般包括两类,一类是年度例行飞行任务,一类是专项飞行任务。根据这两种任务类型,目前国内外关于故障消耗的航材需求预测的研究方法可分为两类:一类是对年度任务需求进行预测,一类是对专项任务需求进行预测。

(1)年度任务需求的确定方法。要预测航母舰载机在年度例行飞行任务中故障消耗所导致的航材需求,首先要确定影响其消耗的因素。航材消耗的影响因素很多,如飞行科目、飞行强度、飞行时间、起落次数、起动次数、气候、环境,所以航材的需求预测是典型的非线性预测问题,这类问题非常适合用遗传神经网络、多元回归分析法预测[12]。遗传神经网络一般采用 BP 神经网络预测,其输入神经元主要包括飞行时间、起落次数、飞行强度、海洋环境因子等,输出神经元为单机消耗数或单机周转数。由于不是所有指标对所有航材都有明显的影响,可以采用主成分分析法计算上述影响因素各自的权重以确定其重要性。[13]神经网络的初始权值和阈值利用遗传算法优化处理后,可以使神经网络克服收敛速度慢和容易陷入局部误差极小点等缺点。[14-16]另外,如果舰载机是刚刚列装的新机型,那么其数据样本较小。对小样本情况的需求预测,可以采用灰色预测、指数平滑等方法进行时间序列预测。[17-19]其中,指数平滑模型的平滑系数对模型的预测结果影响较大,可以取使模型的预测误差平方和最小的平滑系数作为目标函数,然后用遗传算法求解,其结果即为该模型的最优平滑系数。

最后,可以将遗传神经网络、线性回归、灰色预测、指数平滑等各种单项预测方法结合起来,综合运用这些方法进行组合预测。[20-21]组合预测是利用各单项预测方法的预测误差进一步确定各单项预测方法的权值,方法的精度越高,其权值越高,其保留的有利因素越多,反之,则说明可保留的有利因素越少。组合预测要充分利用数据包含的有用信息,一般来说其拟合精度取决于两点:一是取决于每个单项预测模型的优劣;二是取决于预测模型的数量。采用的单项预测方法越多,预测精度越高,最终保留的有利因素越多,预测结果越准确。组合预测方法一般采用最小二乘向量机建模,单项预测方法的权重系数一般采用信息熵理论来优化,组合预测模型的求解方法主要包括二次规划、遗传算法。[22-24]

(2)专项任务需求的确定方法。航母舰载机执行专项飞行任务中故障消耗所导致的航材需求一般采用以可靠性为中心的维修理论、数理统计方法进行预测。[25-27]通常采用的方法是,利用平均故障率、各种统计分布对需求进行估算。但是,这种方法没有考虑装机航材实时的工作状态,在舰载机执行任务期间其实际的故障率可能与平均故障率存在较大的偏差,这就会导致一定任务条件下的需求预测产生较大误差。

由于不同航材在使用过程中的故障率并不是恒定不变的,同时每一项航材的时间—故障率曲线是基本确定的,所以可以先确定航材的故障率分布函数,然后再根据任务量和任务前航材已工作时间即可确定任务期间航材的故障率分布函数,这就得到了比较贴合实际的故障率,利用其预测航材需求要比平均故障率更准确。详细步骤如下:

首先,根据航材故障率分布曲线将航材重新分类,并提出基于故障分布的航材分类判定模型,为航材需求的科学预测奠定基础。

其次,针对不同类别航材的故障特点,确定航材类别,计算航材故障率,建立故障率分布函数;确定航材的需求周期以判断该航材所有件工作在哪个时期,并建立各时期的需求预测模型;建立各类航材的需求预测模型,计算各类航材在某时刻的需求量。

再次,对于可修航材,利用修理周期计算周转数,该周转数即为故障消耗航材实际的需求数。

4.2.2 到寿消耗航材需求预测

到寿消耗的航材都是有绝对寿命期限的航材,即有寿航材。到寿消耗航材的需求预测就是对因为到寿而造成的航材需求进行预测。有寿航材的消耗实际上同时存在到寿和故障两种情况,故障消耗导致的需求预测方法在上文已经说明,下文主要讨论到寿消耗造成的需求预测方法。

航母舰载机有寿航材的携行数量主要是由航母舰载机所要完成任务的时间因素决定的,不管是年度任务需求还是专项任务需求,只需要考虑装机有寿航材的剩余寿命和任务时间,即可确定其携行数量。[28]有寿航材包括有寿可修航材和有寿消耗航材(不可修)两类,其中,有寿消耗航材到寿多少即需求多少。而对于有寿可修航材来说,由于它可以修复而再次周转,这就需要从每一件到寿航材的到寿时刻开始,按时间先后依次计算一个修理周期内的到寿数,其中的最大值才是其真正的需求数。

有些航材需要同时控制多个寿命指标,只要有一个到达规定寿命,那么该航材就算到寿而必须更换。具体的寿命控制指标和含义如表2所示。

表2 有寿航材的寿命控制指标

寿命指标	含义
使用小时	使用小时是指飞行小时
使用次数	使用次数包括起落次数、起动次数(如起动机)、收放次数(如吊放声呐电缆)、充放电次数(如蓄电池)
使用日历	使用日历是日历寿命,一般从装机使用开始计算
总寿命/翻修次数	每次修理有寿可修航材后,工厂都会重新规定翻修间隔期,但是它们并不能被无限次翻修,使用达到一定程度时就没有翻修价值了。因此,该类航材除了需要控制上述寿命指标以外,还需要控制总寿命和翻修次数。如果航材的累计使用寿命达到总寿命,或者最近一次修理后的使用寿命达到本次规定寿命,同时已翻修次数达到规定翻修次数,那么就必须报废

在一定任务时间内,到寿消耗导致的航材需求的预测方法是对于有寿消耗航材,任何一个指标到达规定寿命都计为到寿,其到寿数即为到寿造成的需求数;对于有寿可修航材,先根据翻修次数、总寿命确定航材是否报废,然后,排除报废航材,采用与有寿消耗航材相同的方法确定到寿的航材及其到寿时刻的分布,确定到寿航材一个修理周期内最大的到寿数,该到寿数即其到寿造成的需求数。

4.2.3 利用海洋环境因子修正航材携行数量

利用上述方法确定了故障、到寿、定检、维护四种消耗情况导致的需求之后,航母舰载机航材的携行数量就基本确定了。但是,由于航母经常出海,高湿、高盐、含有大量霉菌甚至高温的海洋环境对舰载机金属构件影响较大,所以还需要考虑海洋环境对航材消耗造成的影响,就是利用海洋环境因子对携行航材的实际需求进行修正[29],修正后的结果就是最终的航材携行数量。

5 结论

首先,本文全面、系统地分析并掌握了航母舰载机不同航材的消耗规律,为下一阶段的建模预测奠定了良好的基础。然后,提出了利用预处理后的单机消耗数或单机周转数进行预测,有效改善了可修性航材和受机群架数影响较大航材的需求预测精度。其次,利用所建立的航材携行品种评价指标,通过AHP和TOPSIS等方法,可以比较合理地确定航材携行品种,解决了航母舰载机应该携行哪些航材的问题。再次,针对故障消耗、到寿消耗两种不同消耗规律以及年度任务、专项任务两种不同任务的航材需求,提出了适当的理论与方法分别进行建模预测,较好地解决了航母舰载机航材应该携带多少的问题。最后,利用海洋环境因子对航母舰载机航材携行数量进行修正,使其更加符合海洋环境下的实际需求。

本文的研究成果对于运用科学方法确定合理的航母舰载机航材携行品种和数量,减少航母舰载机随舰航材积压和短缺,提高航母舰载机航材申请、储备的准确率,实现航母舰载机航材的高效和精确保障具有重要的参考价值。

参考文献

[1] 渔翁. 美国航母航空部门的组织管理[J]. 现代舰船,2006(9A):38-39.

[2] 王文亮,程明. 对舰载机保障系统的建立及其特点的思考[J]. 教练机,2012(1):60-63.

[3] 隋志刚,李守发. 战时机动空运转场携行标准研究[J]. 空军第二航空学院学报,2003,18(4):26-28.

[4] 李文元,张勇军,李德龙,等. 通信装备战时随装携行备件优化方法[J]. 兵工自动化,2011,30(3):26-29.

[5] 王佩高,金家善. 随舰备件动态管理及备件数量计算模型[J]. 海军工程大学学报,2005,17(3):103-106.

[6] 尚晓锶,林卫东,唐艳葵. 指数平滑和GM(1,1)组合法在水质预测中的应用[J]. 环境科学与技术,2011,34(1):191-195.

[7] MARTIN T,HOWARD B,MARK H. Neural network design[M]. Beijing:China Machine Press,2006:10-15.

[8] FREDRIC M. Ham Ivica Kostanic. Principles of neurocomputing for science & engineering[M]. McGraw-Hill Education (Asia) Co and China Machine Press,2007:40-67.

[9] 王小慧,张月琴. 层次分析法(AHP)在数据质量评估中的应用[J]. 信息技术,2011(3):168-169.

[10] 郭显光. 改进的熵值法及其在经济效益评价中的应用[J]. 系统工程理论与实践,1998,18(12):98-102.

[11] 金国栋,卢利斌,叶庆. 无人机携行备件品种确定方法[J]. 火力与指挥控制,2008,33(10):145-149.

[12] 陈玉金,刘建永,李凌,等. 基于神经网络回归分析组合模型的能源消耗预测研究[J]. 兵工自动化,2008,27(11):1-5.

[13] 张文霖. 主成分分析在满意度权重确定中的应用[J]. 市场研究,2006(6):18-22.

[14] 吴清亮,董辉,张政,等. 基于神经网络对航材备件需求率的预测分析[J]. 兵工自动化,2009,28(1):54-56.

[15] GUTIERREZ R S,SOLIS A O,MUKHOPADHYAY S. Lumpy demand forecasting using neural networks[J]. International Journal Production Economics,2008,111(2):409-420.

[16] 陈希,周娜娜. 遗传神经网络在铁矿石需求预测中的应用[J]. 天津科技大学学报,2010,25(6):67-70.

[17] 何舒华,何霭琳. 指数平滑法初始值计算与平滑系数选取的新方法[J]. 广州大学学报(自然科学版),2011,10(2):10-14.

[18] 刘杨,任德奎. 基于灰色理论的间断性需求备件预测方法[J]. 四川兵工学报,2011,32(4):27-29.

[19] 赵博夫,殷肖川,吴传芝. 基于灰色理论的攻击者攻击能力评估[J]. 计算机工程,2011,37(14):114-117.

[20]梅国建,钟波,张向波,等. 基于 IOWA 算子的装备备件需求量组合预测模型[J]. 兵工自动化,2013,32(1):8-11.

[21]孟祥辉,徐宗昌. 装甲装备周转备件需求最优组合预测[J]. 火力与指挥控制,2012,37(5):106-109.

[22]杨仕美,郭建胜,董兴陆,等. 基于 LSSVM 和信息熵的航材备件组合预测方法[J]. 火力与指挥控制,2012,37(9):154-157.

[23]郑龙生,花兴来,张勇,等. 基于熵的装备精确保障系统备件组合预测模型[J]. 装备指挥技术学院学报,2011,22(3):30-33.

[24]王莎莎,陈安,苏静,等. 组合预测模型在中国 GDP 预测中的应用[J]. 山东大学学报(理学版),2009,44(2):56-59.

[25]祝华远,崔亚军,贾向军,等. 航空装备技术保障运筹分析方法研究[J]. 军事运筹与系统工程,2012,26(2):68-71.

[26]赵淑舫. 基于维修理论基础上的航材需求预测方法研究[D]. 南京:南京航空航天大学,2001:30-54.

[27]陈风腾,左洪福. 基于可靠性和维修性的航空备件需求和应用[J]. 机械科学与技术,2008,27(6):779-783.

[28]郭峰,温德宏,刘军,等. 绝对寿控航材需求预测[J]. 兵工自动化,2013,32(9):32-36.

[29]何志良,蔡增杰,周立建. 环境因子对舰载机金属构件维修检查间隔期的影响[J]. 装备环境工程,2011,8(5):47-51.

线上线下混合式教学模式构建及应用研究

郭星香　孙伟奇　张玉叶

摘　要　随着信息技术的高速发展,线上教学日益成熟和完善,但是线上教学在因材施教、教学互动性和学习情况的实时控制方面仍略显不足,而线下教学恰好可以弥补线上教学的不足,综合利用线上学习和线下教学的优点,在"管理建模技术与方法"课程教学过程中进行混合式教学模式的实践探索,经过两期教学实践,教师的知识传授效率和学员的学习效果都得到了明显提升。

关键词　混合式教学;线上学习;线下教学;教学模式

1　引言

互联网技术的快速发展带来了教育教学手段的革新,为线上课程的开展带来了机会。有效将传统线下课堂与线上课程进行整合,改变传统"以教为主"线下教学模式,利用线上资源辅助教学,增强学员的理论知识整合、运用能力,已成为互联网＋时代大学课堂教学改革的新课题。本文以"管理建模技术与方法"课程为例,探索线上线下混合式教学模式,分析总结在应用过程中的特点和效果,以便为大学课堂教学模式的改革提供参考。

2　线上线下混合式教学

随着信息化手段在教学中的深入应用,混合式教学在国内外都得到了广泛的关注。在国外教育技术研究中,"Blended learning"普遍被译作"混合式教学",结合国外学者对该类研究的表述,普遍都是通过教学过程优化、提高教学效率而达到需要的教学目标。

国内学者对于混合式教学的表述,具有代表性的有以下三种:一为了降低学习成本,提高学习效率,而把线下和线上进行有机整合的一种教学方法;二为了达到教学目标,对教学元素进行合理的优化选择和组合,也可以称之为"融合式教学";三将线上和线下教学的优势充分结合,既能充分发挥教员主导地位,又能发挥学员的主观能动性。

笔者认为线上线下混合式教学就是对教学过程进行合理设计,发挥线上教学的灵活性、便利性和线下教学良好的互动性的优势,提高教学效率,更好地完成教学目标。

经过充分的调研问卷,将线上和线下教学在学习完成度、学习人数,学习灵活性、学习过程把握、教学针对性、教学互动性等方面进行比较,如图1所示。

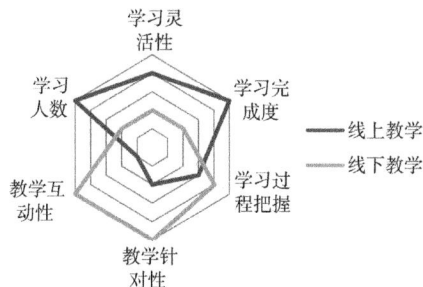

图1　线上教学与线下教学优缺点对比图

通过比较发现,线上教学的优势在于较大的学生规模、数字化的学习完成率和灵活的学习时间控制;线下教学优势在于小班化教学中的良好的教学互动性以及实时的因势利导、因材施教以及对学生学习状态的实时掌控。

3　线上线下混合式教学模式设计

"管理建模技术与方法"课程属于高等院校管理类专业的专业背景课程,总学时为40学时。课程的理论性与实践性并重。结合课程特点,引入线上线下混合式教学模式进行课程的改革和实践。

线上线下混合式教学模式设计(图2)分为四个部分。第一部分是学情分析,主要是了解教学对象,明确教学内容和评估教学环境;第二部分为课程设计,主要包括线上视频的录制,准备幻灯片、资料,制定教学任务单;第三部分是教学实施,开展线上线下混合教学,形成"教员主导,学员主体"的教学模式;第四部分为教学评价,结合学员的实际学习情况给出课程考核成绩。

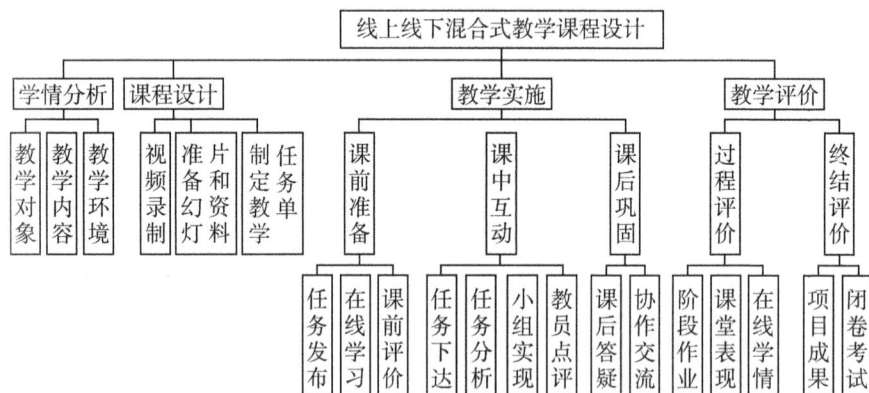

图2　混合式教学模式的总体设计

4　线上线下混合式教学模式实施

4.1　学情分析

"管理建模技术与方法"课程的教学对象为管理类专业三年级学员,从问卷调查发现学员具有一定的建模所需的数学基础和计算机软件应用基础,学员人数比较适合线下翻转课堂的开展。本课程的主要内容是管理类问题的模型建立和模型的计算机求解。校园内智慧教室的建设和MOOC平台的应用,确保学员可以借助计算机、手机、PAD等接受在线教学。

4.2　教学设计

在构建课程的教学设计过程中,主要考虑以下几个方面:科学运用在线教育平台,提高教学效率;重视学员能力生成,优化教学过程;注重学员主体地位发挥,有序翻转互动。

根据"管理建模技术与方法"的教学大纲及课程特点,把各章节的知识点按照模型划分出6个教学单元和12个教学子任务,并进行课程设计,课程任务分解见表1。

表 1　课程教学任务分解

教学单元	教学子任务	线上教学	线下教学	教学方法
线性规划模型	资源分配问题	MOOC学习 虚拟仿真	小组展示	翻转课堂
	运输问题			
整数线性规划模型	配送问题	MOOC章节学习 虚拟仿真	分组展示	翻转课堂
	指派问题			
动态规划模型	流动资金问题	MOOC章节学习 虚拟仿真	小组讨论	翻转课堂
	生产销售问题			
目标决策模型	单目标问题	MOOC章节学习 虚拟仿真	课堂演示	翻转课堂
	多目标问题			
网络规划模型	最大(小)流问题	MOOC章节学习 虚拟仿真	小组展示	翻转课堂
	最短路径问题			
非线性规划模型	投资组合问题	MOOC章节学习 虚拟仿真	小组互评	翻转课堂
	最佳搭配问题			

4.3　教学实施

4.3.1　课前任务布置

在上课前72小时,教员将教学任务和MOOC章节学习等视频资源上传到MOOC平台;学员完成线上学习,完成线上习题,与小组成员进行线上交流;学员将学习过程中的疑惑点发送给教员,教员通过收集线上数据,掌握疑惑点数据,结合数据进行备课。

4.3.2　课中任务展示

教员将各小组疑惑点进行针对性讲解,做到分解重点、攻克难点。之后教员布置教学子任务,学员分组完成,并进行分组展示、课内讨论,巩固重难点。如在多目标规划中,小组实验结果出现分歧,通过各小组学员的展示,学员可以很快找出各自的易错点,解决出错点。这样既解决了问题,又避免了可能错误的发生。最后教员进行点评总结归纳。

4.3.3　课后知识巩固

"管理建模技术与方法"属于理论要求较高的实践性课程,在课后阶段按照学习任务布置相应的巩固类作业。学员在MOOC平台上提交作业,完成实验。教员进行线上评分。

课程教学实践过程如表2所示。

表 2　课程教学实施过程

阶段	教员	学员
课前	发布学习任务,引导学生自主学习	线上学习,在线交流
课中	线上学习回顾,引导点评	按组完成任务,交流展示
课后	平台交流,问卷信息分析	完成作业,巩固提高

4.4　教学评价

教学评价包括过程性评价和终结性评价。过程性评价占总评的70%,终结性评价占

30%。过程性评价包括线上学习情况占20%、课堂任务完成情况占30%以及课后作业的完成情况占20%。终结性评价为线下考核任务,为最终的成绩提供依据。

5　效果分析

笔者对2018、2019两届学员在"管理建模技术与方法"课程中进行了线上线下混合式教学模式的应用,并在各个实施阶段进行了问卷调查。问卷内容包括线上线下混合式教学的满意度、完成难易度、教学效果等。结合问卷与平台数据反馈,整体情况包括以下几个方面。

5.1　课前结果反馈

课前任务布置后,平台数据显示学员课前任务的完成度为100%。问卷调查内容包括学员完成难易程度(图3)和课前学习所占用的时间(图4)。

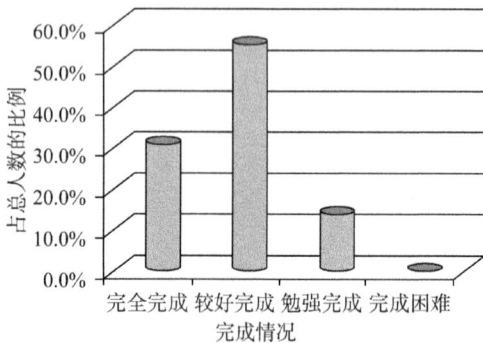

图3　学员线上学习完成情况调查图　　图4　线上学习时间占用学习时间情况图

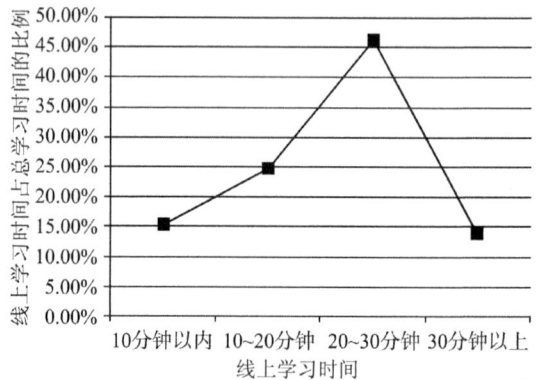

从问卷结果来看,86.2%的学员可以较好地完成课前学习,13.8%的学员觉得完成课前学习比较吃力。此教学模式符合学生的知识基础状况,大部分学员能适应课前的线上学习任务,且完成时间集中在30分钟以内,符合实际需要,不会给学员造成负担。

5.2　学员满意度

课程学习后,为了了解学员对线上线下教学的满意度,即学员是否推荐在该课程中使用线上线下混合式教学,笔者进行了满意度调查。结果显示,69.23%的学生非常推荐使用混合式教学,29.23%的学员比较推荐使用混合式教学(图5)。后续跟进问卷中学员对其进行推荐的原因多为灵活性高、针对性强、教学效率高。

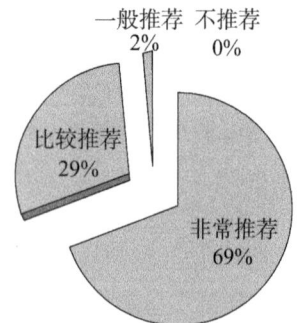

图5　学员满意度调查

5.3　教学效果分析

在使用了线上线下混合式教学模式改革后,与传统线下教学模式相比,学员平均成绩有所提升,同时在后续课程以及学员毕业设计等建模方面动手能力有所提升。特别是线上教学视频可重复观看,有利于学员对知识进行随时查缺补漏。同时线上课程学习时间的灵活性以及教员通过收集线上数据对知识的疑惑点的准确掌握,更好地提高了教学效率。

6 结语

经过教学改革实践,线上线下混合式教学模式充分利用了线上教学和线下教学的优势,运用了互联网+的广阔资源为教学服务,受到了教员、学员的广泛好评。

参考文献

[1] 钟文基,张忠海. 基于 SPOC 的混合教学模式及其效果研究[J]. 中国职业技术教育,2018(20):38-41.

[2] 何克抗. 从 Blending Learning 看教育技术理论的新发展(上)[J]. 电化教育研究,2004(3):1-6.

[3] 秦楠. "互联网+"背景下混合式教学模式建构研究[D]. 济南:山东师范大学,2016:4.

[4] 徐龙志,钱华生. 基于泛雅 SPOC 平台的高职混合教育模式研究:以"国际贸易实务"课程为例[J]. 河北职业教育,2017(10):10-13.

[5] 王国华,俞树煜,黄慧芳,等. 国内混合式学习研究现状分析[J]. 中国远程教育,2015(2):25-31.

[6] 秦瑾若. 基于五星教学原理的 SPOC 教学设计模式构建研究[J]. 中国远程教育,2017(6):33-29.

[7] 何克抗. 从"翻转课堂"的本质,看"翻转课堂"在我国的未来发展[J]. 电化教育研究,2014,35(7):5-16.

[8] 吴迪. 基于 SPOC 的混合式学习模式应用研究[D]. 重庆:重庆师范大学,2017:40-44.

海南航材仓库室内环境霉菌生长预测研究①

周 伟 史玉敏 李 丽

摘 要 本文通过采用实验室培养基培养的方式,测量霉菌孢子萌发生长的温湿度来确定等值线模型,并通过拟合曲线获得了航材仓库霉菌生长最低等值线,为航材仓库的防霉工作的开展提供依据。

关键词 霉菌生长预测;航材仓库;霉菌

航材因为其精密性和安全性要求,对保管条件要求极为苛刻,比如对于温湿度的要求,航材仓库要求必须处于"三七"线以内,也就是要求航材仓库温度要在 5 ℃～30 ℃,相对湿度要在 45%～70%,在这个温湿度范围之内,可以减缓金属类器材腐蚀和橡胶器材老化,也能够较好地预防仓库环境中霉菌的滋生、蔓延。但是在海南地区,受其自然环境影响,在仓库的现有条件下,仓库室内环境很难达到航材保管所需的"三七"线规定的温湿度要求,高湿环境和适宜的温度容易导致霉菌的大量生长繁殖,这也是海南地区航材仓库航材霉变的主要原因。

1 海南地区航材仓库现状分析

目前,海南航材仓库分布于三亚、海口等地域,这些地域的气候是典型的亚热带气候,常年温湿度偏高。根据近 10 年对海南航材仓库室内温湿度追踪记录发现,一年中平均有 180 天以上海南地区各航材仓库室内环境湿度超过 80%,温度常年在 15 ℃～35 ℃。根据据航材保管要求,在室内温湿度高于室外温湿度时,需对库房进行通风,故仓库内通风环境较好。

航材仓库中存放的物资器材主要有机械器材、机载设备器材、轮胎及地面消耗物资器材等,从材料组成来说,涉及橡胶制品、棉麻织品、木制品、塑料制品、金属制品、复合材料等,而且机械器材和机载设备器材均以复合铝塑薄膜包装,棉布层裸露于外部。这些种类繁多的材料能够为霉菌的生长提供丰富的营养物质。

海南地区航材仓库中,因材料霉变导致的器材失效事件频发,笔者经过近 10 年的研究,对海南地区航材仓库中常见的霉菌种类及数量进行了统计,如表 1 所示。

---

① 发表于《环境技术》2020 年第 5 期。

表 1　海南地区航材仓库霉菌生长情况(密度)　　　　单位:×10⁶ 个/米²

菌种	金属材料	纯棉材料	化纤材料	木制材料	化工原料	空气悬浮
黑曲霉 *Aspergillus niger*	4.9	4.5	6.7	6.1	3.4	0.4
木霉 *Trichoderma viride*	4.6	2.3	5.6	5.6	7.1	0.2
黑青霉 *Penicillium nigricans*	4.0	4.8	4.6	6.0	4.5	0.8
杆状毛霉 *Mucor bacilliformis*	5.6	2.0	3.1	4.8	2.8	0.2
大刀镰孢 *Fusarium culmorum*	1.5	1.9	0.5	3.3	4.5	0.6
鹿皮色曲霉 *Aspergillus cervinu*	1.6	1.3	0.9	2.8	3.1	0.7
栖土曲霉 *Aspergillus terricola*	2.1	3.1	0.6	2.9	2.7	0.0
蓝色梨头霉 *Absidia coerulea*	0.6	2.6	2.8	0.9	2.1	0.9
新月弯孢霉 *Curvularia lunata*	0.9	1.0	0.0	0.0	1.2	0.3

注:原地采样,在实验室进行纯培养检疫。

2　航材仓库室内环境霉菌生长繁殖的条件分析

2.1　霉菌生长繁殖情况分析

　　霉菌是"丝状真菌"的统称,霉菌的生命周期包括产生芽孢、孢子萌芽、菌丝长成和霉菌繁殖四个时期[1],其主要生长条件及生命周期如图 1 所示。在航材仓库中,霉菌的孢子广泛分布在空气中,同时也会随着空气的流动而扩散。当外界环境不适合生长时,孢子会进入休眠期,孢子的休眠能够使其抵御外界的恶劣环境,在极其不利的环境中仍然能够存活。一旦遇到合适的生长条件,孢子就开始萌芽,产生菌丝并继续生长产生分支,增殖形成菌丝体,最终形成肉眼可见的菌落。

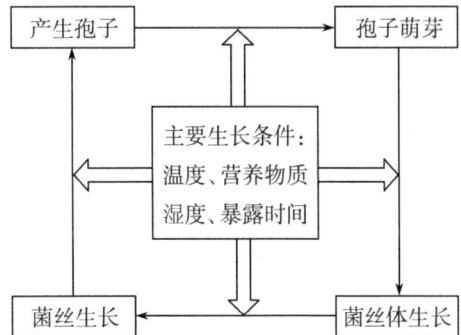

图 1　霉菌生命周期及主要生长条件示意图

2.2　航材仓库室内环境霉菌生长繁殖情况

　　霉菌能够快速生长繁殖的必备条件主要包括温度、湿度、营养物质和霉菌的暴露时间,霉菌的暴露时间主要指霉菌拥有适合于霉菌生长的环境条件中的时间长度,环境中的氧气及环境中的光线等因素也会影响霉菌的生长繁殖速率。

　　仓库中的空气湿度是霉菌快速生长繁殖的关键条件,霉菌生长繁殖的各个阶段都需要一定的水分。世界卫生组织推荐控制霉菌生长的相对湿度临界值是 80%[2],也就是说,如果仓库环境中空气相对湿度超过 80%,就会导致航材仓库环境中霉菌大量滋生。而在海南地区航材仓库,一年中有约一半的时间仓库室内相对湿度很容易超过 80%,为霉菌的生长提供了便利条件。

　　营养物质虽然是霉菌生长繁殖的必备条件,但是在航材仓库环境中非常容易满足。

航材仓库中的用于包装器材的铝塑复合薄膜外侧的棉线层、仓库货架表面的涂层、轮胎等橡胶制品、木质包装箱乃至库房中的积尘都能够很好地为霉菌的快速生长繁殖提供所需的营养物质。

温度是影响霉菌生长的另一必备条件,有研究表明,大多数霉菌的生长温度为 0 ℃～40 ℃,最佳生长温度为 22 ℃～35 ℃[3]。海南地区航材仓库中环境温度处于 15 ℃～35 ℃,能够为霉菌的生长繁殖提供适宜的温度。

综上所述,海南地区航材仓库中,无论是温湿度还是营养物质,都十分适宜霉菌的快速生长繁殖,这也是海南地区航材仓库中因器材霉变导致失效事故频发的主要原因。如何在霉菌生长繁殖高峰期来临之前进行有效预防,是减少物资霉变损失的较好的方法。

3 仓库中霉菌生长预测分析

如何对仓库中霉菌的生长繁殖进行有效预测是进行提前预防的核心问题,因为霉菌的生长繁殖与仓库内部环境中的温湿度息息相关,所以在分析霉菌生长预测时我们引入了等值曲线模型。在不同温度、湿度条件下,将霉菌孢子在培养基中萌芽所需的时间点连接起来就构成了霉菌生长的等值曲线。[4] 通过表 1 的数据可以发现,虽然航材仓库中霉菌种类较多,但是其优势菌种主要有四种,即黑曲霉、木霉、黑青霉和杆状毛霉。

实验室将上述霉菌接种在马铃薯葡萄糖琼脂培养基中进行培养,在不同温度环境下,观察霉菌开始萌发生长时的湿度,记录临界温湿度,并以温度为横轴、相对湿度为纵轴画出曲线,这条曲线便是霉菌生长的等值曲线(图 2～5)。

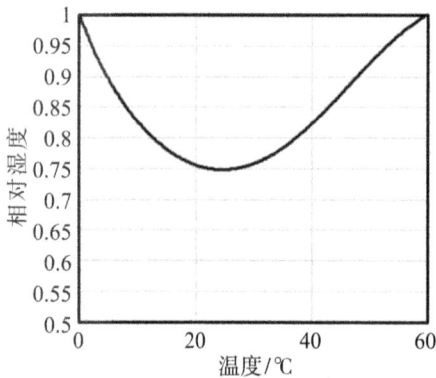

图 2 黑曲霉生长的等值曲线

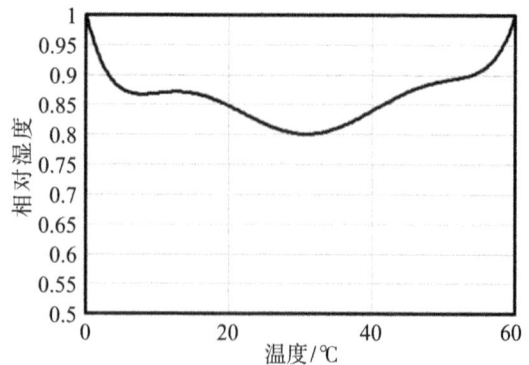

图 3 木霉生长的等值曲线

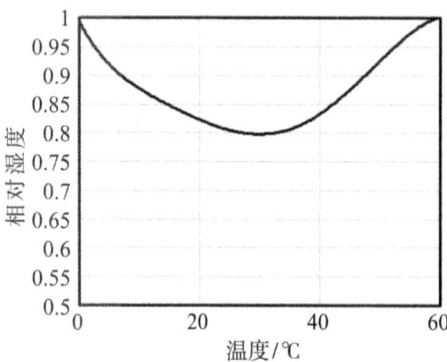

图 4 黑青霉生长的等值曲线

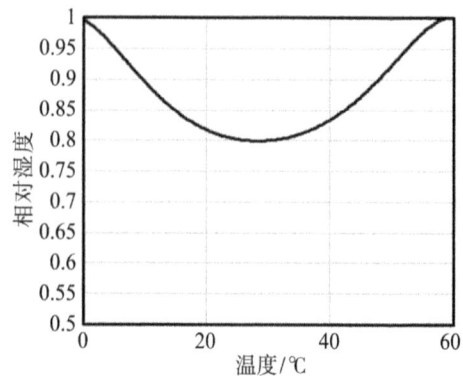

图 5 杆状毛霉生长的等值曲线

从图 2~5 中我们可以看到,霉菌的生长等值曲线将图表分为两个区域:霉菌生长等值线上方的部分为该霉菌孢子可能会萌发生长的区域;在霉菌生长等值线下方的区域,霉菌孢子萌发的可能性很低,为该类霉菌不适宜生长的区域,我们可视为安全区域(霉菌不生长不代表霉菌死亡,而是霉菌孢子进入休眠期但仍然存活)。

由于霉菌种类过多,每一个霉菌画一条等值曲线不便于航材保管员理解和使用,因此,将得到的四类霉菌生长的等值曲线绘制在一张图中,并设定合成曲线时同一温度下取四条曲线中的相对湿度的最小值,就可以得到航材仓库中霉菌生长的最低等值线(LIM),如图 6 所示。

等值线模型是假定航材仓库中霉菌孢子周围的温湿度一旦达到最低等值线(LIM)以上,霉菌孢子就开始萌发生长,换言之,只要外界温湿度条件达到,航材仓库中至少有一种霉

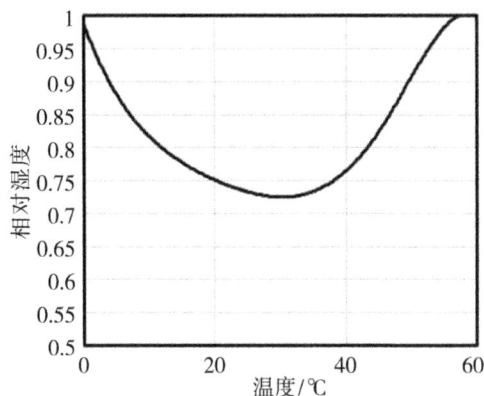

图 6　航材仓库霉菌生长的最低等值线

菌将会开始生长,也就是说作为航材管理者,需要立即采取措施预防霉菌的生长繁殖。

4　海南地区航材仓库中霉菌生长最低等值线的应用及霉菌的防治措施

将霉菌生长最低等值线作为参考,当航材仓库内部环境温湿度超过霉菌生长最低等值线时,说明至少有一种霉菌即将开始快速生长繁殖,这时航材管理者应当根据实际情况选择以下霉菌防治方法的一种或几种,避免霉菌生长繁殖高峰期的来临,有效保护库存航材的质量。

方法一是采用紫外灯照射。紫外灯照射是防治霉菌成本较低成效较好的一种方法。紫外灯照射可以结合日常工作采用夜间照射的方式进行。目前多数航材仓库都已经安装紫外灯。每天晚上下班时航材管理者将紫外灯打开进行灭菌,第二天上班时关闭,每次照射八小时以上。[5]航材管理者做好时间安排,既不耽误工作,同时又能对仓库中霉菌进行有效控制。

方法二是喷洒药物进行治理。在霉菌生长高峰期来临前,也可以通过喷洒防霉药物的方式进行霉菌的防治。但是在喷洒前,应当确定防霉药物对航材的安全性。同时喷洒药物的时间需要选择在天气良好便于通风降潮的时间进行。

方法三是合理运用仓库设备,适时进行通风降潮。目前多数库房都配有除湿机、空调等除湿控温设备,在不影响工作的前提下应当尽可能发挥此类设备的最大效能,尽可能降低库房温湿度,将库房温湿度控制在 70% 以下,从而控制霉菌的快速生长繁殖。

5　小结

霉菌生长等值线模型能够较为直观地反映霉菌的生长与温湿度之间的关系,且一旦曲线确定,使用起来会非常直观、方便,能够作为有效预防仓库航材霉变的一个手段。后

期还需继续进行研究,尽可能增加测定霉菌的种类,使得霉菌生长最低等值线尽可能复合航材仓库的实际情况,更加实用。

参考文献

[1] MOON H J. Assessing mold risks in buildings under uncertainty[M]. Eindhoven:Eindhoven University of Technology,2005:2-15.

[2] WHO. WHO guidelines for indoor air quality dampness and mould[M]. Copenhagen:WHO Regional Office for Europe,2009:1-9.

[3] 陈国杰. 南方地区建筑墙体霉菌滋生风险研究[D]. 长沙:湖南大学,2017:13-14.

[4] 李炳华. 多层组合墙体内部湿热环境对霉菌生长的影响分析[D]. 长沙:湖南大学,2011:12-13.

[5] 周伟,姜永生,张作刚. 海南地区国防仓储防霉研究[J]. 装备环境工程,2013,10(1):118-120.

"管理理论与方法"课程施训的几点思考

张素琴　李　丽　李卫灵

摘　要　"管理理论与方法"课程作为一门任职基础课,对学员任职岗位能力的培养和提高有着重要的支撑作用。本文依据任职教育的特点与要求,对"管理理论与方法"课程的性质、地位、理念进行阐述,剖析前期教学施训过程中存在的问题,阐述了课程改革的思路和做法。

关键词　任职教育;教学设计;教学内容;教学方法;实践教学

1　课程概述

"管理理论与方法"课程是一门任职基础课,以培养学员日后作为航材保管员、统计员和封存员具备的管理能力为目的。

1.1　课程的性质和地位

本课程是士官职业技术教育层次的一门理论性较强的专业基础必修课。

本课程是人才培养方案中的主干课程,对后续课程的学习和培养学员的管理能力具有重要的支撑作用。本课程实施前,学员主要学习思想政治课、科学文化课和军事基础课。本课程实施后,学员将学习任职岗位课程,即专业课程,因此,本课程在整个课程体系中承上启下,起着由基础教育向岗位教育的过渡衔接的作用。

1.2　课程基本理念

本课程作为一门专业基础课程,以相关法规为依据,以现代管理理论为基础,以任职岗位的实际需要为出发点,以后续专业课程的需要为牵引,遵循士官教育特点规律,突出学员主体地位,坚持现代管理理论与航材管理专业结合,提高学员自主学习能力,培养学员的基本管理能力。学员通过该课程的学习,可以掌握航材管理的基础理论知识,并形成初步的航材管理能力。

1.3　课程学时数及安排

本课程计划学时数为 60 学时,包括理论授课 40 学时、讨论交流 14～16 学时、外出参观见学 2～4 学时、考核 2 学时。

2　前期教学施训过程中存在的问题

2.1　本课程的"任职""基础"特色不够明显

任职教育与学历教育不同,具有明确的岗位指向性,在教学目的上强调岗位任职能力的培养。从前期教学来看,教学目的较模糊,培养岗位任职能力的教学目的不够明确,还留有学历教育的"影子",教员往往按自己的认识和所掌握的知识而不是按岗位所需去设计和组织教学,学员所学的理论与方法对未来工作岗位的直接指导作用较差,没有做到与任职岗位所需很好地对接;同时,本课程是基础课,但在教学过程中部分内容讲解过细,过于"专业",对于航空器材管理专业的后续课程的基础作用不明显。

2.2 教学设计中未充分考虑学员的实际情况

优化教学设计是教学实施的首要工作。但从前期的教学设计来看,没有充分考虑学员的实际情况。例如,近三期学员情况存在较大的差异性,主要体现在:① 学历差异。从学历上看,高中毕业的学员约占学员总数的 40%,大专和初中毕业的学员约占学员总数的 60%,学历方面存在差异。② 工作经验差异。虽然所有学员入学前都有部队工作经验,但是只有少数学员在航材部门工作过,有航材管理工作经验,比较熟悉航材专业,其余多数学员均无航材工作经验,且多数来自不同部门,来源广泛。③ 身份差异。学员中既有士兵,又有士官,两种身份的差异也使得其学习态度、学习效率等方面产生差异。

2.3 教学内容针对性不强

从近三期的教学施训来看,本课程的教学内容仍有理论性和系统性的特点,知识体系仍具有大而全的特点,内容体系类似管理学基础,教学内容的针对性和实用性不强,与岗位工作实际结合不够紧密,没有真正以形成岗位任职能力和培养为出发点和落脚点,没有做到"学员任职岗位需要什么,我们就讲什么",不能完全满足工作岗位的任职需求。教学内容中,管理概念、理论、原理、职能的内容较多,而管理方法的内容较少;理论性内容较多,而实践性内容较少。

2.4 教学方法较为单一

本课程的教学内容理论性较强,所以多数内容主要采取课堂讲授的教学方法,具有一定的"满堂灌"的特点:以教员为中心,学员只是简单的授课对象;强调教员的"讲",而忽视学员"听"的效果;以教员的"教"为主体,学员的参与性差,课堂讨论、师生互动较少。总之,对于如何调动学员的积极性,贯彻"教为主导,学为主体",实现教与学双向交流、教学相长做得不够到位,要适应任职教育的要求,必须对单一的教学方法进行相应的改革。

2.5 实践教学环节设计有待完善

为了使学员更好地理解和掌握教学内容,合理安排实践是必要的。本课程一般安排一次到部队实习基地进行参观见学的活动,实现教学内容与工作实际相结合,提高学员的动手实践能力。但参观见学的学时较少,一般为 2～4 学时,不能有效地完成实践环节的任务,而且参观见学时存在走马观花的现象,有的学员仅仅停留在看一看的阶段,没有将理论放到具体实际中去验证、去运用,不能切实提高实践能力。

3 "管理理论与方法"课程施训改革的思路

3.1 思路符合任职要求,体现"任职""基础"特色

军队院校任职教育是指军(士)官在完成高(中)等学历教育的基础上,为适应岗位逐级晋升需要而进行的进修、培训或高等学位教育。它是以岗位任职为指向的教育,是以能力为核心的教育。[1]本课程是任职基础课,这就要求本课程施训改革要准确定位,首先要体现"任职"特色。因此,本课程施训改革最根本的牵引力量只能是任职岗位能力的需要,

在教学模式上强调岗位任职能力的培养,突出学员解决任职岗位领域实际问题能力的提高,使学员成为能够满足部队实际需求的高技能军事人才。其次,要体现"基础"特色。因此,本课程的教学目的是使学员掌握管理的基本理论和基本方法,运用理论和方法解决岗位工作过程中的实际问题,具备初步的管理能力。在教学施训过程中要严格按照相关法规规定的岗位职责组织教学内容,为后续专业课程的学习打下坚实的基础。

3.2 设计考虑学员特点,凸显"主体""对味"特色

课程教学设计直接关系到一门课程的教学质量,进而影响到人才培养的质量。在军队院校任职教育背景下,为了培养和提高学员满足某一工作岗位需要的知识和能力,优化教学设计是首要工作。课程教学要依据人才培养方案,结合岗位需求、课程特点和学员情况,科学筹划和安排教学活动,获得优化的教学效果,从而提高人才培养质量。而进行教学设计时必须充分考虑学员的特点与情况,例如,近三期学员之间存在学历、工作经验和身份差异,这就要求在教学施训中充分发挥学员的主体作用,激发学员的学习潜能,真正实现"我要学""我会学",同时,针对学员的经历特点,有针对性地安排教学内容,选择合适的教学方法和手段,使学员"学得好",使学员"满意",真正提高教学效果。

3.3 内容贴近任职岗位,突出"直击""管用"特色

本课程是专业基础课,具有理论性较强的特点,依据专业任职岗位需求有针对性地选择教学内容,主要包括以下三个模块,且每一模块的内容选取直击"三员"岗位需求,确保所学有所用。

(1)"管理基础"模块包括管理的概念、管理理论的发展和管理的原理等内容。此模块主要让学员明确什么是管理、管理的重要性和管理理论及原理对日后工作的指导意义,讲解时要强调管理理论及管理原理在部队的应用。

(2)"管理职能"模块包括计划、组织、控制等内容。此模块主要研究管理的各项职能,通过学习使学员学会如何制订计划,组织工作,做好控制。

(3)"管理方法"模块包括标准化管理、质量管理、6S管理等内容。此模块主要介绍实际工作中常用的基本的管理方法,结合部队实际工作案例进行解释,让学员既掌握这些方法,又学会在实际工作中运用这些方法,并为后续任职岗位课打好基础。

3.4 方法做到综合应用,突出"灵活""得法"特色

教学方法是为实现教学目标、完成教学任务而在教学过程中运用的方式与手段的总称。教学方法的核心作用是为实现教学目标和完成教学任务服务,教学方法的选择以教学目标为依据。[2]本课程的内容既有管理理论内容,也有管理方法内容。为了使学员既能理解理论、掌握方法,又能培育任职能力,就需要教员在教学中丰富教学方法并灵活应用,促进学员对教学内容的掌握,取得良好的教学效果。

(1)开课前"指点迷津"。由于学员不了解本课程的基本情况,特别是多数学员对航材工作知之甚少,所以先进行课程介绍,明确指出学习目标,避免他们对所学内容及未来工作仅停留在"想象"阶段。

(2)典型实例教学。教学要针对学员基础较弱的特点,选取典型实例,结合部队实际的工作案例。例如,在讲授"管理理论"时,考虑理论的抽象性,不为讲理论而讲理论,而是

让学员结合工作和自身情况去理解,如"你喜欢什么样的管理方式""你认为在军队应该采取什么样的管理方式"。再如,在讲授"标准化管理"时,运用"欧盟统一手机充电器"的新闻来引出标准的概念,然后将标准化应用到部队工作中。

(3)启发式、讨论式教学。抓住学员"思想较活跃,对事物有自己的认识、敢想敢说"的特点,运用方法启发式、讨论式教学,加强互动,"教""学"相长。学员是实现课程目标的主体,让学员独立思考,主动参与课堂教学和专题讨论,做到学员"思"与教员"教"相同步,学员"问"与教员"启"相一致,实现"教"为"学"服务,增强教学效果。

3.5 实践做到教学合一,体现"落地""有效"特色

在任职教育背景下,实践教学是知识向任职岗位能力转化的重要环节,实践教学可以促进基础与应用、理论与实践的结合,特别是针对本课程实践教学过程中存在的问题应当采取以下措施:一是要适当增加实践教学的学时,将其比重提高到15%左右,做到理论与实践"合一",防止脱节。二是要引导学员有目的、有任务地外出参观见学,绝不能走马观花、只是满足好奇心,而是实实在在做到理论"落地"。教员应采取理论验证式或问题牵引式的方法,让学员现场发现问题,运用所学理论思考问题,进而解决问题,明白许多实际问题需要理论指导,也理解管理理论和方法如何指导工作实践。三是加强与部队工作人员之间的交流,多听他们的做法与经验的介绍,掌握一些实际操作技能与方法。同时加强学员间的交流,在每个学习小组中,有航材工作经验的学员帮助其他学员尽快熟悉航材工作,帮助其他学员切实有效地提高岗位任职能力。

参考文献

[1] 周道雷. 任职教育理论与实践研究[M]. 北京:军事科学出版社,2009:2-3.
[2] 王月基. 军校任职教育中教学方法选择与应用[J]. 科技信息,2008(18):362.

物联网技术在航材仓储管理中的应用研究[①]

史玉敏 孙伟奇 周 斌

摘 要 目前,物联网技术成为国内外的研究热点,国内外的仓储行业也有许多引入物联网管理的成功案例,物联网技术在航材管理中只有简单的应用,尚未形成体系。军队的航材保障部门也应当引入物联网技术来推动航材仓储信息化的发展,确保准确、高效、及时地完成航材保障任务,以适应打赢现代化信息化战争的需求。本文主要介绍了物联网的基本概念及发展现状,并思考物联网技术在航材仓储管理中的应用,从传感器技术、RFID 技术、智能技术和纳米技术四个方面深入思考,给出思考结论。

关键词 物联网;航材仓储;传感器技术;RFID 技术

1 引言

物联网在借助互联网技术的基础上将物与物进行连接。物联网最初是由美国提出的,当时是给每个物品分配一个代码,从而实现物品的信息传递与跟踪。物联网的地位已今非昔比,已上升到国家战略,被称为信息产业的第三次浪潮。

物联网(The Internet of Things),从字面上解释就是"物与物相连的互联网"[1]。这有两层意思:第一,物联网仍然是以互联网为核心和基础的,是将互联网进行延伸和扩展的一种网络;第二,任何物体都是其延伸和扩展的用户端,在物体之间进行信息交换和通信。

2 物联网技术的发展现状

信息技术在战争中的作用越来越重要,近年来美军强调"网络中心战"与"传感器到射手"的作战模式,突显无线传感器网络、信息栅格等物联网技术在感知战场态势及将目标信息传输给武器装备方面的作用。

目前,世界各国都非常重视战场感知体系的研究。建立战场感知体系的目的是及时发现、准确识别、精确定位、快速处置。微型传感器节点可以在战场上形成风场密集的、成随机分布的、低成本的无线传感器网络,通过飞机抛投的方式,可以将能够收集震动、压力、声音、速度、湿度、磁场、辐射等信息的各种微型传感器结合起来,在战场的各个角落进行隐藏,全面感知战场态势。

物联网技术在反恐装备研究中也将发挥巨大的作用。2003 年,第一套基于声传感器与无线传感器网络的反狙击系统研制成功,此系统通过在敏感区域事先布置大量低成本

---

① 发表于《环境技术》2018 年第 5 期。

声传感器节点的方法,自组网形成无线传感器网络,与基站配合,通过计算枪响的时间、强度、方位等确定狙击手的位置。此套系统在伊拉克战争中得到了初步应用。

物联网技术还可应用于军事物流中。最早将 RFID 技术应用于军事物流的是美国国防部军需供应局。2002 年,美军中央战区要求所有进入该战区的物资都必须贴有 RFID 标签。2004 年,美国国防部宣布从 2007 年 1 月 1 日起,除散装物资外,所有国防部采购的物资在单品、包装盒及托盘化装载单元上都必须粘贴 RFID 标签,并公布了最终的 RFID 政策。

从本质上看,军事信息化中的从"传感器到射手"的信息无缝交互流程与物联网的目的是一致的,因而物联网技术将在军事应用中大放异彩。

3 物联网技术应用于航材仓储管理的思考

3.1 传感器技术在航材仓储管理中的应用

航材在存储过程中对温湿度有严格的要求,超过合理的范围,就会导致器材损坏或寿命减少。而目前对温湿度的探测还停留在用传统的温湿度计分布测量的方式。航材工作人员需要在仓库的多个位置放置温湿度计,然后手动计算平均值,记录到工作记录中,最后在白板上手动绘制温湿度曲线。温湿度传感器是地方仓储管理中应用非常广泛的一种技术,它的主要组成部分是热敏原件。它可以实时探测一定范围的温湿度,并可通过后台系统自动计算平均值,并在显示屏上形成温湿度曲线,甚至自动启动温湿度控制设备,如除湿机、空调进行温湿度调控。

防火及防盗是航材仓储管理中非常重要的工作,传统的管理方式是采用值班及巡视的方式,但总有疏漏之处,而且耗费了大量的人力。引入传感器技术后可以根据需要设置火源探测点和安防探测点,并引入管理系统中,形成密集的、智能的探测网,一旦发生情况,可以在控制中心及时收到信息,并准确定位。如果将消防及安保设施也引入智能控制系统中,则可以及时做出响应,也就是"人未到、火已灭、贼已抓"。

危险品的监测也尤为重要,航材仓储管理过程中可以在易燃易爆物品上设置探测器,实时监测危险品盛装容器的状态,可以对易燃易爆等危险品进行全面监控。[2]一旦易燃易爆等危险品达到临界点时,就可以立即报警提醒管理人员,从而保障在仓储中易燃易爆等危险品的安全。

3.2 RFID 技术在航材仓储管理中的应用

RFID 是一种自动识别技术,在识别过程中不需要人工的干预,也不需要直接接触物品,只需通过射频信号自动识别货物并获取相关数据。RFID 具有存储信息量大、操作快捷方便、读取和写入信息快捷、数据信息保密性强、适应各种环境等优点,现在已被广泛应用在工业自动化、智能交通运输管理和智能物流管理等领域,成为当前智能化、自动化研究的技术热点。

传统的航材仓储管理工作经过多次入库、出库、修理、报废等工作后,库存信息容易变乱,人工记录过程中容易出错,造成账与物不符。引入 RFID 技术后可以实现对航材的全寿命过程进行管理,跟踪器材从生产到报废的全过程,信息跟着器材的每一次变化而变化,每一次的出入库信息,每一次的修理信息,器材的出厂时间、批次、编号,何时从何地发往何地,怎么运输,什么时候装机,所装飞机编号,装机使用情况,送修情况,等等,这些寿命管理中需要的信息都可以录入射频卡,并收集到电脑终端存档。所以一旦 RFID 技术在航材仓储管理当中得到应用,将大大加快我军仓储全寿命管理的步伐,从而有效提高库存管理的效率。因此,我们要充分发挥射频识别技术的优势,在航材配送、调拨、库存盘点、入库、移位、出库、生产等工作环节就会更加灵活和紧密,做到每个环节环环相扣。

3.3 智能技术在航材仓储管理中的应用

地方仓储航材已全面从以人工劳动为主向以机械化、智能化为主转变,有时一个仓库中只需安排一个控制中心的管理人员即可。目前航材仓库中也出现了很多智能技术,如立体库、回转库,在这些仓库中,不需要人工干预,可实现自动送货、取货操作。另外也可以引入无人搬运车(VGA)。无人搬运车是物联网的一个重要组成部分,也叫智能搬运车。无人搬运车需要传感器技术作为支撑,跟随传感器技术的发展而向更高级的方向发展,向智能化方向前进。只需设定好固定的路线和频率,在载重量可承受的范围内即可将器材从起点送到终点。今后,无人搬运车也将会跟随物联网技术和智能化技术的应用得到更好、更快的发展。

清仓查库也是航材仓储管理中一十分繁重的工作,为了确保账物相符,需要定期进行清查库,占用了大量的人力、物力,有时统计的结果还不一定正确。目前,市场上出现了自动清仓盘库小车,该小车上安装了无线 RFID 阅读器,可以读取一定范围内多个航材的信息。在仓库内开着轻便的小车转一圈,几分钟就可以完成清仓查库,经过和已有数据进行核对,进一步确保数据的准确性,非常方便、快捷。

3.4 纳米技术在航材仓储管理中的应用

航材在仓库保管时有着严格的保管要求,要防潮、防霉,确保温湿度在合理范围内,防霉也是航材仓储领域中重要的研究课题,防霉材料的研究也是重要的研究方向。近几年,纳米技术逐渐兴起,在当今的新热点是纳米材料对纳米尺度基元进行表面修饰改性,人们可以按自己的意愿合成具有特殊性能的新材料,有更多的自由度。这些新材料在橡胶、颜料、陶瓷制品改性等方面很可能给传统产业和产品注入新的高科技含量。纳米材料在未来市场占有重要份额,而且在医药方面的应用研究也非常瞩目。具体而言,未来纳米材料研究有三个研究趋势:一是获得无孔隙、清洁、大尺寸的块体纳米材料的方法,以真实反映纳米材料的性能与本征结构;二是开发新的制备技术与工艺,实现高品质、多品种、低成本的纳米材料产业化;三是如何应用纳米材料的微观结构开发出更加奇异的性能。[3]

4 结束语

我国的物联网技术还处于发展的早期阶段。我国积极筹备建设传感网中心。[4]各领域纷纷响应,大力推动其在国内的发展。目前,物联网已进入高速发展阶段[5],物联网技术也已经在航材仓储管理中有了一些初步的应用,但并不完善,没有充分发挥物联网技术的优势,占领科技制高点。我们应充分认清物联网将会带来仓储业的变革,顺应潮流,为我所用,提高航材仓储管理的信息化水平。

参考文献

[1] 黄玉兰. 物联网射频识别(RFID)核心技术详解[M]. 2版. 北京:人民邮电出版社,2014.

[2] 曹林,王昌慧. 物联网技术在仓储物流领域的应用分析与展望[J]. 教育教学论坛,2016,2(7):217-219.

[3] 沈健. 纳米技术进展研究[D]. 长沙:中南大学,2004.

[4] 刘冰,黄以卫. 基于价值网的物联网产业商业模式研究[J]. 电信科学,2011,27(8):108-111.

[5] 卢涛,尤安军. 美、欧、日、韩等国物联网产业的发展战略及其对我国的启示[J]. 科技进步与对策,2012,29(4):47-51.

基于"互联网＋教育"的线上教学模式调查研究①

李　琨　孙伟奇　李　丽

摘　要　随着网络技术的发展,基于"互联网＋教育"的线上教学模式逐步应用到我们的教育教学领域当中。本文通过对线上教学模式进行调查研究,剖析线上教学过程中存在的问题,并探讨解决问题的方法途径。

关键词　线上教学;教学模式;网络教学平台

随着网络信息技术的快速发展,"互联网＋"衍生出在线教学这一新型的教学模式,丰富了人们获取知识的途径,线上教学逐步融入日常的教学模式。但事情的发展具有两面性,线上教学在给大家带来便利的同时,难免会暴露出一些问题。本文通过问卷调查法对线上教学进行调查研究,发现了其存在的问题,并针对问题提出了改进措施。

1　线上教学

线上教学是指以互联网为技术背景,以各种学习平台作为技术支持,在师生之间开展的教学活动。[1-3]线上教学有以下几方面的优势。

1.1　不受时间和空间约束

当教师与学生的出行受到影响时,运用线上教学,可以使学生突破传统线下教学在时间和空间上的局限,仅仅通过手机或电脑等网络终端便可在足不出户的情形下完成课程学习。

1.2　促进教学资源均衡发展

对于线上教学,部分学校通过录播课的方式进行教学。网上课程资源十分丰富,且通常由优秀教师进行讲授。线下教学模式下,不同地区的教育资源差距较大,如贫困偏远地区的学生无法享受到一线城市的教育资源、普通院校的学生无法享受到"双一流"院校的优质资源,等等,线上教学却可以让他们获得同样的优质教育,间接地促进了教学资源的均衡化发展。

1.3　提高学生积极性和自主性

线上教学模式下,学生对于知识的学习不仅借助课本、课件,也会借助强大的网络资源完成学习。学生可以根据自己的水平、学习状况实时调整学习进度,探索发现适合自己的学习方法,进而激发自己的学习热情。同时,线上教学也需要学生拥有一定的自学能力,有些情况下需要学生自己去理解、分析与学习,这便促进了学生确立自己在学习过程

---

①　发表于《现代职业教育》2020 年第 45 期。

中的主动地位,增强了学生学习的积极性和自主学习能力。

2 问卷调查

为探究线上教学过程中存在的不足与缺陷,本文通过问卷调查法对线上教学进行了调查。本次调查共包含六个问题,主要从学生们是否有线上学习经历、对线上教学效果的满意程度以及线上教学主要存在的问题等方面进行了调查,调查结果如图1～6所示。

通过调查发现,新型冠状病毒肺炎疫情期间学生在线的学习时长主要集中在1～3小时(59%)和3～6小时(20%),学生对线上授课的满意度较高,其中基本满意占大部分(67%),同时也存在学习软件多、操作复杂(67%),软件卡顿、网络信号差(71%)等问题,学生对教师的期望主要集中在积极参与讨论(72%)、提升教学质量(81%)、及时答疑(55%)几个方面。

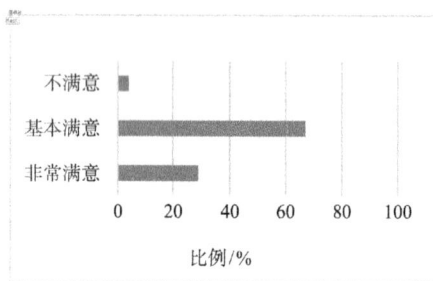

图1　线上教学的满意度

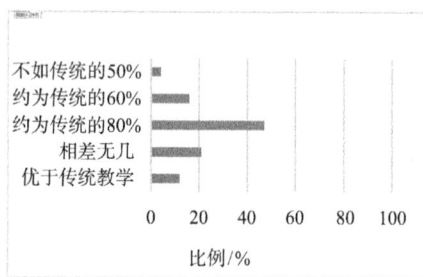

图2　效果与传统教学相比

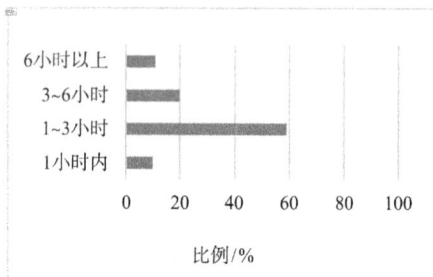

图3　每天在线时长

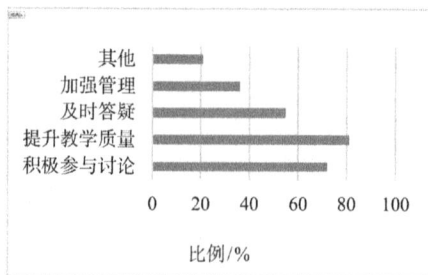

图4　对于教师的期待

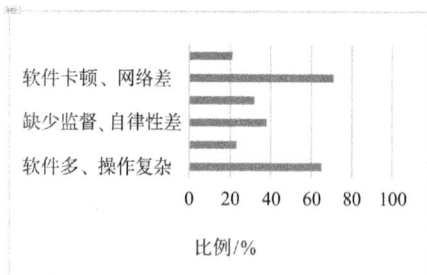

图5　存在的问题

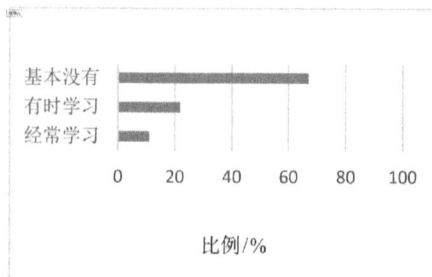

图6　是否有线上教学学习的经历

3 存在问题

3.1 网络教学数量繁多,操作复杂,质量不一

目前用于线上教学的平台较多,按照专业程度可以分为专业和非专业平台。在非专业平台中,如阿里旗下的钉钉、腾讯旗下的腾讯会议等软件,都是免费的办公软件,可以利用其视频直播的功能进行在线直播教学,这两款软件的优点是免费而且稳定,能够承受多人同时在线学习,并且在高峰期不卡顿;缺点是作为非专业教学软件平台,课堂测验、作业提交等功能还有待优化。专业平台有雨课堂、超星学习通、腾讯课堂等软件,作为专业的在线教学平台,它们有海量的教学资源,通过软件平台便可搜索得到各类电子书、论文、视频等学习资料,还可以实现抢答、作业布置、直播弹幕、课堂考勤及点名互动等功能,但是,在新型冠状病毒肺炎疫情期间,由于服务器承载有限,在使用人数较多时会出现部分功能不流畅等问题。目前的线上教学过程中,仅仅用一款软件很难完成教学工作,教师和学生往往需要借助多款软件平台,如录播、直播、交作业、打卡可能需要多个不同的软件,不同课程由于教师不同也会使用不同的软件平台,这迫使学生不得不频繁转换"战场",影响学习效果。

3.2 缺乏监督,学生自制力差

学生的学习环境发生了较大变化,由课堂转变为居家学习,教师和学生从面对面交流变成了通过冰冷的屏幕见面,间接影响到学生的学习热情。学生在学习过程中会受到周边环境的影响,如游戏、电影、网络均会对学生的专注力造成影响。由于缺乏教师在课堂上的直接监督,还会出现部分学生听讲不认真、翘课、不交作业等问题,有部分学生存在"网课只是走过场,开学还得重新上"的想法,所以学习的主动性下降。

3.3 技术水平有待提高

线上教学过程中,教师、学生运用电脑或手机进行授课、学习。受新型冠状病毒疫情影响,线上教学人数爆发式增长,新生事物会出现较多未曾遇到的问题。首先是操作不熟练,对于大部分教师、学生来说,疫情之前接触线上教学较少,因此对于软件的使用存在操作不熟的问题,特别对于部分年龄较大的教师,由于缺少网络平台的使用经验,面临更大的困难。其次是网络问题,部分教师或学生位于偏远落后地区,网络信号较差,信号时断时续,常引起课程中断。再次是软件自身问题,由于使用人数过多,服务器运载能力有限,势必有部分平台经受不住考验,导致网络卡顿,会出现视频慢、卡,甚至不能使用的情况,同时伴随部分学生无法进入直播平台、作业无法提交等问题。

3.4 缺乏互动性

传统教学过程中,教师与学生是面对面上课,教师能够掌握学生对知识的掌握情况,也能够迅速解决学生对知识点的疑惑。线上教学时,教师与学生、学生与学生身处异地,同时或受软件制约,或因初次在线授课操作不熟,教师和学生之间的实时互动反馈受到较大限制。互动性的缺失,可能会造成填鸭式的教学,教师不知道学生对教学内容的掌握情况,也难以把握教学内容的深浅和进度的快慢。

4 改进方法

4.1 教学内容精心设计,积极尝试多种教学模式

为提高学生的学习兴趣与专注力,教师需要在教学内容上做出更加精心的设计:一方面教师要精心设计教学内容,如在课件中增加图片、视频、案例等内容,充分调动学生的积极性,吸引学生的注意力;另一方面,为学生提供丰富多彩的课外学习内容,激发学生的好奇心与学习兴趣。在线上教学过程中,教师亦可以尝试翻转课堂、项目式、探究式教学等多种教学模式。例如,混合式教学模式可以将教学过程分为课前、课中、课后三个阶段按顺序进行。课前阶段,教师根据本节课所学内容及特点,提前将课件、视频、网页等内容推送到授课平台,发布预习任务,给予学生充分的学习时间,让每名学生带着知识点走上课堂;课中阶段,教师可以根据学生课前学习阶段所面临的难点及学生面临的共性问题进行重点讲解;课后阶段,教师根据授课过程中学生存在的疑惑布置课后作业,运用平台的批改功能对作业进行批改与评价,进一步巩固学生的学习成果,最后借助平台获得学生的总体成绩分布,针对不同学生的水平特点因材施教。

4.2 增进与学生的互动

受网络教学环境的影响,在教学过程中,教师必须采取更多的交互式学习,只有这样,才能更好地吸引学生的注意力。在这一过程中,教师要多关注学生的听课状态,了解发现学生的兴趣、爱好、需求与不足之处,积极与学生互动,引导学生积极提问、讨论、回答问题,增加学生的参与度,加强教师与学生、学生与学生之间的多方向交流。

4.3 加强对学生的管理

线上教学给予学生更多的自由,但自由并不代表放纵,部分学生自我管理和约束能力较差,自主学习意识相对淡薄,学习的主动性和独立性不足,而线上教学过程中,教师并不能实时关注到每一名学生的学习动态,这时这些特征便会表现得更加明显,最终会影响到教学的质量与效果。因此,在线上教学过程中,教师要加强对学生的管理,积极督促、提醒每一名学生参与学习,明确课堂纪律要求与评价措施。教师利用平台提供的学生的学习过程数据进行分析,了解学生的实时学习状况,最终使线上与线下教学等质等效。同样,家长也要给学生创造一个适于学习的环境。

4.4 多元化评价

在教学过程中加入多种评价体系,以监督学生学习过程,根据评价结果,实时调整教学方式,最终达到理想的教学效果。评价体系总体分为中间评价和最终评价。中间评价包括课上签到、互动参与度、课堂测验等内容,通过这些活动,教师可以获得实时反馈,清楚地认识到学生的学习效果。这些活动具有激励学生学习的作用,进而提高学习效果。最终评价为期末考试成绩。

4.5 改善网络环境

针对平台在线教学出现的卡顿现象,平台须提高服务器的承载能力,及时更新服务器软硬件;教师及学生需要改善网络环境,提高上网速率,教师在直播过程中可减少人像出镜,采用语音授课。

4.6 课后及时巩固,保证学习效果

对于线上教学过程中难以消化的知识点,学生要及时巩固课上学习内容,整理学习笔记,也可以对线上教学的视频进行回放观看,查缺补漏,消灭学习过程中的疑问。对于巩固复习后仍然解决不了的问题,可以及时通过微信或者 QQ 与教师沟通,迅速解决问题,不留疑惑,保证学习效果。

5 结语

线上与线下教学的实质是相同的,线下教学能够达到的教学效果,线上教学也应该可以达到。教学活动要从实际出发,确保能够取得较好的教学效果。我们要看到线上教学的优势和不足,积极探索,主动研究,不断改进,最终取得更好的教学效果。

参考文献

[1] ANDERSON T. The theory and practice of online learning[M]. Anderson:AU Press,2009:472.

[2] REINIG M. The theory and practice of online learning[J]. Language Learning & Technology,2010,14(1):24-27.

[3] 房林. 浅谈高校"线上教学"的现状、问题及嵌入路径[J]. 市场研究,2018,476(12):17-19.

Research on Tactical Information Display Technology for Interactive Virtual Cockpit

SUN Zhongyun   TIAN Tao   SU Feng

Abstract   Based on a fact that traditional tactical information display technology suffers from disadvantages of a large number of data to be transferred and low plotting efficiency in an interactive virtual cockpit, a GID protocol-based simulation has been designed. This method dissolves complex tactical information screens into basic plotting units. The indication of plotting units is controlled via the plotting commands, which solves the incompatibility between the tactical information display in traditional simulation and the desktop-based virtual simulation training system. Having been used in desktop systems for helicopters, fighters, and transporters, this method proves to be scientific and reasonable in design and simple and efficient in usage, which exerts a significant value in establishing aviation equipment technology support training products.

Keywords   Interactive virtual cockpit; tactical information; GID protocol; command coding

1   Introduction

The development of virtual reality and simulation technology has enriched the training means for aviation equipment technology support and perfected the training methods and systems. The desktop-based auxiliary maintenance and flight virtual simulation training system, built based on the interactive virtual cockpit, comes as an efficient method to allow the trainees to understand the equipment principles and familiarize with the equipment operation in the programmed training phase. Such a technological method also provides abundant system simulation resources for successive R&D of programmed trainers, maintenance trainers, and flight trainers. As the integrity of avionics on modern fighters improves, especially with the application of devices such as multi-function display (MFD), head up display (HUD), primary flight display (PFD), and navigation display (ND), tactical information provided for a pilot is becoming more concentrated and rich. [1] During construction and use of an interactive virtual cockpit, due to the instruments and views being in the same scene, characteristics of centralized information transfer, large volume of data, and high efficiency requirement in a desktop system should be adapted during appearance of tactical information through simulation. Therefore, this article introduces the build of an interactive virtual cockpit in the first place and, in pertinent to characteristics of a virtual cockpit, presents the method for GID protocol-based tactical information simulation and its implementation process, thus further solving the incompatibility between the traditional simulation method and the desktop-based virtual simulation training system.

2   Construction of interactive virtual cockpit

An interactive virtual cockpit is an interactive cockpit operation environment that is constructed by a 3D physical fighter model and instrument behavior models under the support of a certain visual simulation platform. Such an environment requires consistent cockpit layout, elements operation modes, response modes, and displays with a real fighter, so as to provide the intuitionistic and precise immersion operations. Trainees under this virtual environment performs human-machine interaction with instruments inside by using the mouse and keyboard. The interactive input information is transferred to the background's logic server or system simulation terminal via trigger and query modes and results are computed and output by the mathematic model calculation module. Then, the cockpit environment presents the results in a visualized way. There are two tasks for the construction of an interactive virtual cockpit. One is to provide a simulated environment visually consistent with the real fighter operation environment and to present the tactical information under such an environment and the other is to provide an interactive mode between a pilot and the cockpit environment and to send the interactive information out in a certain way. [2]

To construct an interactive virtual cockpit satisfying the mission demands, a visual system, which is capable of driving the landscape, models, and instruments (including those developed by the third party software) to display in the same scene, should be selected. Currently, mainstream visual platforms can well support the landscape and models and can be used to finish their own virtual instruments simulation according to corresponding technical paths. However, they support differently the instruments developed by the embedded third party software. Therefore, the support extent for embedded third party instruments should be given more attention in selecting a visual platform. In practical application, the author has found that the combinations of Vega Prim visual platform and GL Studio instrument simulation software and of Mantis visual platform and Idata instrument simulation software are more favorable. Both combinations use mature, reliable and realistic commercial visual platforms and utilize the merits of high efficiency of professional instrument software in visualization development and interactive simulation, thus taking the priority to become a visual scheme in development of an interactive virtual cockpit. [3-6]

Secondly, 3D models of land features outside the cockpit and the fighter (including the cockpit) should be built. Because trainings using the desktop-based training system are mainly finished inside the cockpit, it is suitable to build a small land feature view for the mission so as to enhance the system operation efficiency. The 3D fighter model should reflect the space layout of both the fighter and cockpit. It should be allowed to build geometric models in 3DS Max according to features of the equipment appearance, dimensions, textures, and light and to convert the formats as per the demand of the visual system. [7] From construction to conversion of the models, following principles should be followed:

Reduction of the number of unnecessary facets on premise of guaranteeing the quality.

Reasonable layout of model grids.

Aligning of dots and facets.

Welding of coincident points. Better display quality can be guaranteed by using the fighter model built based on the above process and principle and meanwhile, the real-time rendering efficiency can also be improved.

In the end, it is needed to simulate all instruments in the cockpit, including the operation components such as switches, knobs, and buttons on the panels, and display components such as the instruments and electronic flight indicators. Regarding the GL Studio as an example, this software is capable of creating a real-time, 3D, and graph-level interactive graphic interface. Users can use such an interactive graphic interface to make the instrument panel in a way that what you see is what you get and simulate the instrument internal logics using the code editor. The code generator can automatically produce the user's make result in original code of C++ and OpenGL[8]. In this case, the code can be both independently compiled and embedded into other programs for compilation so as to avoid a large number of complex underlying OpenGL development details. Instruments simulated via such special tool software can be conveniently embedded into the cockpit model under the visual platform's support, thus generating a complete interactive cockpit environment. See Fig. 1 for the effect of an interactive virtual cockpit created in combination of Vega Prime and GL Studio.

Fig. 1　Effect of an interactive virtual cockpit created in
combination of Vega Prime and GL Studio

3　Tactical information display in virtual cockpit

A fighter's tactical information means the indicating information for various systems and equipment concerning flight, navigation, weapons, sensors, communication, engine, environment, electro-mechanics, etc. Information such as basic attitude, altitude and speed will be presented through backup instruments to the pilot for larger survival range of the fighter and also displayed after prioritizing on the electronic flight indicators along with other information. Common EFIs are multi-function display (MFD), head up display (HUD), primary flight display (PFD), navigation display (ND) and some other backup display devices. Tactical information on the flight indicators are organized and displayed in a paging method. The format is automatically switchable as required by the mission with line address keys and primary mode switch and the tactical information is modifiable by ways of multi-functional keyboard or comprehensive control unit. The simulated reproduction of tactical information in the virtual cockpit requires work to be done with the logical calculation center for a corresponding display protocol which can efficiently encode and analyze simulated resulting information and scientifically control the data amount.

3.1 GID based display protocol

The avionics are more integrated than ever, bestowing the display of tactical information with digitalization, integration and interactivity, user-friendliness, etc. This integration provides more information for the pilot, reduce tiredness of the pilot and increase flight efficiency. The formats generated by combined tactical information can be as many as dozens or even more with each format comprising information of several systems or equipment. Take the flight format as an example. It shows primary information, such as attitude, altitude, etc., as well as auxiliary information, such as longitude and latitude, time, wind speed and direction, waypoint, overload, etc.

The traditional display protocol process dictates the logic terminal to transmit all tactical information data in packages to the virtual cockpit with a sequenced number when the display protocol is prepared. When displaying, the number for each format will be depended on to display the required content and extract required display element in the current format from the received data. Such method has the comparative strength in freeing the logic calculation terminal from organizing data for the tactical display; instead it goes directly to format switchover by determining the format number. However, this also brings the shortcoming. The large data transmission takes up a lot of network resources, affecting plotting efficiency, especially as the system or equipment becomes more complex, once-and-for-all data transmission will come up with higher demand for the network which contradicts the principle of economical efficiency of desktop-based training system.

As a solution to the network overload brought by the traditional protocol, a better approach should be graphic instruct data (GID) protocol. GID protocol relies on the logic calculation terminal to break down the tactical data and display content of the current format into tactical graph elements including basic texts, lines, basic graphs, special image symbols, etc., with color, size, location and brightness properties. In addition, it will demonstrate those display elements and their properties in a certain format by encoding. Once those data are organized in a certain sequence, the graphic instruct data (GID) comes into being. GID protocol has the advantage in reducing network load and improving the display efficiency since it only transmits a limited data amount of the packages made up by a dozen of basic plotting units for each time and requires the virtual cockpit just to reproduce basic display elements.

3.2 Encoding design of plotting command

The drawing command encoding process based on the GID display protocol will create sequenced data segments in a certain format. Each data segment is comprised of smaller data segments which have all information required for tactical graph element plotting. Command data are constructed by data of the same type (e.g. unsigned short) for convenient transmission and unified management. Tactical graph elements are divided into two categories while encoding the plotting command.

3.2.1 General command

Used for plotting lines, rectangles, arcs, letters, Chinese characters and punctuation marks, this type of command will reappear repetitively as required in the command data with simple shapes and can be directly drawn under the control of codes. With the rectangle as an example, its plotting command format is shown in Table 1.

Table 1 General command format for the rectangle

Data word	General command format
Data word 1	A001H
Data word 2	Length
Data word 3	Width
Data word 4	Lateral location coordinates
Data word 5	Longitudinal location coordinates
Data word 6	Various characteristics of the rectangle

Data word 1: A001H, a hexadecimal data command that indicates the plotting of a rectangle needed to be down after retrieving the data started with A001H in the command data.

Data words 2−3: determining the length and height of the rectangle measured in screen pixel.

Data words 4−5: determining the location of the rectangle measured in screen pixel.

Data word 6: determining the special characteristics including line type (full line or dashed line), flashing or not, line width, color and filling or not.

Under such agreement, the command of A0010064006400C800C80100 requires to draw a black and unfilled rectangle at the location of (200, 200) on the screen with 100 for both length and width in 1-pixel width full line.

3.2.2　Special command

Used for special graph elements or special meanings which are difficult to draw by using simple graphics, such as compass, horizon indicator, heading scales, airspeed belt, contrast of the display, video overlapping, etc., this type of command are unique in the command data with the purpose of reducing the number of basic commands that require encoding and thus the communication load. Take the horizon indicator (its graph shown in Fig. 2) indicating fighter attitude as an example. This graph will provide banking and pitch information of the fighter to the pilot. It is unsuitable for

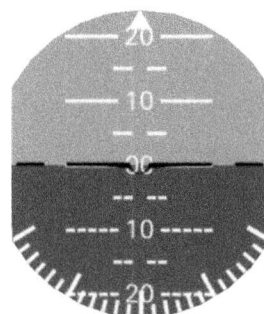

Fig. 2　Graphs indicated by the horizon indicator

further graph element breakdown due to the complexity; therefore, the special command will be used to control its appearance and attitude indication. The design of such command is shown in Table 2.

Table 2　Plotting command format for the horizon indicator

Data word	General command format
Data word 1: command code	B001H
Data word 2	Banking angle
Data word 3	Pitch angle
Data word 4	Lateral location coordinates
Data word 5	Longitudinal location coordinates
Data word 6	Zooming scale

As shown in Table 2:

Data word 1: B001H, retrieving such command that indicates the horizon indicator graphs as desired for display.

Data word 2: banking angle of the horizon indicator, required to rotate the sky-earth globe accordingly.

Data word 3: pitch angle of the horizon indicator, required to move the sky-earth globe vertically accordingly.

Data words 4—5: location coordinates of the sky-ground globe.

Data word 6: zooming of the horizon indicator compared with its original size.

Under this design agreement, a command of B001001E0014006400640001 indicates the plotting of a horizon indictor with the same size as its original graph at the location of (100, 100) on the screen with a 30o banking angle and 20o pitch angle.

3.3 Plotting of tactic graph elements

The virtual cockpit display will process the plotting command and finish the plotting and display after it receives the command. The whole plotting process is shown in Fig. 3.

During the processing of the plotting command, the first step is to retrieve the command and determine the effectiveness of the command according to its coding rules. Determine the type of command first after finding it effective. Draw the graph for which the command stands directly in the virtual cockpit if the command is a special one-time one. If the command is a repeatable basic one, in order to prevent the desynchronization

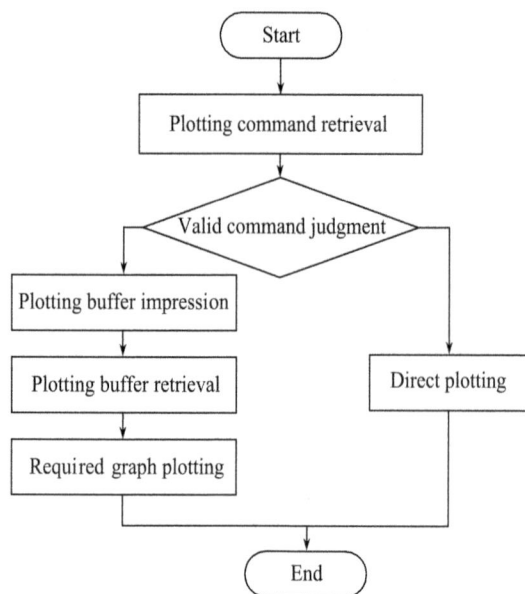

Fig. 3   Plotting flow of tactic graph elements

between the command parsing and graph plotting, it is necessary to put the graph for which the command stands into the plotting buffer, and then to retrieve the plotting buffer and draw the graph based on the principle of first in first out. From the above, during plotting of special tactic graph elements, the plotting process is a one-time reproduction of coded message of the command due to the uniqueness of graph elements. It can be done through controlling the display or not of drawn graph elements and assigning the movable parts of graph elements dynamic information such as rotation, move, etc. As to the repeatable basic graph elements, it requires the buffer to control synchronization between the commanding and plotting. Take the rectangle plotting with GL Studio special software for instance, the process is as follows.

Define the two types of vectors as vDISP and vGLP respectively, DISP and GLPolygon in std: vector container class. Vector organizes the same type of elements in a linear mode, providing a highly-efficient access of the elements. Thereinto, DISP mainly defines the length, width, location X, location Y and feature characters of the rectangle to be drawn while GLPolygon is a predefined geometric type used for polygon visualization in GL Studio.

In a command cycle, add a member to vDISP with push_back function for each A001H command that comes out. The information about the member such as length, width, location and feature character is from the coding parsing behind the A001H command. After the command cycle is over, the vDISP will store all the information about the rectangle to be drawn. GL Studio produces the same quantity of GLPolygons as the sectors of vDISP dynamically and stores those polygons into the sectors of vDISP at the same time. Assign the rectangular information for which each member stands in the vDISP sector to vGLP which will perform the polygon visualization produced dynamically. Visualization mainly includes the following contents:

Location: assignments of x, y in vGLP. at (i).

Length: assignments of width in vGLP. at (i).

Width: assignments of height in vGLP. at (i).

Line Width: LineWidth in vGLP. at (i).

Color: SetFillColor in vGLP. at (i).

4 Chinesization of tactic information

According to GB 2312-80, the 3755 Chinese characters often used are 1st library and the 3088 Chinese characters not often used are 2nd library. The combination of the 6843 Chinese characters will provide complete Chinesized information. To perform visualization display of Chinese characters in the virtual cockpit under GID protocol, attentions should be paid to the particularities of both coding and display processes.

GID protocol requires the information of Chinese characters to be transmitted from the logic terminal to the display. After the command code and feature code of Chinese characters are defined, the information of the Chinese characters should be added to command coding in some way. As regulated by GB code, each Chinese character has a defined binary code which is called internal statement code. Because the Chinese characters are all identified with internal statement codes inside the computer and the acquisition of internal statement codes at logic terminal can be performed directly by a cast function, the internal statement code of Chinese character can be added to the display command for coding as the information code.

With the buffer technique, put the retrieved information about Chinese characters into the plotting buffer. The information includes the internal statement code, location, size, color, frame, blink effect, etc.

Make a piece of image texture containing all Chinese characters with Photoshop and other software and provide a one-to-one mapping between each display of Chinese character and its corresponding internal statement code index. With texture mapping technique, draw the corresponding Chinese character in instrument plotting software according to the index after receiving Chinese character command and parsing. With GL Studio for instance, when displaying the texture of Chinese characters, wrapper functions such as ChangeVTexture and ChangeHTexture can be adopted to change the horizontal and vertical locations of the texture so as to perform the display and changes of different Chinese characters.

5 Conclusion

Based on the simulation applications of the helicopter integrated processing system, fighter display control system and special aircraft EFIS, in an interactive virtual cockpit established in the way of visual platform + instrument simulation software, performing the coding and display of tactic information based on GID protocol and with the corresponding methods can quickly and efficiently materialize the information of integrated avionics simulation and reproduction and can conduct extension updates as required as the avionics technologies develop. At the same time, this method makes the division between logic coders and image drawers clearer, allowing programmers and art designers more focused on their own profession and reducing the crossing and interference among professions. It is possessed of significant economic interests and value of engineering applications and promotes remarkably the quick establishment of aviation training products.

References

[1] ZHANG H. Development trend of the new generation integrated avionics system[J]. Aviation Precision Manufacturing Tecnology, 2016, 52(2): 1-4.

[2] LIU L F. Virtual cockpit flight simulator based on GL studio development[D]. Qingdao: Qingdao University of Science & Technology, 2015: 9.

[3] DENG Y. Virtual cockpit display and visual simulation technology[D]. Xi'an: Xidian University, 2013, 17-36.

[4] WANG J. The simulation of virtual cockpit human-machine Interace[D]. Beijing: North China University of Technology, 2013: 10-13.

[5] LE J, XIANG F, DAI S. Simulation of multi-function displays in virtual cockpit[J]. Journal of System Simulation, 2005, 12(12): 3 046-3 049.

[6] DONG X L, ZHONG H O, DONG W. Design and Implementation of virtual Instrument in virtual cockpit[J]. Computer and Modernization, 2009, 6: 44-47.

[7] ZHAO J C. Design and implementation of virtual reality systems[M]. Beijing: National Defense Industry Press, 2008: 90-121.

基于预测和双缓冲区的直升机视景仿真①

周秀芝 孙忠云 曹建平

摘　要　为了解决直升机视景仿真中的飞控与视景不同步和降落问题,本文首次提出了一种基于预测和双缓冲的直升机视景系统数据同步的解决方法。该方法首先将直升机的姿态信息进行采样处理,使之与视景仿真频率匹配,然后将处理后的姿态信息分别存储于两个缓冲区中,一个缓冲区的数据驱动场景进行渲染,另一个缓冲区的数据被用来预测下一帧飞机的位置姿态,将预测到的数据发送给视景进行碰撞检测,最终引导直升机正确着落。实验结果显示,该方法产生的数据比不做处理的数据更接近真实数据,能够满足视景仿真数据的实时性需求。目前该方法已成功应用在直升机通用着舰训练系统中。

关键词　视景仿真;预测;双缓冲区;降落

1　引言

现代直升机以其独特的环境适应性在军事和民用领域中得到了广泛应用,我国目前正在大力发展直升机,直升机的数量在迅速增加,需要培养大量的直升机飞行员。采用模拟训练的手段可以提高效率、节省经费、保证安全。视景仿真系统在飞行模拟训练中为飞行员提供逼真的视觉感官体验,提高模拟训练的逼真度,是飞行训练模拟器的重要组成部分。与固定翼飞机不同,直升机的起飞降落可以在机场、平地、楼顶平台、舰面等众多地点实现,不局限于机场跑道,因此对视景中的细节要求更高,同时要求视景要与飞控紧密配合,将直升机与场景中地形和目标的交互信息回馈给飞控,以配合直升机在不同的地点降落。目前国内的大部分直升机视景仿真采用的是 MultiGen—Paradigm(后与 Engenuity 和 TerreX 公司合并成 Presagis 公司)的 VegaPrime(以下简称 VP)作为视景驱动软件[1-6],还有一部分采用 FlightGear[7]。在直升机视景仿真的报道中,大部分的文章着重讲述了场景的搭建和控制,关于飞控数据的处理并不多[8-10],而在工程实践中必须解决飞控仿真与视景渲染不同步的问题。

为了解决直升机视景仿真中飞控与视景不同步和降落问题,本文首次提出了一种基于双缓冲区和预测机制的直升机着舰视景系统的解决方法。该方法首先将直升机的姿态信息进行采样处理,使之与视景仿真频率匹配,以达到飞控仿真和视景仿真的时间同步性,然后将处理后的姿态信息存储于两个缓冲区中,一个缓冲区的数据传送给视景进行更新;一个缓冲区中的姿态信息来预测飞控仿真的下一帧数据,然后传送给视景进行碰撞检测,最终使直升机正确降落。接下来首先对飞控与视景不同步的原因进行分析,并给出相应的解决方法,最后给出实验结果。

---

① 发表于《计算机测量与控制》2018年第7期。

2 飞控与视景不同步的原因分析

直升机视景仿真中,飞控系统计算出飞机的位置,通过网络传输到视景系统,驱动视景模型库建立战场环境。各系统之间的关系如图1所示,视景控制程序收集飞控和其他模块与视景系统进行交互的各种信息,主要包括直升机和其他目标的姿态位置信息,并把这些信息转换成相应的协议发送到视景渲染模块,将视景渲染模块反馈回来的碰撞信息等进行协议转换后发送给飞控解算;

图 1 直升机着舰中各系统关系图

视景控制主程序主要负责对场景中的模型和特效等进行统一的控制和管理;视景渲染模块主要负责接收视景驱动发送过来的信息,并在场景中做出相应的渲染和改变,同时将需要回应的信息发送给视景控制模块。

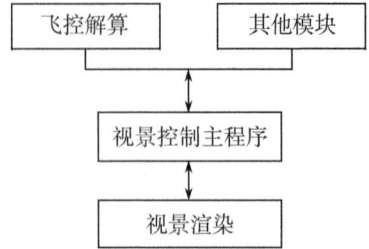

飞控解算出的飞机六自由度信息一般会通过网络数据传输给视景模块,由于网络堵塞或者延迟等,会出现漏帧的情况。假设飞控的解算频率和视景的刷新频率完全一致,那么在 T_n, T_{n+1}, T_{n+2} 时刻,视景端应该收到 F_n, F_{n+1}, F_{n+2} 帧的数据,但由于网络原因,只收到 F_n, F_{n+2} 帧的数据,这种情况下会导致场景出现卡顿,尤其是飞机做大坡度飞行时,使用者会感觉到场景的抖动。

飞行仿真是比较复杂的系统,一般是根据自己的时钟和仿真步长进行多步长推进的方式进行计算。一般飞行仿真的内部解算采用 10 ms 的周期进行。视景系统是通过数据来驱动视景模型的,根据视景每帧获取的实体状态进行等步长解算。视景更新频率为 60 Hz,也就是以 16.7 ms 为步长进行解算。这样就存在刷新频率和数据帧不同步问题,而且帧周期也不一样,加上每帧计算所花费的时间不一样,再加上网络数据传输延时,由此引起数据读错帧。在视景解算时就会发生连续两帧数据读取是同样数据,或者有些帧数据未被读取等现象(跳帧)。[8]如图2左图所示,在飞控和视景分别以100帧/秒和10帧/秒运行的情况下,在理想情况下,当视景渲染 1,2,3,4,5,6,7,8 帧时,所用到的飞控数据分别为 1,2,4,5,7,9,10,12 帧。这样飞控与视景渲染达不到同步,在场景渲染时会出现抖动等情况,影响用户的使用;同时飞控系统需要视景反馈回的碰撞信息进行解算,视景在 1,2,3,4,5,6,7,8 帧所检测的碰撞信息分别反馈到了飞控的 1,2,5,7,9,10,12,13 帧,这种非实时反馈的碰撞信息会严重影响飞控的计算结果,导致飞控出现不可预料的错误。

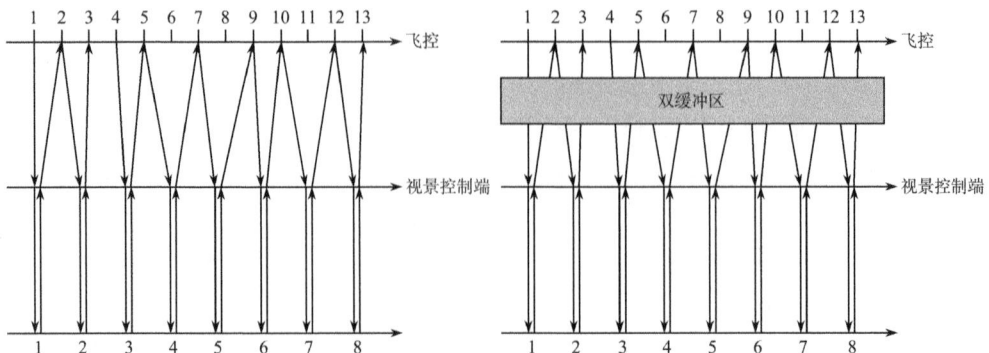

图 2 飞控与视景数据传输示例

3 飞控与视景不同步的解决方法

通过上文的分析可以知道，飞控与视景不同步主要是由两个原因引起的：一是网络传输所导致的漏帧和跳帧；二是飞控的计算频率与视景的刷新频率不一致所导致的错帧。针对这两种问题，采用不同的方法予以解决：一是在视景控制端利用已知数据对没有收到的飞控数据进行模拟推演，保证数据的完整性；二是利用双缓冲区来解决错帧问题。

3.1 利用推演解决漏帧问题

飞控与视景之间的数据通过网络进行传输，网络传输会导致数据丢失，而视景刷新时需要连贯一致的数据，否则会出现场景抖动的现象。为了得到与视景刷新同步的数据，同时又不能增加视景端的计算负担，需要在视景端利用已经收到的数据推演出丢失的数据，从而保证数据的一致性。假设视景在 T_n 时刻收到的飞机六自由度数据为 $D_n = \{Lon_n, Lat_n, Alt_n, H_n, P_n, R_n\}$，其中 Lon_n, Lat_n, Alt_n 代表了飞机的位置信息，分别是飞机的经度、纬度和高度信息，H_n, P_n, R_n 表示飞机的姿态信息，分别是航向角、俯仰角和横滚角信息。视景端同时还会收到飞控传来的飞机速度数据 $V_n = \{V_x, V_y, V_z, V_h, V_p, V_r\}$，$V_x$、$V_y, V_z$ 分别是飞机速度的北向分量、东向分量和天向分量；V_h, V_p, V_r 分别是飞机的偏航角速度、俯仰角速度和横滚角速度。而在 t_{n+1} 时刻没有收到数据。此时视景端需要根据已经收到的飞机位置姿态信息和速度信息推算出飞机在 t_{n+1} 时刻的位置姿态信息。飞机的位置是用经度、纬度和高度来描述的，而飞机的速度信息是以飞机的起飞点为原点、以北向为 X 方向、以东向为 Y 方向、以天空为 Z 方向的笛卡尔坐标系来描述的，因此需要进行坐标变换才能使二者的坐标一致。利用函数 $f(x)$ 表示从经纬度坐标到北东天坐标的变换，则在北东天坐标系下的飞机位置如公式（1）所示。

$$D_n' = \{X, Y, Z, H, P, R\} = f(D_n)$$
$$= \{f(Lon_n, Lat_n, Alt_n), H_n, P_n, R_n\} \tag{1}$$

用函数 $f'(x)$ 表示从北东天坐标系到经纬度坐标系的转换，则视景端在 t_{n+1} 时刻的飞机六自由度数据如公式（2）所示。

$$D_n + 1 = f'(f(D_n) + A_n) \tag{2}$$

3.2 利用双缓冲区解决错帧问题

飞控与视景是一个双向交互的过程，如果视景只是接收飞控数据进行飞机姿态的定位和显示，那么问题变得相对简单，可只对视景接收到的飞机姿态信息进行数据处理后送渲染端进行显示即可，在很多工程应用上都如此处理；而在飞控需要视景实时反馈的碰撞检测结果作为飞控的输入量进行解算时，整个过程成为一个需要实时反馈的系统，这样视景系统不仅需要处理接收到的数据，还需要保证将当前飞机与场景中发生碰撞的信息实时返回。本文通过在飞控和视景控制端加入了双数据缓冲区来解决这个问题，如图 2 右图所示，在飞控的数据传送给视景之前，先将其数据放入双缓冲区中，在缓冲区中对数据进行处理，使得飞控发送给视景的数据和飞控接收到的视景数据都满足要求，能够同步。具体实现时，如图 3 所示，缓冲区 1 存放用来进行视景渲染的飞机信息，通过插值计算使飞控解算频率与渲染频率匹配；缓冲区 2 存放用来进行碰撞检测的飞机信息，通过预测算法使飞控解算频率与渲染频率匹配。视景中放置两架飞机，一架用来渲染，一架"影子飞机"只用来进行碰撞检测的计算，不在场景中进行渲染，这样既可以保证在渲染时按照渲染端的频率进行更新，又可以保证碰撞检测的实时性。

为了达到频率匹配，视景和飞控中的数据都自带帧号，若当前视景渲染到 n 帧，飞控解算到 m 帧，缓冲区 1 由一个 10 帧的队列组成，所收到的数据分别为 $\{D_m, D_{m+1}, D_{m+2}, D_{m+3}, D_{m+4}, D_{m+5}, D_{m+6}, D_{m+7}, D_{m+8}, D_{m+9}\}$，用来渲染的数据为 $\{DD_n, DD_{n+1}, DD_{n+2}, DD_{n+3}, DD_{n+4}, DD_{n+5}\}$，则它们之间的关系为：

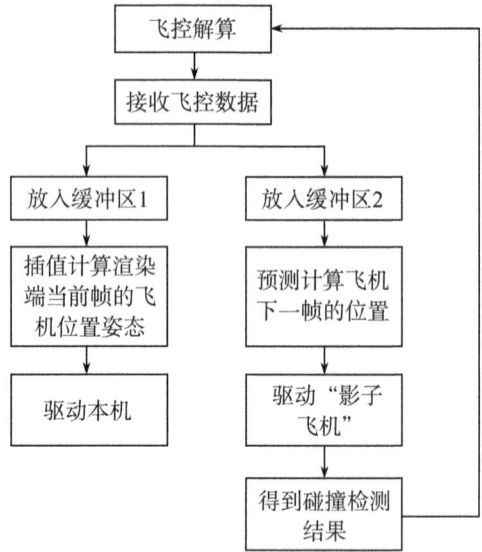

图 3　双缓冲区示意图

$$\begin{cases} DD_n = D_m \\ DD_{n+1} = C_1 D_{m+1} + C_2 D_{m+2} \\ DD_{n+2} = C_3 D_{m+3} + C_4 D_{m+4} \\ DD_{n+3} = D_{m+5} \\ DD_{n+4} = C_6 D_{m+6} + C_7 D_{m+7} \\ DD_{n+5} = C_8 D_{m+8} + C_9 D_{m+9} \end{cases} \tag{3}$$

其中，$C_1 + C_2 = 1$，$C_3 + C_4 = 1$，$C_6 + C_7 = 1$，$C_8 + C_9 = 1$。从公示(3)可以看出，利用线性插值算法可从缓冲区 1 中计算出需要渲染的数据。这样可保证飞控发送过来的数据能够与视景的渲染速度相匹配，如果视景渲染帧速或飞控的解算频率发生改变，则相应修改公式(3)即可。为了保证数据的一致性，缓冲区 1 中的数据采用滑动窗口进行，按照"先进先出"的原则，采用队列存储缓冲区 1 的数据。利用缓冲区计算的时候，使用者操作后的效果在视景上显现时会延迟 0.01 s，这种延迟不会影响使用者的主观感受。

缓冲区 2 用来计算当前帧的碰撞检测，本文中采用的 LOS 碰撞检测，该检测需要提供检测线的起点和终点形成检测线，而检测线的起点和终点依附在飞机尾部上，因此是随着飞机实时更新的。假设视景在第 n 帧接收到碰撞检测请求，会在第 $n+1$ 帧将检测结果返回。如果将当前帧的碰撞检测请求直接发送给视景，则结果需要在下一帧才能收到，延迟了一帧。为了解决这个问题，我们设立了第二个缓冲区。假设收到飞控的当前帧数据为第 i 帧，则在第二个缓冲区中存放的五帧数据分别为 $\{D_{i-4}, D_{i-3}, D_{i-2}, D_{i-1}, D_i\}$。首先根据公式(3)计算出这五帧数据对应的三帧渲染数据 $\{DD_{n-2}, DD_{n-1}, DD_n\}$，然后利用飞机当前帧的位置和加速度预测出下一帧飞机的位置姿态。公式如下：

$$DD_{n+1} = DD_n + C_0 V_n + C_1 V_{n-1} \tag{4}$$

其中，$C_0 + C_1 = 1$，$V_n = DD_n - DD_{n-1}$，$V_{n-1} = DD_{n-1} - DD_{n-2}$。将预测到的数据发送

给视景中的"影子飞机",然后将视景发送回来的碰撞检测结果作为输入量传送给飞控进行解算。

4 实验结果

如果直接将飞控数据赋值给视景,我们记录了视景渲染帧数和飞控计算帧数,它们的关系如图 4 所示,其中横轴是视景渲染帧数,纵轴是飞控计算帧数。若两者的仿真频率完全匹配,则该图中应该是一条直线,而现在却是折线,因此帧率是不匹配的,而且由于帧率不匹配,出现了错帧和漏帧,图中圈出的是一处非常典型的错漏帧情况。

以飞行高度数据为例,设置飞控仿真频率为 100 帧/秒,视景渲染频率为 50 帧/秒,得到根据视景渲染频率采样插值后的数据

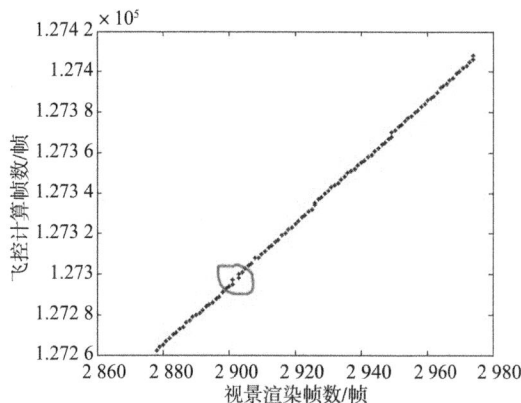

图 4　视景渲染帧数与飞控仿真帧数关系图

和没有采样直接接收的两组数据,图 5 显示了这两组数据与直接按照 50 帧/秒的频率得到的飞控数据图,其中横轴是归一仿真时间,纵轴是分别是飞机高度三组数据,最下面的曲线是按照 50 帧/秒的频率得到的飞控数据(即真实数据);中间的曲线是根据视景渲染频率采样插值后的数据;最上面的曲线是没有采样直接接收的数据。图 5 左图是原始图,右图是局部细节放大后的图像。从中可以看出,中间的曲线比最上面的曲线表示的数据更接近真实数据,即根据视景渲染频率采样插值后的数据比没有采样直接接收的数据更接近原始数据。以 50 个数据为一组,取 100 组,将这两组数据与真实数据之差的方差进行对比,如图 6 左图所示,其中下面的曲线表示根据视景渲染频率采样插值后的数据与真实数据之差的方差,上面的曲线是直接接收的数据与真实数据之差的方差;可以看出,下面的曲线数据与真实数据之差的方差更小,因此本文的采样算法是成功的。用同样的方法,以 50 个数据为一组,取 100 组,计算预测到的飞控数据与真实数据之差的方差,其结果如图 6 的右图所示,本文的预测数据越来越收敛与真实,因此预测算法是成功的。

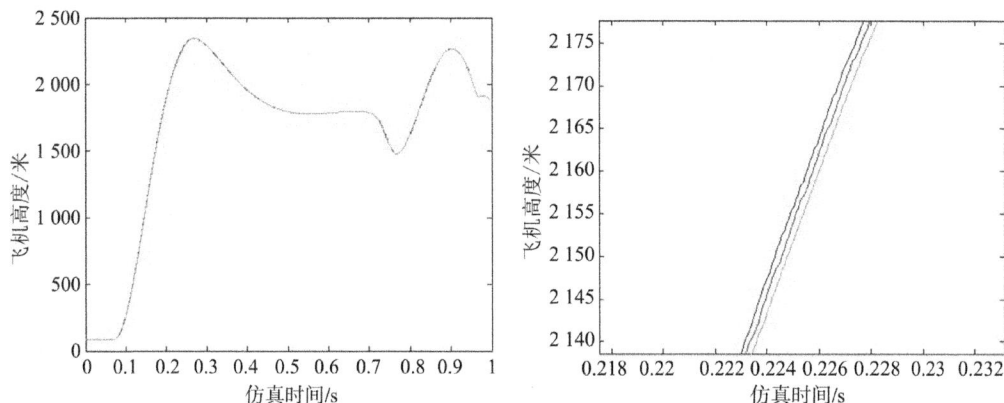

图 5　采样后数据、非采样数据和真实数据之间的对比

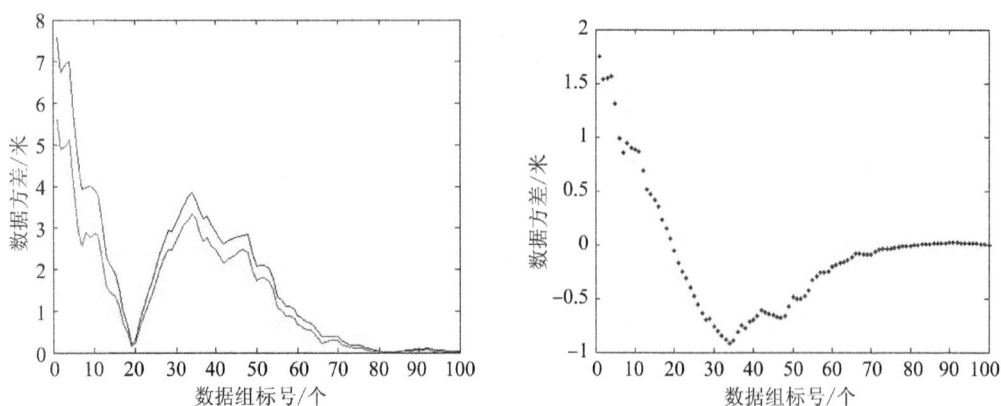

图 6　方差分析图

5　结束语

该方法目前已应用于多个直升机模拟训练项目中,有效地解决了由于飞控与视景不同步所引起的场景抖动问题,并且能够保证直升机在多个地点正常降落。目前该方法已成功应用于通用直升机着舰系统,取得了非常好的效果。下一步研究将在飞控数据预测中进一步优化算法,使预测的数据更接近真实值。

参考文献

[1] 申海荣,王新民,赵凯瑞. 基于 Vega_MFC 的直升机视景仿真设计[J]. 计算机测量与控制,2010,18 (10):2 385-2 390.

[2] 程海涛. 基于虚拟现实的直升机驾驶模拟器开发[D]. 长春:吉林大学. 2014.

[3] 赵永强. 直升机飞行模拟器视景仿真系统的设计与实现[D]. 北京:北京邮电大学,2010.

[4] 魏靖彪,郭广利,黄海,等. 直升机布雷视景仿真的建模与实现[J]. 航空计算机技术,2009,39(1): 78-83.

[5] 李石磊,梁加红,刘欣添等. 直升机飞控系统集成仿真平台开发[J]. 计算机仿真,2010,27(3):64- 68.

[6] 潘婷婷. 舰载机进近着舰航线设计及控制系统仿真[D]. 南京:南京航空航天大学,2014.

[7] 潘浩曼. FlightGear 与 FPGA 的直升机飞行仿真系统研究[D]. 南昌:南昌航空大学,2014.

[8] 徐勇波,王行仁,贾荣珍. 飞行仿真器联网仿真视景图像抖动研究[J]. 系统仿真学报,2005,17(2): 414-416.

[9] 吕品,张金芳. 基于 PC 机群的多通道视景仿真技术研究[J]. 计算机工程与应用,2006(26),38-40.

[10] 高煊,郑康平,郭俊丽,等. 飞行模拟系统中分布交互式视景的设计与实现[J]. 指挥控制与仿真, 2013,35(5):84-87.

Design of Equipment Teaching and Training Platform Based on SCORM①

YU Hui SUN Wenzhu

Abstract The thesis analyses the problems in current equipment training system and builds up an integrated training management platform of resource, organization, teaching, training, learning and performance measurement. The platform deals with courseware, e-textbook, teaching plan, question bank, virtual simulation training system and semi-physical simulation training system as an overall resource to carry out organization, implementation, interaction, tracking, assessment and management under the guidance of teaching program. The efficiency and quality of equipment training are improved in the process of teaching practice, self-learning, examination, evaluation, optimization and reimplementation.

Keywords SCORM; SCORM expansion; learning management system; training system; equipment teaching

1 Introduction

As the main teaching practice of post education in military engineering academy, equipment teaching takes skill training and quality improvement by practice as the principle things, in which the cultivation of learners' capability relies on the priority of practice and the combination of theory and practice.

In traditional equipment teaching, the separation of time and space of theory, experiment and practice doesn't comply with the cognitive principle. The development of equipment-utilizing capability would be lagged due to long study duration and low efficiency. The lack of sharedness and interaction of teaching materials among academies poses a problem.[1]

Equipment teaching is characterized by post-orientation, diversity of equipments, practical contents, differentiation of students, lifelong learning and so on, that demand teaching content adaptability to different students and objective, that will bring about the sharing and reuse of teaching content in training of different levels about equipments in different stage of life. In addition, the informatization through the process of teaching organization, planning, implement and assessment will improve teaching quality and

---

① 发表于第四届计算机与信息处理技术国际学术会议(2017 年 11 月)。

• 225 •

efficiency. The properties of equipment training, which are short-cycle, informatization and reusability, provide the impetus for its modernization.

"Virtual simulation training system" and "semi-physical simulation training system" have been widely used in equipment training, whose teaching/training auxiliary functions make it as the increasingly important role in teaching resources.[2] This thesis develops the SCORM standard with the reference of advanced distributed learning put forward by ADI organization of DOD of America and advances the idea of teaching/ training resource, which includes courseware, virtual simulation training system and semi-physical simulation training system. Trackable smallest sharable objects in simulation software resources are defined with the reference of the SCORM standard. A platform of equipment training system is set up for the management and assignment of teaching resources to achieve the fusion of theoretical teaching and practical teaching in one space-time. And the management of all the activities throughout the training period can help to realize the modernization of teaching and training.

2 SCORM standard and its expansibility

Set by ADL Organization of US DOD, SCORM[3] (Sharable content object reference model) is a general standard of teaching material production and content development. Three standards are defined in Version III of SCORM 2004: CAM (Content aggregation model), RTE (Run-time environment) and SN (Sequencing and navigation), in an attempt to achieve reusability, accessibility, interoperability, durability of learning content to improve education modernization and the following objectives.

(1) To provide the learner anytime and anywhere with high-quality education, training and assistance, that are appropriate for different student's demands, knowledge background, interests and cognitive system.

(2) To shorten the time and low the cost of developing teaching materials, and to further the accessibility of teaching materials among platforms via reuse and sharing.

CAM organizes teaching materials for identification, classification, search and access to reach the goal of sharing and reuse, and explicit the method of transform material into course; RTE supports the interaction of LMS (Learning management system) and courseware; SN provides the individualized sequencing model.

Content model consists of asset, SCO, Content Organization. Asset refers to the data to present the learner, such as words, pictures, animation, and sound. SCO is the assemblage of one or more assets that are transmittable between SCORM running environment and LMS. Content Organization shows the organization of learning activity.

SCO is the smallest traceable shared object and the base of courseware's reusability and interactivity. Reusability and sharedness is achieved via the binding of SCO and meta-data that makes it traceable and accessible in knowledge base. The interactivity of SCO with LMS by API enables Learning Management System to track it.

Content package is comprised of manifest and physical resource files as shown in figure 1.

In Fig. 1, meta-data is the data describing content package to satisfy data's query and access, resulting in indexing and reusing data. [4]

API is a communication mechanism to carry out message transmission between SCO and LMS, through which the activity of start, end, access, store, etc, can be implemented. Data model describes the message transmission model between SCO and LMS, such as tracking information of SCO, complement state of SCO and result of test. LMS must maintain the status information from SCO data model in learner conversation.

Extended meta-data[2] can be used to describe element when Core meta-data defined by LOM sometimes are not suitable to Organization. Two kinds of extension mechanism are acceptable by LOM: XML element extension allowing adding new element into meta-data case and word extension. SCORM can create and use words and marks of Organization beside the recommended IEEE-defined words.

Content Package

Manifest
Meta-data
Organizations
Resources
(sub) Manifest (s)

Physical files (The actual content, media assessment,and other files)

Fig. 1　Conceptual content package

3　Training System Platform

Equipment teaching and training system platform makes content extension based on LMS for purposes of tracking and interaction between teaching and self-learning/training, planning and utilizing resources comprehensively, tracking and evaluating teaching activities, whole-process informatization management of training, to make best use of resource and maintain optimum training effect in dynamic process.

The objectives of Equipment Teaching and Training System Platform are the realization of informatization, convenience, interoperability, and optimization in the process of teaching planning, implement and assessment and improvement. In addition, the platform is designed to share and reuse training resource and to integrate production and application.

Informatization refers to whole-process track, implement and management in teaching practice. Convenience means quick response in meeting the demand of new equipment in service in the aspects of teaching preparation, course preparation and textbook compilation, or even establishing training program and organizing teaching materials ahead. Interaction means the information interaction and tracking between shared objects and platform in the process of planning and practice. Optimization is the

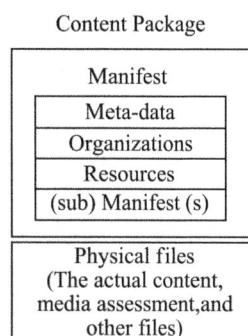

ability to carry out real-time tracking as well as evaluation and optimization so as to achieve the best efficiency and quality in practice.

When it comes to sharing, all the training resources, such as plan, programme, textbook, courseware, simulated training system and semi-physical simulated training system, are made into content mode according to SCORM standard. In addition, equipment supporting resources in system can be shared among research institutes, academies and army in different phases of whole-progress equipment training. Reusability involves 3 aspects: resources with copyright data and updating data that are up to the standard in edition, revision and correction can be further optimized and reused; the unified standard during resources' release and application makes shared content objects usable in other training systems; shared content objects can be used in sub-systems of management platform. The integration of resources management, organization, teaching, training, learning and assessment is the unified management on supporting materials and the adoption of single platform to track, assess and manage teaching activities and performance in whole process.

The users of equipment teaching/training system platform involved in all the teaching activities includes teaching administrator, teacher, learner, resource developing personnel and system maintenance personnel, who make use of the platform to take up their duty-bound works, as detailed in the following.

(1) Teaching administrators are the manager and the initiator of teaching activities, who are responsible to work out training programme and plan, track teaching schedule and effect, collect teaching results, regulate learners and teachers, and optimize training procedure and plan. They play the main role in management, tracking, inquiring, collecting and analyzing statistics, feedback and scheme revision.

a) Management: management on training scheme, teaching programme, textbook, teaching plan involves importing, revising, deleting, optimizing and maintaining scheme and plan; regulating and browsing teaching materials and teaching plan; checking information about copyright, amendment and approval; supervising teacher and learner.

b) Tracking: real-time check and track schedule effect and results in training and studying.

c) Inquiry: check information on personnel, teaching and studying state, teaching progress, results and so on.

d) Statistic analysis: collect and analyze scores, teaching task load and effect contrast.

e) Optimization: revise and optimize training scheme and teaching plan according to statistics and follow-up information to raise training efficiency and quality.

(2) Teachers are the organizers and implement object of teaching activities to compile textbook and teaching plan, implement teaching practices in proper teaching methods according

to teaching schedule, set exam and assessment, and provide results and evaluation.

a) Preparation: compile, manage and make public e-textbook and e-lesson plan by Asset, SCO and simulated resources.

b) Implement: run courseware, visual simulated training system, semi-physical simulated training system via platform to carry out classroom teaching and field training.

c) Assignment: release e-textbook, homework, practical content or self-learning courseware on the platform.

d) Exam and assessment: online exam about theoretical content and online assessment about practical content. Setting questions, making and keeping test paper, examination and assessment regulation, automatic or manual marking, evaluation and so on.

e) Assessment: collect and report test scores, assess and analyze course teaching, proposals of improving teaching/training.

(3) Learners are the object and main body in teaching/training, whose activities include in-class study, after-class study, on-site operational training, assignment, exam and assessment, learning feedback, inquiry on rate of progress and results. [5]

(4) Resource developers are in charge of the development, management and service of teaching materials and database. Teaching/training materials include courseware and SCO package, shared virtual simulated object package, image virtual simulated SCO package of semi-physical simulated training system (each corresponding virtual simulated training system to semi-physical simulated training system can synchronize totally training records.) databases includes teaching resources database, teaching management database, tracking and analysis database, user management database, exam database, score records database for the management of teaching materials, teaching practice and personnel.

(5) Routine maintenance manager is in charge of the normal and safe running of system, involving the functions such as user login, authority setting and altering, log supervision and analysis, use record and analysis, BUG record, back-up, recovery.

(6) User and resource management: all users should have an ID and get access to usage tracking and learning tracking after login. The function of user management refers to the management of user in platform.

4　Platform function module design

4.1　Architecture of platform

Equipment teaching/training system platform is designed on the basis of full-process teaching management, which includes educational administration, teaching plan, textbook compilation, in-class teaching, after-class self-study, after-class self-training, centralized test, teaching assessment, optimization of training system. The platform can exert management on educational administration, resource development, teaching practice, self-study/training, assessment, evaluation, optimization as an integrated system.

The platform adapts the architecture of 3 layers based on B/S: supporting layer, middleware layer and application layer, as shown in Fig. 2. User's application layer is comprised of 7 sub-systems and various resources (courseware, question bank and simulated software).

4.2 Platform-based course system

There are two kinds of objects under the management of equipment teaching/training system platform: teaching resources and training objects. Regulators include teacher and teaching administrator. The core content of teaching is teaching materials. In the perspective of platform system, teaching materials expand from traditional textbook and multimedia into e-teaching material, which support pictures, audio, video as well as simulated training software. The organization of teaching materials is shown in Fig. 3.

Elements such as multimedia and simulated software are called the resources, which can be organized into content webpage with topic as the core. Content web pages are formed into lesson according to chapters and sections; lessons into courses according to course organization; course into curriculum system. The organization flow of chapters and sections in course is shown in Fig. 4.

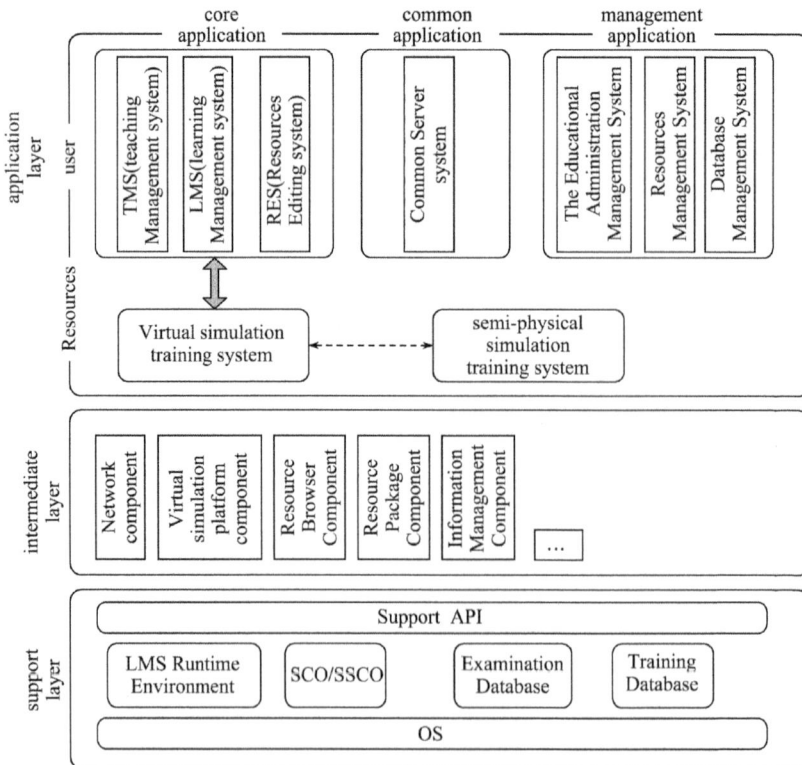

Fig. 2 The Three Layer Architecture of the Platform

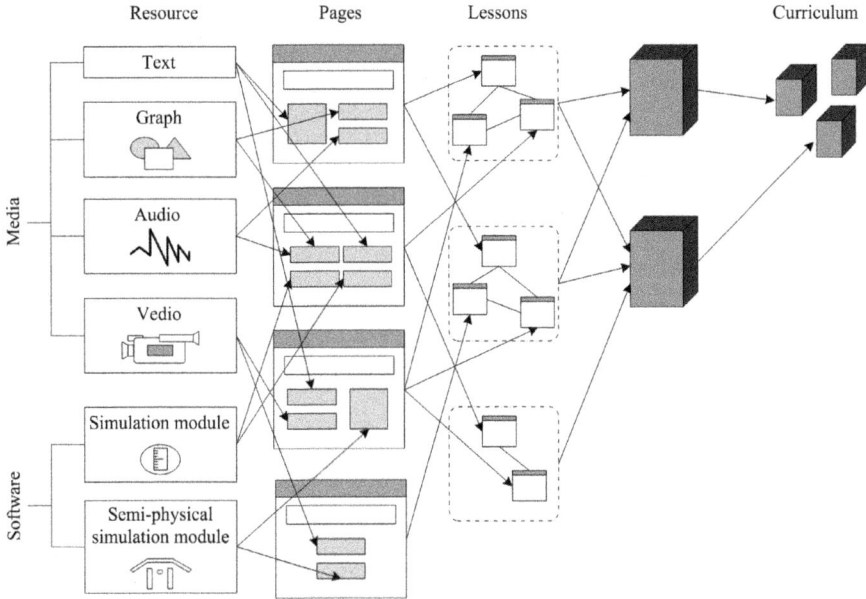

Fig. 3　Curriculum organization hierarchical structure

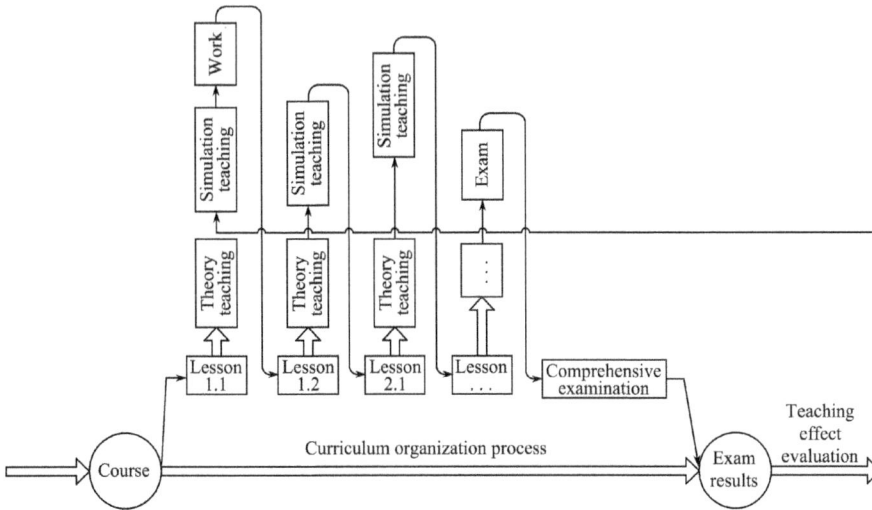

Fig. 4　Curriculum organization process

One chapter of the e-textbook is the integration of multimedia such as text, image, audio and video, and software such as virtual training and simulated training. User can utilize them in organization sequence of content webpage to learn and train, when simulated software can be demonstrated and explained simultaneously with multimedia.

5　Conclusions

Giving priority to interaction, reuse, tracking and informatization, equipment teaching/training system platform treats courseware, question bank, virtual simulation training system and semi-physical simulation training system as an integrated teaching resource. The merging of courseware, virtual simulation training, semi-physical simulation training and testing , in addition to progress tracking and interaction, is achieved in both class teaching and self-learning.

The platform expands SCO objects as well as LMS functions and integrate management, implement, tracking as a whole in full period of teaching/training, which widens the application range of SCORM. Moreover, it improves the efficiency and quality of equipment-oriented information teaching due to its adaption to practical teaching's features and demands, which make full-progress informatization and optimization possible.

References

[1] GONG H. Research on international standardized profile for E-Learning technology standard architecture[D]. Wuhan: Huazhong University of Science and Technology, 2007.

[2] LIN T. Design and study on virtual simulation system about warship training[J]. Computer Simulation, 2012,29(1): 277-280.

[3] The Sharable Content Object Reference Model (SCORM) Advanced Distribute Learning (ADL)[EB/OL]. http://www.adlnet.org/index.cfm? fuseaction=SCORDown.

[4] Advanced Distributed Learning Initiative. SCORM 2004 4th Edition Content Aggregation Model (CAM) Version 1.1[EB/OL]. http://www.adlnet.org/,2009.

[5] LI J W. Learning management system design based on SCORM standards[J]. Modern Educational Technology, 2013, 23(5): 98-102.

基于 VEGA PRIME 的 MD5 三维动画应用研究[①]

朱国涛　周秀芝　胡文婷

摘　要　本文介绍了三维动画的技术分类和特点,在分析 MD5 骨骼蒙皮动画文件格式和动画原理的基础上,通过 C++编程实现了骨骼运动以及蒙皮计算过程,应用 VEGA PRIME 实时仿真引擎,结合其扩展插件设计规范,设计和实现了在 VEGA PRIME 视景仿真应用程序中集成和使用 MD5 三维动画的插件,解决了 VEGA PRIME 不支持主流三维动画的问题。

关键词　虚拟现实;视景仿真;三维动画

1　引言

三维动画是计算机图形技术领域中一个重要的研究方向,可以清晰、直观、逼真地展现角色的动作和行为过程,广泛应用于医学、教育、军事、娱乐等领域。VEGA PRIME 是 MULTIGEN-PARADIGM 公司(后被 PRESAGIS 公司收购)开发的实时视景仿真软件,集成了海洋、大气、星空、地形、特效等各种通用模块,并且可以通过扩展插件支持虚拟仪表、红外成像、雷达成像等专业模块,广泛应用于城市规划、海洋仿真、建筑设计、飞行仿真等领域,是目前流行的视景仿真工具之一。[1,2]

VEGA PIRME 本身并不支持目前主流的三维动画模型格式,而类似的扩展插件基本上都是商业发布的,其价格居高不下,限制了 VEGA PRIME 的推广应用。如果能够通过插件扩展的方式使得 VEGA PRIME 实时地加载、渲染三维动画,那么在进行飞行仿真、舰船仿真训练时,就可以以三维动画的形式全方位地展示仿真过程中虚拟角色的动作和行为,从而提高 VEGA PRIME 视景仿真引擎的适用性并增强仿真训练效果。

2　三维动画技术分类简介

三维动画的基本原理是让模型中各个顶点的位置随时间变化,其主要技术有变形动画、关节动画和蒙皮动画三种。

(1)变形动画中的角色模型由一系列的渐变网格模型构成。变形动画要达到模型细致的效果,必然需要大量的帧数,最理想的情况是渲染程序中的每一帧都对应于模型中一帧,但这样模型数据量会非常大,因此只能存储关键时刻模型顶点的位置,其过渡时刻的顶点数据由两个相邻的关键时刻插值获得,这使得变形动画灵活性差,存储开销大。

(2)关节动画的角色模型由若干独立的关节点组成。每一关节点是一个独立的网格

---

①　发表于《建模与仿真》2019 年第 8 期。

模型,对应于人体的一个关节,不同的关节按照角色的特征组织成一个层次结构,通过改变不同关节的位置和旋转,就可以实现各种所需的动画效果。关节动画的优点是存储空间小,缺点是在关节的连接处会有明显接缝,影响真实感。

（3）蒙皮动画是在骨骼系统基础上发展而来的。其基本原理为在骨骼系统的控制下,模型网格的顶点可以被几块骨骼所影响,每块骨头对顶点影响的权重不同,骨骼对顶点的作用之和就是该顶点的最终效果。蒙皮动画数据内容包括骨骼层次数据、模型网格数据、骨骼蒙皮数据和动画关键帧数据,其中骨骼的运动由动画关键帧数据驱动,蒙皮动画兼有关节动画的灵活和渐变动画的逼真,现代主流的三维动画格式均采用了蒙皮动画技术。[3,4]

3 MD5 模型动画原理及文件格式

MD5 三维动画模型格式是由 ID SOFTWARE 公司推出的世界上首款真正意义上的蒙皮动画格式,在 2004 年随着 DOOM3 一起面世,经过几个版本的更新,现在在蒙皮动画格式中依然占有重要地位。MD5 是在骨骼动画基础上发展来的,其中骨骼的概念与人体骨骼类似,可以把人体看作一堆骨骼,然后外面蒙上一层肌肉、皮肤,在骨骼运动的过程中这些肌肉、皮肤就跟随骨骼的运动而变化。在三维动画中,骨骼与骨骼之间通过关节连接,一根骨骼的一端或两端连着两个关节,而一个关节可能连着数条骨骼,骨骼模型的描述也分以骨骼为主和以关节为主,其中 MD5 格式属于后者。在 MD5 格式中,关节的集合可以用一个树型的数据结构描述,首先定义一个总的关节根节点,其下连着一个或者多个子关节,这些子关节本身也作为父关节连着一个或多个子关节。在骨骼变化时,父关节的移动首先传递到子关节上,再叠加上子关节本身的移动,于是就可以建立一个前向的驱动模式,每个关节的运动信息可以抽象成一个三维变换矩阵 M,这样这个驱动模型可以看作每个时刻给予每个节点一个变换矩阵,变换节点的位置并旋转以驱动整个骨骼模型的运转。

MD5 蒙皮动画模型由两个文件组成:MD5MESH 文件和 MD5ANIM 文件,前者描述了关节(即骨骼)和拓扑,组成网格的顶点的权重、纹理等信息,后者描述了关节变化的关键帧信息。[5,6]

3.1 MD5MESH 文件结构分析

MD5MESH 文件的结构和格式如图 1 所示。MD5MESH 文件由基本信息块、关节信息块和多个网格信息块三部分组成。它是一个文本文件,其中每一行都有特定的格式。

（1）基本信息块中描述了三维动画模型文件的版本号、命令行、关节数量、网格数量等信息。

（2）关节信息块以 joints 关键字开头,在一个封闭的大括号中描述了组成骨骼系统的各个关节信息,其中的每一行数据都描述一个关节,典型的关节信息示例如下:

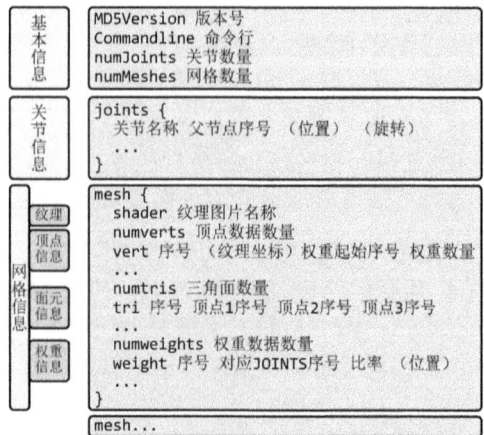

图 1 MD5MESH 文件的结构

"origin"-1(0.48 0.0 0.0)(0.7 0.0 0.0)

"bip01"0 (9.52 0.0 0.35)(0.0 0.0 0.0)

…

其中"bip01"是关节名称,其后的数字是父关节的索引序号,-1 表示没有父关节,0 指向名称为"origin"的关节;紧跟的一个小括号中的三个值是 bindpose 状态(即骨骼的初始姿态)下关节的位置(p_x,p_y,p_z);最后一个小括号中的三个值是 bindpose 状态下关节的旋转,用四元数表示,文件中给出了四元数三个分量(q_x,q_y,q_z),需要按公式 1 自行计算第四个分量 q_w。

获取关节的位置和旋转信息后,可以构造表示关节位置和旋转的局部矩阵 M_L,然后叠加父关节的位置和旋转,即可以得到关节的全局矩阵 M_G,对应的计算公式如公式 2 所示。

$$t = 1 - q_x^2 - q_y^2 - q_z^2$$

$$q_w = \begin{cases} 0 \mid_{t \leqslant 0} \\ -\sqrt{t} \mid_{t > 0} \end{cases} \tag{1}$$

$$M_L = \begin{bmatrix} 1 - 2q_y^2 - 2q_z^2 & 2q_xq_y + 2q_wq_z & 2q_xq_z - 2q_wq_y & 0 \\ 2q_xq_y - 2q_wq_z & 1 - 2q_x^2 - 2q_z^2 & 2q_yq_z + 2q_wq_x & 0 \\ 2q_xq_z + 2q_wq_y & 2q_yq_z - 2q_wq_x & 1 - 2q_x^2 - 2q_y^2 & 0 \\ p_x & p_y & p_z & 1 \end{bmatrix}$$

$$M_G = M_L \times M_{G\,Parent} \tag{2}$$

式(2)中,MG-Parent 是父关节的全局矩阵,如果父关节仍然存在父节点,则可以继续通过上述公式迭代计算。

网格信息块以 mesh 关键字开头,其中包含纹理信息、顶点信息、图元信息和权重信息四类数据。其中,shader 后的字符串表示网格对应的纹理图片路径;numverts 表示此网格包含的顶点数量;vert 表示顶点,顶点并不是直接通过坐标的形式给出,而是给出了顶点对应权重信息的索引起始序号和权重数量,此外为了实现纹理贴图还给出了顶点对应的纹理坐标;numtris 表示网格所包含的三角面片的数量;tri 开头的行表示三角面片,其后的四个数字分别表示面片序号和组成三角面片的三个顶点的索引;numweights 表示权重信息的数量;weight 开头的行表示权重信息,每个权重信息都给出了序号、对应的关节序号、比率值(即权重值)和位置等信息。

上述信息读取完毕后,就可以进行蒙皮计算,也就是计算顶点的实际位置,计算公式如下:

$$V = \sum_{i=s}^{s+n} (P_i \times M_{Gi}) \cdot b_i \tag{3}$$

式中,s 是指顶点对应的权重信息的索引起始序号;n 表示顶点对应的权重数据的数量;P_i 指的是第 i 条权重数据对应的位置;M_{Gi} 表示第 i 条权重数据对应的关节的全局矩阵;用行向量形式的齐次坐标$[p_x, p_y, p_z, 1]$表示;b_i 指的是第 i 条权重数据对应的比率值(即权重值);计算结果 V 就是顶点的坐标。

3.2 MD5ANIM 文件格式分析

MD5ANIM 文件 也是 一个 文本 文件，如图 2 所示，它由基本信息块、节点集成信息块、包围盒信息块、基础帧信息块和多个关键帧信息块组成。

（1）基本信息块中描述了三维动画模型文件版本号、命令行、关键帧数量、关节数量、播放帧率和骨骼动画变化数据数量等信息。

（2）节点继承信息块以 hierarchy 关键字开头，大括号中的每一行都包括了关节名称、父关节序号、关节信息更新掩码 FLAG 和关节信息更新起始位置，其中关节名称和父关节序号等内容与 MD5MESH 文件中关节信息块的对应内容完全一致。

图 2　MD5ANIM 文件的结构

（3）包围盒信息块以 bounds 关键字开头，每一行对应一个关键帧，描述了在对应的关键帧下模型对象的最小轴对齐包围盒，由一个最小点的坐标和最大点坐标组成。

（4）基础帧信息块由 baseframe 关键字开头，每一行都表示对应关节位置和旋转，其中前一个括号中的三个值是关节的默认位置，后一个括号中的三个值是关节的默认旋转（四元数表示，需自行计算 q_w）。

（5）关键帧信息块由 frame 关键字＋帧序号开头，大括号中包含描述骨骼位置和姿态的数值，其中每一行对应一个关节，一行数据最多包含六个值，至少包含一个值，这些数据构成一个 Animated Components 数组，其长度等于基本信息块中定义的 num Animated Components 的值，关节的实际的位置和姿态需要根据关节的更新掩码 FLAG 和更新起始位置，使用关键帧数据替换对应的基础帧数据得到，其替换规则如图 3 所示。

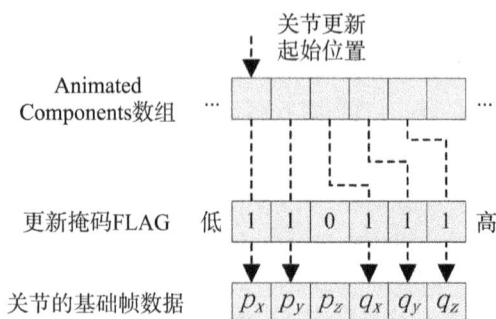

图 3　替换基础帧数据的规则

更新掩码 FLAG 的值从低到高六个比特分别表示基础帧数据中位置的三个值（p_x，p_y，p_z）和旋转（q_x，q_y，q_z）是否应该被替换，执行替换时首先得到关节对应的基础帧数据和关节的更新起始位置，然后从 Animated Components 数组的关节更新起始位置开始，从低到高依次检查更新掩码 FLAG，如果对应比特位为 1，则使用关键帧数据替换对应的基础帧数据，如对应图中的更新掩码值，则 p_x、p_y、q_x、q_y、q_z 将被 Animated Components 数组中由关节信息更新起始位置开始标记的五个数据依次替换。替换完成后即可得到关键帧状态下此关节的实际位置和旋转,然后就可以根据公式(1)(2)(3)计算对应的骨骼和蒙皮。

4　VEGA PRIME 动画插件的设计

按照 VEGA PRIME 的插件开发规范,一个完整的 VEGA PRIME 插件包含 GCF 文件、XML SCHEMA 文件、可执行文件和库(包括头文件、动态库和链接库)(三部分内容)。[7]

GCF 文件用于描述在 LYNX PRIME 环境下插件的图形交互配置界面,通过一组 LYNX PRIME 内置控件将插件位置、姿态、缩放等配置参数以页面的形式显示在 LYNX PRIME 程序中;XML SCHEMA 文件用于连接 GCF 文件和插件可执行程序和库,将图形界面下的参数调整行为转化成对应的插件 API 调用,以便在预览时可以直观地观察到调整的效果;插件的可执行程序和库采用编程实现插件的功能并提供 API 接口,其功能实现主要分成两部分。

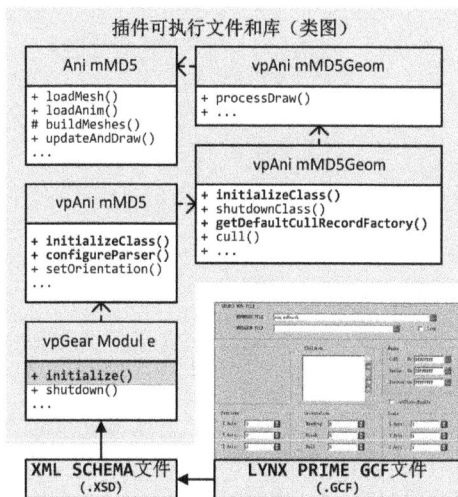

图 4　VEGA PRIME 三维动画插件组成

4.1　模型的加载和绘制

模型的加载和绘制在 AnimMD5 类中实现,为实现模型文件读取、解析加载、骨骼计算、蒙皮计算的相关功能,需要首先与 MD5 蒙皮动画中的概念相对应,分别定义 Vertex、Triangle、Weight、Joint、Frame、Hierarchy 等结构体,分别用于描述顶点、三角面片、权重、关节、帧(包含基础帧和关键帧)、节点继承关系等,然后定义 Mesh 类和 Anim 类分别表示 MD5MESH 文件和 MD5ANIM 文件的内容,最后在 loadMesh 和 loadAnim 函数中实现文件的加载功能。其过程为逐行读取文件,根据文件格式解析内容并构造 Mesh 对象或者 Anim 对象,过程中出现错误则加载失败。成功则依次进行关节全局矩阵的计算和蒙皮计算。

蒙皮动画的更新、渲染在 updateAndDraw 中实现,其流程如图 5 所示。

(1)在播放开始时记录动画开始播放的时刻,然后在每一帧的更新渲染时获取当前时刻,并且计算动画的播放时长。

(2)比较播放时长和动画时长(帧率×帧数−1)判断动画是否结束,如果已经结束则获取最后一个关键帧。

(3)如果没有结束,则根据帧率、播放时长找到两个相邻的关键帧,然后依次对关键帧各个关节的位置进行线性插值,选择进行球面线性插值,得到当前帧。

(4)利用步骤 2 或 3 获取的帧信息进行蒙皮计算各个网格的顶点,然后逐顶点计算法线。

(5)绑定纹理,构造顶点数组,使用 OpenGL 渲染当前时刻的模型网格。

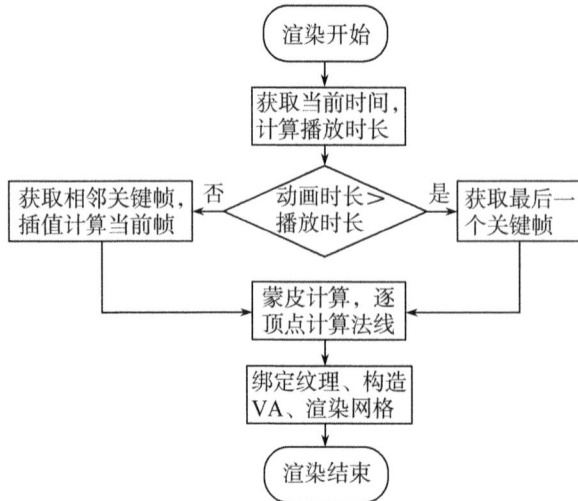

图 5 动画的更新和渲染流程

4.2 集成插件设计实现

按照 VEGA PRIME 插件规范,首先必须从 vpModule 派生一个类 vpGearModule 负责插件的初始化、关闭清理等;然后从 vpTransform 派生子类 vpAnimMD5,其实例将作为节点加入到场景图中,并具备调整模型位置、姿态、缩放等功能;vpAnimMD5Geom(从 vsGeometryBase 派生)表示几何体,其实例将作为子节点插入 vpAnimMD5 中,同时模型的视景裁切在其 cull 函数中实现,过程为首先获取模型当前时刻的包围盒,然后根据包围盒进行视景裁切计算,如果模型处于当前摄像机的可见范围内,则将对应的 vpAnimMD5GCR 实例加入筛选结果。动画的更新和渲染在 vpAnimMD5GCR 的 processDraw 函数中完成,在其中调用 AnimMD5::updateAndDraw 即可,代码如下:

```
void vpAnimMD5GCR::processDraw(vrDrawContext * pC)
{
    ::glPushAttrib( GL_ALL_ATTRIB_BITS );
    double nCurTime =
    vpKernel::instance()->getSimulationTime();
    _pAnimMD5->updateAndDraw( nCurTime );
    ::glPopAttrib();
}
```

5 结束语

在深入理解 MD5 三维动画模型文件格式和动画原理的前提下,通过 C++ 编程基于 VEGA PRIME 设计实现了 MD5 三维动画插件,基于该插件的三维动画如图 6 所示,其中(a)是插件 GCF 文件对应的配置界面,(b)是 bindpose 状态下飞行员的模型,(c)到(e)分别是行走状态下飞行员各个时刻的渲染效果。插件具备在仿真程序中控制动画的加载、播放以及位置、姿态和缩放的调整等功能,并且渲染效率能够稳定维持在 60 Hz 以上。实践证明插件能够满足虚拟角色运动展示的要求。

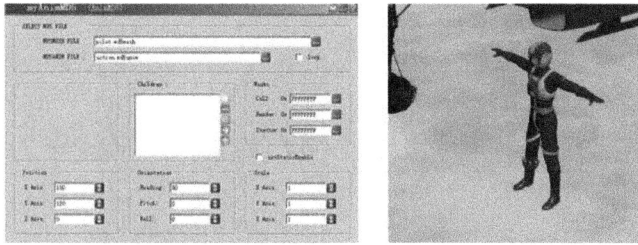

(a)   (b)

(c)   (d)   (e)

(a) GCF 界面;(b) bindpose 状态;(c) 行走(0 秒);(d) 行走(0.2 秒);(e) 行走(0.4 秒)。

图 6   在 VEGA PRIME 中使用插件渲染的动画模型

参考文献

[1] 刘贤梅,黄静,刘晓明. 三维动画技术与三维虚拟技术研究[J]. 计算机仿真,2004(9):127-130.

[2] 宋子阳. 基于 VEGA PRIME 的飞行器飞行视景仿真平台设计与实现[D]. 哈尔滨:哈尔滨工程大学,2015.

[3] 孔令德,宋云. 三维建模与动画基础[M]. 北京:清华大学出版社,2012.

[4] NXTGO. 骨骼蒙皮动画的实现[EB/OL]. https://www.csdn.net, 2013.

[5] VAN JEREMIAH O. Loading and animating MD5 models with OpenGL[EB/OL]. www.3dgep.com.

[6] 袁会杰. 骨骼动画技术的研究与实现[D]. 成都:电子科技大学,2010.

[7] PRESAGIS. VEGA PRIME programmers guide[EB/OL]. http://www.presagis.com,2011.

基于改进 SVDD 的飞参数据新异检测方法[①]

孙文柱　曲建岭　袁　涛　高　峰　付战平

摘　要　为实现飞参数据自动判读,本文提出一种基于改进支持向量数据描述(SVDD)的飞参数据新异检测方法。方法首先通过启发式的约减 SVDD 核矩阵尺寸,加快了 SVDD 的运算速度,并使之更适合于大样本的飞参数据新异检测;而后研究了飞参数据中参数采样率不统一条件下样本生成的问题;最后以发动机气路参数、舵面偏转参数和发动机振动值参数三组异常状态飞参数据为例,应用改进的 SVDD 方法进行了飞参数据新异检测。结果表明:该方法能准确检测出飞参数据中的异常,可用于飞参数据自动判读。

关键词　模式识别;支持向量数据描述;新异检测;单类分类;飞参数据

1　引言

飞参数据判读可以及时发现飞机及机载设备中不易察觉的异常,是飞机维护的重要手段。目前,几乎所有的飞参数据判读工作均由人工完成,然而人工判读数据费时、费力,而且不可避免地存在误判、漏判等现象。随着计算机运算速度的飞速提升和各种智能算法的不断发展,使用计算机自动判读代替人工判读是飞参数据判读体制改革的发展方向。

本文使用模式识别理论进行飞参数据自动判读研究。飞参数据在分类过程中具有样本数不平衡的特点:正常样本数量较多并具有较完善的空间描述,异常样本稀缺且没有准确的描述和定义。使用传统的两类分类方法对飞参数据进行识别时,决策面会向样本少的一面偏移,从而不能得到准确的分类结果。单类分类方法仅使用一类样本——正常样本即可完成分类器训练,并在测试过程中,能够有效分离出正常样本和异常样本,适用于样本数不平衡的模式识别问题。使用单类分类方法对大量数据中存在的新的、未知的和异常的现象进行识别的过程叫作新异检测。

支持向量数据描述(support vector data description, SVDD)[1, 2]是在支持向量机基础上发展而来的一种先进单类分类方法。自 1999 年 Tax 和 Duin 提出 SVDD 理论后,它迅速成为研究热点,并在故障诊断[3-8]、噪声抑制[9]和样本聚类[10, 11]等领域得到了广泛应用。然而同支持同量机(support vector machine, SVM)一样,SVDD 由于需要解算二次规划(QP)问题而具有较高的运算复杂度——$O(N^3)$[5, 12, 13],其中 N 为训练样本数量。这表明 SVDD 运行时间会随训练样本数量增加而急剧增大。通常情况下,飞参数据中用于训练的正常样本较多,直接将 SVDD 应用于飞参数据新异检测会导致计算量过大和内存溢出问题。因此当前许多学者致力于减少 SVDD 运算复杂度的研究。例如,胡雷等[14]使用 SMO 算法将 SVDD 大规模 QP 问题分解为一系列最小的 QP 问题——只包含两个

---

①　发表于《仪器仪表学报》2014 年第 35 卷第 4 期。

样本的 QP 问题。这些两个样本 QP 问题可以以解析方式快速解算,因此最大限度地减少了 SVDD 训练过程中的内存占用。Choi 在最小二乘支持向量机基础上提出最小二乘单类支持向量机(least squares one-class SVM, LS-OCSVM),将 SVDD 运算复杂度降低为 $O(N^2)$。[15] 虽然这两种方法可以避免传统 SVDD 需解算二次规划的问题,但它们无法确保其解为全局最优解。Liu 等人提出一种快速 SVDD(F-SVDD)方法,可以将 SVDD 时间复杂度降低为常数,然而这种方法不能有效处理多峰分布样本[16]。针对以上方法的不足,本文提出一种改进的 SVDD 方法(improved support vector data description, I-SVDD)用于飞参数据新异检测。该方法可在保证分类精度的前提下,减少 SVDD 核矩阵尺寸,极大地提升传统 SVDD 的运行速度并成功用于飞参数据新异检测。

2 SVDD 基本原理

给定训练样本集 $X_{tr}=\{x_1,x_2,\cdots,x_N\}$,SVDD 的目标是确定一个能够包含所有训练样本的体积最小化的超球。设超球中心为 c,半径为 r。那么最小化超球的目标可以通过最小化 r^2 的途径获得。

$$\min r^2 \tag{1}$$

$$\text{s. t. } \|\varphi(x_i)-c\|^2 \leqslant r^2 \quad \forall i \tag{2}$$

式中,r^2 可以看作结构风险;$\varphi(\cdot)$ 为样本空间到特征空间的映射。

以式(1)和(2)构成的约束不允许任何训练样本落于超球外。为了增加 SVDD 对潜在奇异样本的容忍程度,引入平衡参数 C 和松弛变量 ξ_i。此时,约束问题表示为:

$$\min r^2+C\sum_i \xi_i \tag{3}$$

$$\text{s. t. } \|\varphi(x_i)-c\|^2 \leqslant r^2+\xi_i \quad \xi_i \geqslant 0 \quad \forall i \tag{4}$$

式中,C 起到平衡学习能力和复杂程度的作用;ξ_i 表示第 i 个样本与超球间的距离。这是一个约束优化问题,可以通过引入 Lagrange 乘子解决。定义拉格朗日函数如下:

$$L(r,c\xi,\gamma)=r^2+C\sum_i \xi_i$$
$$-\sum_i \alpha_i(r^2+\xi_i-\|\varphi(x_i)-c\|^2)-\sum_i \gamma_i\xi_i \tag{5}$$

式中,γ_i 和 α_i 为拉格朗日乘子,$\gamma_i \geqslant 0$,$\alpha_i \geqslant 0$,且 γ_i 和 α_i 分别与 x_i 一一对应。而后,依 r、c 和 ξ 对 L 求极小值。

令式(5)分别对 r、c 和 ξ 求偏导并令偏导为零,得到约束条件:

$$c=\sum_i \alpha_i\varphi(x_i) \tag{6}$$

$$0 \leqslant \alpha_i \leqslant C \quad \forall i \tag{7}$$

$$\sum_i \alpha_i=1 \tag{8}$$

将式(6)、(7)和(8)代入式(5),Lagrange 函数可以重新表示为:

$$L(\alpha)=\sum_i \alpha_i\varphi(x_i)\varphi(x_i)-\sum_{i,j} \alpha_i\alpha_j\varphi(x_i)\varphi(x_j) \tag{9}$$

注意到式(9)中有关 $\varphi(x)$ 的运算全部为内积运算。使用一个高斯核函数代替内积运算的方法称为高斯核 SVDD。由于高斯核 SVDD 与其他类型 SVDD 相比具有更好的学习能力和泛化能力[1, 17]，本文仅对高斯核 SVDD 进行研究。

$$K(x_i, x_j) = \varphi(x_i) \cdot \varphi(x_j)$$
$$= \exp\left(\frac{-\|x_i - x_j\|^2}{\sigma^2}\right) \forall i, j \tag{10}$$

式中，σ 为宽度系数。对于高斯函数恒有

$$K(x_i, x_i) = 1 \quad \forall i \tag{11}$$

此时，约束问题表示为

$$\min - \sum_{i,j} \alpha_i \alpha_j K(x_i, x_j) \tag{12}$$

$$\text{s. t. } 0 \leqslant \alpha_i \leqslant C, \sum_i \alpha_i = 1 \quad \forall i \tag{13}$$

该约束问题是典型的二次规划问题，目前存在成熟的计算机求解方法。如果与样本 x_i 相对应的 α_i 大于零，则该样本为支持向量。支持向量确定以后，由式(6)可求得超球中心 c，超球半径 r 为任意支持向量到超球中心的距离。

用来评估测试样本 x 是否被决策边界接受的函数称为决策函数。表述为

$$f_{\text{SVDD}} = \text{sgn}\left(\sum_{i=1}^{N_{SV}} \alpha_i K(x, x_i) - \sum_{i,j=1}^{N_{SV}} \alpha_i \alpha_j K(x_i, x_j)\right) \tag{14}$$

式中，N_{SV} 表示支持向量的个数。如果 $f_{\text{SVDD}} = 1$，x 被接受，否则 x 被拒绝。

3 改进的 SVDD

设 SVDD 的训练样本数为 N，由 SVDD 理论可知，其核矩阵的尺寸为 $N \times N$，二次规划解算的运算复杂度为 $O(N^3)$。I-SVDD 方法在训练过程中以启发方式建立样本数为 $\tilde{N}$ 的约减训练集 $\tilde{X}_{tr}$，并使用 $\tilde{X}_{tr}$ 构建核矩阵参与二次规划解算，可将运算复杂度降为 $O(\tilde{N}^3)$。SVDD 分类结果精度由二次规划解算出的支持向量决定，因此在约减的核矩阵中应最大限度地保留潜在的支持向量。在 SVDD 中，支持向量都分布在样本分布边缘（如图 1(c)所示），所以 I-SVDD 以启发的方式给予分布在边缘的样本以较大的优先级。I-SVDD 首先使用 k-means 无监督聚类方法确定样本聚类中心，并对所有样本依其与聚类中心距离排序，而后由外向内等间隔依次选取样本构成约减核矩阵，最后在约减核矩阵上进行二次规划解算得到支持向量和决策函数。

I-SVDD 具体步骤如下：

步骤 1：归一化训练样本集 X_{tr}；

步骤 2：使用 k-means 方法对 X_{tr} 进行聚类，得到 X_{tr} 的聚类中心 ω_j，$(j = 1, \cdots, k)$；

步骤 3：为每个样本定义 x_i 距离变量 d_i，d_i 表示第 i 个样本与最近的聚类中心 ω_j 的距离：

$$d_i = \min(\|x_i - \omega_j\|) \forall j; i = 1, \cdots, N \tag{15}$$

步骤 4：根据 d_i 从大到小的顺序对 X_{tr} 中的所有样本进行排序，得到排序后的训练集 X_{tr}^{order}；

步骤 5：设置约减训练集 $\widetilde{X}_{tr}$ 为空；

步骤 6：设置 X_{tr}^{order} 中第一个样本为突出样本 x_H，并将该样本加入 $\widetilde{X}_{tr}$；

步骤 7：在 X_{tr}^{order} 中删除满足条件 $\|x_H, x_i\| < \delta (\forall i)$ 的样本（包括 x_H 本身），其中，$\|\cdot\|$ 为欧式距离，δ 为距离阈值；

步骤 8：重复步骤 6 和步骤 7 直到 X_{tr}^{order} 为空，同时 $\widetilde{X}_{tr}$ 构建完成；

步骤 9：将 $\widetilde{X}_{tr}$ 代入公式（12）～（14）计算出决策函数。

在 I-SVDD 方法中，如何确定步骤 2 中最优的 k-means 聚类簇个数是一个关键问题。目前有许多成熟方法可以解决这个问题[16, 18, 19]。对于常用样本集，一般使用专家经验快速确定 k-means 聚类簇个数。

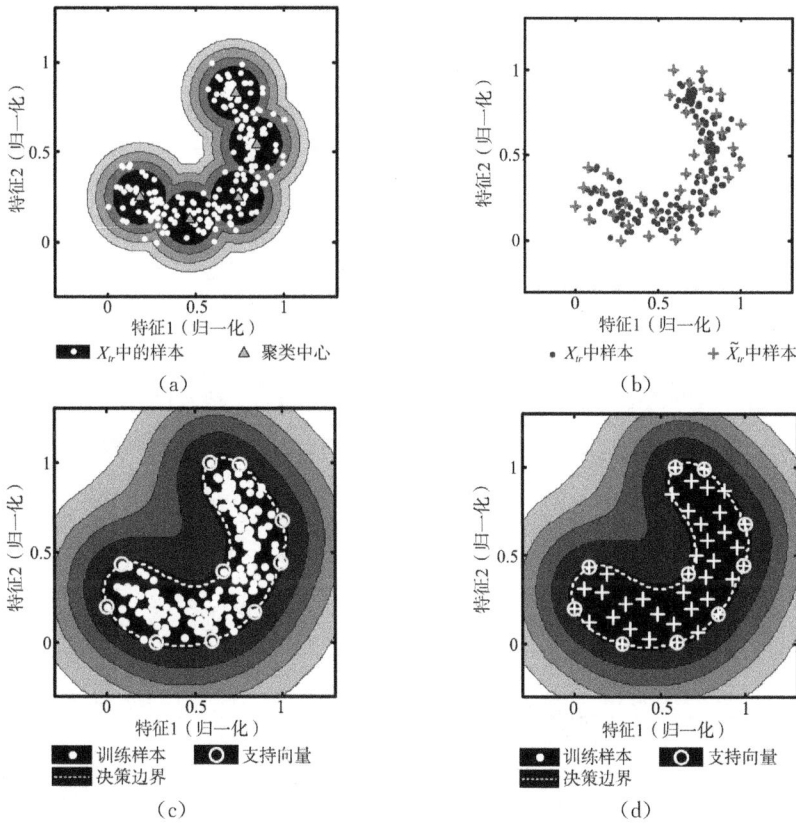

（a）k-means 聚类结果；（b）训练样本集及其约减训练集；（c）C-SVDD 训练结果；（d）I-SVDD 训练结果。

图 1　I-SVDD 敏感性分析

4　人工数据集实验

4.1　I-SVDD 敏感性分析

本实验在包含 200 个目标样本的 Banana 数据集上分析 I-SVDD 敏感性，并在传统 SVDD(Conventional SVDD，C-SVDD)[1] 和 I-SVDD 间进行分类结果比较。

I-SVDD 步骤 2 执行后的 k-means 聚类结果如图 1(a)所示，其中，$k=5$。图 1(b)为 I-SVDD 步骤 8 执行后生成的约减训练集训练样本集与原训练集的比较，δ 设置为 0.1。

图中可见 $\tilde{X}_{tr}$ 中样本分布几乎均匀,其样本个数为 39,远少于 X_{tr} 中的样本数;图 1(c)和(d)分别为 C-SVDD 和 I-SVDD 的训练结果,参数 C 和 σ 都设置为 1 和 0.4。对比图 1(c)和(d)可知:$\tilde{X}_{tr}$ 中包含了 X_{tr} 所有中的潜在支持向量,并且由 $\tilde{X}_{tr}$ 解算出的支持向量与 X_{tr} 解算出的支持向量完全相同,所形成的决策边界和分类精确度也相同。

4.2 算法对比实验

本实验采用由 Prtools 工具箱 2 生成的 Banana、Difficult 和 twoGaussian 数据集对 C-SVDD、LS-OCSVM[15]、SMO-SVDD[14] 和 I-SVDD 的运行时间和分类能力进行对比。三组数据集中都含有 400 个目标样本和 200 个非目标样本。使用 200 个目标样本用于训练,其余 200 个目标样本和 200 个非目标样本用于测试。

表 1 为 Banana、Difficult 和 twoGaussian 数据集上 C-SVDD、LS-OCSVM、SMO-SVDD 和 I-SVDD 的对比实验结果。其中,Banana 和 Difficult 数据集为低维数据集,twoGaussian 数据集为高维数据集。用于运行实验的计算机软硬件配置为奔腾 Dual E2140 1.6 GHz CPU、2 GB 内存和 MATLAB V7.6.0。由表 1 可知,就分类正确率而言,I-SVDD 和 C-SVDD 正确率较高,SMO-SVDD 和 LS-OCSVM 由于无法获得全局最优解,导致其正确率较低。其中,在 difficult 数据集上 I-SVDD 的分类正确率甚至超过了 C-SVDD 的分类正确率。在训练时间方面,未经过优化的 C-SVDD 方法时间最长,SMO-SVDD 由于需要不断迭代优化拉格朗日系数,其训练时间也较长,I-SVDD 经过核矩阵尺寸的约减,其训练时间比 C-SVDD 减小了许多。所有方法中 LS-OCSVM 的训练时间最短,这是因为 LS-OCSVM 使用最小二乘法代替二次规划解算,以致其训练时间远远小于其他方法。总之,I-SVDD 可以以相对少的训练时间获得较高的分类精度,是一种较好的单类分类方法。

表 1   人工数据集实验结果

数据集	维数	训练样本数	分类正确率				训练时间/s			
			C-SVDD	LS-OCSVM	SMO-SVDD	I-SVDD	C-SVDD	LS-OCSVM	SMO-SVDD	I-SVDD
Banana	2	200	93.25%	92.76%	92.83%	93.25%	6.33	0.18	4.57	1.86
Difficult	4	200	70.75%	68.51%	69.30%	71.25%	6.57	0.19	4.28	1.67
two Gaussian	20	200	77.25%	70.69%	76.87%	77.00%	5.38	0.14	4.16	1.81

5   飞参数据样本生成

飞参数据是一系列离散的时间序列。在飞参地面站中,为便于判读,一般对飞参数据进行线性插值并以曲线的形式呈现给判读人员。采用模式识别方法对飞参数据进行新异检测首先需要将这些参数变化曲线转化为可作为分类器输入的样本。样本可由一个或几个参数构成,其中应包含参数在某时刻的值和该参数的变化率。

本文以某型飞机为研究目标,其装载的 FDR 采用帧结构循环记录飞参数据,每秒记录一帧。根据参数重要程度和变化率的不同,参数在每帧中的采样次数从 1~8 次不等。

FDR 使用分时复用方式记录参数,各参数值的采样时刻均不相同,无法得到同一时刻各参数的值。此类问题一般采用插值解决,但插值往往会引入误差、改变参数记录值、降低数据的可信度。本方法为了最大限度地保持飞参数据的客观性,使用采样时间就近原则和采样频率向下取齐原则提取样本。下面举例说明样本生成方法。

假设某样本由低压转子转速(LPRS)、高压转子转速(HPRS)、进气温度(EIAT)、排气温度(EGT)、1 级导流叶片转角(EGVA1)、2 级导流叶片转角(EGVA2)和法向过载(VO)七个参数组成。一帧内特征的采样频率和数值的采样延迟时间如表 2 所示。在七个参数中采样频率最低为 1 Hz,最高为 8 Hz。根据采样频率向下取齐原则,样本的采样频率也为 1 Hz,从一帧的七个参数中各选取一个参数值作为样本特征。LPRS 和 HPRS 的采样频率都为 1 Hz,将 LPRS 和 HPRS 帧内采样延迟时间的平均数作为样本生成的基准时间。采样频率高于 1 Hz 的参数中,就近选取与样本生成基准时间间隔最小的数值作为样本特征。根据此原则,表 2 中,每帧中作为样本特征的数据为第一次采样的 LPRS、第一次采样的 HPRS、第二次采样的 EIAT、第二次采样的 EGT、第三次采样的 EGVA1、第三次采样的 EGVA2 和第七次采样的 VO。

表 2 一帧中参数的采样次数和数值的采样延迟时间

参数	LPRS	HPRS	EIAT	EGT	EGVA1	EGVA2	VO
采样次数	1	1	2	2	4	4	8
帧内采样延迟时间/s	0.492	0.980	0.441	0.453	0.125	0.129	0.031
							0.156
					0.375	0.379	0.281
							0.406
			0.941	0.953	0.625	0.629	0.531
							0.656
					0.875	0.879	0.781
							0.906

设 $x(i),i\in N$ 为当前样本中某特征的值,$x(i-1)$ 为前一个样本中该特征的值。$\Delta x(i)=x(i)-x(i-1)$ 表示该特征在一个采样周期内的变化量,同时也作为一个表示参数变化趋势的特征。由此,由 LPRS 和 HPRS 等七个参数组成的 14 维样本为

$$x(i)=\{x_{LPRS}(i),\Delta x_{LPRS}(i),x_{HPRS}(i),\Delta x_{HPRS}(i),$$
$$x_{EIAT}(i),\Delta x_{EIAT}(i),x_{EGT}(i),\Delta x_{EGT}(i),$$
$$x_{EGVA1}(i),\Delta x_{EGVA1}(i),x_{EGVA2}(i),$$
$$\Delta x_{EGVA2}(i),x_{VO}(i),\Delta x_{VO}(i)\} \tag{16}$$

FDR 每个飞行小时记录 3 600 帧飞参数据,每帧中可以提取 1~8 个样本。通常一架飞机一个月的飞行数据中可提取的样本数量超过 10^5,因此飞参数据新异检测属于大样本单类分类问题。由人工数据集实验结果可知,I-SVDD 方法通过启发式约减的方式缩减二次规划核矩阵尺寸,提升分类器的运行速度,并可以保证分类精度,适合于飞参数据样本的单类分类,后文将使用 I-SVDD 实现飞参数据的新异检测。

6 飞参数据新异检测实例

飞参数据新异检测可以分为单参数新异检测和多参数组合新异检测。单参数新异检测

可以等价为更易实现的极值和变化率检测,以飞参判据的形式实现。多参数组合新异检测模拟飞参数据判读员的判读过程。进行飞参数据判读时,飞参数据判读员同时浏览关联程度较高的几个飞参数据曲线。在正常情况下,参数具有特定的随动关系。当参数不匹配时,飞参数据判读员判定参数异常。而从参数不匹配时刻的帧中提取出的样本常常会与正常数据帧中提取出的样本存在较大差距。使用 I-SVDD 方法对样本进行检测可以发现飞参数据中存在的异常并给出时间和参数定位,从而实现飞参数据的自动判读。

本节选取三组人工判读过程中发现的异常事件以测试 I-SVDD 方法在新异检测方面的有效性。三组异常事件分别为发动机气路参数异常、舵面偏转参数异常和发动机振动值异常。

6.1 发动机气路状态参数新异检测

某次飞行中,发动机发生了喘振,发动机的气路状态参数也相应地出现了异常。该架次发动机的高压转子转速和排气温度曲线如图 2 所示:在 1 s 到 1 017 s 区间中,高压转子转速和排气温度在合理区间内变化且变化趋势正常。在 1 018 秒到 1 030 秒区间中,排气温度迅速增大,同时,高压转子转速急速减小。排气温度达到峰值 616 ℃后开始逐渐回落到慢车水平。

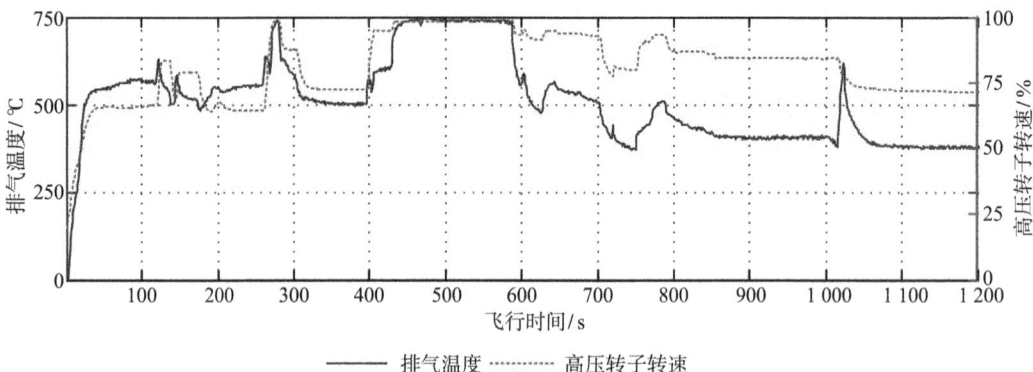

图 2　某架次飞机发动机高压转子转速与排气温度参数曲线

令高压转子转速、排气温度构成样本,使用 I-SVDD 方法进行新异检测。I-SVDD 参数 δ、C 和 σ 分别设置为 0.08、0.2 和 0.2。以该架飞机该架次以前六个月的飞参数据作为训练样本,该架次飞参数据作为测试样本。新异检测结果如图 3 所示,其中类别标签 0 表示发动机气路状态正常,1 表示发动机气路状态异常。从图 3 中可见,1 018 s、1 019 s、1 023 s 和 1 025 s 检测出异常,其他时段状态正常。这与实际发动机气路状态吻合。

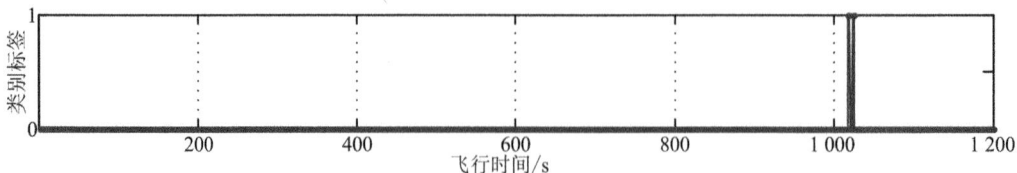

图 3　发动机气路参数新异检测结果

6.2 舵面偏转参数新异检测

某次飞行中,一架飞机发生了右方向舵角位移传感器连杆折断故障,该架次飞机左方向舵偏角(PhL)和右方向舵偏角(PhR)参数曲线如图 4 所示:从 397 s 开始,PhR 常指 25

度,PhL 指示正常。

令 PhL 和 PhR 构成样本,使用 I-SVDD 方法进行新异检测。I-SVDD 参数 δ、C 和 σ 分别设置为 0.05、0.2 和 0.15。同样以该架飞机该架次前六个月的飞参数据作为训练样本,该架次飞参数据作为测试样本。新异检测结果如图 5 所示:397 s 以前类别标签全部为 0,而 397 s 以后类别标签全部为 1。这表明 I-SVDD 方法完全正确地检测出了舵面偏转参数的异常。

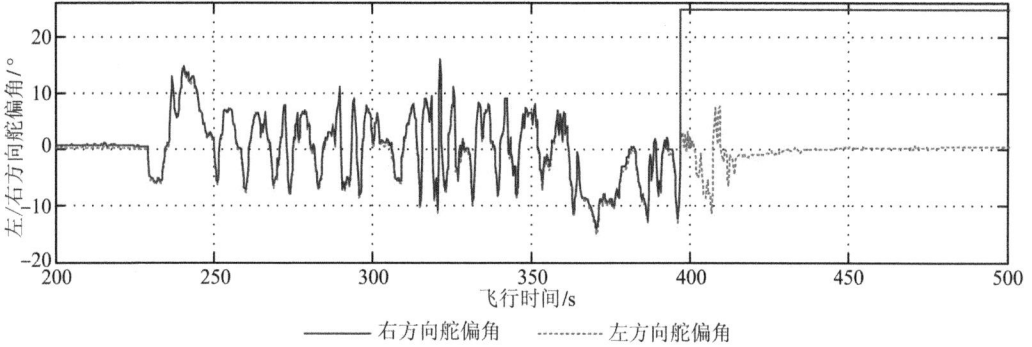

图 4   某架次飞机左方向舵偏角和右方向舵偏角参数曲线

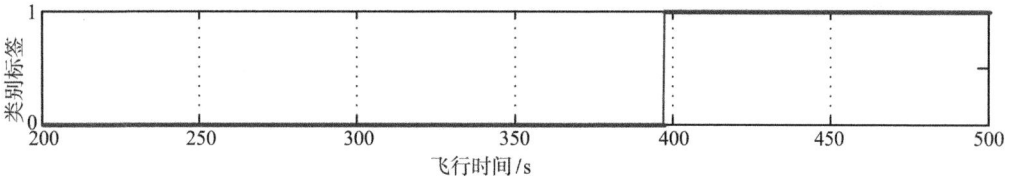

图 5   舵面偏转参数新异检测结果

6.3   振动值新异检测

一般情况下,发动机振动值不应超过 70 mm/s。然而,当发动机在大过载或超转情况工作时容易发生振动值超限。比如在图 6(a)中,发动机承受过载较高。2 217 s 时,发动机法向过载接近 6 g,之后发动机振动值开始增大并超过 70 mm/s。此类情况一般对该发动机进行试车,试车后发动机无异常可继续使用。而在某次飞行中,一架飞机的发动机发生了不明原因的振动值超限。其法向过载和振动值曲线如图 6(b)所示。发动机在法向过载为 0.8～1.1 范围内发生了振动值超限,而且高低压转子转速、排气温度和飞机姿态参数无异常。此类振动值超限应高度重视,此台发动机经返厂修理发现,其轴承发生剥落。

令法向过载和振动值构成样本,使用 I-SVDD 方法进行新异检测。I-SVDD 参数 δ、C 和 σ 分别设置为 0.08、0.2 和 0.25。图 6(a)中的飞参数据作为 1♯ 测试样本,图 6(b)中的飞参数据作为 2♯ 测试样本,分别以该架飞机该架次前六个月飞参数据作为训练样本。新异检测结果分别如图 7(a)、(b)所示:1♯ 测试样本中未发现异常,而在 2♯ 测试样本中,1 382～1 386 s、1 388 s 和 1 388.5 s 检测出法向过载和振动值匹配出现异常,这与发动机实际状态相符合。

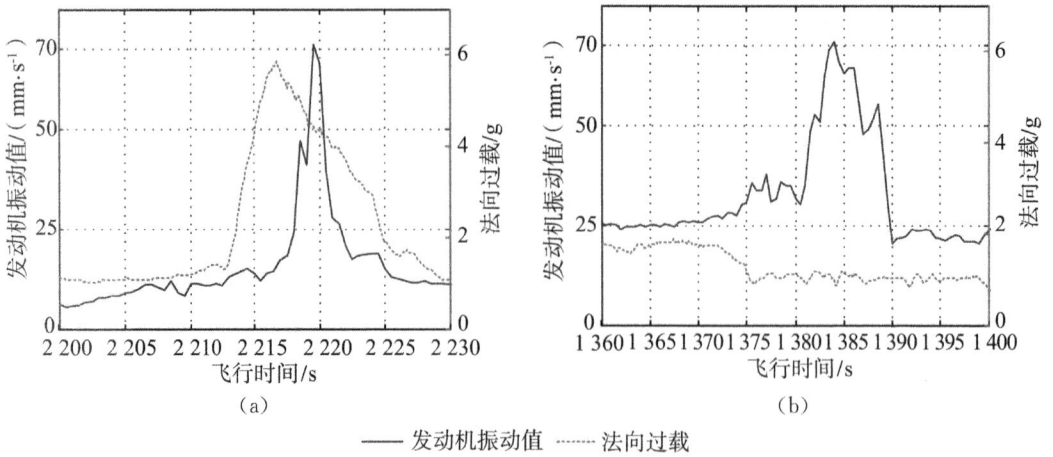

图 6　发动机振动值和法向过载参数曲线

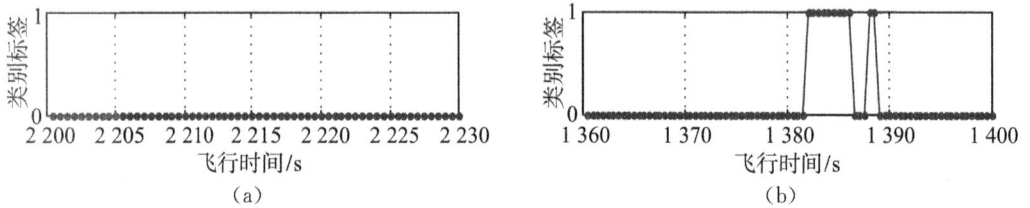

图 7　发动机振动值和法向过载参数新异检测结果

7　结论

本文使用单类分类理论对飞参数据自动判读进行了研究,提出了一种基于改进 SVDD 的飞参数据新异检测方法。首先,该方法在保证分类精度的同时通过减小 SVDD 核矩阵尺寸大幅降低 SVDD 的算法复杂度。在人工数据集上进行了 C-SVDD、LS-OCSVM、SMO-SVDD 和 I-SVDD 间的对比实验,实验结果证明了 I-SVDD 的有效性。其次,该方法运用采样时间就近原则和采样频率向下取齐原则解决了飞参数据中参数采样率不统一条件下样本生成的问题。再次,以发动机气路参数、舵面偏转参数和发动机振动值参数三组人工判读中发现异常的飞参数据为数据集,进行了测试该方法有效性的实验。实验结果表明:该方法能够准确检测出飞参数据中存在的异常,初步实现飞参数据的自动判读。

参考文献

[1] TAX D. One class classification：Concept-learning in the absence of counter-examples [D]. Netherlands：University of Delft，2001.

[2] TAX D M J，DUIN R P. Support vector data description[J]. Machine Learning，2004，54(1)：45-66.

[3] GUO S M，CHEN L C，TSAI J S H. A boundary method for outlier detection based on support vector domain description[J]. Pattern Recognition，2009，42(1)：77-83.

[4] WANG S，YU J，LAPIRA E，et al. A modified support vector data description based novelty detection approach for machinery components[J]. Applied Soft Computing，2012，13；1 193-1 205.

[5] LIU Y H，LIU Y C，CHEN Y J. Fast support vector data descriptions for novelty detection[J].

IEEE Transactions on Neural Networks，2010，21(8)：1 296-1 313.

［6］ 谢迎新，陈祥光，余向明，等. 基于快速 SVDD 的无线传感器网络 Outlier 检测［J］. 仪器仪表学报，2011,32(1)：46-51.

［7］ 陈斌，阎兆立，程晓斌. 基于 SVDD 和相对距离的设备故障程度预测［J］. 仪器仪表学报，2011,32(7)：1 558-1 563.

［8］ 王力敏，金敏. 球边界偏移判别结合空间分布聚类的故障诊断［J］. 电子测量与仪器学报，2012,26(10)：877-883.

［9］ PARK J，KANG D，KIM J，et al. SVDD－based Pattern Denoising［J］. Neural Computing，2007，19(7)：1 919-1 938.

［10］ CAMASTRA F，VERRI A. A novel kernel method for clustering［J］. IEEE Transactions on Pattern Analysis and Machine Intelligence，2005，27(5)：801-805.

［11］ BEN-HUR A，HORN D，SIEGELMANN H T，et al. Support vector clustering［J］. Journal of Machine Learning Research，2002(2)：125-137.

［12］ TSANG I W，KWOK J T，CHEUNG PM. Core vector machines：Fast SVM training on very large data sets［J］. Journal of Machine Learning Research，2006，6(1)：363-392.

［13］ ORTIZ-GARC A E G，SALCEDO-SANZ S，PÉREZ-BELLIDO Á M，et al. Improving the training time of support vector regression algorithms through novel hyper-parameters search space reductions［J］. Neurocomputing，2009，72(16)：3 683-3 691.

［14］ 胡雷. 面向飞行器健康管理的新异类检测方法研究［D］. 长沙：国防科技大学，2010.

［15］ CHOI Y S. Least squares one-class support vector machine［J］. Pattern Recognition Letters，2009，30(13)：1 236-1 240.

［16］ PENG X，XU D. Efficient support vector data descriptions for novelty detection［J］. Neural Computing and Applications，2012，21(8)：2 023-2 032.

［17］ YUAN C，CASANENT D. Support vector machines for class representation and discrimination［C］. International Joint Conference on Neural Networks，Portland，2003：1 610-1 615.

［18］ GALLUCCIO L，MICHEL O，COMON P，et al. Graph based k-means clustering［J］. Signal Processing，2012，92(9)：1 970-1 984.

［19］ SU T，DY J. A deterministic method for initializing k-means clustering［C］. 16th IEEE International Conference on Tools with Artificial Intelligence. 2004：784-786.

某型飞机机务模拟器座舱数据采集系统设计[①]

崔益鹏

摘　要　本文在分析某型机务模拟器座舱信号分类的基础上,设计了基于 RS-485 总线和 OPC 接口技术的座舱采集系统的软硬件结构,并给出了 UCON 驱动程序设计方法。系统克服了传统的集散式数据采集系统臃肿、维护不便的缺点,为仿真模块接入座舱提供了 OPC 访问接口,在实际使用中证明系统具有运行稳定、使用方便的优点。

关键词　数据采集;OPC;RS-485

机务模拟器是用于练习机务维护技能的设备,可以模拟真实飞机的许多特性,而且具有不受气象条件、场地和时间限制的特点,可以缩短训练周期,大大提高训练效率。无论在民用或者军事领域,对机务维护人员的培养都有着至关重要的作用。座舱系统作为机务模拟器的重要组成部分之一,其数据采集系统性能的好坏直接关系到整个模拟器训练效率的高低。传统的集散式采集系统在信号繁多的飞机机务模拟器上使用会使得系统庞大而显得臃肿,给维护带来困难。本文论述的数据采集系统采用 RS-485 总线技术将数据采集设备组网,并通过 OPC 接口技术开发了设备的驱动程序,为系统仿真模块的开发提供了分布式访问接口。实践证明,这种数据采集系统具有结构简单、扩展性好和使用方便的优点。

1　座舱数据采集系统分析和设计

某型机务模拟器座舱数据采集系统采用嵌入式数据处理板完成模拟器座舱系统内部各种信号的采集工作,并转换为计算机可识别的信号,通过 RS-485 接口上传给上位机,待系统仿真模块解算形成各种控制参数之后,嵌入式数据处理板再将控制信号输出给相应的控制元件,实现系统仿真模块与底层设备之间的通信,完成模拟仿真控制过程。

1.1　座舱信号分类设计

机务模拟器座舱数据采集系统的信号繁多,按照信号传递方向可以分为输入信号和输出信号两类,按照信号的连续性可以分为开关量和模拟量两类。

其中,开入量信号来自按钮、两位开关、三位开关和波段旋钮等元件。在用单片机采集时需要采集开关、旋钮在每个状态位置的开、关两种状态,在编写 OPC 服务器驱动程序时再以座舱元件为单位向系统仿真模块提供访问接口。

开出量信号包括驱动各种指示灯、数码管、点阵块需要的信号、调节指示灯和导光板亮

---

① 发表于《海军航空工程技术》2020 年第 5 期。

度 PWM 信号、步进电机驱动信号,还包括灯、数码管和点阵块闪烁的控制信号,这些信号的参数由系统仿真模块的解算输出,通过 OPC 服务器驱动程序发给嵌入式数据处理板。

模拟量信号主要包括座舱各种电位器旋钮信号,这些信号经过 A/D 转换后和开入量的状态采样数据一起上报。

1.2 数据采集系统的总体结构

模拟器座舱数据采集系统是由上位机、RS-485 总线和下位机组成,如图 1 所示,上位机由一台加装了 RS-485 多串口卡的工控计算机担任,可以提供 8 条 RS-485 总线,下位机由嵌入式数据处理板组成,上位机和下位机之间通过 RS-485 总线连接。上位机还通过以太网和仿真计算机组网。

下位机的数量根据座舱信号的数量、控制板的布局和数量来确定,一般来说,为每一个独立控制板分配一个下位机。在选用 MCU 型号时,要按照能够为大多数独立控制板上的 I/O 元件提供接口的要求来选择。

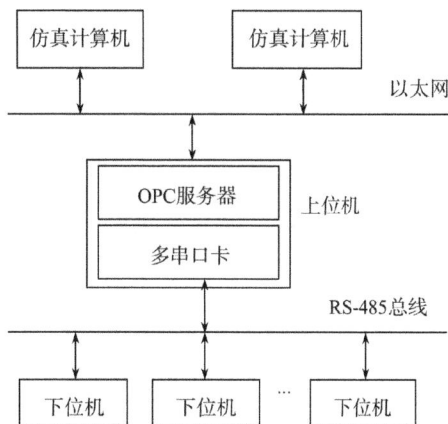

图 1 系统总体结构图

运行在上位机上的 OPC 服务器通过自定义驱动程序和下位机通信,并为仿真计算机提供 OPC 访问接口,仿真计算机通过 OPC 接口和上位机通信,访问 OPC 服务器提供的座舱元件变量。

2 下位机设计

下 位 机 选 用 基 于 Cortex-M3 内 核 的 STM32F103ZET6 CPU,具有 64 KB SRAM、512 KB FLASH、3 个 12 位 ADC、5 个串口、112 个 GPIO 接口,具有主频高、存储容量大、集成度高、功耗低的特点,能够在采集现场完成 A/D 信号转换。数据处理板运行 uC/OS-II 嵌入式操作系统,是一个基于优先级调度的抢占式内核,提供完善的任务管理与调度、

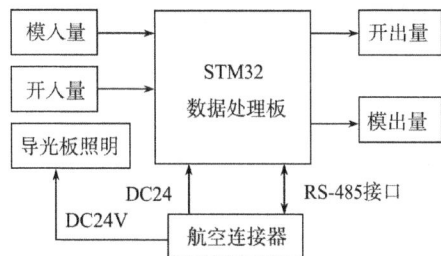

图 2 嵌入式数据处理板示意图

时间管理、内存管理和通信同步功能,能够保证采集数据传输的可靠性和实时性。

上位机与嵌入式数据处理板采用 RS-485 半双工串行数据总线、波特率 115 200 Kbps、8 位数据位、1 位起始位、1 位停止位,无奇偶校验,查询应答方式通信。上位机发给设备的数据包格式为

      55 AA ID C0 D0 D1 D2 D3 D4 D5 D6 D7 5A

其共 13 个字节。其中 ID 为设备的编号,当设备检测到 ID 号和本机 ID 号一致时对命令进行解析和响应。ID 为 0xF5 表示通用 ID 号,下位机检测到 ID 为 0xF5 时对命令进行解析,设置此 ID 是为了查询本机 ID 号。C0 为命令字,嵌入式数据处理板根据命令字的不同来做不同的操作,例如点亮灯、驱动数码管和步进电机等,D0~D7 为有效数据。

设备发给上位机的数据包格式为

AA 55 ID C0 D0 D1 D2 D3 D4 D5 D6 D7 A5

其共 13 个字节。设备在收到有效的命令包后会发送应答包,D0～D7 为有效数据,保存按钮、开关和波段开关等座舱元件的状态数据。

3 上位机软件设计

上位机软件通过 OPC(OLE for Process Control)技术开发。OPC 是指为了给工业控制系统应用程序之间的通信建立的接口标准,给工业控制领域提供了一种标准数据访问机制,将硬件与应用软件有效地分离开来。OPC 规范包括 OPC 服务器和 OPC 客户端两个部分,OPC 服务器作为中间媒介负责从数据源读取数据再跟另外一端的客户端通信。客户端和服务器的对话是双向的,从而实现控制软件与硬件设备之间的数据交换。

上位机安装 KEPServer 4.5 作为 OPC 服务器软件,它提供 UCON(User Configurable Driver)驱动程序可供用户自定义配置与下位机之间的通信协议,驱动程序编写完以后可通过内置的 OPC 客户端程序来测试通信协议是否正常运行。

UCON 驱动程序按照设备、变量块和变量的层次结构组织。获取开关、按钮等元件状态的命令在变量块的读事务中配置,其流程如图 3 所示。

首先在变量块的读事务中将发给下位机的数据包写到 Write Buffer,然后调用 Transmit 命令将数据发送给下位机,并读取下位机应答的数据写到 Read Buffer,最后通过 Update Tag 命令更新变量块中的开关、按钮和旋钮的变量值。

设置指示灯、驱动数码管和驱动步进电机的命令在对应变量的写事务中配置,其流程如图 4 所示。

因为在读事务中执行数据发送命令,所以在变量的写事务中只需要通过缓存交换拷贝来将需要发送的数据保存到缓存。

运行在仿真计算机上的仿真模块通过 OPC 技术规范的定制接口或自动化接口和 OPC 服务器通信。虽然自动化接口使用简单,但是定制接口可提供更好的性能,如果采用 C++ 语言编写仿真模块则采用 OPC 定制接口。

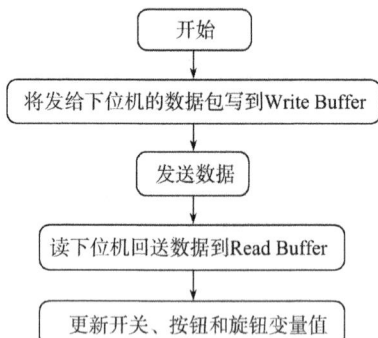

图 3 开入量状态获取流程

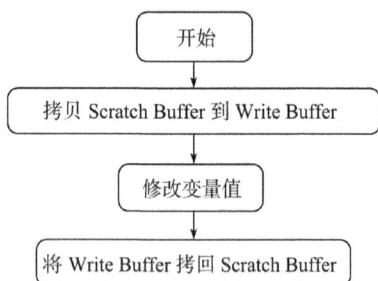

图 4 开出量设置流程

4 结束语

本文论述了一种机务模拟器座舱数据采集系统的软硬件设计方法。首先分析了模拟器座舱的信号类型,设计了系统的总体结构,根据座舱信号的数量、控制板的布局和数量选择了嵌入式数据处理板 MCU 型号,并设计了适用于 RS-485 总线的嵌入式数据处理板与上位机之间的通信协议,采用支持 OPC 接口的服务器软件 KEPServer 和嵌入式数据处理板通信,最后提出了 OPC 服务器 UCON 驱动程序编写方法。系统克服了传统的集散式数据采集系统臃肿、维护不便的缺点,为仿真模块接入座舱提供了 OPC 访问接口,具有使用方便的优点。

参考文献

[1] OPC Foundation. OPC data access Specification 2.0[S]. 2002.

[2] 王杰,高昆仑,朱晓东. OPC 通讯技术在可视化界面监控系统中的应用研究[J]. 2012,20(1):74-77.

[3] 智少磊,夏继强,张炯. 基于 OPC 的服务机器人监控系统设计[J]. 2012,38(14):266-268.

[4] 宁鸥,阳世荣,夏伟,等. OPC 技术在舰船综合平台管理系统中的应用研究[J]. 中国舰船研究,2011,6(4):75-78.

[5] 苏磊,李茜,汤伟. OPC 数据访问客户端的研究与实现[J]. 计算机工程,2010,36(11):80-82.

基于抽象工厂模式的机载显示系统图形生成技术研究①

王志乐　董军宇　胡文婷

摘　要　机载显示系统直接关系到先进航电系统的性能和成本。本文针对机载显示系统的特点、性能要求,分析了目前机载显示系统存在的复用率低、不易于移植、继承性差、无法重构、成本高等缺陷;提出了基于抽象工厂模式的图形生成设计新思想,对机载显示系统图形库进行分类、分级抽象,建立图形处理模型、图形绘制模型和显示模型三级架构,统一了字符、图形、窗口的模型处理方法。本文基于 OpenGL 实现了图形模型开发库和机载显示系统图形生成架构,以该方法实现了某型飞机显示系统的开发。实验证明:该方法实现了显示系统通用开发技术和软件重构技术。

关键词　机载显示系统;抽象工厂模式;图形模型;OpenGL;软件重构技术

1　引言

现代飞机航电系统已经由原先的分立式、联合式[1]变为现在的集成模块化[2]、分布式的航电系统。由于先进的电子信息技术在航电系统上的应用,航电系统功能越来越强大,交联越来越复杂,涵盖了飞控、显控、雷达、导航、通信、任务等子系统[3],航电系统也成为现代先进飞机的核心系统,成为衡量飞机先进性能的核心指标之一。所有子系统的数据可视化显示与处理、人机交互都是通过显示与控制系统完成,这也对座舱显控系统的开发和性能带来挑战。

座舱显控系统作为飞行员与机载传感器的人机交互系统,其中机载显示系统直接显示飞行数据、战术数据、叠加图像等,显示的视觉效果、图形生成的效率直接影响飞行员的视觉判断和作战时机。[3]然而飞行显示系统需要实时地获取飞行传感器指令,经过计算处理后动态地显示飞行仪表图形、交互菜单、任务图形、目标及外部环境等信息,并且对显示系统的实时性、稳定性、安全性有很高的要求。当前,主流的设计方式都是将显示图形预先制作成贴图,然后通过国外专业的仪表开发工具如 GL Studio、IData、VAPS[4-6]进行开发。由于显示的图形种类和数量庞大、字符类型多,很多是按画面整体显示的图形进行设计,这类方法入门比较简单,但是显示系统复用率低、集成性差、无法实现重构,类似机型或相同机型升级都需要重新设计研制机载显示系统。另外,采用贴图方式显示的图像符号视觉效果差,而且使用大量的贴图影响显示画面生成的效率。所以本文对机载显示系统各类图形进行分层级抽象建模,提出了基于抽象工厂模式[7]对机载显示图形的三级建模架构,最后采用 OpenGL[8]实现了图形模型开发库和机载显示系统图形生成架构。实验证明:显示效果比贴图方式好、图形生成效率更高,并且可以实现机载显示系统的软件重构。

---

①　发表于《计算机测量与控制》2019 年第 27 卷第 9 期。

2 抽象工厂模式

当系统所需要的产品对象是多个位于不同产品等级结构中属于不同类型的具体产品时,需要使用抽象工厂模式。抽象工厂模式是所有形式的工厂模式中最为抽象和最具一般性的一种形态,与普通工厂方法模式最大区别在于,工厂方法模式针对的是一个产品等级结构,而抽象工厂模式则需要面对多个产品等级结构。

当一个工厂等级结构可以创建出分属于不同产品等级结构的一个产品族[9]中的所有对象时,抽象工厂模式比工厂方法模式更为有效率。产品族和产品等级结构关系如图1。

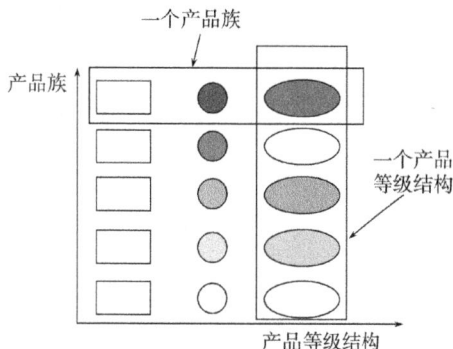

图1 产品族与产品等级结构关系

因此可以采用抽象工厂模式将机载飞行显示系统所有图形库按产品族和产品等级进行抽象,将机载显示图形库进行分级建模形成标准的图形生成对象,对字符、图形、窗口进行抽象统一建模,再利用抽象工厂模式对图形处理模型、绘制模型、显示模型进行系统架构设计。首先对显示图形库进行分类抽象,形成机载显示图形类结构如图2。

由于抽象工厂模式属于类创建型模式,它的目的是为一系列的、相互关联的具体类提供统一的创建接口。[10]抽象工厂从图形绘制模型代码中隔离出了创建

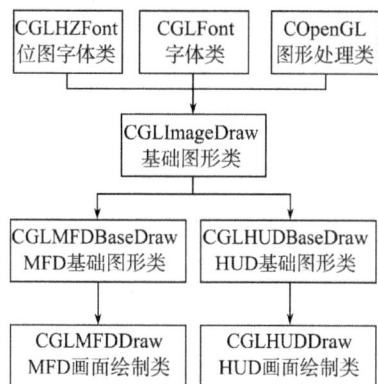

图2 机载显示图形类结构

具体对象的操作,把所有对相互关联的类的创建操作组织到一起,为其他类提供高层的、经过封装的对象创建操作。[9]为了方便阐述抽象工厂模式,引入标准化的产品族,将不同分级结构但功能相关联的图形对象组成家族,其抽象工厂接口类如图3所示。

基于抽象工厂模式的思想创建统一的接口类,可以通过基于快速创建图形产品族或者基于产品等级资源库创建新的图形样式,然后在图形内部完成新增功能和特性。

3 图形抽象建模

在显示图形抽象建模的设计过程中,采用产品族的概念进行分类分级描述,将图形的特征处理进行分类建模。将机载航空电子系统显示的图形图像分为字符模型、基本图形模型、复杂图形模型、窗口模型,其中字符模型描述汉字字符和英文字符,基本图形模型描述

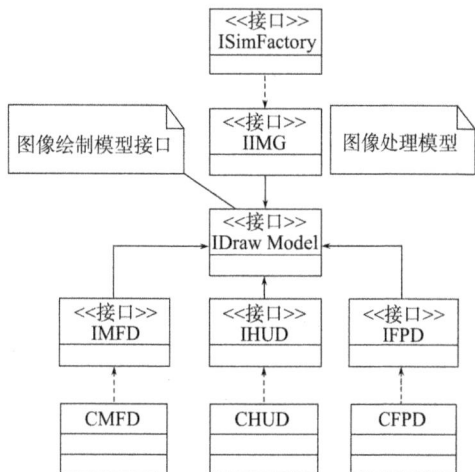

图3 图形家族抽象工厂接口类

线、矩形、圆弧、三角形等，复杂图形模型在基本图形模型的基础上进行建模描述，如表示飞机姿态的天地圆、填充椭圆、填充带边框矩形。

3.1 位图文字矢量显示法

字符模型作为一种基本的显示图形，其绘制如表 1 所表。字符结构模型＝{字体|坐标|宽度|高度|旋转角|下划线|删除线|斜体}，字符模型绘制处理类分为英文字符处理、汉字字符处理，其中英文字符采用 ASCII 绘制，汉字字符采用位图显示方式，由于汉字字符的显示比较特殊，这里在 OpenGL 环境下以汉字绘制类进行抽象描述，如表 1 所示。

表 1　汉字绘制类

类名	抽象方法	类型	描述
CGLHZFont	CreateFont	HFONT	创建汉字句柄
	PrintText	bool	绘制输出汉字
	KillFont	bool	删除汉字句柄

其中，汉字的绘制处理在 PrintText 接口中完成，在 Windows 环境下 OpenGL 常用的位图字符显示方法包括：① 通过制作位图字符的显示列表来显示，但对于汉字字符将大量消耗资源；② 利用纹理贴图原理，将事先要显示的汉字制作成贴图，但运行时无法修改，只能适用于少量的汉字显示；③ 读取点阵字库信息，利用 glBitMap() 函数显示，读取显示效率高，但是放大或者缩小会存在锯齿现象。针对上述方法的特点，采用 GDI 提出的 TrueType 平面位图文字显示法。

利用 TrueType 矢量字体的与设备无关性、灵活性好等特点，结合 OpenGL 的位图显示技术，实现了矢量汉字灵活显示方法。其基本绘制模型如图 4 所示，在汉字矢量处理类中调用 OpenGL 位图数据结构及位图处理函数实现汉字显示处理。

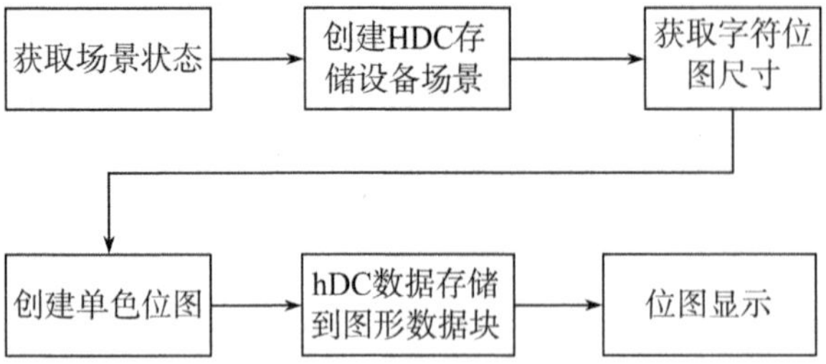

```
获取场景状态 → 创建HDC存储设备场景 → 获取字符位图尺寸
                                              ↓
创建单色位图 → hDC数据存储到图形数据块 → 位图显示
```

图 4　矢量汉字绘制模型

3.2 基本图形处理模型

在进行基本图形处理建模过程中，将汉字纳入基本图形。汉字绘制类实现之后，就可以和其他基本图形处理一起集成到基本图形处理类中，这里将基本图形定义为线、矩形、圆形、三角形、扇形或圆弧、多边形、窗口。基本图形定义得太详细或者太粗糙都不利于复杂图形的构建和图形的调用显示。因此在采用抽象工厂模式创建图形处理类时，首先创建基础的图形接口基类，如表 2 所示。

表 2 图形接口基类

图形模型接口类	抽象方法	类型	描述
IIMGModel	CreateIMG	virtual bool	创建图形对象
	InitIMG	virtual	初始化位置大小
	DrawIMG	virtual	绘制图形
	DeleteModel	virtual	删除对象模型

其中 CreateIMG 接口参数在完成创建图形对象过程中必然要使用 CDC 类,因此该接口的定义如下:

virtual bool CreateIMG(CDC * pDC, enIMGShowTypeDef enType, bool bIsColor)＝0

参数 enIMGShowTypeDef 表示载机显示系统的某种类型的物理显示设备,如 MFD1\MFD2\HUD\HMD。

在进行基础图形类库的开发过程中,需要使用 Opengl32.dll 和 Glu32.dll,因此,这里基于 OpenGL 图形接口,结合基础图形绘制模型的特点以及开放式航电显示系统设计的技术要求,设计专用的图形绘制类接口 CBaseDraw,主要包括图形绘制类函数和图形控制类函数,该接口类的模型如表 3 所示。

表 3 基础图形绘制模型

模型绘制类	抽象方法	主要参数	描述
CBaseDraw	DrawString	X,Y:基准点坐标 Num:字符数 Str:字符数组	顺序绘制若干字符
	SetColor	Color:颜色字	设置颜色
	SetLineStyle	LineWidth:线宽 LineStyle:线形特征	控制绘制图形的线宽和线形
	SetBlink	Blink:闪烁特征字	控制图形闪烁
	DrawSymbol	X,Y:基准点坐标 Symbol:符号编码 Character:特征字	绘制单个符号
	……	……	……
	DrawCircle	Fill_In:是否填充 X,Y:基准点坐标 Radius:半径	绘制圆形
	DrawLine	X1,Y1:起点坐标 X2,Y2:终点坐标	绘制直线
	……		

3.3 复杂图形绘制模型

复杂图形处理类模型 CGLImageDraw 的定义是基于 IIMGModel 派生的。复杂图形也是基于基本图形库产生的,因此需要引用 CBaseDraw,其模型定义如表 4 所示。

表 4　复杂组合图形模型

模型处理类	方法及对象	类型	描述
CGLImageDraw	CreateIMG	virtual bool	创建图形对象
	InitIMG	virtual	初始化位置大小
	DrawIMG	virtual	绘制图形
	DeleteModel	virtual	删除对象模型
	SetViewPara	void	设置视窗参数
	m_pBaseDraw	CBaseDraw	基本图形类对象
	m_HzFont	CGLHZFont	汉字处理类对象
	DrawCompass	bool	绘制罗盘符号
	DrawWpt	bool	绘制航路点
	DrawPlane	bool	绘制飞机符号
	DrawHorizIndicator	bool	绘制地平仪
	……	……	……

CGLImageDraw 类的具体定义如图 5 所示。

```
class CBaseDraw;
class CGLImageDraw: public IIMGModel
{
public:
    CGLImageDraw ();
    virtual bool CreateIMG(CDC * pDC, enIMGShowTypeDef enType, bool bIsColor);
                                                            //创建图形对象
    virtual void InitIMG(SHORT nInitX, SHORT nInitY, USHORT nWidth, USHORT nHigh);
                                                            //初始化位置及宽高
    virtual void DrawIMG(const IMGINFO pData);
    virtual void DeleteModel();
    void SetViewPara(float xOffsetRate=1.0f,float yOffsetRate=1.0f,float xScaleRate=1.0f,float
yScaleRate=1.0f);                                           //设置视图窗口参数
    void ShowChar(unsigned short ChineseChar);
    void ShowChar(char AsciiChar);
    void ShowSymbol(unsigned SymbolCode);
    bool DrawCompass(int deviceID,unsigned SymbolCode,PosX,
PosY,float angle);                                          //绘制罗盘
    ……
    bool DrawHorizIndicator (int deviceID,unsigned SymbolCode,PosX,PosY,float angle);
    GLHZFont m_HzFont;                                      //位图汉字处理类
    GLFont m_Font;                                          //英文字符处理类
    CBaseDraw * m pBaseDraw;                                //基本图形处理类
```

图 5　CGLImageDraw 类模型定义

在复杂图形模型的绘制过程中,可以采用贴图实现,这种方法对开发人员的技术水平要求不高,并且开发过程简单,但是灵活性和重用性不强,显示效果也不好。一般战斗机的图形显示符号达到 100 余种,都采用贴图之后在显示过程中系统占用的资源比较高。因此基于设计的基本图形处理类通过图形绘制算法创建复杂图形,既可以实现图形符号的通用性,又实现了图形绘制算法的重构。通过参数可以构建不同飞机同一类别的图形符号,而且显示效果和软件效率都得到大大提高。如图 6 是基于 GL Studio 开发工具利用预先处理好的贴图实现的 MFD 显示效果,其特点是显示的每一个字符及图形符号都是基于贴图图像实现的,因此显示效果受图像分辨率影响较大,当画面进行缩放时图像容易发虚;对于可变图形(如航线)利用 GL Studio 进行动态绘制后由于没有进行反走样处理,锯齿明显。

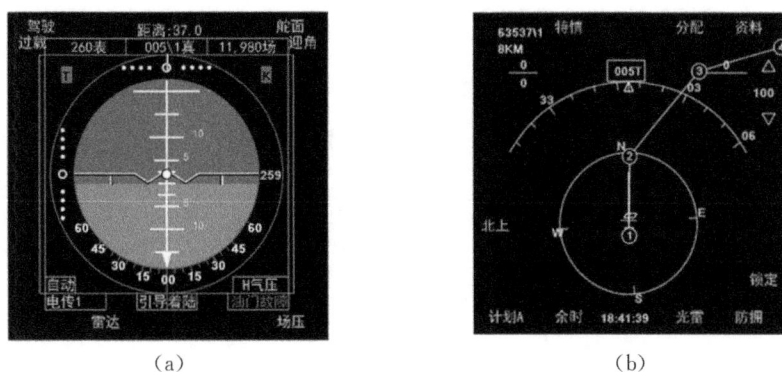

(a)   (b)

图 6   GL Studio 实现的驾驶效果(a)和导航效果(b)

利用 CGLImageDraw 和 CBaseDraw 类进行画面绘制时,通用基本图形符号可以通过 CBaseDraw 类实现,对于复杂组合图形符号在 CGLImageDraw 类设计时实现,通过调用 OpenGL 函数库、CBaseDraw 类和相关图形处理算法实现。以图 1 画面中地平仪(天地圆)的实现为例,其组成及变化比较复杂,其特征如表 5。

表 5   天地圆特征表

符号名称	组成	运动规律	特征
地平仪 (天地圆)	蓝色半圆	上下平移、旋转	绕圆心左右旋转
	土黄半圆	上下平移、旋转	绕圆心左右旋转
	俯仰刻度线	与半圆同步运动	−90 至 +90

在圆形窗口区域绘制可变天地圆是比较困难的,通过分析知道天地圆实际是表示飞机俯仰和横滚姿态的刻度带,因此采用分层设计的思路,首先以 MFD 屏幕分辨率宽度为基本参数分别绘制蓝色和土黄色的填充矩形作为天地圆的姿态刻度带,如图 8(a)。这里,坐标圆点在屏幕中心,选定 MFD 的分辨率为 600×600 像素,中心坐标为 $(300, 300)$,屏幕坐标圆点到 MFD 坐标圆点的转换为 $x = \dfrac{X}{300.0F}$,$y = \dfrac{Y}{300.F}$。然后通过调用 CBaseDraw 的填充矩形绘制函数完成姿态刻度带的绘制,其绘制函数实现过程如表 6。

```
# define MFD_GL_XY(x)((x)/300.0)                          //坐标转换宏定义
x1＝X；y1＝Y；                          //X＝－300,Y＝0；Width＝600，Height＝1 000；
x2＝X＋Width；y2＝Y＋Height；                          //通过刻度带宽度和高度计算屏幕坐标
glBegin(GL_QUADS);                          //绘制矩形
glVertex2f(MFD_GL_XY(x1),MFD_GL_XY(y1));
glVertex2f(MFD_GL_XY(x2),MFD_GL_XY(y1));
glVertex2f(MFD_GL_XY(x2),MFD_GL_XY(y2));
glVertex2f(MFD_GL_XY(x1),MFD_GL_XY(y2));
glEnd();
```

图 7　姿态刻度带绘制

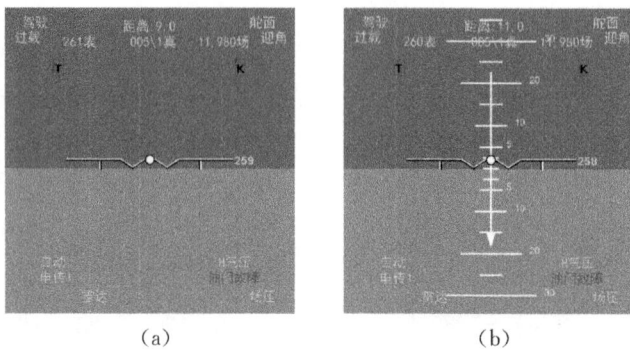

(a)　　　　　　　　　　(b)

图 8　填充矩形(a)和填充矩形叠加刻度线及刻度值绘制效果(b)

在填充矩形显示层上面调用 CBaseDraw 类的绘线接口完成刻度线的绘制以及刻度值的绘制,其显示效果如图 8(b)显示。最后为了构成天地圆的显示效果,需要对填充矩形进行遮挡层绘制,均分成四等分绘制遮挡图形。遮挡图形由多边形和圆弧组成,主要计算出圆弧半径和四个点的坐标,如表 6 的关键点坐标。圆弧的绘制算法如下,遮挡圆弧实现后的显示效果如图 9(a)所示。

定义：$circle_r=173$。

$circle_x$ 表示圆弧上某点 X 坐标,$circle_y$ 表示圆弧上某点 Y 坐标

$$circle_x = \sum_{-\frac{\pi}{2}}^{\leqslant 0.05} circle_r * sin(circle_q) ; (circle_q = circle_q + 0.1)$$

$$circle_y = \sum_{-\frac{\pi}{2}}^{\leqslant 0.05} circle_r * cos(circle_q) ; (circle_q = circle_q + 0.1)$$

表 6　关键点坐标

坐标点	X	Y	变换
$P1$	-300	$1\ 200$	$(X)/300.0,(Y)/300.0$
$P2$	-300	0	$(X)/300.0,(Y)/300.0$
$P3$	$-R$	0	$-R,0$
$P4$	0	$1\ 200$	$0,(Y)/300.0$

采用遮挡圆弧绘制算法绘制完其他三份,就完成了天地圆的绘制。当飞机姿态变化时,天地圆及刻度带随动,而遮挡部分始终保持不动,这样的机制也完全符合地平仪的结构。通过自定义类绘制效果如图 9(b)所示。基于 CBaseDraw 基本图形类和复杂图形的绘制函数、管理函数构建 CGLImageDraw 类,这样就实现了机载显控系统的可视化图形抽象建模。

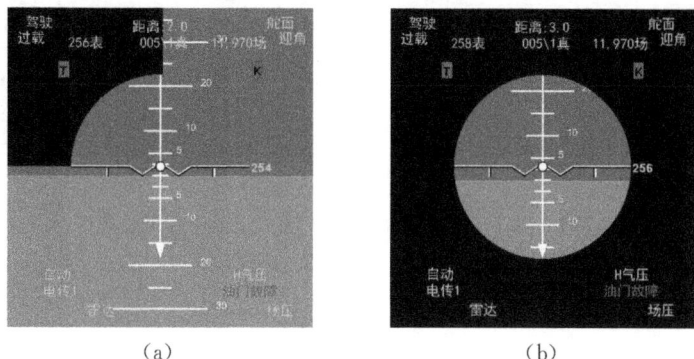

（a）　　　　　　　　　　（b）

图 9　叠加遮挡圆弧显示效果(a)及自定义类实现效果(b)

3.4　显示画面实现

以某型固定翼飞机飞行驾驶画面为例,该画面包括地平仪、飞行参数指示等。[11]利用自主开发的图形模型库和显示系统图形生成架构,快速实现画面绘制。该架构首先是画面绘制准备工作,其次是利用图形模型库提供的 SDK 进行字符、图形和窗口的显示。

准备工作中,主要实现着色模式选择、目标像素深度设置、指定颜色和纹理坐标的差值质量、启用点线反走样和抗锯齿[12-13],定义像素运算算法等,其关键代码如图 10。

```
glShadeModel(GL_SMOOTH);                                          //着色模式
glEnable(GL_DEPTH_TEST); //
glDepthFunc(GL_LEQUAL);
glHint(GL_PERSPECTIVE_CORRECTION_HINT,GL_NICEST);
glEnable(GL_POINT_SMOOTH);                                        //启用点线反走样
glHint(GL_POINT_SMOOTH,GL_NICEST);
glEnable(GL_LINE_SMOOTH);                                         //反走样
glEnable(GL_BLEND);                                               //抗锯齿
glBlendFunc(GL_SRC_ALPHA,GL_ONE_MINUS_SRC_ALPHA);
……                                                              //定义像素运算算法
glViewport(0,0,m_width,m_height);                                //设置视口尺寸
```

图 10　显示初始化功能

字符和图形的显示根据机载航电子系统输出的状态数据、传感器测量数据、任务解算数据[14]以及显控系统当前所显示的画面状态判断下一刻应该显示的画面。根据画面图形元素类型及图形位置布局等特点,调用 CBaseDraw 类和 CGLImageDraw 类提供的图形生成算法实现字符、通用图形、复杂图形的实时绘制和显示。图 11 是采用该架构提供的抽象图形模型库实现的某型飞机驾驶画面和导航画面的效果。

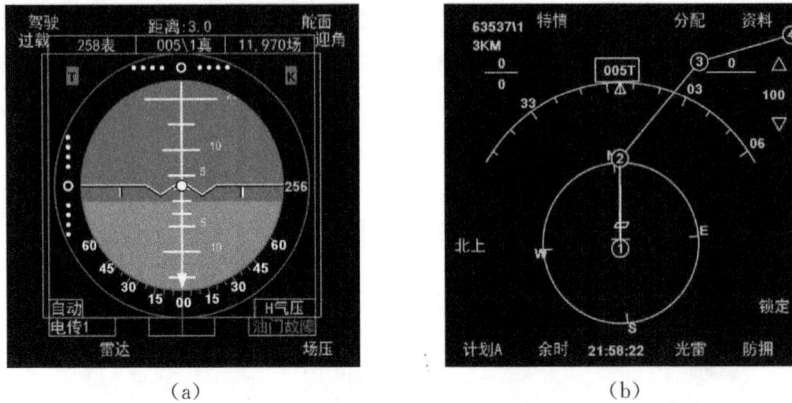

(a)　　　　　　　　　　　　(b)

图 11　自定义架构(a)和图形库实现的驾驶及导航显示效果(b)

4　仿真应用分析

国外专用开发工具(如 GL Studio、IData)往往不支持汉字显示,汉字和图形都是通过贴图实现,因此当显示比例变化时显示效果会受到影响。对于一些动态变化的图形,需要依靠工具提供的控件和 API 来实现,但工具未提供图形反走样处理,如图 1 显示效果。基于国外专用工具开发的软件的重用性、重构性都大大降低,贴图的重复使用率也不高。

基于抽象工厂模式实现的座舱图形生成库,解决了国外专用工具面临的问题,所有的显示符号都是图形,并进行了反走样处理和锯齿处理,图 8 对比图 1 的显示效果明显提高。利用上述平台架构和图形模型库开发的任意机型的显示系统,通过调整视窗、修改绘制参数、增加或删除某些图形等可以快速实现代码的重构,而开发人员不需要掌握图形的绘制机理,只需要调用对应图形的绘制函数、输入位置和特征参数。表 7 给出了图形生成技术与国外专用工具的对比。

表 7　图形生成平台与第三方工具对比

开发方法	人员	汉字	显示符号	可变图形	软件复用率
GLStudio	美工、程序员	贴图	贴图	自主开发;显示效果差	代码复用率低;软件重构率低
SimApp(图形生成平台)	程序员	矢量文字	矢量图形	图形库提供;反走样处理;锯齿处理	代码复用率高;软件重构率高

5　结论

本文采用 OpenGL 实现了图形模型开发库和机载显示系统图形生成架构。该方法采用抽象工厂模式建立机载显示系统图形模型库,基于 OpenGL 技术建立机载显示系统平台,可以快速实现飞机座舱显示系统的设计及开发,并且不受任何平台和工具环境限制,既适合实装的预研设计、开发,又适合各种平台的模拟训练系统的研制。其特点是对开发人员的编程能力要求较低,显示软件的复用率和重构率高、继承性好,易于移植和嵌入其他第三方软件平台。利用上述平台架构和图形模型库实现的某战机座舱显示系统已经成功应用于该型飞机分队战术模拟训练系统。通过仿真试验及结果的定性定量评价分析,该模拟器完全满足训练和教学需求。

参考文献

[1] 王和平,王宁,张联梅. 综合航电开放式软件设计技术[J]. 计算机工程与设计,2009,30(1):4-8.

[2] 褚文奎,张凤鸣,樊晓光. 综合模块化航空电子系统软件体系结构综述[J]. 航空学报,2009,30(10):1 912-1 917.

[3] 郑凯文. 综合飞行显示系统图形生成和视频处理算法研究与 FPGA 实现[D]. 南京:南京航空航天大学,2016.

[4] 高颖,邵亚楠,郑涛,等. GL Studio 在飞行模拟器中的仿真研究[J]. 弹箭与制导学报,2008,28(1):257-260.

[5] 赵双双,孙旭东. 基于 Idata 的先进座舱多功能显示器的仿真研究[J]. 飞机设计,2011,31(3):55-57.

[6] 杨卫风,胡小琴,蔡志勇,等. 基于 VAPS 设计的多功能显示器仿真[J]. 计算机应用与软件,2011,28(6):228-230.

[7] 华铨平,庞倩超,谢颖. 抽象工厂设计模式在 3 层结构开发中的应用[J]. 大庆石油学院学报,2009,33(3):112-115.

[8] SALOMON B, DALTON C, MACKINNON A. Path rendering by counting pixel coverage[J]. Technical Disclosure Commons,2017,5:17.

[9] 李晓伟,徐冰霖,张银发,等. 设计模式在测控通信构件设计中的应用[J]. 飞行器测控学报,2012,31(6):63-67.

[10] 王志乐,董军宇. 航空装备统一建模与仿真训练平台研究[J]. 计算机测量与控制,2018,26(8):127-132.

[11] 姜丹丹,李成贵. 基于 ARM 与 FPGA 的主飞行仪表显示系统的设计[J]. 计量与测试技术,2009,36(1):50-51.

[12] CYRIL C, MORGAN M, KAYVON F, et al. Aggregate G-buffer anti-aliasing[C]//John K, et al. i3D '15:Proceedings of the 19th Symposium on Interactive 3D Graphics and Games,San Francisco,California,2015:109-119.

[13] ERIC E, ERIC L, CHRISTIAN R, et al. Accumulative anti-aliasing[C]//SIGGRAPH '15 Special Interest Group on Computer Graphics and Interactive Techniques Conference. Los Angeles,California,2015.

[14] 高艳辉,肖前贵,胡寿松,等. 飞行模拟器发展中的关键技术[J]. 计算机测量与控制.2014,22(2):587-560.

基于飞机模拟器的机务训练教学模式研究①

胡文婷　孙文柱　王志乐　邢　祎

摘　要　本文以提高航空机务人员装备保障能力为目标,研究了基于飞机模拟器的机务训练教学模式。首先分析了传统教学模式和基于桌面虚拟训练系统的虚拟教学模式的优缺点,然后提出基于飞机模拟器的虚实结合的机务训练教学模式。该模式结合了传统教学和虚拟教学的优势,构建了多维、立体、实时、灵活、虚实结合的教学环境,为航空兵部队人才培养提供了有力保障。

关键词　模拟器;教学模式;机务训练;虚实结合

1　引言

人才是信息化条件下现代战争中取胜的决定因素。未来的战争将是信息化战争,是综合国力的竞争,归根到底将是智力和人才的竞争。[1]航空机务是集知识、科技、技术、智力、体力于一体的职业,对机务人员进行有效的教学培训是提高航空机务保障能力、增强部队战斗力的重要保证。

随着建设世界一流军队的不断深入,我军装备更新换代的速度不断加快,人与武器装备的结合空前紧密,这就要求院校培养出来的人才需要具备驾驭高新技术装备的职业任职能力[2],必须结合先进的科技手段,改进教学方式,以适应迅猛发展的军队建设。

本文面向航空机务人才培养,提出基于飞机模拟器的机务训练教学模式。该模式以专业培养方案为核心,以教学大纲为主线,将传统教学、虚拟训练系统教学以及模拟器教学的优势相结合,突出以教员为主导,以学员为主体的思想,构建了多维、立体、实时、灵活、虚实结合的教学环境。

2　基于飞机模拟器虚实结合的教学模式优势

航空机务属于技术密集型系统,人员层次复杂,专业划分比较细,而且航空机务系统具有复杂性,这些给教学培训带来了一定难度。

2.1　传统教学模式的弊端

传统的机务培训模式主要采用理论学习和实装训练相结合,往往以"一人讲,多人听"的形式,教练员作为教训的主体部分,对学员进行帮助与指挥,限制了学员的思维能力和创新能力。实装训练影响装备寿命,训练过程中稍有不慎,容易造成装备损坏,训练成本较高;实装训练受到装备数量和训练场地空间的限制,一次性培训人员较少,培训周期过长,造成大量人力、物力、财力的浪费。[3]受到实装数量的限制,学员自主学习和实践操作的时间较少,

---

① 发表于《教育现代化》。

训练和评估的效果很难保证。部分先进的机型,在未装配到部队之前,教员只能进行纯理论教学,学员没有机会进行实践操作,大大影响了部队新战斗力的形成。

2.2 基于桌面虚拟训练系统教学模式的优缺点

随着虚拟现实技术的不断发展,训练模拟系统在军事领域得到大量开发与应用,训练模拟系统已成为现代军事训练中的一种重要训练手段。[4]基于桌面虚拟训练系统的教学模式是通过虚拟训练软件在计算机上创设三维虚拟训练场景,给学员提供一个交互式视景仿真和信息交流环境,能够完成机务各专业维护操作科目的学习、练习和考核等功能[3],对硬件设备要求低,有效解决了实装不足的难题。但是,基于虚拟训练系统的教学模式,无法像实装教学那样给学员提供真实的座舱环境,学员的操作过程也是简单地通过鼠标完成,沉浸感和实操性较差。

2.3 基于飞机模拟器教学模式的优势

机务训练教学课程具有直观性、实践性、综合性、实操性等特点。基于飞机模拟器虚实结合的教学模式,结合了传统教学、实装教学以及基于虚拟训练系统的教学模式的所有优势,真正的"虚""实"相结合,在培养学员实践动手能力方面具有不可替代的作用,还有效解决了部分实装匮乏或没有实装的问题。

机务专业学员在接触实装飞机之前可利用飞行模拟器熟悉驾驶舱部件,练习驾驶舱具体操作、发动机试车、故障处置等科目,使机务学员在上岗前或者对飞机具体操作前有一个完整的接近实际的虚拟操作培训,使实际中操作风险降到最低并且提高实际操作效率,可大大缩短人员培训周期和培训风险,提高教学效率并节省大量费用。[5]

虚实结合的教学模式,不但给教员和学员提供了程序训练功能,而且提供了训练评估和训练管理的功能。学员可以体验全方位立体式的教学环境,实践操作的时间加长,训练效果大大提高;教员可以灵活设置训练科目,可以对学员进行有效的训练评估,大大丰富了教学手段,提高了训练效果。

3 基于飞机模拟器的机务训练教学模式构建

3.1 系统结构

某型飞机机务训练模拟器主要由模拟座舱分系统、动力分系统、综合航电分系统、教员控制分系统、网络分系统、声音分系统、辅助分系统构成。其总体结构如图1所示。

3.2 系统功能

某型飞机机务训练模拟器可以完成飞机机械、特设、综合航电、军械等专业的通电检查训练。主要功能包括程序训练、训练评估和训练管理等,模拟器的功能结构如图2所示。

（1）程序训练。程序训练包含程序性座舱内部检查、座舱通电、设备使用、发动机起动试车、故障处

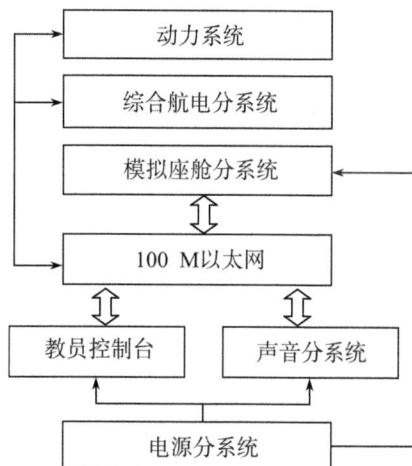

图1 某型飞机模拟器总体结构图

置等内容的学习与训练。

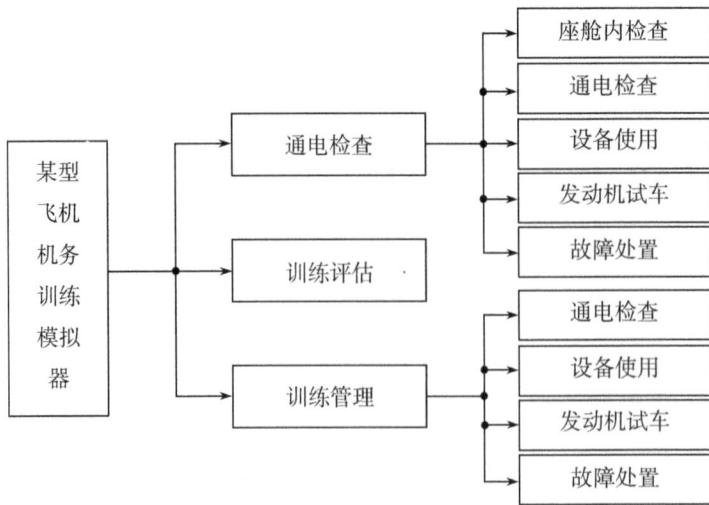

图 2　飞机模拟器功能框图

座舱内部检查是指各专业通电人员在进入座舱后，在通电检查前实施的对座舱内部的开关位置、仪表状态的检查；座舱通电是指在模拟座舱内进行的军械、特设、仪表、航电等专业相关系统或科目的通电检查；设备使用是指在飞机座舱内对相关设备进一步的使用与熟悉；发动机起动与试车是指机械专业实施的发动机起动与试车以及冷运转；故障处置即故障辨识与处置，是在设置某个故障的情况下，识别故障并实施正确的处置措施以消除故障。

（2）训练评估。训练评估是依据飞机维护规程，采用系统自动评估方法，对受训人员进行操作训练过程记录，然后将记录数据同标准操作时序进行对比，进而实现评估。

（3）训练管理。训练过程中，可以控制训练过程的启动、冻结、结束、重置，同时具备训练科目、飞机状态、初始条件、环境参数等设置功能。

3.3　教学场景构建

基于飞机模拟器的机务训练教室主要由教员控制分系统、模拟座舱分系统、桌面级训练分系统、网络分系统、声音分系统、辅助分系统构成。要求场地内具有稳定的 220 V 市电，场地面积不小于 40 m²。某型飞机模拟器机务训练教室效果图如图 3 所示。

模拟器每次可供 3～5 名学员进行训练，其中1 名学员在模拟座舱内部进行座舱的检查与通电，其余学员在座舱外进行训练前准备和观摩。教员

图 3　某型飞机模拟器机务训练教室效果图

可在教员控制台对学员的操作内容和故障进行设置，并对训练内容进行评估。同时，学员可以利用桌面训练系统进行进一步理论学习和科目训练。具体如表 1 所示。

表 1　训练使用配置

序号	位置	人员类别	人员数量	训练内容
1	教员控制台	教员	1 人	座舱内部相关科目训练
2	模拟座舱	学员	1 人	科目设置、故障设置、训练评估
3	模拟舱外	学员	2～4 人	训练前准备和观摩
4	桌面训练系统	学员	4～8 人	理论学习、科目训练

3.4　教学设计

（1）课前准备。首先按照《飞机维护工作卡》或《技术说明书》规定，复查模拟座舱内各个电门、开关、手柄的位置是否处于规定状态。将模拟座舱和教员控制台上电后，系统即可自动启动。系统启动完成后，即可在教员控制台上选择相关专业进行训练。流程如图 4 所示。

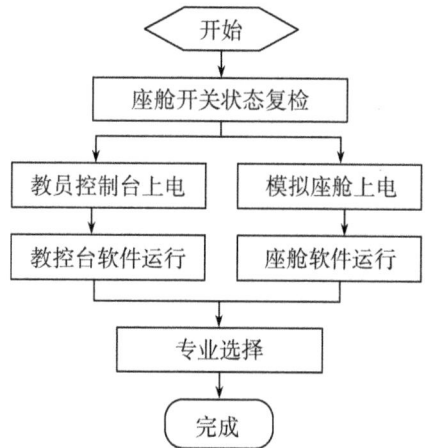

（2）教学程序训练与考核评估。模拟器开机准备完成后，即可开始进行训练。首先，学员进入座舱，进行相关专业的座舱电门检查，如符合要求，则向教员汇报"可以开始"。教员在教员控制台设置相关专业，专业设置完毕后，学员即可在座舱内进行相应专业的通电检查。如需要设置故障，则可由教员在训练过程中随时进行设置，此时由学员进行判别与处置。

训练过程中，教员可以控制训练过程的启动、冻结、结束、重置，并对训练科目、飞机状态、初始条件、环境参数等进行设置。

学员经过一定时间的自主训练后，可以由教员进行考核。训练评估是依据飞机维护规程，采用系统自动评估方法，对受训人员进行操作训练过程记录，然后将记录数据同标准操作时序进行对比，进而实现评估。模拟器机务训练教学与评估流程如图 5 所示。

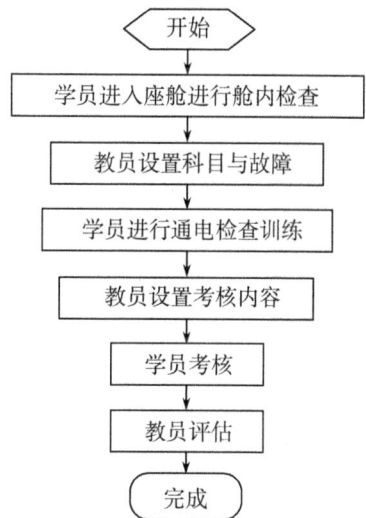

3.5　教学保障要求

模拟器的维护保障涉及机械、电气、计算机工程，要求有相关经验的维护人员进行维护，在维护过程中，除了保障日常的工作使用外，还要求能根据维护手册进行简单的故障排除。如表 2 列出了常见故障现象以及维护人员应掌握的处理方法。

图 4　飞机模拟器机务训练课前准备流程

图 5　飞机模拟器机务训练教学与评估

表 2　常见故障排除

序号	故障现象	排除方法
1	电源指示灯不亮,显示器不显示	① 检查 220 V/50 Hz 供电是否正常; ② 检查电源开关是否良好
2	开机时听见"嘀嘀"的报警音	将主控计算机内主板上的内存条拔下,重新安装
3	静电感应	检查所使用的 220 V 市电插座及专用接地线是否可靠接地
4	座舱内信号灯显示、指示工作不正常	① 检查指示灯泡是否损坏; ② 检查各专业设备开关、电门是否在关闭(规定)位置; ③ 运行测试软件进行测试,检测线路连接是否断路,开关、电门是否损坏; ④ 检查是否设置故障
5	座舱内仪表显示、指示工作不正常	① 检查各专业设备开关、电门是否在关闭(规定)位置; ② 检查是否设置故障; ③ 运行测试软件进行测试,检测线路连接是否断路,开关、电门是否损坏
6	一个或多个显示器无显示	① 检查显示器 RGB 接头固定是否牢靠; ② 检查该显示器电源线是否插好; ③ 将主控计算机内该显示器相对应的显示卡拔下,重新安装
7	启动不起来	用恢复软件恢复系统

此外维护保障人员对专业通电内容也应该具有一定的了解。

4　结语

本文将传统课堂教学、实装教学和虚拟教学的优势相结合,设计了基于飞机模拟器的、虚实结合的机务训练教学模式。这种教学模式不但为学员提供了全方位、立体式的教学环境,激发了学员的学习兴趣和主观能动性,为学员在接触实装之前打下了更为坚实的理论基础和实操经验,而且为教员提供了更有效的考核评估手段和管理方式,提高了教育质量,为航空兵部队人才培养提供了有力保障。

参考文献

[1] 肖巍,韩增奇,张罦. 加强我军航空机务维修人才管理的思考[J]. 情报杂志,2010,29;253.
[2] 郭巍,王洪强,陈怡然. 信息化条件下航空机务人员培训研究[J]. 信息记录材料,2016,17(5);171.
[3] 郭巍,王洪强,王旭东. 某型飞机机务虚拟训练系统的设计与现实[J]. 信息记录材料,2016,17(5);22-23.
[4] 袁华. 训练模拟系统发展现状及启示[J]. 国防科技,2009,30(1);62-65.
[5] 姚禹. 机务专用模拟训练器探讨与研究[J]. 工业技术,2018,12;109.
[6] 韩路杰,姬宪法,伍逸枫. 军事职业教育中原理教学的问题及对策研究:以航空机务职业教育为例

[J]. 观察思考,2018,3:31-32.

[7] 马冬.王世枚.军事职业教育视阈下慕课面临的机遇与挑战[J]. 继续教育,2017(2):69-71.

[8] 何秀全,韩耀军.整合资源构建"虚实结合"的计算机网络课程实验室[J]. 现代教育技术,2010,20(9):144-145.

[9] 孙燕莲,文福安.虚拟实验教学的探索与实践[J]. 现代教育技术,2009,19(4):131-132.

[10] 宁方立,王琳.虚实结合的机械设计实验教学方法[J]. 实验室研究与探索,2017,36(2):165-167.

[11] 潘雪涛,邬华芝,蔡建文,等.创新虚拟实验教学模式培养自主学习能力[J]. 实验室研究与探索,2014,33(11):72-76.